古典文獻研究輯刊

三九編

潘美月・杜潔祥 主編

第 48 冊

蔡守集
（第四冊）

伍慶祿、蔡慶高 著

國家圖書館出版品預行編目資料

蔡守集（第四冊）／伍慶祿、蔡慶高 著 -- 初版 -- 新北市：
花木蘭文化事業有限公司，2024〔民113〕
目 6+288 面；19×26 公分
（古典文獻研究輯刊 三九編；第48冊）
ISBN 978-626-344-968-8（精裝）
1.CST：蔡守 2.CST：學術思想 3.CST：研究考訂
011.08   113009890

ISBN-978-626-344-968-8

9 786263 449688

古典文獻研究輯刊
三九編　第四八冊   　ISBN：978-626-344-968-8

蔡守集
（第四冊）

作　　者　伍慶祿、蔡慶高
主　　編　潘美月、杜潔祥
總 編 輯　杜潔祥
副總編輯　楊嘉樂
編輯主任　許郁翎
編　　輯　潘玟靜、蔡正宣　美術編輯　陳逸婷
出　　版　花木蘭文化事業有限公司
發 行 人　高小娟
聯絡地址　235 新北市中和區中安街七二號十三樓
　　　　　電話：02-2923-1455 ／傳真：02-2923-1400
網　　址　http://www.huamulan.tw 信箱 service@huamulans.com
印　　刷　普羅文化出版廣告事業
初　　版　2024 年 9 月
定　　價　三九編 65 冊（精裝）新台幣 175,000 元
　　　　　　　　　　　　　　　　版權所有‧請勿翻印

蔡守集
（第四冊）

伍慶祿、蔡慶高　著

目次

第四冊

劉華東攻訐盧觀恒入祀鄉賢祠全案始末

番禺劉孝廉華東 [1]，攻訐新會盧觀恒 [2] 妄入祀廣州府學鄉賢祠學。邦人莫不聞之。然《草茅坐論》，當時即已毀版，無由得睹。《番禺志》亦皆隱其名。其呈批奏議，尤難得其全錄。今借黃氏《六朝甄寶藏》舊抄本，與嚴氏《崇寶閣》抄本，彙錄校勘。此案之始末於是無遺。顧欲知此案之大略，須先錄《同治府志》劉華東、陳曇 [3] 合傳如左：

「劉華東，字子旭，原籍福建。父榮海，入粵莞鹽筴 [4]，遂占籍番禺。華東自少負才使氣，遇事敢言。為文縱橫奇譎、不受繩削，世以文怪目之。中嘉慶六年辛酉舉人。新會富商，夤緣當路，以其父從祀郡學鄉賢祠。其父嘗與從兄爭，拔從兄髮，新會有案。入祀日，於明倫堂大會賓客，唱戲張飲。郡人士非之，而無如何。華東試禮部歸，審知顛末。上書制府陳不可。制府以公事不當私謁，還其書，令具牒。華東述於同里陳曇，曇久有是意。以華東好大言，謂為誑。華東遂以書付梓，曰《草茅坐論》，一時遠近稱誦。於是闔郡紳士爭來見華東，不期而會者二百餘人。華東乃為祭文，偕詣郡學鄉賢祠謁陳白沙 [5] 栗主。讀而焚之，伏地大哭，聲振於甍。退而錄拔髮案，聯名呈大府。巡撫護前，欲寢其事。道府以下，先後承審官皆迎意。多方詰難，怵以利害，華東不為動。富商遣人啖華東重金亦不動。朝廷命大學士章煦、侍郎熙昌案問。章相藩司姻親也，意存左袒。既黜商父祀，仍摭《草茅坐論》語，華東坐革去舉人。是舉也，自始事迄訟平，凡十月。華東羈守南海署者五月。對簿公庭者十數次。艱險備嘗，旁觀股栗。無沮色，無頓詞。卒使祀典章明，庠序無玷。扶持名教，人咸偉其功。然自是以後，抑鬱無聊，頹然自放。年六十四遂卒。

陳曇，字仲卿，充府學生員。天資穎異，襁褓中能屬對，年十三已讀十三經。稍長通史學，尤熟《南漢》《南北史》。其對簿鄉賢祠案也，時制府方巡邊，會審於藩署大堂中。中奉聖旨，承審官左右分座。首欽使，次則巡撫及藩司。吏役排班贊堂。眾官肅立，紳商皆胥在侯質。時章相意在嚴懲，首摘《草茅坐論》中「朝中有人，上下其手」句為問。謂當今朝政清明，何人敢為鬼蜮。欲以謗毀罪之也。華東對稍遲。曇進曰，某輩草茅，豈識朝儀。所識者撫院之私朝耳。章曰，人何指。曇曰，人則眾論指方伯。則正章之姻也。遂撤堂。後□ [6] 訊曇，皆侃侃無所屈。章怒曰，你既識法，你頭上戴何頂。曇曰，公謂何

頂。章曰，金也。疊曰，生貧不特無金，亦無銀，此銅頂耳。章語塞。案結，巡撫藩司亦被議。是時疊與劉華東如驂之靳。公庭對簿，華東多得其助焉。疊時年甚少，汀州伊秉綬 [7] 見其詩，奇之。後南城曾燠 [8] 藩粵，亦器重疊。贈詩以鳳皇為喻。生平慕鄺湛若 [9] 之為人，顏其齋曰「鄺齋」。晚以賢生候補訓導，署揭陽教諭。年六十八卒於家。著有《海騷》十四卷，《感遇堂駢體文》四卷，《鄺齋隨筆》四卷。」

黜鄉賢一案。首事者香山黃培芳 [10]，東莞鄧淳 [11] 與疊。皆以諸生肄業越華書院。是時城中日有揭帖。三人□每日分途往錄，錄成一卷。於制府課日交收卷委員。委員不可。掌教為海康陳昌齊 [12] 勸之收曰，此公論欲制府知之耳。朝議已准，詎為翻覆，委官以呈制府。三人謂已通於上，可以舉發。而生員不合呈首，於是華東始入焉。富商者盧文錦，入鄉賢者其父觀恒也。當呈邑學時，新會眾紳皆簽名。而主其事者為進士譚大經 [13]，華東移書責之，譚答書認罪。疊知其兄之辦存新會房，以三百金買其案。事起盧氏欲賄滅之。而吏抱案先逃，不可滅。於是集郡學簽名，來者日眾。惟新會進士張衍基 [14] 方授徒省城不肯署。南海舉人龔在德 [15] 令人往罵其徒，其徒遂開堂請退，衍基不得已列名，則會邑有紳矣。華東乃以揭帖並《草茅坐論》寄其師孫御史。御史以聞。又遣老生殷某往江西越控。而其時已特發欽差，制府蔣攸銛 [16] 方因案不與事。巡撫則董教增 [17]，藩司則趙宜喜 [18] 也。《番禺志》官商皆隱其名，固為尊者諱。但此案為郡中第一大案，事亦為名教第一大事，不著名無以徵信，且董公本名臣，《國朝先正事略》有傳，不能以一眚掩，而此眚亦不可掩也。故詳著於此，畀後有考焉。

《草茅坐論》

「上蔣制軍書。番禺舉人劉華東，昧死頓首再拜，謹密上書於兩廣總制礪堂先生大人鈞座，東聞之，泰山不辭土壤，故能成其高。河海不擇細流，故能成其深。以大人德業之隆，位望之尊。入則皋夔，出則邴召。以寔心行寔政，明無不照，慮無不周。凡百官有司，草茅下士，莫不引領。奉為師法，遵為準繩。則又何待乎蒭蕘之言，螻螘之見，以補高深於萬一哉。然東臆度之，大人虛懷若谷之心，必朝乾乾然，夕惕惕然，常若有不足者。夫德業愈隆，位望愈尊。則人益不敢仰參末議於其後。以為大君子之一言一動，自無不准乎情，而度乎理。吾儕小人，何足以知此。子路賢者也，人告之過，所以喜。孔子聖人也，苟有過，人必知之，所以幸。粵東瀕海而居，地勢最卑最薄。然近南離文

明之位，分野又在斗女之墟，文章之府。故代有偉人，得山川間氣而生。如周之高固 [19]，漢之楊孚 [20]，唐之張九齡 [21]。朱明以來，絡繹不斷。邱瓊山 [22]、海剛峰 [23]、陳白沙、湛甘泉 [24] 諸先生，尤為表表不可多得。是故歲登其額，鄉舉里選之外，或已仕，或隱居。更有人加一等者，德高行優，人人欽仰，不可澌滅。於是僉謀公舉之，上於有司。縣官遞轉，上達至於督撫大憲，專剳奏請，崇祀鄉賢。鄉賢者，鄉之望。古者鄉先生歿而祭於社之意也。是典也，至大且重。寧闕毋濫。較之舉茂才，舉孝廉，舉進士，以及賢良方正，博學弘詞諸科，生前受榮者，尤為其難其慎之任。雖曰，十室之邑，必有忠信。三人同行，必有我師。然必綜合其畢生，或有一行可議。或鄉黨中有一善人不滿其意，有司官即不敢舉，舉亦不敢奏。蓋一日鄉評，即後來史乘之本。一時祀典，實萬民模楷之人。是故當時虛譽，情可以通。身後榮名，勢不能取。唯其珍惜，是以寶貴耳。

　　且夫天下人心，原無二理。從來公論，自有定評。既不能因私昵而顛倒是非，豈可以任豪強而混淆黑白。凡恩可報，獨不能報之以令名。凡人可欺，獨不可欺之於名教。□商盧觀恒，出身汙賤。寔市儈小人，而享富豪者耳。目不識丁，又非孝弟力田之士。足不出境，安得公卿知遇之隆。生也無庸，死何足惜。鄉中一霸，恐有敢怒而不敢言者。東甲戌臘冬，下第南歸之日，即聞同人語曰，盧觀恒入鄉賢祠矣。始實不信，繼則道旁嘖嘖道之。鄉先達鑿鑿言之。往來通衢，皆懸揭帖，且能約略而詳其顛末，仍不覆信。曰，有大君子在上，必無其事。即使吮癰舐痔者，謬妄舉之，決不能行。而詎知堂堂部文，亦已頒下。雖欲疑之，無可疑者。嗟乎！直道而行，今豈無其人乎。孔子曰，古之愚也直。豈至於今，其真無已夫。東於是泫然出涕，追問作俑之由。或曰，是從上行文，訪查而成之也。奉文行查，唯唯從命。是誰之咎，此必有一人焉。文采風流，貌為君子。而私受其恩，身居顯位者，相與周旋，始為延譽。乃得盡交當代名公鉅卿，又必有一人焉。操生殺權，兼選舉職。往來交通，上下其手，而主持之。由是輾轉相蒙，雖有大君子在上位，亦不能不為其所賣。以為善善從長，若而人，都中都外，某君子，某君子，皆嘖嘖稱之。且也，引之以為通家之好，是亦君子人也。而不然者，南海古盛衣冠之氣，番禺一大都會之區。勢力相通，公然不諱。竟無一人揭告，敢議其短長。此必真君子人也，愜於鄉評者也。世事至此，能不痛心哉？東於是走問鄉先達，則曰，始殊寂寂，事成乃知，無可置喙矣。噫，此何如事，不求公論，而可穿窬而盜之者乎？當其將

成未成之時，亦有名進士，名孝廉，名明經，詞賦翩翩，相與私議，相與推諉，後竟寢息，懷厚恩歟，抑恐觸怒也。于是有外省人，客於粵者笑曰，君何乃爾，此等事，唯廣東可行，行之亦無如何。東益為之語塞氣結而退。雖然，受恩不報非人也。報尋常恩，不如報君子之恩。受恩而報以令名，不如報之以無過。恐觸君子之怒，是可以處凡君子，不可以對大君子。且夫大君子之心，本無過。人不敢言以成其過，不惟不足以知大君子之心，並不足以明大君子之跡。何則，大君子無所私。天地可質，鬼神可鑒。盧觀恒此舉，實不始於大君子，終於大君子也。

東生海壖，賦性狂直。讀書不多，聞道更淺。前數年，顛倒無狀，長日深自韜晦，不敢聞外事。此時實無它見，又非與盧氏有一塵隙也。方寸未安，寢寐難忘。則以比年以來，非大人歐枯以生，久已死於丘壑，更不忍窃視夜光之珠、連城之璧，無故而為人疵類點污耳。所不可解者，新會亦古名邦，碧玉樓尚存，今竟無一人接踵焉。此事木已成舟，水難覆盆。聞其已成之後，鄉人皆知媿悔。惟一人不媿不悔，且將平時著作，甘心假之。又掠人之美以為美，而頌諛之。斯人也，言規行矩，出處洞然，政聲德望，亦自卓卓照人耳目。鄉中人早已虛此一席以待之。今則色屬內荏，剛復自用，拱手而讓之盧觀恒，實為智者所惜。又聞新會同時公舉前賢胡金竹 [25] 先生方，實出觀恒子文錦狡計，借階進身耳。竟有在上位君子，因其遲延遂駁斥。胡金竹卒數十年，則以遲延駁斥。觀恒骨猶未寒，則以捷足先登，此中亦有數存耶非耶。今天從祀鄉賢，即從祀孔廟之基，相為表裡者也。與昭忠、節孝等祠有間。吾粵瓊山、甘泉兩先生，皆因一節可議，故止入鄉賢，而不入孔廟。國朝法度，無一不駕勝前朝。而從祀孔廟，則僅許陸清獻一人。吾鄉前時，亦曾公舉莊滋圃 [26] 先生有恭，中丞李恭毅公 [27] 湖曰，鄉中賢者，豈無潛德幽光者乎，駁之不可。亦可以見昔人慎之重之之意。或有為之解嘲者曰，君無過慮，公論在人心。彼欲求榮，適取辱耳。且不聞宋時王荊公 [28] 父子，從祀孔廟，卒之逐出。明亦有監生陸萬齡 [29]，求祀魏閹 [30] 為人唾罵者乎。前日有人傳說，盧氏之事，部文已下，尚未諏吉立位。立位時，白沙先生子若孫，及諸前賢已曾列祀之子孫，當即哄然各奉其先人之木主以去。恥與儕伍，亦避豪強之末計也。以東愚昧之見，倘猶可以公論上之。則大人亟宜先召左右之有品有望，鄉先達，名進士，名孝廉，明經茂才，下問之，密商之。便知合省人情，如何向背。不然，粵中豪華子弟，福威驕侈，傷風敗俗，亦已無所不至。今日之事，並將幾希一席名教之地，舉

可以盜之竊之。從此效尤，如何可言。況聞新會邑人，不忘大人盛德治化。現立生祠於海濱，與韓桂舲 [31] 先生尃、程鶴樵 [32] 先生國仁並垂不朽。今則與盧商遙遙相望，何以為情。盧商父子，巧于貪緣，長於財勢，並不讀書，並不學道。烏知鄉賢二字可貴，不過藉以驕士林耳。大人德高望尊，慮周明遠，而又迪□達權。自必有所以善處而萬全之道在。東惟受恩最深，報效彌切。誠恐壅於上聞，苟有所見，用敢昧死直陳。可否行止，出自憲裁，無任悚惶，伏惟丙鑒。

此書之上，在嘉慶二十年乙亥四月初七日。距東抵粵凡四閱月，計一百又十日。遲之又久，未得確鑒，不敢冒昧陳之也。蓋盧氏子文錦，捐納工部員外郎，聲氣最通，而又用心陰險，既蒙上，又蒙下。無故能使憑空行查，乘機借勢。其引用前賢胡金竹先生為媒，又能使一二紳士，骨突題名，混敦公舉。既上大憲，又能使其反壓金竹落後，同舉而不同奏，觀恒直以商人之名稱賢，求其所以，則死後補刻《胡氏易經》，私冒倡建文瀾書院，助群力以築水閘，赴官工而濬濠梁，種種似是而非者，又能使大手筆，鋪張揚勵之，且能善使人疑，一時先達名□日藩憲曾公燠回京。是月十一日撫院據詳諮部。制憲蔣公於二十日始由廣西回，並未會銜，並不與聞。因無一人揭發，是以混敦了結。

又查盧氏附鄉而居者，凡五大姓，二十九村。文錦具束四千，以大招之。鄉中有觀瀾書院，鄉人於是聚議。其耆老曰，不必恭賀。惟時有拔貢生陸其儀，先事遠避。乙亥四月廿一日入祀時，凡廿九村人，竟無一人到者。

又查文錦竟將都中及本省各人所贈聯額，盡行懸之孔廟明倫堂中，張燈結綵。又於孔廟前演劇。適有極小武弁，過門而責其非，然後撤出。眾皆稱快。□又竊抱入。

又查當混敦公舉時，邑進士前潮州府學教授黃顯章 [33] 指譚大經大罵曰，我他事糊塗，此事獨不糊塗，不肯與名。汝一生皆不糊塗，此事大糊塗，何若乃爾。

又查附鄉有進士，前天河縣知縣張衍基，一向在省住居講學，故不與公舉。且畏盧氏族大，亦不敢攻擊。前中進士時，盧氏不許其祖塋前豎楗，即不敢豎。

此書付梓後，盧文錦紛紛囑人勸余毀版，且動以利害之言。且甜以賄賂之意，以逞其故伎。如使予欲富，何不先持此稿以示文錦，胡為密上制府，胡為

即付梓人。嗚呼，以豪商數百萬之勢，而不足搖儒生一寸之管。是東之私心可自快共白者。」

弔陳白沙先生文

「維嘉慶二十年歲次乙亥四月廿一日丙子，捐納道銜，充廣利洋行牙人盧觀恒牌位，入我廣州府新會縣儒學鄉賢祠，與先儒明翰林院檢討陳白沙先生同祀，並享國朝春秋之典。邑中無恥之徒，既爭先恐後，駿奔走在廟。嶽嶽懷方者，耳聞其事，僅相欷歔掩泣，而無如何。後學劉華東，忝在同郡，南歸獨遲，上書制府，諫止莫及。徬徨無措，敬謹含淚為文遙而弔之曰，嗚呼，斯文掃地，一至此耶。吾道之窮，其何極耶。小人道長，則君子道消。先生猶能宴坐於馨香俎豆之地耶？先生生於海濱□。反辱。先生誰？非名教罪人耶。或曰，仲尼不為已甚。互鄉童子可以見。闕黨童子可以將命。盧氏生當其時，苟齋戒沐浴，自行束脩以上，安知不在弟子之列。抑不聞夫孺悲則辭以疾，求也為季氏聚斂，則曰非吾徒也，小子鳴鼓而攻之。陽貨欲見不見，且瞰其亡而往拜之耶。夫道不嚴則不尊。延平霽月，茂叔春風，皆為上等人說法。今則薰蕕同器，舜跖不分。豈學尼山之學。亦如佛法有魔，神仙有劫耶。非其種者鋤而去之。故擬人必於其倫。彼楊氏為我，墨氏兼愛。孟子猶拒絕之曰邪說誣行。一鄉愿人，以為德賊。而況援勢利，爍道統。腥羶之氣，直逼宮牆。孰為禦侮之臣，而能熟視無睹耶。一日濶跡膠庠，則千秋穢亂史乘矣。以□商而可邀曠典，昭茲來許。其能禁夫等而下之者耶。江門之月，至今猶照人間。圭山之風，未嘗但披海上。百五年來，寔無此辱。先生有靈，神將安依耶。」

鄉賢論

「竊惟鄉賢之祀，俎豆宮牆，四配十哲以下即為兩廡，兩廡之下即為鄉賢。自古以來，由鄉賢而陞於兩廡者有之，自兩廡而退於鄉賢者有之。是鄉賢之於兩廡，直差一間耳。故向來祀典最嚴，非昭忠、旌義等祠可比。不容市儈小人廁於其間也。以吾粵言之，千百年間從祀兩廡者，惟陳白沙一人。其餘理學真儒如湛甘泉，相業風流如張曲江，股肱柱石如梁文康 [34]，清風高節如海忠介，鴻儒碩學如邱瓊山、黃文裕，皆不過從祀鄉賢而已。此外節義文章，彪炳史冊。未得奉祀者，正復不少。今忽舉一商賈之人，儼然與群賢並列，豈待智者然後知其不可哉。近者新會有舉□商入鄉賢祠之事，是不獨一邑之恥，實一郡之恥。不獨一郡之恥，實一省之恥。推而言之，即天下之所恥，斯文掃地

盡矣。風俗人心，卑鄙若此，其尚瘳乎。夫士農工商，謂之四民。聞之士希賢矣，未聞商賈希賢也。是商求為士尚不可得，況俎豆宮牆乎。流品先已混淆，更何暇問其賢否。且□商之賢，在於多金耳。多金而入鄉賢，必也至聖廟變為財神廟而後可。是率天下皆爭利，而施之劫奪之教也。生已欲為□商，死欲為鄉賢也。然而罪在舉之者，使舉之者非科目，非縉紳，非老成之士則已。乃舉之者又居然名登榜甲，身列官堦，齒尊黨里。曾讀孔孟之書，嘗遊膠庠之內。而□卑諂逢迎，喪心病狂，至於此極也。□商賈多財，本無不可致，其不能為力者，獨有宮牆之俎豆，世道人心胥繫此一綫。今則並此而求之，豈不壞盡世道，害盡人心。子曰，老而不死是為賊，斯人之請矣。或曰，其子欲之，惡得無罪。曰，其子本年少資郎，不知高下。思貽父母令名，其心尚可原。苟非有縉紳先生主之，其子雖其欲，曷敢妄為。雖然求榮反辱，清議難逃，亦非計之得者。就令事成，上瞞朝廷，下欺士子。奉祀一日，即唾罵一日，為人子者，何樂其親得此長唾罵耶。抑代其親思之，本不應得之典。濫廁其間，魂其有知寧不餒。而為人子者，又何樂其親明有人非，幽有鬼咎耶。或又曰，其人雖□商，曾作好事。新刻《胡氏易經》于死後，倡建文瀾書院於生前。科田畝而包築水閘，執公役而濬濠梁。修祠墓，施棺槨。寬待奴婢，豐宴賓客，皆其賢跡也。曰□刻《易經》，誣以識字也。倡建書院，攘及眾美也。水閘濠梁，隨人後而赴官工也。若夫修祠墓，施棺槨等事，鋪張盛德，任爾立碑以頌之。尸祝深仁，任爾專祠以事之。其他或以金幣而結恩於縉紳，或以青蚨而市惠於士類。有功於一邑之人，一邑之人皆可焚香而頂禮之。而必不宜入舉宮鄉賢祠者，蓋此□非以報功之所，多金得而占踞也。藉□有功而欲盜取之非位，實乃陰狡之所為。然則向之作好事者，皆將愚人耳目，以為入鄉賢地矣。夫事不拘流品，人人可入鄉賢。胡為鄉賢祠外，更設孝悌、節義諸祠。是徒有孝悌、節義之一端，報享各有專屬。尚不得概從祀於鄉賢，下此可想矣。嗚呼。安得有聖賢先儒之前，禮樂詩書之地，而設一位以待牙販子者哉。」

劉華東攻妄入鄉賢擬墨

「陽貨欲見孔子，無以立也。夫親於其身為不善者，人皆見之。惡得賢，鳴鼓而攻之，不亦宜乎。君子曰，富人之所欲也，不以其道得之，於我如浮雲。居之不疑，而不足以解憂。將以求吾所大欲也。近聖人之居，然後快於心歟。夫子之牆數仞，不得其門而入。必也非仁無為也，非禮無行也。惟君子能由是路，出入是門也。在上位，在下位，皆有聖人之一體。吾見其人矣。某在斯，

某在斯，則具體而微，吾無間然矣。誦其詩，讀其書，儒者之道，未得為孔子之徒也。不學詩，不學禮，身不行道，皆棄於孔子者也。有賤丈夫焉，閒居為不善，無所不至。為富不仁，蹠之徒也。雞鳴而起，而罔市利。放於利而行，而好貨殖焉。必求壟斷而登之，斯人也，商也。他日未嘗學問，奚為孔丘之門。請無問其詳，嘗聞其略也。以其兄之子百畝之田，而奪之食。樂歲終身苦，是以君子弗為也，是禽獸也。賢者亦樂此乎。紾兄之臂，摩頂放踵，拔一毛可畏焉。人見其濯濯也，是豺狼也。而謂賢者為之乎，其橫逆由是也。是不待教而誅者也。不仁不智，無禮無義。望望然去之，若將浼焉。迸諸四夷，不與同中國。有孺子歌曰，無財不可以為悅。乃屬其耆老而告之曰，我非愛其財。事之以珠玉，事之以皮幣。五十鎰而受，七十鎰而受。夫如是，左右皆曰賢，諸大夫皆曰賢，百官有司，不辨禮義而受之，則曰起予者商也，可以入得矣。何必讀書然後為學。往者不追，來者不拒。餽斯受之而已矣。入太廟與其進也，不保其往也。噫，是貨之也。焉有君子而可以貨取乎。吾見其居於位也，見其與先生並行也。分人以財，何以文為。天之將喪斯文也，則士可以徙。幼而不孫弟，長而無述焉。告朔之餼羊，與之食之。宗廟享之，莫之敢攖。天之未喪斯文也。與眾逐虎，斯時也。有安社稷臣者，有天民者，有成德者，有達材者，有大人者。今而後與木石居，與鹿豕遊。而不相泣者，幾希矣。子張曰，立則見其參於前也，吾恥之。仲弓曰，雍雖不敏，不與立也。顏淵喟然歎曰，是焉得為大丈夫乎，甚矣。斗筲之人，吾不欲觀之矣。如之何。子路慍見曰，一鄉皆稱願人焉。孔子以為德之賊。是可忍也，孰不可忍也，以杖叩其脛。子貢曰，俎豆之事，於此有人焉。則人皆掩鼻而過之，相向而哭，皆失聲。夫子莞爾而笑曰，是何傷哉。其竊位者歟，以待來年斯出矣。」

聯稟

「具呈廣州府紳士番禺舉人劉華東，廣州廩生陳曇，新會舉人唐人亮，新會附生甄天民，香山副貢黃培芳，南海優貢馮斯佐，附生黃景治，番禺附生段佩蘭，舉人陳仲良，順德優貢張思齊，東莞附生鄧淳，新會侍衛陳大英，舉人黎士希，武舉趙廷剛，武舉陳國彪，拔貢陸其儀，歲貢黎建廷，附生陳大醇，廩貢唐仁，廩生陳朝琚，廩生何其李，廩生歐陽彥，廩生黃駒，增生林穎，增生馬光輔，附生黃沖，附生黃昭新，附生張源基，附生張熾基，附生陳瑤光，附生陳洪謨，附生林達行，附生梁其光，附生鍾修來，附生鍾浩源，附生彭文泰，附生呂焯，附生黃深源，附生黃心瀚，附生黃昭，附生呂文正，附生伍鄮，

附生何殿春，附生梁明照，附生陳澧，附生黃元恂，附生歐陽端，附生唐啟，附生馬良宇，監生唐燦榮，監生唐依仁，監生黃麟閣，監生唐之寶，監生黃朝珍，南海舉人龔在德，南海舉人謝景雲，南海舉人龐藝林，南海舉人馮斯偉，訓導何健，訓導李昆玉，增貢岑連，廩生石鳳臺，廩生蔡廷榕，廩生倪濟遠，廩生倪增遠，廩生馮賡颺，附生梁作梅，附生黃本澄，附生潘閒，監生吳文禮，監生馮文基，番禺舉人張維屏、林伯桐、胡豹文、蘇瑞隆、梁信芳、馮駒、崔弼、張杓、邱毓華，教論金菁華，拔貢鄭灝若，副貢黃位清，廩生凌名就，廩生陳洪元，廩生馮卓，增生羅民獻，附生姚廷掄，附生黃玉泉、何如權、黃湘蘭、龐茂林、吳際科、陳知、何寅斗、郭文傑、金菁英、范如松、楊綸、楊宗慶、東莞翰林院檢討曹寅，刑部小京官蔡勳，知縣進士劉廷魁，知縣羅學術、蔡蘭、李芝煌、曾孔授、袁廷鳳、何安蘭，訓導黎培、尹廷鐸、鹽大使蕭家積、葉大元，布經歷黎一本，湖北試用通判增貢嚴士美，舉人羅子彪、趙瓊、李飛鵬、黎暹、黎璞、周天琛、周序琬、陳德藻、劉傑、劉輔元、葉繼光，副貢黃昭谷、林廷烈，歲貢張家寶、黎垣、劉臺、張邁、簡居敬、嚴儀生，廩貢梁光沂、鄧潮、衛文勳、黃玉、張璐、李芝蘭，附生謝寵、李其仁、歐蘇、嚴國玉、袁汝玉、袁天泰、黎明遠、嚴雲會、嚴鳳詔、黎愈、黎澍、鍾勵、鍾夢瑤、袁統、張淮、黃子高、袁應堯、葉禧、鄧葵、鄧俠、何渭蘭、何韜、林□。

呈為冒濫祀典，名實懸殊，聯懇詳請奏明撤出，以維名教事。竊直省設立鄉賢祠，附於聖廟宮牆，即古者瞽宗之祀。恭讀《欽定學政全書》，至雍正九年，奉上諭。名官鄉賢，關係國家崇祀大典。朕屢經降旨，諭令督撫等，秉公詳慎，以彰激勸，自當仰體朕心，不應尚有瞻徇冒濫者。高璜[35]前在江西學政任內，亦非一塵不染。今撫臣謝旻題請崇祀名官。高璜果有教澤及人，士子實心感頌乎。抑以其曾教朕讀書，非出輿論之公乎。著該撫詢問通省紳士，據實陳奏欽此。乾隆二十年奉上諭，名官鄉賢，所以崇德尚賢。與斯祀者，必其人實可當之無媿。方足以光俎豆而式鄉閭。朕於几暇，恭讀皇考世宗憲皇帝上諭。以高璜應否崇祀，詢問江西通省紳士。皇考於崇祀一事，加意慎重如此。所以為世道人心計者，具有苦心。夫大臣身居九卿，部臣督撫，同官瞻徇，勢所不免。即使採訪悉當，而悠悠之口，難保其必無遺議。又況名實未必盡符乎。當其具呈公舉，雖託之輿論。而主持為首，仍以姻族衿士。貢諛銜賄，何所不有。風勵激勸之謂何，不亦瀆典章而褻名器乎。嗣後子孫現任九卿者，其祖父概不得題請入祀。其身後鄉評允當者聽，著為令。欽此。嘉慶十二年，禮部議

駁原任左庶子汪學金 [36] 入祀鄉賢案內奉上諭，近日各有請祀鄉賢過多，不免冒濫。此中議駁者，未必止汪學金一人。特所開事蹟，無可指謫之處，姑照所請行事。嗣後題請，各員務於所列事蹟，確加查核。其實在品行端方，學問純粹者，再行請題核議。欽此。嘉慶十三年奉旨。已故翰林院編修嚴福 [37] 題本內，只敘嚴福學有淵源，行堪楷模等空言。豈可遽邀祀典，該撫所題不准行。近年各省題請入祀鄉賢，多有徇情市恩，罔顧冒濫。殊非循名覈實之道。嗣後務須確查，事蹟實與入祀之例相符，再行具題。毋得率行籲請。欽此。

聯稟

又議覆安徽巡撫董奏，捐職州同高珠，家道殷實，好善樂施。首先倡率修葺文廟。舉人孔繼序等，以其有功學校，請祀鄉賢。經前□臣於嘉慶十二年題准在案。嗣有監生秦朝佐，民人秦登雲等以高珠不應入祀鄉賢，紛紛具控。隨據□明高珠於父母故後卜地未葬及買失節之婦為妾，誠不免有瑕疵，且並無文學足以矜式，應如該撫所請，撤出鄉賢祠，以昭慎重等因。是則崇祀鄉賢，欽奉列聖訓飭諄諄，至再至三，其典甚重，其例綦嚴。本年四月廿一日，忽有故■ [38] 商捐納道員盧觀恒入祀鄉賢之事，闔省駭異，士論沸騰。伏查大清會典，內開積學力行，垂範鄉里者，始准入祀鄉賢。其他捐財好善，不過旌閭敘錄。夫鄉賢崇祀大典，如果可以財勢相傾，不言品學，則高璜等案，何以特奉嚴旨申飭，並令詢問通省紳士。高珠一案，題准入祀，以生監民人呈控，即奉撤出。今盧觀恒少年失學，目不識丁。賤藝充商，死多遺議。況其充■行商總，居住省垣，身故未久。通省紳士，耳目周知。且其子捐納即補郎中盧文錦，於父奉准入祠，倚恃財勢，種種狂妄，始終揮霍交結，鋪張蒙蔽。思欲貽父以令名，實則陷親於不義，不特大傷士氣，抑且深負國恩，不特貽羞本省，更恐傳笑遠人。

又查安徽婺源縣故歲貢生江永，由該縣紳士呈請，於嘉慶十二年十月題准入祀鄉賢，十三年三月入祀縣學，五月入祀府學。盧觀恒事同一例。既祀縣學，勢即隨祀府學，典重儒林，事關通省。棠等生逢聖朝，閉戶潛修，向不妄干外事。只以當此大道為公之日，國家名教所關。盧觀恒崇祀鄉賢，名實既以懸殊，祀典豈容冒濫。謹將此案諮部冊結浮冒。及盧文錦恃財狂妄之處，列款呈明。聯懇大人據實奏聞，請旨將盧觀恒入祀鄉賢祠牌位撤出，以協輿論，而維名教。實於世道人心，大有裨益矣。聯赴欽命某某大人，計繳本案冊結浮冒，及盧文錦恃財狂妄。各款清折一扣，並黏抄二件，恭呈憲鑒。

一呈督憲、撫憲、藩憲、臬憲。

謹將故□商盧觀恒崇祀鄉賢，冊結浮冒，及伊子捐納郎中盧文錦，於矇准入祠後，恃財狂妄，各款事蹟，備列清折，恭呈憲鑒。

計開

一本案。始。子文錦先於嘉慶十九年五月，向邑中紳士聲言願捐義學田二百畝，倉田三百畝，慫紳士簽名存案。迨得紳士姓名，自撰公呈，稱為伊父遺囑，鋪張善行，填砌多詞。是年六月，前新會縣令吉安，奉藩憲趙宜喜行文探訪。新會縣吉，諭飭紳士何朝彥等，取其盧觀恒冊結。其實義學義倉，係于舉祀鄉賢奉恩准之後十二日，始將田畝捐出。本年三月始建義學，迄今尚未竣工。義倉之建，尚未有處，均屬先謀釣名，事後補置。故鄉評有『亦未見田先存案』等語。闔邑有此言議，眾口一詞云。

一盧文錦又窺通縣紳士集議公舉故歲貢胡方入祀鄉賢，乘機播弄。藉行查名，自邀眾簽名。查胡方品學優純，久為士林景仰。惟胡氏子孫式微，錦情願代刊胡方著作各書行世，是以紳士間有徇情與名。不料文錦止刻《胡氏易經》一書，便得崇祀。反將著書之人，陰議壓阻。士論輿情，大為不服。現有胡方之孫胡捷，出省申訊原委。標貼學宮，遐邇周知。

一查盧觀恒出身微賤，少未讀書。為人傭工，既而販賣銅鎖。在太平門外普濟橋腳，前有聚昌銅鎖店，即其故址，壟斷致富。始充■行商總。目不識丁，呈中原冊，稱其生而穎異，長益魁偉。好讀書，深明大義等語。全屬虛誣浮言。其《胡氏易經》，文錦於觀恒死後，取之胡氏後人，代為刊刻。妄加本義闡旨之名，並請撰序，以飾其人之學。揆諸《大清會典》積學之條，上諭學問純粹之詣，相去天淵。鄉賢之典，自公卿而迄布衣，均可從祀。原無商賈不入祀之文，亦無商賈可入祀之文。商乃四民之末，為多士所希。況國朝定例，凡科名及已出仕者，尚不得以原名充商。今鄉賢之盧觀恒，即昨日■商之盧觀恒，冊結中無不申明，有意蒙混，且以目不識丁之儕，濫廁前賢之列，何以為儒道矜式，士林景仰。

一查盧觀恒人甚平庸猥鄙，沒齒無聞。其平日並非樂善好施，其捐資建置等事，實以身充■行商總，逼於公議，不過隨眾布施。商民人人與份，何得掠眾之美，以為觀恒一人之善。即如城西大觀橋，躬親踏勘。率眾挑濬，紳士經理，闔省共見。冊內乃開稱觀恒倡挑。如濠滘水柵，係田畝公派。文瀾書院系由眾義舉。至若盧氏自行捐置義學、義倉田畝，其事乃出於觀恒死後，其子文

錦預為冒舉鄉賢之□，乃先邀名而後從事，居心叵測，尤屬狡詐。豈得據為觀恒之實跡乎。今原冊妝點，先意承顏。奉養無間，居喪三年，未嘗見齒等文，空言失實，皆剿襲陳言，難逃指摘。至比之范文正 [39]、王彥方 [40]，更屬擬非其倫，況道路相傳，人言嘖嘖，尚有霸奪姪產，扯胞兄辮之物議。鄉賢之人，何得積其劣跡，即鄉評不協，似亦難邀祀典矣。

一查舉盧觀恒之紳士首名，在籍禮部員外郎進士何朝彥，次名前任浙江嘉興府通判進士譚大經。觀恒如果生平有孝友實跡，伊等當必稔知，現面詢何朝彥，則云伊丁憂回籍僅旬日間，並未出門，學中人持柬來，屢請書名。單內只敘其修葺橋路等好善之事，見先與名者已有數十人，是以一時徇名失實，不知觀恒為何如人。至列名□首，是他推重，非出己意。又譚大經答舉人唐寅亮書，觀恒事實，大半出於資財，與古大儒立身行己，相去徑庭。但其呈稿，未得一見，隨眾隱受，過亦難辭等語。又查此案嘉慶十九年六月出詳公舉，如舉人鄭廷桂會試下第，七月始回。拔貢何鳳□、陸其儀維時正應廷試在京。知州陳兆桂現官廣西，知縣顏鳳儀現官山西，俱未與聞。又生員黃心源、黃心瀚、張源基、張熾基、李懷清、李覺、李喬、李紹輝俱願自首，並非的筆簽名。似此種種虛偽，則冊內事蹟，皆憑空杜撰，並非輿論公舉可知。

一查觀恒於本年四月廿一日，瞞准入祀鄉賢。其子捐納即補郎中盧文錦，不學無術，恃勢橫行，藐視宮牆，目無法紀。膽敢於聖廟前，演戲三日。開鑼放炮，用虎皮八座迎主入祀。又於明倫堂安奉聖製臥碑之所，張掛當道顯官聯額，開筵宴客，種種狂妄，眾目共觀，道路驚詫，士論沸騰。冊內稱觀恒每於朔望集父老子弟宣稱聖諭廣訓，乃有不顧國法之子，足證其平日並失教訓。且觀恒族居新會，身住省垣，相去數百里，何能朝夕集族人宣講聖諭廣訓乎。」

督憲行文

「據府具稟。新會縣縣令吉安稟稱。聞得番禺舉人劉華東，以盧觀恒不應入祀鄉賢。紛紛傳於外，自必別有所見。是否名實不符，抑另有劣跡。稟請查辦等由一案。緣由奉批本案已據新會吉令。具稟前司確查到案。仰署東布政司遵照前批。提集原舉紳士。撫部院學批示。繳稟抄發。」

布政司札府文

「奉督憲批。據劉華東稟同前由。奉批。仰署東布政司，飭傳公舉盧觀恒，紳士何朝彥等到案。提同舉人劉華東等。秉公確查質訊，據實詳辦，毋稍偏延。

粘抄同現到紳士名單一紙。並發各等由。奉批。並此縣稟府稟到司。據劉華東呈控前來，除飭委員質訊，及行新會縣吉令知照外。查該府係核轉之員，應行迴避。唯紳士均係所屬。部文奉批前由。合就飭提札府照依奉批事理。即提原舉盧觀恒之新會紳士何朝彥等，與番禺舉人劉華東等到案。稟候發交委員質審。以憑本司提訊。詳覆院憲核辦。均毋遲延速速。」

督憲批

「新會縣吉稟。據稱縣屬盧觀恒入祀鄉賢。傳聞番禺縣舉人劉華東，刊刻《草茅坐論》編。以觀恒不應入祀鄉賢，紛紛傳於外，緣由。奉批稟及另單俱悉。新會故紳入祀鄉賢，是否名實相符。番禺舉人劉華東如何編書傳播。有無赴司呈控。仰署東布政司確查覆奪。如應傳訊，即提集原保舉盧觀恒之紳士何朝彥，番禺舉人劉華東質明詳辦。」

撫憲批

「新會縣令吉安稟。據該縣稟同前由奉批。新會縣盧觀恒入祀鄉賢祠。據該縣學牒移轉詳。當經本部院核轉具題在案。該番禺舉人劉華東，因何於事後，有《草茅坐論》等編，刊刻傳播。當此海宇升平，公事公□。何庸草茅私相坐論，致蹈前朝處士橫議惡習。該舉人措此篇，大屬違制。究竟盧觀恒入祀鄉賢，名實有無不符。自應徹底訊明，俾無偏無倚。仰署東布政司，立傳原保紳士，秉公質訊明確。據實詳辦。並飭吉令知照。

稟為呈明劣跡，懇傳弔案查驗事。某等前以盧觀恒濫祀鄉賢一件聯呈。蒙批藩憲提訊。毋稍偏延等因。遵於本月十三日赴藩憲，稟明投案。蒙批准候委員集訊明確，稟請詳辦。但新會去省不過二百里，一二日可到。今守候廿餘日，原保紳士何朝彥、譚大經等，延緩不到。查盧觀恒即盧熙茂，於乾隆五十年十二月內，為爭田細故，與族兄盧熙錫相毆，凶將熙錫髮拔去。熙錫赴新會縣前令侯學府稟驗。批、候訊究辦。髮傷供單附。五十一年三四月，委補斷審兩次。熙錫不服，後復赴府控。批、拔髮方寸以上，罪止擬笞。熱審寬免。案已訊結，何得逞詞刁瀆。八月熙錫迫稟督糧道吳。批、拔髮經寸，例應笞責。只宜從減，未可全免。該縣既經訊明，並不稍示懲儆，盧熙錫所以不服。仰新會縣即傳盧熙茂補責可也。縣奉道批。覆訊以盧熙茂係捐職員，笞罪例得納贖一兩，解繳充公，此案完結。至其與嫡侄盧富朝互爭。盧觀恒控有聯黨捏伯，志圖索詐之案。若此與原冊稱觀恒能愛兄弟教訓子侄之文，大相懸異。不知何以奉文行查，

遽出呈結。而新會縣令於案經道結果存本縣。事前不查，事後不稟。意飭取冊結詳憲。諮部准覆。豈非朦混。尤可異者，觀恒入祀時，伊子盧文錦膽敢在聖廟前，開鑼放炮，演戲三日。開筵宴客，無禮屬甚。豈容置而不聞。並懇將盧文錦，及一切具結之人，徹底根究奏辦。方足以崇祀典而維名教，正國治而服人心。東等多屬寒儒，在省久候，資斧維艱。此案與尋常搆訟不同，伏乞大人洪恩體恤。迅仰藩憲親審便明。無庸委員，以省延賺。東等沾恩靡既矣。嘉慶二十年六月廿八日。」

督憲蔣批。

「盧觀恒是否即盧熙茂，與嫡侄盧富朝互爭何物，未及聲明。仰東布政司即傳原呈人，查訊明確詳覆。*毋得延宕*。嘉慶二十年七月初三日。」

撫憲董批。

「候催布政使司速提何朝彥等。研訊詳辦*毋瀆*。」

蔣制軍奏劉華東盧文錦等奏稿：

「奏為藉攻鄉賢，刊播浮詞，糾訟把持之舉人，並互相訐控之在籍候補郎中，請旨一併暫革確審。以端士習，而肅法紀，仰祈聖鑒事。案查嘉慶十九年六月廿八日。據前署藩司趙宜喜，具詳新會縣紳士，在籍員外郎何朝彥等一百餘人，聯名呈請，將已故候選道員盧觀恒入祀鄉賢。開其事蹟清冊，出具甘結。由教官知縣加結，由府司轉詳前來。惟時臣蔣赴粵西審案未回。臣董兼理總督義務，查核原案送到事蹟清冊。查與入祀之例相符，當會同學政臣彭繢疏具題。奉旨俞允在案。

迨本年四月間，有番禺舉人劉華東，赴臣衙門投遞封口稟函。該舉人從未謀面。當飭巡捕官，詢以所稟何事。據稱係因新會已故■商盧觀恒不應入祀鄉賢。臣蔣謬以此係地方公事，何得私行具稟。當將原稟擲還，並未拆閱。續據原詳入祀鄉賢之新會縣知縣吉安，暨照轉詳之廣州府楊健。先後稟稱，聞有番禺舉人劉華東，刊刻《草茅坐論》等編。指斥盧觀恒不應入祀鄉賢。稟請覆查。正在批飭查辦間。旋據舉人劉華東，臚列紳士二百餘名，赴臣等衙門。以前情呈控。並稱盧觀恒生前，曾犯毆兄霸產兩案。及原保盧觀恒之新會縣，在籍通判譚大經，致覆現在控告列名之新會舉人唐寅亮書內，亦云盧觀恒事實，大半出於資財等語。又據盧觀恒之子盧文錦等，以劉華東挾借貸不遂之嫌，刊刻《草茅坐論》一本。臣當批行藩臬兩司。並檄委廣州府等確查質訊。茲據委員等呈覆。劉華東所控盧觀恒毆兄霸產兩案。一係乾隆五十年之事。當日並未取具覆

審輸服供詞。一系嘉慶十年之事。業經訊明架詞誣控，判結有案。而原告劉華東控，總以盧觀恒曾充■商。鄉評未協，不應入祀鄉賢。臣等查入祀鄉賢。凡協鄉評者，例准設位入祠。並無商人不准入祀之明文。前據盧觀恒同籍之新會紳士一百餘人，共具結公呈。經地方官曾遞加結轉詳請題。是時鄉評並無不協。何以原保之譚大經，于事後致書友人，又有盧觀恒事寔，大半出於資財之語。果否名寔不符。及原保紳士狥情濫舉，自應再行確審核辦。至劉華東與盧觀恒，並不同縣。始以一人出名赴臣蔣衙門，遞封口稟函。旋復首列其名，臚列紳士二百餘名，紛紛呈控。大半皆非新會之人。其為劉華東科訟把持，顯而易見。且所刊書詞，敢以《草茅坐論》名篇，大屬妄誕。其書所稱。『內有一人焉，相與周旋延譽。又有一人焉，往來交通。上下其手。及勢利通行，公然不諱。及小人道長，君子道消』，究何所指，有無確切證據。所關尤非淺鮮。如果盧文錦因欲將其父盧觀恒入祀鄉祀，竟有交通行賄之事。不特盧觀恒應行撤退出祠，當重治盧文錦之罪。倘係劉華東挾借貸不遂之嫌，逞私污衊，把持科訟。並敢以誕妄之詞，刊刻布散，尤應從嚴究辦。相應請旨。將劉華東暫行革去舉人，盧文錦暫行革去郎中。以便提集案內卷宗人證，逐一確審。分別擬辦。除將刊刻劉華東《草茅坐論》一本。諮送軍機處備查外。臣謹會廣東學政臣彭，合詞恭摺具奏。伏乞皇上睿鑒。謹奏。

硃批

劉華東既係科眾妄攻鄉賢。著欽差秉公嚴訊。

盧文錦果係營鑽伊父入祀鄉賢。著欽差嚴審究辦。

譚大經前經保舉，後又自行檢舉。前後迥出兩人。著欽差嚴審究治。」

以下小批。

「譚大經書內，大半出於資財。撫臺奏。未必有是事。硃批。安知其無是事。

《草茅坐論》內。有一人焉，相與交通。上下其手。撫臺奏。此人究屬何指。硃批。安知其無所指。

■商不得入鄉賢祠。未有明文。硃批。士商本屬兩途。」

「奏為審訊攻訐入鄉賢不公一案。大概情形恭摺奏聞事。竊臣於十月廿七日□湖塗次。接奉上諭。據蔣攸銛等奏。藉攻鄉賢，刊刻浮詞。科訟把持之舉人。並且相訐告之在籍郎中。請旨暫革審訊一折。『舉人劉華東，郎中盧文錦。俱著褫革。交奉提集人證卷宗。秉公嚴審定擬具奏等因。欽此』。臣等於十一

月廿六日抵粵。即詳核原卷，傳提人證，率同隨帶使司員等。連日研訊。緣盧文錦之父盧觀恒身充■商，捐納道員，加運司銜。於嘉慶十七年十一月內身故。生前曾有捐修基圍、濠滘、水閘、道路，建立書院等事。伊子盧文錦遵伊父遺言，復捐在新會城內象山，建設義學義倉。經紳士何朝琬等具呈。十七年四月內，新會縣令吉安，詳府轉詳司院立案。撫臣董教增指示嘉獎。廣州府楊健，給予一扁額。前署藩司趙宜喜，以盧觀恒樂善不倦，其身行己。自己克協鄉評，應否入祀鄉賢之處。另■縣確查，採訪輿論。造其事寔冊結，詳請核辦。旋據在籍前任禮部員外郎何朝彥，前任通判譚大經等，以觀恒堪為鄉里表率，懇請入祀鄉賢祠。經學牘縣具詳府司督撫。彼時督臣蔣攸銛，前往廣西。撫臣董教增主稿。移會學臣彭邦疇具題，經禮部復准。本年三月內奉到部文。隨有番禺縣舉人劉華東，赴總督衙門，呈遞密稟。未曾拆閱發還。五月廿六日，新會縣知縣吉安具稟督撫，有劉華東刊刻《草茅坐論》，攻訐盧觀恒不應入祀鄉賢。別有所見，或另有劣跡，未便迴護，懇請查辦。廿七日廣州府楊健，稟同前由，各自檢舉，均批飭藩司，飭傳原保紳士，秉公查辦。六月初四日唐寅亮等二百餘人，聯名具呈。以盧觀恒目不識丁，賤藝充商，死有遺議，生前毆兄霸產等，請撤出鄉賢祠，以符名實。並控伊子盧文錦奉主入祠，在明倫堂張掛賀章，搭棚宴客，並於鄉賢祠對過演戲，開鑼放炮等事。

盧文錦亦以劉華東挾借貸不遂之□，糾眾攻訐等詞互控。委員鞫訊兩造各執一詞。督臣蔣攸銛等據實參奏。將劉華東、盧文錦褫革審辦。其盧觀恒款跡內毆兄一案，霸產一案，伊親姪盧朝富妄控，前已審實。其毆兄一案，檢查乾隆五十一年新會縣盧觀恒先因族兄盧熙錫，將伊所養鴨只打斃涉訟。又因神公田，將盧熙錫髮辮扯落方寸。盧觀恒雖無輸服供詢以下似有脫漏。止有虧■■。現在物議沸騰，士心不服。經查訊明確，未便令其復與■際。一面奏聞，一面令地方官撤出，以安士心，而合輿論。伊子盧文錦，欲將故父盧觀恒入祀鄉賢，難保無營求賄囑之事。且原保之譚大經，致列名攻訐之唐寅亮信函內，有盧觀恒事實，大半出於資財之語，更當從此根究。隨提譚大經訊究，據供盧觀恒濬濠等事，皆係自己出資辦理，是以指為出於資財，並非行虧，從前名■保時，並不知盧觀恒有毆兄霸產事，現已具呈檢舉等語。提訊盧文錦堅不承認營求等事。劉華東亦不能指出行賄實據。均未可信。必須詳細推鞫。嚴□遴審。方能作實。前署藩司趙宜喜，不應將盧觀恒應否入祀之處批示查辦紳士具呈恭保。劉華東《草茅坐論》公呈內，有由上而下之

語，事非無因。臣等現仍向盧文錦嚴究營求賄囑實情。並另原保之何朝彥、譚大經等，將盧文錦如何行賄之事，逐一指出。一有確據，即行嚴參，徹底究辦。斷不敢稍事徇隱，自蹈重懲。至同具公呈之人，是否劉華東一人起意，糾約把持。出於公忿，亦當研訊確實治罪，以杜紳士把持惡習。劉華東妄刊《草茅坐論》，語涉狂謬，亦有應得之罪。統候全案審明，一併按律定議具奏。所有臣等訊得大概情形、合先恭摺具奏。

再臣章與雲南藩司趙宜喜，兒女姻親。律載，官吏於訴訟人內有姻親之家，並聽迴避等語。此案臣自當謹遵迴避。查盧觀恒入祀鄉賢，督臣蔣攸銛正在廣西查辦事件，未曾會銜具奏。劉華東總督衙門呈遞密稟時，蔣攸銛即以公事公辦，諭其另行具呈。是以此案竟無干涉。可否請旨，飭令臣熙昌會同督臣蔣攸銛審辦。臣候訊明李棠、李人進訐告各案。定議具奏後，恭候諭旨。蒙允准。臣即啟程回京覆命。」

正月十三日接嘉慶二十年十二月廿四日內閣奉上諭。

「章等訊攻訐入鄉賢不公一案，大概情形一折。此案盧觀恒以■商致富，未曾讀書，兼有毆兄之事。經章等訊明，撤出鄉賢祠，所辦甚是。其劉華東妄刊《草茅坐論》，亦有應得之罪。章因與原保盧觀恒之前任藩司趙宜喜係兒女姻親，奏請迴避。著將此案交熙昌會同蔣攸銛秉公審訊，有無營求賄囑情弊，分別定擬具奏。章現已派令管理刑部事務。著將其餘交審各案，與熙昌審擬完結。即行回京供職。欽此。」

欽差督憲會奏鄉賢奏稿

「查例載崇祀名宦鄉賢，應確核事蹟。倘有名實不能相符，冒濫題報者，將原保出結官，從重議處。又進士舉人監生，有犯罪一次，杖一百者，分別諮參除名。又文武官犯罪，本案革職。其笞杖輕罪，毋庸納贖各等語。此案盧文錦於伊父入祀鄉賢，訊無營求賄囑情事。惟因劉華東詆毀伊父，遂即控為挾嫌，尚非憑空誣告。惟並不靜候查辦，輒憶及遠年傳說之語，據控借貸挾嫌，已屬謬妄。又於貼近宮牆之地，鳴鑼放炮，演戲宴客。並在明倫堂懸掛賀章，實屬違制。劉華東訊非糾眾把持，其攻訐盧觀恒不應入祀鄉賢。案經審明得實，並無不合。惟首倡議論，任意譏彈。雖細核論內，尚無悖誕不經之語，亦無挾嫌污蔑之詞。而逞其筆鋒，著論傳播，亦屬違制。盧文錦、劉華東均應照律各杖一百。前經臣蔣等奏請褫革審訊。今訊明罪該滿杖，例應除名。盧文錦應革去郎中，劉華東應革去舉人，以示儆□。陳疊代刻《草茅坐論》，雖訊無傾陷別

情，究屬不合。應照不應■重律杖八十，係生員照例納贖。前任禮部員外郎何朝彥，前任浙江通判譚大經，現任惠州府學教諭李實，首先列名保舉。雖訊無得賄徇情，惟未能確查，究屬冒濫。其具呈檢舉，亦在劉華東呈告之後，應請交部議處。新會縣教諭楊應祖，訓導張長發，訊非得賄濫舉。

　　惟盧文錦於鄉賢祠對過演戲，又於明倫堂張掛賀章，不行禁止。且首先結報鄉賢，採訪未能確實。前任廣東藩司升任雲南藩司趙宜喜，批飭查詳。雖嚴訊盧文錦委無營求賄囑別情，惟以應否入祀之詞，批令確查核辦。致有由上而下物議，實屬不應。均應請旨，飭交吏部嚴加議處。新會縣知縣吉安，廣州府知府楊健，加結轉詳，失於查察。雖於未經告之前，檢舉查辦，亦應一併交部分別議處。撫臣董教增，先據縣詳盧觀恒設學建倉等事，飭府給與扁額，本屬至當。後因司詳公舉鄉賢，未加詳查，即行主稿具題。隨即列銜會奏之學臣彭邦疇，一併請旨，交部分別察議。其附名聯保之紳士陳燮元等一百餘名，隨同濫舉，殊有不合。惟人數眾多，或係隨眾列名，或係親友代簽。現訊無賄囑別情。亦未便紛紛查提，致滋拖累，應請從寬，免其置議。列名攻訐之紳士唐寅亮等二百餘名，呈控得實。均毋庸議。未到者，概免傳質。俱□省釋。《草茅坐論》板片，先經銷毀。盧富朝呈控伊伯盧觀恒霸產一案，先經該縣審實。因唆訟之王顯榮未獲，尚未議詳報。臣蔣攸銛，仍飭該縣嚴緝王顯榮□獲，照例辦理。除將全案供招，並《草茅坐論》諮送刑部察核外，所有臣等會同審明，定擬緣由，理合恭摺具奏。伏乞皇上睿鑒。飭部議覆施行。謹奏。」

　　撫憲三月二十日准刑部諮議。覆欽差侍郎熙昌，會同總督蔣攸銛具奏。

　　「已革舉人劉華東等。攻訐已故■商盧觀恒，入祀鄉賢不公一案。應如所奏完結。又吏部查議。應將前署廣東布政使事按察使趙宜喜，照不應重私罪，降二級調用例上加等議以降四級調用。已升雲南布政使，應於現任內降四級調用。毋庸查加級記錄議抵。新會縣教諭楊應祖，教諭銜發新會縣訓導事張長發，首先結報鄉賢，查詳未能確實，已屬濫舉。其任聽盧文錦於鄉賢祠對過演戲，明倫堂張掛賀章，不行禁止。亦經欽差侍郎熙昌等奏請嚴加議處。均照紳衿越禮僭分，州縣官徇庇不究，降三級調用例上加等，議降四級調用。亦毋庸查加級紀錄議擬抵。教諭無四級可降，均應革職。其結報鄉賢不實之處，已於本案從重議處，應免其再議。前任禮部員外郎何朝彥，前任浙江嘉興府通判譚大經，惠州府教授李實，首先列名保舉，實屬冒濫，均應照濫舉匪人例降二級調用。何朝彥已經丁憂，譚大經已經丁憂，限滿均應於補官日降一級用。新會

縣知縣獲盜引見以知州用吉安，廣州府知府升任雷瓊道楊健，加結轉詳，失於查察。其檢舉查辦，係在劉華東呈稟之後，經欽差侍郎熙昌等，奏請分別議處。吉安仍應於濫舉匪人降二級調用例上，減等為降一級調用。楊健於吉安降一級調用例上，減為任內降一級留任。廣東巡撫董教增因司公舉鄉賢，未加詳查，即行主稿具題。廣東學政翰林院侍講學士彭邦疇，會同列銜。經欽差侍郎熙昌等，奏請分別察議，董教增罰俸一年例上，減為罰六個月。查該員等均屬濫舉，俱毋庸查加級紀錄議抵等因。二十一年正月二十七日具奏。二月廿七日到部。奉旨依議。欽此。」

督憲十九日赴欽差公館，會同熙大人審訊鄉賢祠案。

「審得劉華東刊造《草茅坐論》，陳疊代寫，均有應得之罪。盧觀恒入祀時，盧文錦並無賄囑情弊，但於明倫堂內宴客，張掛賀章，亦有應得之罪。劉華東、盧文錦均著依律杖一百。除革功名。陳疊依律杖八十，折責，免革生員。前署藩司趙宜喜，新會縣教諭楊應祖，訓導張長發，均經交部嚴加議處。撫憲董教增，廣州府楊健，請交部議處。其餘原保紳士，及攻訐紳士，因人數眾多，難於辦理。俱著請省釋。劉華東、盧文錦俱飭令取保釋放。聽候辦理。」

蔣攸銛，漢軍鑲藍旗人。乾隆甲辰進士。嘉慶十七年任廣東總督。

董教增，浙江上元人。進士。十九年任巡撫。

趙宜喜，江西南豐人。監生。任按察使。前署布政使。

吉安，漢軍正白旗人。舉人。十八年任新會縣知縣。

楊應祖，大埔人。舉人。十六年任新會縣教諭。

楊健，湖南清泉人。進士。十九年任廣州知府。

侯學詩，江蘇江寧人。進士。乾隆四十八年知新會縣事。

曾燠，江西南城人。進士。嘉慶十五年任廣東布政使。

彭邦疇，江西南昌人。乾隆乙丑進士。嘉慶十六年以侍講學士任廣東學政。

吳廷瑞，河南固始人。進士。乾隆四十九年任廣東督糧道。

張長發，豐順人。舉人。十七年任新會縣訓導。

《香港中興報》1934 年 12 月 17 至 31，1935 年 1 月 1 至 8 日

【注釋】

[1] 劉華東，詳見《附錄　蔡守與古人交流考》。

[2] 盧觀恒，詳見《附錄　蔡守與古人交流考》。

[3] 陳壘，詳見《附錄　蔡守與古人交流考》。

[4] 鹽筴，徵收鹽稅的政策法令。筴，同「策」。《管子·海王》，「海王之國，謹正鹽筴。」宋李綱《理財論中》，「齊以鹽筴富，吳以鑄錢強。」《明史·周經傳》，「鹽筴佐邊，不宜濫給。」鹽務，清劉毓崧《〈古謠諺〉序》，「雖永司鹽筴，未握臺綱，而遇閭閻有控訴於前者，必善為綏撫。」清劉大櫆《誥贈通奉大夫程君傳》，「故程君年二十，即奉其父命，理鹽筴於豫章。」

[5] 陳白沙，即陳獻章，詳見《附錄　蔡守與古人交流考》。

[6] □，原文字缺，下同。

[7] 伊秉綬，詳見《附錄　蔡守與古人交流考》。

[8] 曾燠，詳見《附錄　蔡守與古人交流考》。

[9] 酈湛若，詳見《附錄　蔡守與古人交流考》。

[10] 黃培芳，詳見《附錄　蔡守與古人交流考》。

[11] 鄧淳，詳見《附錄　蔡守與古人交流考》。

[12] 陳昌齊，詳見《附錄　蔡守與古人交流考》。

[13] 譚大經，詳見《附錄　蔡守與古人交流考》。

[14] 張衍基，詳見《附錄　蔡守與古人交流考》。

[15] 龔在德，詳見《附錄　蔡守與古人交流考》。

[16] 蔣攸銛，詳見《附錄　蔡守與古人交流考》。

[17] 董教增，詳見《附錄　蔡守與古人交流考》。

[18] 趙宜喜，詳見《附錄　蔡守與古人交流考》。

[19] 高固，無考。

[20] 楊孚，詳見《附錄　蔡守與古人交流考》。

[21] 張九齡，詳見《附錄　蔡守與古人交流考》。

[22] 邱瓊山，即邱濬，詳見《附錄　蔡守與古人交流考》。

[23] 海剛峰，即海瑞，詳見《附錄　蔡守與古人交流考》。

[24] 湛甘泉，即湛若水，詳見《附錄　蔡守與古人交流考》。

[25] 胡金竹，詳見《附錄　蔡守與古人交流考》。

[26] 莊滋圃，莊有恭，詳見《附錄　蔡守與古人交流考》。

[27] 李恭毅，即李湖，詳見《附錄　蔡守與古人交流考》。

[28] 王荊公，王安石，詳見《附錄　蔡守與古人交流考》。

[29] 陸萬齡，詳見《附錄　蔡守與古人交流考》。

[30] 魏閹，魏忠賢，詳見《附錄　蔡守與古人交流考》。

[31] 韓桂舲，即韓葑，詳見《附錄　蔡守與古人交流考》。

[32] 程鶴樵，即程國仁，詳見《附錄　蔡守與古人交流考》。

[33] 黃顯章，詳見《附錄　蔡守與古人交流考》。

[34] 梁文康，梁儲，詳見《附錄　蔡守與古人交流考》。

[35] 高璜，無考。

[36] 汪學金，詳見《附錄　蔡守與古人交流考》。

[37] 嚴福，無考。

[38] ■，原文字模糊莫辨，下同。

[39] 范文正，即范仲淹，詳見《附錄　蔡守與古人交流考》。

[40] 王彥方，王烈，詳見《附錄　蔡守與古人交流考》。

　　（前缺文）寒案。李根源 [1] 景邃堂題跋，載袁滋 [2] 題名，稱袁丕鈞 [3] 跋，徵引詳明。容日再檢《滇繹》書之。貞元甲戌，迄今後十八甲戌。千載有奇也。

《香港中興報》1935 年 1 月 28 日

【注釋】

[1] 李根源，詳見《附錄　蔡守與時人交遊考》。

[2] 袁滋，詳見《附錄　蔡守與古人交流考》。

[3] 袁丕鈞，詳見《附錄　蔡守與時人交遊考》。

潘漢石銅筆管

　　鄉先生潘漢石紹經 [1] 書小馬站《河陽書室》匾額，粵督阮元 [2] 過而見之，下輿諦視，低徊不忍去。遂延入節署，聲名籍甚。縉紳大人，倒屣相迎。得其尺縑寸楮，珍逾拱璧。漢石隸書學《熹平石經》，雖頗雄健，然亦文達獎掖寒畯之雅事也。日前有鄉人以紫銅筆管求售，上刻繆篆「中郎遺意」四字，下署「頤老人持贈漢石先生永用」正書十一字。知亦文達所貽。鑄銅為管，凝重有勢。而能驅使如意，峭拔中姿態橫生，洵稱能事。顧漢石晚年殊落拓。有《騎牛讀書圖》，以抒其激昂慷慨之氣。圖為德坤和尚 [3] 寫像，蘇六朋 [4] 補景。當時耆碩，題詠至夥。未知今尚存否，漢石為吾邑沖鶴鄉人也。

《香港中興報》1935 年 1 月 28 日

【注釋】

[1] 潘漢石，即潘紹經，詳見《附錄　蔡守與古人交流考》。

[2] 阮元，詳見《附錄　蔡守與古人交流考》。

[3] 德坤和尚，詳見《附錄　蔡守與古人交流考》。

[4] 蘇六朋，詳見《附錄　蔡守與古人交流考》。

歐旦良蠟石

　　余素嗜些子景，尤喜以蠟石種竹。養於水盆，不用泥。竹根自生入石罅中。黃石翠筠，案頭清供之俊物也。嘗得一石，鐫有「四百三十二峰樵者珍玩」小篆十字，知為鄉先生歐旦良 [1] 遺物也。旦良為吾邑陳村人，幼擅六法。嘗以巨金贄馬岡佘啟祥 [2] 之門。啟祥見其畫，詫曰「吾無以益子。但歸肆力為之可也」。由是業益進。樹石花卉，超挺拔俗。性癖石，尺峰寸岫，羅列几案。自號四百三十二峰樵者。吾獲此石，知為其遺物，益加珍愛。且以補汪氏《嶺南畫徵略》之闕。

《香港中興報》1935 年 1 月 28 日

【注釋】

[1] 歐旦良，詳見《附錄　蔡守與古人交流考》。

[2] 佘啟祥，詳見《附錄　蔡守與古人交流考》。

淨慧禪寺千佛塔絕頂刻字

　　日前偕方公矔仙 [1] 訪鐵禪於六榕寺。出示此次重修花塔所拓塔頂刻字■ [2] 份定價十大元。是塔峻極切云，非重修時弗可得拓。然重修耗四萬餘金，是拓全份足直十金，殊非貴也。余舊藏有陳蘭甫澧 [3] 拓本。因假歸與《廣州府志》並校之。

　　銅柱鑄字陽文。■志誤作刻於天盤第一層第二層。應據拓本正之。

　　「峕大元至正二字反文十八年戊戌歲，化到合郡官員，十方善男信女，喜捨金銀銅鐵鉛錫。三月初一己亥，越初九丁未日，興工鑄造淨慧禪寺千層寶塔銅柱天盤一新。所集銖勳，報資恩有。風調雨順，國泰民安。上祝皇圖永固，帝道遐昌。佛日增輝，法輪常轉。」

　　都九十有五字正書陽文，■體方勁，有六朝石■氣味。此柱圍徑九尺。字徑約寸許，兩邊有間。

銅柱間外鑄字，亦陽文。字徑約一寸有半寸。

「南無大寶積經此六字，在時字至八字間外之右。南無大般若波羅密多經此十字，字體在篆隸之間，似齊造像之篆書，古勁多姿態。在銅字至未字，間外之右。府志誤在涅槃經之上。南無大般涅槃經此七字正書，在銅柱二字至銖勳二字，間外之右。南無大方廣佛華嚴經此九字篆書，在圖字至昌字，間外之右。」以上四經名，府志誤作刻在天盤第一層。

銅天盤壽山蓋刻字。

正書陰文。

「熙淳癸酉，女弟子一行黃氏念六娘捨錢鑄二行造鐵蓋志誤作盍年深破壞，今三行大元至正十八年戊戌四行歲化到十方善男信五行女以銅易鐵，重新六行鑄造天盤壽山蓋七行，志誤作蓋各祈善利者八行。提調燒灰九行信士李明、榮祝壽十行，僧，定、定智十一行、寶璪、明觀、堅■十二行。庫子，元宏十三行。化主，明祜、堅忻十四行、堅□ [4]、寶■、寶現、堅恪十五行。監修，堅恕十六行。掌財，法■十七行。提督，堅德十八行。耆舊，堅悠、壽■府志誤，多一祈字、嗣真、堅悅、堅慧十九行、嗣堅、仁堅、義舒、志念、有貴二十行、淨廣、淨亮、嗣敬、淨寶、弘志志作■、懋廿一行、法成廿二行。掌事，寶■、寶琦志誤作綺、傳意、元紀、寶■、嗣閏廿三行。頭首，善福、宗方、至初廿四行、寶瑄、寶瓊、元栗、堅恖廿五行。當代住持永吉識廿六行。羊城匠人呂從政鑄造廿七行。運力行者可達、■印廿八行、以壽、道清廿九行。塔主善壽三十行、何大、曹二哥卅一行、陳伯誠、趙文達卅二行、林觀俊、李卯海卅三行。灰拭匠人潘德卿卅四行。大元至正反文十八年戊戌歲十■月十七日卅五行，彌陀但晨上寶珠記卅六行。江西吉安師父李仁叔、李善卿卅七行。父呂道全卅八行、蔣玉存志誤作王府、禹四姐卅九行。各生淨界四十行。南無圓滿願菩薩四十一行，□無常精進菩薩四十二行，護持四法緊那羅王薩菩四十三行，西天唐土諸善知識四十四行，護塔大權□□菩薩四十五行。千手眼觀世音菩薩四十六行。化錄信士瞿伯玉志誤作王，四十七行。運力僧堅恂、元詮、寶琛四十八行。堅憙志誤作意、元偉、廣慶四十九行。寶升、堅□、堅願五十行。義志誤作戒、義意、仲賢五十一行。寶琮志誤作琼、寶瑞善錄五十二行。化緣信女馮妙田。自命癸巳三月十二夜子時生五十三行。信女龔二姐五十四行、孟一姐、程妙堅五十五行。」

右五十五行正書，大小不一。環刻於壽山蓋，蓋高八寸。

十六面天盤，每面高五寸，寬四寸，上有陽文雲紋。十五面刻咒，第十六

面刻記。咒每面五行，行字數不一。記十行，均正書陰文。

「第一面尊勝佛母總持神咒。西番焰口秘密儀內志脫內字錄出流通，■沒■莎局唵捺麼末遏幹矴薩㗚末得嚧浪結不囉帝眉石室怛也。

第二面莫捺也矴捺麻怛涅達唵漫怪沒■商捺也眉商捺也啞薩麻薩慢怛啞幹末薩悉發囉捺遏。

第三面帝遏遏捺莎末幹眉熱■啞寬伸錢恪檳薩慄末怛逢遏怛徐遏怛幹■幹捙捺啞沒吟怛啞寬賒該慄麻易摩飛羅。

第四面慢得羅巴奈啞易羅亞易羅麻麻亞余珊奈羅稱商奈也商奈也眉商奈也眉商奈也遏遏奈莎末幹眉熱寧馬室祿。

第五面拼眉■也吧■熱寧薩易悉羅羅室彌珊葬泥矴薩栗末怛達易怛亞幹浪雞祿拼得巴羅彌怛巴哩布羅祿薩栗□。

第六面怛達■怛麻矴奈折算彌不羅帝室提矴薩亞末怛達易怛紇令奈也亞溺室達奈啞溺室提矴□摩能令摩能令麻。

第七面曷摩能令末則羅葛也珊曷怛奈巴里熱寧薩栗末葛栗麻亞幹羅奈眉熱寧不羅帝彌幹栗怛也麻麻亞余栗眉熱。

第八面寧薩栗怛末達曷怛薩麻也亞溺室達奈亞溺室提矴□摩彌摩彌麻曷摩彌眉摩彌眉摩彌麻■眉麻彌摩帝麻帝。

第九面麻曷麻帝麻麻帝徐麻帝怛怛達莫怛光帝巴里熱寧眉悉普怛莫溺熱寧馨馨捙也枚也眉捙也眉捙也悉麻羅悉。

第十面麻羅悉發羅悉發羅悉發羅也悉發羅也薩栗末莫奈亞溺室達奈亞溺室提矴熱寧熱寧莫寧莫寧末則令末則令。

第十一面麻曷末則令徐末則令末則羅遏栗令捙也曷栗命眉捙曷也栗命末則羅撮輕曷栗命末則■能末詠末則羅三末。

第十二面詠末則合末則里彌末則覽末幹俗麻麻折里蘭薩栗末薩咄難。捙曷也巴里熱溺栗末幹格銘薩奈薩㮈末曷帝巴。

第十三面里熱溺室捙薩栗末怛達曷怛室。捙慢薩麻說薩演格莫涅莫涅席涅席涅摩奈也摩奈也眉摩奈也眉摩奈也摩捙。

第十四面也摩捙也眉摩捙也眉摩捙也商奈也商奈也眉商奈也眉商奈也薩慢冊摩捙也摩捙也薩慢怛羅室彌巴里熱寧。

第十五面薩栗末怛達曷怛紇令奈也亞溺室達奈亞溺室提矴□摩■令摩能令麻曷摩能令麻曷摩能令羅慢得羅得莎■。

第十六面此咒乃西蕃正本。廣州城北粵山地藏道場，於焰口秘密儀內志脫此字錄出。書於志誤作千佛塔院。蓋有情如經所說，若人書此陀羅尼咒安高幢上，或志誤作盛高塔中，能令眾生，或時近見，或而相近。或為幢影覆身，或為幢■飄塵志誤謂闕着身，或幢中水滂落其身。是人所有五無間業，應墮惡道。闍摩羅界，無救無護。如是等志誤謂闕罪，悉皆消滅淨盡無餘。右記刻在第十六面，十行，行十二字。字體似唐人寫經，雖係匠人奏刀椠刻，時代使然，故能如是。」

右鐵禪拓本大小都二十二咶。

余得陳蘭甫舊藏墨本，尚有數品如左：

塘頂金寶珠刻字。

「宣和六年甲辰至紹興二十三年癸酉落成重補鑄鍍金寶珠。」

正書一行，行二十四字，字徑半寸許。蘭甫跋云，「案宣和六年甲辰至紹興二十三年癸酉，凡三十年也。嘗聞胡君毅生 [5] 云，此字尚可見。但為鍍金所填不能更拓耳。」

「大元至正十八年戊戌鑄造銅柱重鍍寶珠落成開慶己未吉日謹記。」

正書一行，行廿七字，字徑三分許，今亦未拓。

「大明萬曆四年丙子，重鑄輪桶，九霄銅柱，天盤寶珠。打換八方護練。並總箍煉一新。中憲大夫知廣州府事蕭■助銀十兩，祈願官星朗耀，祿位高遷。早生智慧之男，紹續宗風之裔。謹誌。

番禺學生員劉大用，捨為祈願先年有祖母黃氏老安人。生於天順己卯年五月初十日丑時，終於嘉靖庚子年六月初五日卯時。願佛天庇度，早超仙界。生生世世，長在佛前為善，不墮輪迴。及大用後嗣綿遠，至願謹祝。劉大用捨金二兩五錢正。住山都綱德隱謹題。劉大用男元儒捨金頂祈求子孫綿遠，吉祥如意。」右兩段，今亦未拓。

銅柱題字

「千代浮屠砥柱，萬世天下根本。與天地悠久無疆。」篆書三行，鑄字陽文志誤為刻字，字徑一寸有六分，今亦未拓。

銅鑄九霄桶上層四周佛號

「南無阿彌陀佛。南無釋迦牟尼佛。南無當來彌勒佛。南無觀世音菩薩。」篆書四行，鑄字陽文，字徑三寸許志亦誤作刻字，今俱未拓。

銅九霄桶下層題字。

「風調雨順。國泰民安下闕。重修鑄造。」篆書，鑄字陽文，字徑二寸有

奇志誤作刻字。今皆未拓。

　　鐵禪於重修時，命打碑人張金精拓流通。洵知其難也。但不督拓，以致寶珠、銅柱、九霄桶，所有宋、元、明題字，及銅柱四周之千佛像，皆不拓。寧勿憾事耶。舊拓完備益可寶貴也。

《香港中興報》1935 年 1 月 30，2 月 8、9、10 日

【注釋】

　　[1] 方矓仙，即方樹梅，詳見《附錄　蔡守與古人交流考》。

　　[2] ■，原文字模糊莫辨，下同。

　　[3] 陳蘭甫，詳見《附錄　蔡守與古人交流考》。

　　[4] □，原文空白，下同。

　　[5] 胡毅生，即胡毅，詳見《附錄　蔡守與古人交流考》。

欽州分茅嶺石刻

　　吾粵古石刻絕罕，唯欽州分茅嶺一石，疑亦紅厓之類。苗人古字，固不可識。後人疑為三代秦漢皆非也，然或為三代之前亦未可知。自光緒廿三年潘氏訪得，始有拓本流傳於世，日前見潘氏訪得初拓本，因記如下：

　　石高一尺有五寸，寬二尺有三寸，四角皆闕，劃紋縱橫，無一字可仞 [1]。拓本有「吉祥雲護」朱文方印。碑陰有正書「能避疫避火」五小字，前人或疑為摩厓，亦非也。

　　「此碑埋沒於中越交界之分茅嶺。余防邊時，令軍士掘濠乃復現焉。視之年代無存，殘闕過半。其字雖不可識，然蒼老奇奧，純類秦漢間物。且於碑陰有『能避疫避火』正書五小字，隱約可辨，殆神物歟。拓之以貽同好。聊備考古者之一助云。光緒二十三年四月既望。潘培楷 [2]。」「培楷」朱文方印。

　　「分茅嶺在欽州西南三百六十里。山頂茅草頭南北分向故名。余昔分巡廉欽，駐領年餘。州中名蹟，如直鉤軒、天涯亭、寧贊碑、各□ [3]。嘗為題識歌詠。州西十萬大山中，於王光馬 [4] 種八角、桂樹數百萬株，未見此石。潘君督辦邊防，與余相識，亦未以此拓相貽。辛酉夏始見此於海上。筆劃奇偉雄勁，頗似隸楷。可仞者『年癸未三』等字，餘未可強識。惜前未之聞，不得多拓數紙，以供耆古者一考證也。耷叟 [5] 記於息塵盦。」「耷叟」朱文

長方印。

「交州，漢之郡國。此刻行筆亦似漢時古隸，字多不可識。豈玀玀文雜其間耶。漢世曰雒民，六代曰俚，宋元以來曰玀玀，其文略似漢文，如女真，高麗也。辛酉仲夏。寐翁觀記。」「海日樓」白文方印，「雪厈藉觀」白文方印。寒案，黃花考古學院社友楊成志 [6]，考玀玀文已著有專書。與是刻不同。沈子培曾植 [7] 此跋疑為玀玀文。非也。

「此石在欽州分茅嶺，為中國極南之域。乃有此異文，甚不可解寒案，更牪此語正不可解，紅厓古刻，何嘗不是在荒僻之境耶。衡山峰頂有岣嶁碑，丹陽延陵季子墓，有孔子題碑十字，人皆不識。人或疑其偽，然試問，誰能作此偽者。楊升庵 [8] 釋岣嶁碑，有『久旅忘家』句。誠與書之予弗子文，今古迥殊。然升菴所讀之書，我輩亦曾讀之。我輩不識，升菴亦不識。此升菴之偽，非岣嶁之偽也。吾以為岣嶁、延陵二石，皆為中國至寶之真物。乃吾國人自疑而棄之，誠大謬也。岣嶁固不能定為禹碑。然以今商器較之，必夏以前文字。且其結體類墨西哥文，則在墨領峽未裂以前物。此文作竹葉形，或亦在四千年前。三苗之文字，惟道家符篆有竹葉一體。此碑陰既有『能避疫避火』五字，則似道家物。然亦在漢□時矣。辛酉三月盡日。南海康更牪父 [9] 題。」「更生」朱文方印，「康有為印」白文方印。

寒案，康跋定其為三苗道家文字，是也。但磧定其為漢則妄矣。固余亦定其為苗文，與紅厓相似。其時則未可縣定也。至若岣嶁、雲臺、大風歌、古老子，皆唐以後人偽造無疑。唯延陵十字題碑，複刻幾次，字劃必有偽誤。據吾友秦見齊錫圭 [10] 古玉璽「延壽」二字，其「延」字與延陵碑正同。可取證延陵碑非嚮壁虛造。因屢經復刻，而字劃有偽耳，如「吉日癸巳」亦然。

《香港中興報》1935 年 2 月 11 日

【注釋】

[1] 仞，一解作「辨識」。南唐馮延巳《浣溪沙》詞，「醉憶春山獨倚樓，遠山回合暮雲收，波間隱隱仞歸舟。」

[2] 潘培楷，詳見《附錄 蔡守與時人交遊考》。

[3] □，原文空白，下同。

[4] 王光馬，無考。

[5] 耷爰，即王秉恩，詳見《附錄 蔡守與時人交遊考》。

［6］楊成志，詳見《附錄　蔡守與時人交遊考》。

［7］沈子培，即沈曾植，詳見《附錄　蔡守與時人交遊考》。

［8］楊升庵，即楊慎，詳見《附錄　蔡守與古人交流考》。

［9］康更甡父，即康有為，詳見《附錄　蔡守與時人交遊考》。

［10］秦見齊，即秦錫圭，詳見《附錄　蔡守與時人交遊考》。

隋王夫人墓誌

　　吾粵隋刻石厪寧賛、劉猛進、徐使君三石。今見友人羅原覺澤棠［1］藏大業南海王夫人墓誌，亟錄下。用告邦人士之耆石墨者，莫歎南天金石貧也。

　　石高一尺有半寸，寬六寸有八分。石左上闕一角，隸書十四行，行二十有五六字不等，字徑約四分許。

　　「□□□□［2］太原王夫人墓誌銘並序。□□□□其先太原晉陽人也。曾祖峴公，持節南海，遂家焉。祖潛夫世承家訓，忠孝立身。父元德，居州牧時，奉公克勤，才聞八座。夫人即□之弟五女也，既笄之後，適於同邑陳氏。自結秦晉之好，無虧婦道□儀。事姑惟勤，事夫以敬。踰廿載而睦如也。夫人厚德，閭里喧傳。天奪其壽，魂魄上升。體掩重泉，千秋飲恨。以大業三年五月二日，□於南海揚仁坊之私第。春秋卅即四十有八。育子一人，曰延裕。夙承慈訓。□令名。泣血哀號，行路傷悲。即以其月廿八日，窆於南海治扶□□。恐陵谷變遷，刻茲貞石。銘曰，屹然孤墳，南皇之墩。殞我慈母，蒼天不仁。□水夜流，松煙晝昏。□□連□，暮暮晨晨下闕。五月廿八日記。」

《香港中興報》1935 年 2 月 12 日

【注釋】

　　［1］羅原覺，即羅澤棠，詳見《附錄　蔡守與時人交遊考》。

　　［2］□，原文空白，下同。

宋傅二娘造石水筧記

　　羅氏又藏宋石水筧記一石，金石之異品也，亦並錄下：

　　石高一尺有一寸，寬五寸，正書三行。

　　「城南廂信女傅氏二娘，捨錢造石水筧。祈保平安者。紹定二年七月中元題。」

　　寒案，造石水筧記，繇來金石書未見著錄。可補葉氏《語石》之例。其文

字古㝈，似余藏紹定嚴解元磚，亦可喜也。

《香港中興報》1935 年 2 月 12 日

鍾氏藏顧橫波墨蘭卷

前已錄盧氏藏顧橫波墨蘭卷（廿三年十二月起日本報），今再錄摯友鍾君仁階 [1] 所藏者如左：

綾本長四尺有八寸，寬七寸有二分，款署「長至日，眉畫於莫愁居小楷」。「白門眉子」朱白文方印，「白子」二字朱文，「門眉」二字白文。

龔芝麓 [2] 宗伯題卷內畫間，「雪後擁爐寒甚，苦無酒錢。君萬門兄，以名酒見餉，欲博閨人畫蘭。感其意，促為寫此。昔子瞻作木石寄賈處士曰，『吳興有好事者，能為君月致米三石，酒三■ [3]。終君之世者，便以贈之。』若然，恐君萬正當欠我酒債耳。甲申仲冬戲題。」「孝升氏」朱文方印。

「展吳綃乍疏還密，芬芳幽谷清曉。相如作賦無人買，爭乞美人香草。隨意掃，問楚雨湘雲，叢裡添多少。圖成一笑。怪紅杏尚書，淋漓史筆，却識數行小。湘蘭派，沿到眉樓更巧案《秋庵詞草》作『沿傳到眉樓巧』，多『傳』字無『更』字。詞入誰不傾倒。前朝金粉江流盡，只有橫波縈繞。欣着飽，悔不向晴窗索取親臨稿魚山工書畫。案《秋庵詞草》注作『魚山工寫蘭』。如君麗藻，倘生在當時，臂金解贈，未肯讓朱老用竹垞見夫人事。」

寒案，右詞已見《秋庵詞草・買陂塘》，馮戶部魚山所收橫波夫人畫蘭卷。余見於都門，攜歸欣賞，為填一闋以還之。

「乾隆壬子仲春。錢塘散花灘上人黃易 [4] 題於長溝舟次。」「黃九」朱文方印。

「此蘭娟娟，云抵酒錢。此題語可傳。噫嘻，此題端在何年。噫嘻，徒供一笑。燈下酒邊。乾隆癸丑嘉平朔。北平翁方綱 [5]。」「覃溪」朱文方印。

「尺幅橫斜寫墨枝，小名眉子押朱絲。水晶宮裡興亡感，一例夫人倒好嬉。美人香草意何如，廿四離騷罷讀餘。賺得一瓻桑落好，白頭醉殺老尚書。魚山先生屬題。穀人吳錫麒 [6]。」「吳錫麒印」白文方印，「穀人琴書」朱文方印。

寒案，右詩已見吳聖徵 [7]《有正味齋詩集》卷十即《重夢集》上「題橫波夫人畫蘭卷二首。款云『長至日，眉畫於莫愁居。』有『白門眉子』小印。其上龔芝麓宗伯自題云『雪後擁爐寒甚，苦無酒錢。君萬門兄以名酒見餉，欲博閨人畫蘭。感其意，促為寫此。』」第一首第一句「余梵字花頭墨寫之」，與題卷

不同。弟二首第一二兩句，作「風流猶傍莫愁居，香草圖成雪滿廬」，亦與題卷異。當是後改才刻入集者。

「湘蘭粉本藝林誇，又見橫波點筆斜。從此國香添故事，只應喚作女郎花。尚書小跋足逌然，要把名縑抵酒錢。卻怪柴桑陶處士，義熙以後尚題年。魚山先生粲政。秋室余集 [8] 漫題。」「余集之印」朱文方印。

「金粉銷沉春事歇，南朝佳麗如煙沒。秦淮楊柳向蘭橈，幾人曾醉眉樓月。綵筆當時寫國香，莫愁名館買春藏。含豪原作毫，乃俗字，故易正薄染花光動，脫釧輕揮葉勢長。片石分明移楚岫，幽叢彷彿種瀟湘。生綃一幅爭傳玩，墨色綾紋無漫漶。尚書消受畫眉情，閒吟想見妝臺畔。白門眉子小印紅，幀間題字留詩翁。羞顏怕向徵蘭吉，妙繪應勝詠絮工。同時畫筆猶堪記，不讓湘蘭誇絕藝。染翰彈琴訪玉京，梅花有客相思客。采蘭上巳過琴河，浮■風光夜夜歌。一片消魂桃葉水，至今人尚說橫波。題顧橫波畫蘭卷子。壬子春日。小香脫稿。」「■」朱文方印。寒案，右詩小楷甚工整，似女郎手筆，但未知誰家閨秀耳。

「細秀清圓腕力長，離披花葉抱香光。再看折筆垂巖石，鳳尾輕舒九畹芳。

纖纖脫釧便揮豪原亦俗寫作毫，一種風流首重搔。不惜國香留絹素，夫君贏得醉香醪。

甲申長至莫愁居，名酒分來一■渠。寫出同心同臭味，當爐端復笑相如。朱印分明記素縑，眉樓還認白門前。畫成王者香盈幅，任與尚書索酒錢。詩宗詞伯詠香園，何幸遺藏一卷齊。展向晴窗堪紉佩，夫人畫蕙尚書題。己未冬至前，津生鏞附稿。」「士鏞之印」白文方印寒案，津生為魚山之子。

「莫愁雲水妙安排，洗盡鉛華滌筆佳。賸得零縑珍拱璧，好花如夢照秦淮。眉樓香草墨留痕，不減湘蘭照白門。價比千金裘馬貴，雪寒湖上酒微溫。低徊桑海甲申年，畫卷飄零歲月遷。搖落江潭同有感，照來清豔我猶憐。仁階先生得魚山前輩舊藏橫波畫蘭卷屬題。即希正句。癸酉冬，桂坫 [9]。」「南屏」朱文方印。

「疏花密葉寫芳妍，硯匣琉璃尚盛年。耐此擁爐簾外雪，莫矜柳色白門前卷中龔孝升宗伯題云『雪後擁爐寒甚，苦無酒錢。君萬門兄以名酒見餉，欲博閨人畫蘭。感其意促為寫此』。末署『甲申仲冬戲題』，是在明亡之後。橫波生年未詳。《定山堂集》，康熙丙午，善持君旅櫬將南歸詩，『吞聲已是三年別』，丙午為康熙五年，橫波當歿於二年。則橫波甲申作

此畫時，相距凡二十年，約年二十許耳。

可是尚書老醉鄉，當年風趣定山堂。畫名不減湘蘭重，應喚眉樓作媚香。

秋燈湖舸盪柔波，逸興曾酣金叵羅。今段吳綾重點筆，畫裙新樣較如何龔有《借善持君夜飲湖上及畫蘭裙子》詩。

憶得儂家本氏徐，只題眉子印鈐朱。詩人老去能知己，勝卻中山有麗姝吳梅村 [10]《玉京道人傳》，中山王故弟有女絕世，名在南內選擇中。未入宮而亂作，軍府以一鞭驅之去。橫波本姓徐。

名縑舊貯小羅浮，惜少魚山墨蹟留。太息黃易余集並蓁莽，片詞可作碎金收卷中題詠。吳穀人、黃小松曾載集中。惟《秋室集》未見，聞有魚山跋尾，為人割去另售。

甲申正是海桑時，寄託離騷意可知。我亦江潭憔悴客，欹歔■朵與風枝。

仁階大兄得魚山舊藏橫波畫蘭卷。屬題即正。癸酉九秋，羅浮樵者。兆鏞 [11] 識，時年七十三。」「汪大」白文方印。「憬吾」朱文方印。

「愁絕烽煙帝里墟，兒家猶傍莫愁居。美人不管興亡事，自寫芳菲墨染裾。

擁爐雪夜漏遲遲。呵凍含豪原亦俗寫作毫換一□ [12]。茶太清寒羔太俗，高懷自勝黨家姬。

所南曾記訑微情，無土無根自寫生。此意尚書應解得，沉沉一醉不分明鄭所南為宋遺民，畫蘭不畫根土。

眉子朱痕印尚鮮，紀題微認甲申年。滄桑幾劫今何世，猶撫芳塵一悵然。

顧橫波畫蘭卷。馮魚山前輩舊藏。仁階大兄得之，為題四絕句。即正。甲戌夏，永晦吳道鎔 [13] 並識，時年八十一。」「永晦道人」朱文方印。

「曩讀楚詞。『綠葉兮素華，芳菲兮襲余』二語。歎為善寫蘭之神髓。今觀橫波夫人此卷。秀色靈襟，披褚墨。能攝取騷心入尺幅中。可謂豔溢錙■矣。合肥尚書既得美酒，想擁爐展玩時，當浮一大白也。余於繪事無心得，聊誌數語，以博仁階先生大雅一粲。甲戌五月，符澹人 [14] 跋。」

《香港中興報》1935 年 2 月 13、14、15 日

【注釋】

[1] 鍾仁階，詳見《附錄　蔡守與時人交遊考》。

[2] 龔芝麓，即龔鼎孳，詳見《附錄　蔡守與古人交流考》。

[3] ■，原文字模糊莫辨，下同。

[4] 黃易，詳見《附錄　蔡守與古人交流考》。

[5] 翁方綱，詳見《附錄　蔡守與古人交流考》。

[6] 吳錫麒，詳見《附錄　蔡守與古人交流考》。

[7] 吳聖徵，詳見《附錄　蔡守與古人交流考》。

[8] 余集，詳見《附錄　蔡守與古人交流考》。

[9] 桂坫，詳見《附錄　蔡守與時人交遊考》。

[10] 吳梅村，詳見《附錄　蔡守與古人交流考》。

[11] 兆鏞，即汪兆鏞，詳見《附錄　蔡守與時人交遊考》。

[12] □，原缺文字。

[13] 吳道鎔，詳見《附錄　蔡守與時人交遊考》。

[14] 符澹人，無考。

易實甫 [1] 詩冊

　　友人李天馬 [2] 得易哭庵寫贈故人辛仿蘇詩冊，烏絲闌，高六寸有二分，寬七寸有一分。行書十二行，對折。九頁。前闋如幹葉不知，書頗遒勁，而詩尤奇詭。錄下：

　　「前闋寂無似小寂，一時復大喧。乃是喝采之聲欲震屋瓦使飛起，萬人之聲不能敵一人之聲。萬聲已終兮，一人之聲猶復上穿九天，下穿九淵，繚繞轉換百折千回而未已。嗟爾中和園戲園名，危險將無比。梁塵盡落恐梁傾，屋瓦皆飛愁屋圮。君不見，天上三十有三天，二十八宿羅星躔。青龍在東方，弄珠為戲殊癡頑。白虎在西方，以人為食何貪殘。朱鳥在南方，文采燦爛徒美觀。玄武在北方，縮首入□ [3] 行蹣跚。玉皇深居高拱於紫垣，犬聲猖猖守九關。鈞天宴罷俱酡顏，相與鼾睡十萬年。下界億民豈無痌與瘝，其聲如蠅蚊，不得達帝前。自有小香水，玉皇魂夢不得安。豈惟魂夢不得安，且聚萬古女龍雌鳳不平枉死之嬋娟，日託香水來鳴冤。玉皇決計遷都避香水，似聞昨日大開會議忙千官。中有一人能畫策，叩頭陳詞玉階側。欲令香水歌不哀，當令香水笑無絕。然而黃金高如山，香水之笑十二萬年不可得。玉皇宮中坐愁疾。吁嗟，香水何不一笑兮。雖使三千粉黛無顏色，卻使大千世界皆春色。人生三萬六千場，世界一百二十國。得汝一笑永無疾病與災厄。玉皇大樂且復普賜下界人民壽一秩。」

　　「醇酒婦人歌有贈

飲醇酒，近婦人。此語出太史公，此事出信陵君。自此以後，『婦人醇酒』四字，相沿稱引皆連文。我生太歲不在酉，對於醇酒呼負負，對於婦人卻偏厚。人將醇酒當婦人，我以婦人代醇酒。欲師素女同素王，早把紅兒作紅友。八音絲竹不如肉，三絕酒柳終勝手。祇成一半信陵君，恨不並世河間婦。薄遊七二灣之丁沽，瞥見廿三歲之子夫。子夫子夫何人乎，產於吳，厥姓胡。滿月為容貌，秋水為清□ [4]。高云為髻鬢，皓雪為肌膚。雙渦為頰痕，遠山為眉圖。珠圓為歌喉，玉立為身軀。辨口如懸河，咳唾如明珠。乳如雞頭肉，又似塞上酥。依然柳作腰，但小蓮為趺。宜名曼殊，可伴文殊。既名羅絲，亦作羅敷。若逢子長，可為清娛。若為朝雲，可配大蘇。頗似武曌之媚狐，又似劉鋹之媚豬。遠比楊玉環或不足，近比花寶琳已有餘。人皆疑為瑣骨菩薩摩登伽之徒，誰知乃是隱娘紅線一流人物。不幸而遭誣。曾為西子之遊五湖，而不逢范大夫。又再為文君之當酒壚，而不遇馬相如。吁嗟乎，我非張一妹之夫，卿豈李三郎之姑。人皆謂卿是婦人，我獨謂卿是醇酒。一而二者二而一，婦即酒也酒即婦。醇酒即出婦人身，婦人醇比酒更醇。遠過蘭陵鬱金香，誰數洞庭竹葉春。其味深厚而芬芳，其氣冷冽而氤氳。我已醉死無數次，卿身即是我之墳。醉殺蕭伯梁，埋我劉伯倫。誰知卿之酒量亦如劉伯倫，更比淳于髡。笑我祇飲酒一口，驚卿能飲酒一斗。紅顏愈覺添紅顏，蠭首居然變犀首。我笑謂卿，君乃以婦人飲醇酒，君又不翅以醇酒飲醇酒。怪君竟類晉孝武帝，惜君未得作胡太后。未免絕無而僅有，未必無獨而有偶。可謂翻盡數千年來古人之窠臼，我嘗勸卿加餐節飲以保身。無奈卿竟有似耳充琇，且復拒諫飾非如桀紂。吁嗟乎，飲醇酒者乃婦人。從今醇酒婦人四字似連文，又非連文。巾幗中有信陵君，合與紅妝季布同流芬。試觀卿身，乃是天上一朵兜羅雲，比兜羅綿軟且溫。卿臀之美更勝西方美人臀，其美定知遠過江珧與河豚。卿今方以歌為生，以歌養母孝比北宮嬰。對人嬭作開口笑，謝客久作閉門羹。一身本是溫柔海，何事五岳胸中起不平。卿對我言一身之肉都是酒養成，我聞此語心骨驚。我聞此語涕淚零，痛哭天地真無情。誰令絕代嬋娟子，攻破愁城仗酒兵。我請為卿語歇後，我請為卿作對偶。勸君更進一杯，與爾同消萬古。破除萬事無過，斷送一生惟有。菊花須插滿頭，世事難逢開口。一生幾見月當頭，萬事不如杯在手。卿謂此言然不然，天生卿以酒為餐。卿面尚似滿月圓，卿顏尚帶桃花鮮。願進流霞更駐顏，卿以腐腸之藥為性命，我以伐性之斧求神仙。酒兮酒兮卿所獨，色兮色兮我所專。酒為萬古無情綠，色是千齡不老丹。芋庵老弟屬書即正。易順鼎。」「實

甫詩稿」白文方印。

《香港中興報》1935 年 2 月 16、17 日

【注釋】

　　[1] 易實甫，易順鼎，詳見《附錄　蔡守與時人交遊考》。

　　[2] 李天馬，詳見《附錄　蔡守與時人交遊考》。

　　[3] □，原文字模糊莫辨。

　　[4] □，原文缺字。

水繪盦填詞研

　　疇昔在杭州友人楊篋庵寶鏞 [1] 案頭見水繪盦填詞研，長方形。長四寸有六分，寬二寸有八分，厚八分，冰紋佳石，底刻「水繪盦填詞研，龍友楊文聰 [2] 為闢疆冒襄 [3] 題。並贈宛君董小宛 [4] 夫人」，行書四行，紫檀匣，面刻「水繪盦填詞研。玉雨堂韓氏藏」，行書三行。

　　寒案，玉雨堂，錢唐韓小亭泰華 [5] 藏書處也。小亭嘉慶間進士，官陝西糧道。著有《元文選》《玉雨堂書畫記》《無事為福齋筆記》。為嘉興沈匏盧太守之女夫。是硯為韓氏舊藏，珍若璠璵。後歸楊篋庵。篋庵歸道山後，玉蘭社嫂以千金易之，嘗手拓寄贈閨人月色。一硯而有五傳人，洵可寶玩。

　　紫檀匣內刻韓題詩，「莫愁艇子載如仙，妒煞楊枝一曲妍。水調新聲翻豔月，蘭閨韻事寫紅箋。豈知蕉萃春衫後，猶有摩挲片石傳。蠆尾銀鉤鐫勒在，□ [6] 沈燕市惜經年。道光甲辰夏日，武林韓泰華。」「泰華私印」朱文方印。楷書五行，行十六字。

　　「玲瓏片石堅如鐵，二百年來土花碧。水繪填詞字尚存，□鵒凹深半殘缺。夜闌緩語向紅窗，紛□鸞□寫韻忙。□□□□金□□，吮豪常染口脂香。拍盡紅□新舊續，誰道年華如轉轂。一朝散作彩雲飛，□□□□多零落。豔月樓□花作塵，影梅庵裡冷詩魂。美人名士今何在，款識題留舊日痕。鴛湖女史□□和作。」「夢蘅詩印」朱文方印。蠅頭小楷六行，行二十字。刻於匣底之內。

《香港中興報》1935 年 2 月 18 日

【注釋】

　　[1] 楊篋庵，即楊寶鏞，詳見《附錄　蔡守與時人交遊考》。

[2] 龍友，即楊文驄，詳見《附錄　蔡守與古人交流考》。

[3] 闢疆，即冒襄，詳見《附錄　蔡守與古人交流考》。

[4] 宛君，即董小宛，詳見《附錄　蔡守與古人交流考》。

[5] 韓小亭，詳見《附錄　蔡守與時人交遊考》。

[6] □，原文字模糊莫辨，下同。

元李惟中藏漢瓦硯

漢瓦箭硯，長七寸有二分，寬亦同，上二寸有繩紋，中開硯池長三寸有半寸，寬二寸有半寸，池之三面刻行書十一行。

「至正三年，余持節關中。暇則出近甸望南山曲江。北經漢城，諮詢遺址。滿目蕭然。忽於瓦礫荒基中得此瓦製為硯，筆墨間不覺弘我漢京，書以誌幸。東明李好文跋。」

「案《元史》好文字惟中，大名之東明人也。著有《太常集禮》《端本堂經訓》《大寶高抬貴手》諸書。其學有宋儒性理之遺。至正元年，除國子祭酒，改陝西行臺治書傳御史。與跋中所云持節關中之言相符。辛亥九月，中華光復。余在市中購得此瓦。蓋所謂『弘我漢京』，是則余之誌幸過惟中矣。寒瓊社督假拓，屬為題記。黃節晦聞 [1]。」「順德黃節」白文方印，「木根子」朱文方印，「蒹葭樓」朱文長方印。

「李好文藏瓦有著錄，與王關之齊名。癸丑春夜讀《寰宇訪碑錄》，見秦十二字瓦注。晦聞再記。」「黃節」朱文方印，「廣雅長」朱文方印。

「道在瓦甓間，微小見制度。魂魄依神京，敢忘故國故。人心思漢家，不覺遂流露。重睹舊威儀，為誦西都賦。乙丑十一月十七日，為民國十五年元旦，與崔今嬰師貫 [2]、楊苦山桂耀 [3]、高穩禽 [4] 同觀並題於玉笥山房，鄧爾疋 [5]。」「鄧萬歲」朱文方印，「太史公中馬走」朱文方印。

余錄此才畢，閱報驚悉晦聞遽歸道山一月廿四號在北平，得年六十二，擲筆浩歎，不知涕泗橫頤。余與晦聞為三十餘年老友。庚戌春，兩廣優級師範學校校長王枚伯舟瑤函聘晦聞與余為教授，遂同歸廣州。晦聞寓清水濠。余居東水關河邊水榭。每夕晦聞必過我談詩。湯定之澂 [6] 為繪《水榭談詩圖》，晦聞題七律一章。所謂年來過從甚勤也。光復時晦聞得此瓦，余亦得漢撲滿即俗名為錢罌。彼此以為光復之紀念物，互為忻賞，此樂如在目前。詎料其一旦遽赴修文之召乎。聞遺詩尚未編定，而平生知己如梁節菴 [7]、羅癭公 [8] 又皆先歿。後死者

之責，吾又安敢辭耶。

《香港中興報》1935 年 2 月 19 日

【注釋】

   [1] 黃節，詳見《附錄　蔡守與時人交遊考》。

   [2] 崔今嬰，詳見《附錄　蔡守與時人交遊考》。

   [3] 楊苦山，無考。

   [4] 高穩禽，無考。

   [5] 鄧爾疋，詳見《附錄　蔡守與時人交遊考》。

   [6] 湯定之，即湯滌，詳見《附錄　蔡守與時人交遊考》。

   [7] 梁節菴，梁鼎芬詳見《附錄　蔡守與時人交遊考》。

   [8] 羅癭公，即羅惇曧，詳見《附錄　蔡守與時人交遊考》。

宋阿翠小景硯

　　宋阿翠小景硯，洮河石也，長五寸二分，厚一寸有一分，硯池四邊刻水波，硯底刻阿翠小景，執卷坐椅，態度娟好，像左上刻「咸淳辛未，阿翠」。小隸書二行，陽文甚精湛。硯側刻小楷四行如左：

　　「綠玉宋洮河，池殘歷劫多。佳人留硯背，疑妾舊秋波。己丑三月得此硯，墨池魚損。去之。背像眉目似妾，而右頰亦有一痣。妾前身耶。阿翠疑蘇翠。果爾。當祝髮空門，願來生不再入此孽海。守真 [1] 記。」「馬」白文圓小印。

　　「片石摩挲，三生歷盡烟花劫。翠漂香濕。猶似秋波泣。　　應悔癡情，空自前身識。休追憶。馬頭月色，隱約行間墨王伯穀 [2] 寄馬姬書云『二十一日發秦淮，殘月在馬首，思君尚未離巫峽也』。馬守真湘蘭舊藏阿翠硯。余以重值得於廛儥。題點絳唇一闋。拓寄以寒瓊社掌清娛。甲寅秋日，龐樹柏檗子 [3] 記。」詞前有「墨淚」朱文無邊長方小印，「龐檗子」朱文方印，「玉琤琮館」朱文無邊方印。

《香港中興報》1935 年 2 月 20 日

【注釋】

   [1] 馬守真，詳見《附錄　蔡守與古人交流考》。

   [2] 王伯穀，無考。

   [3] 龐樹柏，詳見《附錄　蔡守與時人交遊考》。

鮫綃硯

挈友劉三 [1] 現任監察院委員藏鮫綃硯，蕉白佳石也，長四寸，寬二寸有五分，厚五分，硯背上刻「鮫綃硯」三隸書。「南州草堂」朱文圓印。下刻小楷八行。

「虹亭同年請假歸里，余作詩贈行，臨別出竹垞所贈鮫綃硯索銘，乃蕉葉白絕品石也。銘曰『蕉白一色，純而善也。青花浮浮，隱而顯也。水巖多佳，此禁孿也。鮫綃半幅，吾所剪也。』康熙壬戌九月朔日，潘耒 [2] 識於都城宣北坊海波寺街旅邸。」「稼堂」白文長方小印。

硯池之右有「味經書屋」白文長方印。右側有小楷一行「先文恭公味經書屋遺硯」。右側有小楷一行「男喜海謹誌」。一硯有四傳人，亦足寶玩也。

《香港中興報》1935 年 2 月 20 日

【注釋】

[1] 劉三，詳見《附錄　蔡守與時人交遊考》。
[2] 潘耒，詳見《附錄　蔡守與古人交流考》。

文待詔遺硯

余疇昔得文待詔 [1] 遺硯，魚腦青花佳石，長五寸，寬三寸，厚六分。硯背行書四行，銘如左，「居之安，爾無逸。守之貞，爾無失。爾尚朝斯夕斯，與人之惟壹。嘉靖丁巳二月八日，徵明。」「衡山」白文方印。寒案，嘉靖丁巳，待詔年巳八十有八矣。余與營山女郎張光蕙 [2]，字心瓊，有齧臂，因其銘物以寄貽，詎知竟不能守此駕盟乎。

《香港中興報》1935 年 2 月 21 日

【注釋】

[1] 文待詔，即文徵明，詳見《附錄　蔡守與古人交流考》。
[2] 張光蕙，詳見《附錄　蔡守與時人交遊考》。

唐孫夫人墓誌

唐孫夫人墓誌，石高七寸有二分，寬八寸有半寸。三十年前，廣州四望岡出土，歸寶漢茶僚主人李瓦 [1]。聞已不能守，已為有力者攜去。故拓本亦不多覯也。余藏倪子羽鴻 [2] 精拓本，錄如左，計正書十二行，行八字。

「唐咸通元年閏十月十五日，富春郡孫夫人。從夫王氏之任潮州□ [3] 鄉縣令。時夫人遘疾終於官舍，享年四十七歲，卜兆未利，權設殯筵。泊三年，歲次壬午九月十八日，啟葬於廣州南海縣四望亭後崗。廬陵谷變遷，刻石紀爾。」

雖非唐志精品，因粵尠唐刻，故亦珍視之。詎識亦不能保，可哀也矣。

寶漢茶僚以獲南漢馬二十四娘地券得名。昨閱《藝林月刊》六十一期，謂原石已至北方，周養庵肇祥 [4] 並以拓本寄贈。因取舊藏倪子羽鴻手拓初出土墨本校之，字形雖舊似，但氣味欠淵穆。石花亦無天然之致。閨人月色更於石端所刻符籙間，指出其為複刻之證，可決定在北平者非原石也。

《香港中興報》1935 年 2 月 21 日

【注釋】

[1] 李瓦，無考。

[2] 倪子羽，即倪鴻，詳見《附錄　蔡守與古人交流考》。

[3] □，原文字模糊莫辨。

[4] 周養庵，即周肇祥，詳見《附錄　蔡守與時人交遊考》。

西湖飛來峰吳越造彌陁佛像記

乙卯秋緟 [1] 遊西子湖，得柳七和尚舊藏吳越造彌陁佛像記精拓本，高六寸，寬七寸又半寸，正書十四行。第四、五、六、七，四行之上，被後人刻小篆「皇帝」二字掩之，已載阮元 [2]《兩浙金石志》卷四。第九行，第十字，是「息」字。可據以補阮志之闕。拓本有「天竺璁如」白文長方印。故知為柳七和尚舊物。南社社長柳亞子棄疾 [3] 為考之如左：

「璁如上人，北舍港柳氏子。從其族父騰上人，名顯潔，字粹白，俗名體仁者，出家於靈隱天竺間，人稱柳七和尚。見高祖古查公之《分湖小識》。考余家譜牒，有騰朽而無璁如，騰朽與古查公為昆仲行，則璁如亦余祖輩矣。騰朽歿於清道光三年，年六十三。而璁如先卒，則亦乾嘉間人矣。《分湖小識》有騰朽挽璁如宗侄詩，可證也。寒瓊社督得此拓本以有『天竺璁如』白文長方印，屬為考訂，因書此歸之。民國五年冬，吳江柳棄疾跋。」「江南柳大」朱文方印，「棄疾」白文方印，「分湖舊隱」朱文方印。

亞子生平不喜作書。此跋蠅頭小楷至精。亦難得也。

《香港中興報》1935 年 2 月 22 日

【注釋】

[1] 緟，「重」的古字。重複。《說文·系部》，「緟，增益也。」

[2] 阮元，詳見《附錄　蔡守與古人交流考》。

[3] 柳亞子，詳見《附錄　蔡守與時人交遊考》。

當世印人

比來印學甚盛，海內治印者日夥。西泠印社吳石潛[1]之子幼潛輯《現代篆刻》，已出至第八集，所列三十餘人。以余所知，尚不只此。今先錄其已列者如左：

郭平廬[2]，郭起庭[3]，湯鄰石[4]，陳澹如[5]，潘芝安[6]，陳明于[7]，葉葉舟[8]，高野侯[9]，高絡園[10]，韓登菴[11]，（第一集）。趙叔孺時棡[12]，鄞縣人，（第二集，十頁，百二十印）。王福厂壽祺[13]，字維季，杭縣人，（第三集，亦一百有二十印）。馬公愚[14]，葉露園[15]，張石園[16]，陶壽伯[17]，朱尊一[18]，徐穆如[19]，張魯菴[20]，孔雲白[21]，頓立夫[22]，金實齋[23]，（第四集）。方介堪文渠[24]，永嘉人，（第五集，百廿印）。唐醉石源鄴[25]，號李侯，善化人，（第六集，百廿印）。黃藹農[26]，馮康侯[27]，趙雪侯[28]，謝列珊[29]，陳祓溪[30]，李雲齋[31]，吳仲珺[32]，吳德光[33]，金鐵芝[34]，王籀家[35]，（第七集）。童心安大年[36]，崇明人，（第八集，亦百廿印）。所列三十有五人。璽齋[37]原名師實，字若柯，吳縣人，流寓廣州，粵之印人，僅列馮康侯一人耳。

吾所知者，更舉如左：

經匼公亨頤[38]，上虞人。陳達夫兼善[39]，諸暨人。王希哲光烈[40]，瀋陽人。壽印匃璽[41]，又號石工，紹興人。鍾子年剛中[42]，又號梓堂，桂平人。沙石荒孟海[43]，四明人。張諟齋景遜[44]，武進人。葉荭漁玉森[45]，丹塗人。黃賓虹質[46]，歙縣人。黎戩園澤泰[47]，湘潭人。費龍丁硯[48]，松江人。李大治樓雲[49]，湘潭人。陳文翁清[50]，臨桂人。黃肇豫昶[51]，吳縣人。金彝齋禹民[52]，北平人。羅祥止吉[53]，雙流人。汪鷗客洛年[54]，錢塘人。王顯齋榮昌[55]，隴西人。張赶儒齡[56]，常熟人。周埜子野[57]，仁和人。吳迪生炎[58]，江都人。喬大壯曾劬[59]，華陽人。曾墨躬潔[60]，成都人。高遜吾遜[61]，成都人。陳半丁年[62]，山陰人。孔文叔昭來[63]，汾陽人。蘇碩人澗寬[64]，鎮江人。譚師曼錫璜[65]，茶陵人。黃少牧廷榮[66]，士陵之子。王小侯

慧 [67]，山陰人。楊千里天驥 [68]，吳縣人。張瘦梅癯 [69]，北平人。羅子期福頤 [70]，振玉之子。于自玄士元 [71]，餘杭人，楊軼庵思康 [72]，武昌人。

　　吾粵當世印人，官元之禕 [73]，胡隋齋毅 [74]，陳協之融 [75]，黃慕韓裔 [76]，馮師韓漢 [77]，黃石喬喬 [78]，商錫永承祚 [79]，容希白庚 [80]，許守白之衡 [81]，伍乙莊德彝 [82]，蔡若舟廷楫 [83]，劉玉林無逸 [84]，馮雙青衍鍔 [85]，李千里天馬 [86]，黃文寬文寬 [87]，陳亞士廉訪 [88]，溫幼菊其球 [89]，盧湘儂毓芬 [90]，胡洞雪曼 [91]，易大厂廷熹 [92]，莫敢當耀 [93]，尹知能良 [94]，鄧爾雅萬歲 [95]，孔繁社 [96]，高八隱岑之青衣也。都五十有七人。

　　當世玉臺印人，湯今頎 [97]，吳育溁 [98]，顧青瑤 [99]，李鍾瑤 [100]，李愛陶 [101]，方宛君 [102]，高鳳年 [103]，楊雪明 [104]，孔儀婧 [105]，及閨人談月色，十人耳。

《香港中興報》1935 年 2 月 23 日

【注釋】

[1] 吳石潛，即吳隱，詳見《附錄　蔡守與古人交流考》。

[2] 郭平廬，即郭似塤，詳見《附錄　蔡守與時人交遊考》。

[3] 郭起庭，即郭蘭枝，詳見《附錄　蔡守與時人交遊考》。

[4] 湯鄰石，即湯安，詳見《附錄　蔡守與時人交遊考》。

[5] 陳澹如，詳見《附錄　蔡守與時人交遊考》。

[6] 潘芝安，詳見《附錄　蔡守與時人交遊考》。

[7] 陳明于，即陳夷同，詳見《附錄　蔡守與時人交遊考》。

[8] 葉葉舟，即葉銘，詳見《附錄　蔡守與時人交遊考》。

[9] 高野侯，即高時顯，詳見《附錄　蔡守與時人交遊考》。

[10] 高絡園，即高時敷，詳見《附錄　蔡守與時人交遊考》。

[11] 韓登庵，即韓登安，詳見《附錄　蔡守與時人交遊考》。

[12] 趙叔儒，即趙時棡，詳見《附錄　蔡守與時人交遊考》。

[13] 王福厂，即王福庵，詳見《附錄　蔡守與時人交遊考》。

[14] 馬公愚，詳見《附錄　蔡守與時人交遊考》。

[15] 葉露園，即葉潞淵，詳見《附錄　蔡守與時人交遊考》。

[16] 張石園，詳見《附錄　蔡守與時人交遊考》。

[17] 陶壽伯，詳見《附錄　蔡守與時人交遊考》。

[18] 朱尊一，詳見《附錄　蔡守與時人交遊考》。

[19] 徐穆如，詳見《附錄 蔡守與時人交遊考》。

[20] 張魯庵，詳見《附錄 蔡守與時人交遊考》。

[21] 孔雲白，詳見《附錄 蔡守與時人交遊考》。

[22] 頓立夫，詳見《附錄 蔡守與時人交遊考》。

[23] 金實齊，無考。

[24] 方介堪，詳見《附錄 蔡守與時人交遊考》。

[25] 唐醉石，詳見《附錄 蔡守與時人交遊考》。

[26] 黃藹農，即黃葆戊，詳見《附錄 蔡守與時人交遊考》。

[27] 馮康侯，詳見《附錄 蔡守與時人交遊考》。

[28] 趙雪侯，即趙士鴻，詳見《附錄 蔡守與時人交遊考》。

[29] 謝列珊，無考。

[30] 陳袚溪，無考。

[31] 李雲齋，無考。

[32] 吳仲珺，即吳仲坰，詳見《附錄 蔡守與時人交遊考》。

[33] 吳德光，詳見《附錄 蔡守與時人交遊考》。

[34] 金鐵芝，詳見《附錄 蔡守與時人交遊考》。

[35] 王籀家，無考。

[36] 童心安，即童大年，詳見《附錄 蔡守與時人交遊考》。

[37] 璽齋，即李尹桑，詳見《附錄 蔡守與時人交遊考》。

[38] 經匜公，即經亨頤，詳見《附錄 蔡守與時人交遊考》。

[39] 陳達夫，即陳兼善，詳見《附錄 蔡守與時人交遊考》。

[40] 王希哲，即王光烈，詳見《附錄 蔡守與時人交遊考》。

[41] 壽印匌，即壽璽，詳見《附錄 蔡守與時人交遊考》。

[42] 鍾子年，即鍾剛中，詳見《附錄 蔡守與時人交遊考》。

[43] 沙石荒，即沙孟海，詳見《附錄 蔡守與時人交遊考》。

[44] 張諟齋，詳見《附錄 蔡守與時人交遊考》。

[45] 葉絔漁，即葉玉森，詳見《附錄 蔡守與時人交遊考》。

[46] 黃賓虹，詳見《附錄 蔡守與時人交遊考》。

[47] 黎戩園，即黎澤泰，詳見《附錄 蔡守與時人交遊考》。

[48] 費龍丁，即費硯，詳見《附錄 蔡守與時人交遊考》。

[49] 李大治，即李棲雲，詳見《附錄 蔡守與時人交遊考》。

［50］陳文翁，即陳清，無考。

［51］黃肇豫，詳見《附錄　蔡守與時人交遊考》。

［52］金彝齋，即金禹民，詳見《附錄　蔡守與時人交遊考》。

［53］羅祥止，詳見《附錄　蔡守與時人交遊考》。

［54］汪鷗客，即汪洛年，詳見《附錄　蔡守與時人交遊考》。

［55］王顯齋，即王榮昌，詳見《附錄　蔡守與時人交遊考》。

［56］張赳儒，即張齡，詳見《附錄　蔡守與時人交遊考》。

［57］周埜，即周子野，詳見《附錄　蔡守與時人交遊考》。

［58］吳迪生，即吳炎，詳見《附錄　蔡守與時人交遊考》。

［59］喬大壯，詳見《附錄　蔡守與時人交遊考》。

［60］曾墨躬，詳見《附錄　蔡守與時人交遊考》。

［61］高遜吾，即高遜，詳見《附錄　蔡守與時人交遊考》。

［62］陳半丁，詳見《附錄　蔡守與時人交遊考》。

［63］孔文叔，即孔昭來，詳見《附錄　蔡守與時人交遊考》。

［64］蘇碩人，即蘇澗寬，詳見《附錄　蔡守與時人交遊考》。

［65］譚師曼，即譚錫璜，詳見《附錄　蔡守與時人交遊考》。

［66］黃少牧，詳見《附錄　蔡守與時人交遊考》。

［67］王小侯，即王慧，詳見《附錄　蔡守與時人交遊考》。

［68］楊千里，即楊天驥，詳見《附錄　蔡守與時人交遊考》。

［69］張瘦梅，即張腬（wo），詳見《附錄　蔡守與時人交遊考》。

［70］羅子期，即羅福頤，詳見《附錄　蔡守與時人交遊考》。

［71］于自玄，即於士元，詳見《附錄　蔡守與時人交遊考》。

［72］楊軼庵，即楊思康，詳見《附錄　蔡守與時人交遊考》。

［73］官元之，即官禕，詳見《附錄　蔡守與時人交遊考》。

［74］胡隋齋，即胡毅，詳見《附錄　蔡守與時人交遊考》。

［75］陳協之，即陳融，詳見《附錄　蔡守與時人交遊考》。

［76］黃慕韓，又名黃裔，詳見《附錄　蔡守與時人交遊考》。

［77］馮師韓，即馮漢，詳見《附錄　蔡守與時人交遊考》。

［78］黃石喬，即黃喬，無考。

［79］商錫永，即商承祚，詳見《附錄　蔡守與時人交遊考》。

［80］容希白，即容庚，詳見《附錄　蔡守與時人交遊考》。

[81] 許守白，即許之衡，詳見《附錄　蔡守與時人交遊考》。

[82] 伍乙莊，即伍德彝，詳見《附錄　蔡守與時人交遊考》。

[83] 蔡若舟，即蔡廷楫，詳見《附錄　蔡守與時人交遊考》。

[84] 劉玉林，即劉無逸，無考。

[85] 馮雙青，即馮衍鍔，詳見《附錄　蔡守與時人交遊考》。

[86] 李千里，即李天馬，詳見《附錄　蔡守與時人交遊考》。

[87] 黃文寬，詳見《附錄　蔡守與時人交遊考》。

[88] 陳亞士，即陳廉訪，無考。

[89] 溫幼菊，即溫其球，詳見《附錄　蔡守與時人交遊考》。

[90] 盧湘儂，即盧毓芬，無考。

[91] 胡洞雪，即胡曼，詳見《附錄　蔡守與時人交遊考》。

[92] 易大厂，即易廷熹，詳見《附錄　蔡守與時人交遊考》。

[93] 莫敢當，即莫耀，無考。

[94] 尹知能，即尹良，無考。

[95] 鄧爾雅，詳見《附錄　蔡守與時人交遊考》。

[96] 孔繁社，詳見《附錄　蔡守與時人交遊考》。

[97] 湯今頎，詳見《附錄　蔡守與時人交遊考》。

[98] 吳育溱，無考。

[99] 顧青瑤，詳見《附錄　蔡守與時人交遊考》。

[100] 李鍾瑤，詳見《附錄　蔡守與時人交遊考》。

[101] 李愛陶，詳見《附錄　蔡守與時人交遊考》。

[102] 方宛君，詳見《附錄　蔡守與時人交遊考》。

[103] 高鳳年，無考。

[104] 楊雪明，無考。

[105] 孔儀婧，無考。

明梁小玉砂壺

　　日前室人過孔夫人賀歲，春雨深幃，談藝殊樂。素聞其家藏奇珍甚富，偶以砂壺為問。夫人召室人入燕處，啟繡檀小匣。匣面刻「紅霞仙杵，白玉綿團」八字，隨園 [1] 語也。錦茵重裹，一白泥茗壺，製造巧妙，頓昭眼簾，驚為奇秘，真令人觸手欲噤也。壺堅質如玉，古澤如膏。壺身作乳形，極築脂菽發之

致。壺蓋紅的，若處子情動時，乳頭微凸。下作主腰即捫胸半褪，以繡帶為鋬即壺耳，主腰刻宋錦花紋，工麗無匹。其流也即壺嘴作身根形，僅露寸許，器偉而不醜惡。其唯妙唯肖，雖謝英伯 [2] 秘藏之古玉身根，莫可與京也。主腰半裏，下尚隱隱可見。主腰之鈕，作古玉臥蠶紋，中藏「小玉」二篆書，鋬下錦紋中藏「嬋嬛」二篆書橢圓小印。蓋之合口甚深，有「武林梁氏」篆書宋文小長方印，底刻「三秀祠祭器第三」小隸書七字，又刻「金莖甘露玉乳香，谷九郎題」蠅頭小楷十一字，夫人云伊之夫婿，曩歲於宣南以三千金登來。儷以羊脂白玉水中丞，亦作乳形，大小與壺相若，用雙桃花色碧霞犀為的，以充茶瓶兒。又乾隆大婚時瓷杯一雙，畫陰陽二器者，皆閨房秘玩，從未示人也。考梁小玉，武林人，七歲依韻賦落花詩，八歲摹大令帖，長而遊獵群書，作兩都賦，半載而就，著《嬋嬛集》二卷。其「冷香字韻詩」云，「落月已隨蘭篆冷，龍花猶逗酒杯香。溪流石髮雲鬟冷，雨洗苔痕翠袖香。桃花泛水胭脂冷，楊柳隨風翡翠香。鬥草春風書帶冷，采菱秋水鏡花香。雨掩梨花春夢冷，風吹荷葉晚妝香。蘆荻洲中風韻冷，荳花棚下雨痕香。氣無煙火神皆冷，骨有煙霞髓亦香。」皆麗句也。至其語風懷，陳秘戲，流丹吐齊，備極婥靡。高仲武 [3] 所云，「既雌亦蕩，不如是之甚也。宜有斯壺之妙想。又嘗商略古今名娃，奉薛濤為盟主。以蘇小小，關盼盼配享絳雲樓主人云，『宜以李季蘭、魚玄機易置之，斯應此祀典耳』。我亦云然，顏曰『花壇三秀之祠』，歲時奠而酹之。嬋嬛自為主祭，顧是壺乃祠之祭器。小玉並工篆刻，有篆章詩云，『揮灑霞箋寄隴頭，雙鈴題處紫雲浮。兒家曾掌司花印，總領層城十二樓。』昔年曾見一青田凍石印，刻朱文『風月常新』四字甚工，印款小隸書『嬋嬛小玉』四字。但小玉如此婥蕩，安用此宮砂臂印乎。閨人又問能考得谷九郎否，余笑曰，其為德音乎。閨人嗔曰，君何其謔而太虐耶見《癡婆子傳》。」

《香港中興報》1935 年 2 月 24 日

【注釋】

[1] 隨園，即袁枚，詳見《附錄　蔡守與古人交流考》。

[2] 謝英伯，詳見《附錄　蔡守與時人交遊考》。

[3] 高仲武，詳見《附錄　蔡守與古人交流考》。

朝鮮許蘭雪砂壺

明清以來，不獨吾國士夫雅尚砂壺，日本、朝鮮、安南三國名流，亦多嗜

茗飲，研求茶具。且有攜鉅金來宜興定製砂壺者，但流傳返國則絕尠。昔年嘗見南社朝鮮社友申晼觀樫 [1] 秘笈有硃泥方壺，製作精雅。底刻「許景樊宜用」行書五字，蓋內有「蘭雪」二字楷書小長方印，鏨下有「拙谷」篆書小印。茶繭濃厚，洵二三百年物。申氏謂是世守珍秘。申氏被害後，不知此壺流落何許耳。老許蘭雪，名景樊，朝鮮人，其兄筠、𥡝，皆狀元。八歲作《廣寒殿玉樓上樑文》，才名出二兄之右。適進士金成立，不見愛於其夫。金殉國難，許遂為女道士。金陵宋狀元奉使東國，得其集以歸，遂盛傳於中夏，其傳器安得不珍視乎。

《香港中興報》1935 年 2 月 25 日

【注釋】

　[1] 申晼觀，詳見《附錄　蔡守與時人交遊考》。

乙亥紀年印

　　余每歲必有紀年印，三十年來，名流所作，皆可傳者，信筆錄之。「甲戌」王希哲 [1]，「癸酉」李壺父 [2]，「壬申」孔文叔 [3]，「辛未」馮康侯 [4]，「庚午」沙石荒 [5]，「己巳」陳淡如 [6]，「戊辰」陳達夫 [7]，「丁卯」曾墨躬 [8]，「丙寅」葉中冷 [9]，「乙丑」蘇碩人 [10]，「甲子」馮師韓 [11]，「癸亥」徐心丹 [12]，「庚申」黎戩園 [13]，「己未」羅子期 [14]，「戊午」張諟齋 [15]，「丁巳」許守白 [16]，「丙辰」楊千里 [17]，「乙卯」湯今頒 [18]，「甲寅」王福庵 [19]，「壬子」費龍丁 [20]，「辛亥」陳半丁 [21]，「庚戌」趙叔孺 [22]，「己酉」黃賓虹 [23]，「戊申」高野侯 [24]，「丁未」汪鷗客 [25]，「丙午」葉退庵 [26]，「乙巳」楊俞 [27]，「甲辰」童心安 [28]，均當世治印聞人也。

　　今歲「乙亥」二字，尤多大蒙。邾公華鐘與𠤳鼎，皆一器之中有此二字，尤為難得，月色已篆刻十數印，分寄海內耆碩，且作乙亥二字連文一印，以鈐年柬，遍寄舉國知交千百人。想六十年後，當更有人摹此二字之連文印也。

《香港中興報》1935 年 2 月 26 日

【注釋】

　[1] 王希哲，即王光烈，詳見《附錄　蔡守與時人交遊考》。

　[2] 李壺父，即李尹桑，詳見《附錄　蔡守與時人交遊考》。

　[3] 孔文叔，即孔昭來，詳見《附錄　蔡守與時人交遊考》。

　[4] 馮康侯，詳見《附錄　蔡守與時人交遊考》。

　[5] 沙石荒，即沙孟海，詳見《附錄　蔡守與時人交遊考》。

　[6] 陳淡如，無考。

　[7] 陳達夫，即陳兼善，詳見《附錄　蔡守與時人交遊考》。

　[8] 曾墨躬，詳見《附錄　蔡守與時人交遊考》。

　[9] 葉中冷，無考。

　[10] 蘇碩人，即蘇澗寬，詳見《附錄　蔡守與時人交遊考》。

　[11] 馮師韓，即馮漢，詳見《附錄　蔡守與時人交遊考》。

　[12] 徐心丹，詳見《附錄　蔡守與時人交遊考》。

　[13] 黎戩園，詳見《附錄　蔡守與時人交遊考》。

　[14] 羅子期，詳見《附錄　蔡守與時人交遊考》。

　[15] 張諟齋，詳見《附錄　蔡守與時人交遊考》。

　[16] 許守白，即許之衡，詳見《附錄　蔡守與時人交遊考》。

　[17] 楊千里，即楊天驥，詳見《附錄　蔡守與時人交遊考》。

　[18] 湯今頎，詳見《附錄　蔡守與時人交遊考》。

　[19] 王福庵，詳見《附錄　蔡守與時人交遊考》。

　[20] 費龍丁，即費硯，詳見《附錄　蔡守與時人交遊考》。

　[21] 陳半丁，詳見《附錄　蔡守與時人交遊考》。

　[22] 趙叔孺，即趙時棡，詳見《附錄　蔡守與時人交遊考》。

　[23] 黃賓虹，詳見《附錄　蔡守與時人交遊考》。

　[24] 高野侯，即高時顯，詳見《附錄　蔡守與時人交遊考》。

　[25] 汪鷗客，即汪洛年，詳見《附錄　蔡守與時人交遊考》。

　[26] 葉退庵，即葉期，詳見《附錄　蔡守與時人交遊考》。

　[27] 楊侖，無考。

　[28] 童心安，即童大年，詳見《附錄　蔡守與時人交遊考》。

冒碧纕篆書小聯

　　余藏冒碧纕俊[1]篆書聯，硃砂箋長二尺有六寸，寬五寸有四分，聯文「仁壽鏡光涵曉日，吉祥花氣藹春風」。上款「季嬙八姊夫人雅正」，下款「碧纕妹冒俊」。「碧纕」朱文方印。余以其為硃砂箋，而聯語亦吉祥，每歲歲朝必懸掛於閨中。

「冒俊字碧纕，如皋巢民先生之裔，能詩畫篆刻，歸泉唐陳子垕郡丞坤，伉儷唱喁，致相得也。《吳蘋香、莊槃珠二女士合詞》，即其夫婦所刻。蓋猶有水繢園風雅之遺韻也，石禪老人跋。」「趙藩 [2]」朱文長方印，「樾邨」朱文方印。此跋書於聯上裝池之縜絹。

「碧纕篆書此聯，潘至中 [3] 所藏，以贈寒瓊伉儷。先是清河夫人於戊午歲盡，得碧纕所遺古澄泥硯，余曾為題之。今此篆聯復以相睍，真可謂仙眷一家矣。己未秋八月十二日，劍川趙藩。」「趙藩」白文長方印，「石禪寓目」朱白文方印。

「寒瓊先生得余姑母篆書小楹帖，自廣州郵寄屬題。去年重過廣州，有感逝絕句十二首。第二首云，『迷離福祿鴛鴦閣，只在池塘薤菜邊』。閣為姑母舊居，在天官里之薤菜塘也。姑母歿後降神，自言前身為羅浮蝴蝶。粵中士大夫多歌詠其事。寒瓊先生竺雅嗜古，又得月色夫人房帷靜好。覆茶賭韻，殆皆從蕊珠宮裡來。此帖雜廁明誠金石中，可云得所。舊有亡友趙樾村 [2] 題記可寶也，冒廣生 [4]。」「廣生私璽」朱文方印，「疚齋」白文方印。此跋分寫於聯左右之下方。

《香港中興報》1935 年 2 月 27 日

【注釋】

　[1] 冒碧纕，即冒俊，詳見《附錄　蔡守與古人交流考》。

　[2] 趙藩，詳見《附錄　蔡守與時人交遊考》。

　[3] 潘至中，即潘和，詳見《附錄　蔡守與時人交遊考》。

　[4] 冒廣生，詳見《附錄　蔡守與時人交遊考》。

高且園澄泥硯

歲首李鳳坡景康 [1] 書來，謂歲除張谷雛虹 [2] 作緣，得一澄泥硯，為壓歲俊物。硯長方形，長四寸有五分，寬三寸弱，厚八分。背草書銘曰，「方正醇古，領袖文府。惟翁也伍，乾隆三年，為誠翁老伯，東海通家小子，高鳳翰 [3] 左手拜銘。」草書六行，硯右側有清儀閣主人銘，「蒼葭水湄，伊人我思，道光廿六年丙午立秋日，叔未張廷濟 [4]。」行書二行。

《香港中興報》1935 年 2 月 27 日

【注釋】

[1] 李鳳坡，即李景康，詳見《附錄　蔡守與時人交遊考》。

[2] 張谷雛，即張虹，詳見《附錄　蔡守與時人交遊考》。

[3] 高鳳翰，詳見《附錄　蔡守與古人交流考》。

[4] 張廷濟，詳見《附錄　蔡守與古人交流考》。

《畫隱園》圖冊題詠

國學會耆碩許丈情荃樹枌 [1] 今年七十有四，工詩畫，歲晏郵寄《畫隱園》圖冊，索愚夫婦繪圖題詩，元旦試筆，即為繪之。

姑蘇精裱冊子，高五寸又四分，寬九寸又六分，對摺。

第一葉，「避俗訪靈源，山林古道存。欣欣拂豪素，物外□ [2] 田園。癸酉之秋，情荃先生粲正，賓虹 [3]。」「黃」白文朱印。

「墨彩橫飛第□ [4] 箋，園林景物長風煙。才名遠出黃公望，詩興高勝白樂天。霞客遊蹤遍南服，潭村遺跡訪前賢。衰年竟得神交契，海上靈山有夙緣。賓虹老先生繪贈畫隱園圖，賦此答謝，許樹枌。」「情荃」朱文白印。

第二葉，「畫隱圖隸書。情荃道長屬繪，獅子 [5] 寫意。」「王」白文方印。

第三葉，「畫隱園圖，情荃老先生法鑒，胡佩衡 [6] 寫於北平。」「冷庵」朱文方印。

第四葉，「畫隱園圖篆書。情荃老先生法正，路朝鑾 [7] 作於青島。」「畢路」白文長方印，「瓠菴」朱文方印。

第五葉，「畫隱隸書。涉筆成趣，丹青欲仙。千秋萬古，園以畫傳。情荃老先生有道正，袁天庚夢白 [8] 寫於八百里湖荷花詞館。」「夢白」朱文方印。

第六葉，「隱居花木自成蹊，畫裡園林屋枕溪。羨殺綠陰雙燕子，書巢香雨護芹泥。寫奉情荃老先生方家雅令，天長老鶴郁濬 [9] 作於濟南。「老鶴」朱文橢圓印，「濬」白文雙螭印。

第七葉，「畫隱園吟詩作畫圖隸書。情荃老先生大人鑒教，雲溪鄧春澍 [10] 謹製。」「青城」朱文方印，「龍戲居士」白文有邊方印。

第八葉，「畫隱園圖篆書。情荃吟丈先生方家教之，休寧吳子鼎 [11]。」「子鼎」朱文方印。

第九、第十兩葉，「畫隱園中老畫師，個中心事有誰知。茫茫家國成何計，大好湖山任所之。酌古準今難為意，一丘一壑費沉思。年來最怕登高望，惟恐

狂風幾面吹。癸酉初秋，情丈書來委畫是圖，彼因多病，兼時局日非，屢執筆而中輟。昨復展損書，捧誦之下，愛我之深，有不能已者。於是作春秋兩幅，蓋取春秋多佳日之意，寄請老先生斧政之。當憐我情，不致深責。而畫之工拙所不計也。是年冬十月下浣之吉，異菴孟梅弇 [12] 記於北平寓次。」「亞聖後裔」朱文長方印，「孟梅之印」白文方印。

第十一葉，「春之畫隱繆篆。如皋景物儼桃源，水繪風流惜不存。端讓甌香許友亦號甌香三絕妙，千西畫隱有名園。用賓虹師原韻，似情荃社督老先生兩政。乙亥元旦蔡談月色。」「談月色」朱文三邊印，「賓虹衣盋」白文方印。

第十二葉，「夏之畫隱隸書。余生長桂林，最喜追暑巖居，真是清涼世界。出山三十年來，昕夕弗諼，何時能歸去邪。恐唯有畫山為隱，如我情丈之畫隱耳。乙亥歲朝，守。」「乙亥年五十七」朱文長方小印，「寒瓊為圖」朱文方印。

第十三葉，「秋之畫隱小篆。天下何曾有山水，胸中各自盪雲烟。印起樓臺多刻軒齋名印，謂之印上起樓臺畫招隱，兩家眷屬皆神仙。順德蔡守，與閨人張傾城、談月色合作，為情荃社督老先生寫畫隱圖並題，時第七十八乙亥歲朝也。」「寒瓊與傾城月色同畫」朱文方印。

第十四葉，「冬之畫隱草書。凍雲不流，奇峰排立，我杉湖之故宅也。何時偕山妻歸來寒隱乎。寫此為券，並質情丈證可，順德蔡守。」「寒瓊五十七歲作」朱文方印。

「畫之隱人隱於畫月，畫可隱兮隱可畫。畫山為隱隱入畫寒，畫隱書隱隱有畫月。與閨人月色連句，效唐人一韻詩，為情荃社督題畫隱圖冊，順德蔡守。」「寒瓊詩本」白文方印，「寒月吟」朱文方印。

「綠水名園杜句工，輞川如在畫圖中。尋常一樣山林景，意匠經營便不同。移病歸來隱市廛夷居已廿載，愧無花木記平泉。雲臺烟閣非吾念，願借君家屋一椽。賁陽陳夔龍庸庵 [13]。」

「水繪園荒世未平，先生思古發幽情。郊居不欲因人熱，高隱何妨以畫名。老去風懷無俗好，君家月旦有真評。奚囊收得新詩滿，試聽琅琅金石聲。

大陸龍蛇起殺機，南飛烏鵲已無依。時窮寧作深根待，我貴何傷知者稀。栗里無塵容寄傲，衡門有水可忘饑。春來莫負花時節，草長江南鶯亂飛。泰縣韓國鈞止叟 [14]。」

「吾婁烟客昔馳名，小築西田石可耕。曠世難逢真宰契，異時並作隱巢

鶯。賦辭蕭瑟蘭成脫,詩句清新摩詰賡。我有五湖烟水思,好尋漚□舊同盟。

往日風流射雉山,冒家繪水自灣環。何如畫意兼詩意,悟得人間與世間。勝侶招延同摯鷺,名流傾側慣提鸝。瓢團處處懷陳跡,軨轍還將花補蠻。太倉唐文治蔚芝 [15]。」

「從古詩翁多畫隱,風流今復見斯人。舍藏自得林泉趣,墨妙能迴天地春。花竹清幽屏塵俗,池臺疏鑿寓經綸。眉山後起皆坡穎,學禮家庭樂意真。

少年同學贐晨星,南閣耆英播德馨。獨抱冬心薄金紫,別開生面擅丹青。古歡琴隱思驂靳,先輩巢民見典型。我欲乞圖詩史閣,家山畫裡感飄零。常熟孫雄師鄭 [16]。」

「一代風騷傳水繪,天荒地老又名園。自成丘壑羅胸次,如此亭臺化墨痕。尺幅畫圖分主客,全家人境聚兒孫。偶開蔣徑收三益,三絕鄭虔萃一門。

如此風波不可留,何如歸去築三休。田園自愛陶彭澤,鄉里爭從馬少游。十畝桑麻農父話,一天風月海山秋。便教畫裡開仙界,眼底縣來隘九州。

不羨張芝與草聖,不從李白署詩仙。偶然作賦追開府,只合藏名託輞川。今古奇觀新畫本,嬛嬛福地小壺天。幾時風雪消清夜,訪戴山陰一放船。

難得神交兼兩世,八年兄事稱平生。天容吾輩風騷主,我羨君家月旦評。四友有圖留筆墨,千秋何事薄功名。故人無恙溪山好,待築詩壇作主盟。澄海蔡卓勳瀛壺 [17]。」

「豈以丹青癖,遂與丘壑情。偏安憐故郡,大隱養詩名。雨露生花氣,池臺來鳥聲。小園龍共賦,悵恨滯蘭成。

亦有林閣計,巾車往獨遲。撫茲東戶美,動我故園思。賓主皆詩伯,樓臺得畫師。山青頭半白,宇宙總堪疑。江東楊圻雲史 [18]。」

「閒居勝景榜柴灣,浮世塵氛一例刪。歲月桃源忘漢魏,烟雲桑海寫荊關。夢隨鶴羽常迎客,醉聽鶯聲總住山。活潑天機隨處見,知君筆底有仙寰。

小拓田園地幾弓,亭臺都在畫圖中。詞名爭重癸辛里,家世常留丁卯風。煮茗烟搖叢樹綠,吟詩聲帶落花紅。丹青以外無乾土,且自揮豪樂化工。紹興袁天庚夢白。」

「即從八法畫家園,園在柴灣灣有源。綠樹村邊連雉岸,白雲天上望龍門。神交何意逢知己,水繪重看盪古魂。深媿隔江詩報晚,鴻泥小圃早留痕。

閒話巢民到璞莊,霽峰晚景好斜陽。幾家文藻王摩詰,一老情荃許子將。從此風流無歇絕,不然林壑亦蒼涼。把看花木平泉記,海內人人識賈皇。江寧

吳鳴麒蓬叟 [19]。」

「水繪名園憶辟疆，冶春詞社屬漁洋。光分牛斗原同郡，刧換滄桑易夕陽。詩學遠宗丁卯集，畫禪新闢輞川莊。胸中自有真丘壑，點綴柴灣一草堂。

卅年譚藝客江南，今念雲林白髮鬖。四壁烟巒供畫本，一門風雅主詩龕。三蘇具有嵋山筆，小米親承海嶽庵。草閣勞君圖尺幅，攜歸我欲叩瞿曇。江都董玉書逸滄 [20]。」

「不盡滄桑感，斯園獨到今。烟雲天下事，風雨故人心。江左祠宗遠，襄陽畫意深。何年來訪戴，樽酒話離襟。武進蔣維喬竹莊 [21]。」

「水繪園尋跡已荒，更無高館榜斜陽，幸同槐市經生席，來過柴灣野老堂。摩詰詩成皆畫本，鄴侯籤寫盎書香。疏泉疊石三弓地，付與丹青細品量。

腕底春生彩筆揮，閒來策杖倚荊扉。風騷盟主群流集，月旦評操眾望歸。繞徑香多花作障，當門陰密樹成圍。披圖如對高人坐，時見幽禽隔水飛。丹陽殷松年墨卿 [22]。」

「窮搜歐亞四時花，部署端宜老畫家。香色滿園歸自媚，不須聲伎競豪華。先德觥觥許默公，盛時文物世能容。全身合有歸休地，我亦山居學種松。當塗奚侗度青 [23]。」

聞更有一冊。續圖者為湯定之滌 [24]、朱硯英端，賓虹女弟子，今主高吹萬家與舒石父 [25]、況又韓 [26]、李孝瓊 [27]、戴漠材 [28]、楊琴溪 [29] 七圖。余又紹介張谷雛 [30]、李研山 [31]、盧子樞 [32] 續之，成十圖。

題詩者有高吹萬燮 [33]、金鶴望天翮 [34]、李洞庭澄宇 [35]、陳散原三立 [36]、葉玉虎恭綽 [37]、吳霜厓梅 [38]，及齊白石 [39]、蘇炳靈 [40]、郭竹書 [41]、吳東園 [42]、徐虹隱 [43]、章硯舫 [44]、范雋丞 [45]、徐慎侯 [46]、舒石父、吳蝶衫 [47]、楊躄漁 [48]、唐病虹 [49]、歐陽印吾 [50]、錢競五 [51]、程后姚 [52]、顧末杭 [53]、顧仁卿 [54]、顧庚亭 [55]、顧時輔 [56]、郭仲達 [57]、王孚川 [58]、錢靜方 [59]、高潛子 [60]、張蟄公 [61]、費仲深 [62]、繆敏之 [63]、張仲仁一塵 [64]、徐貫恂 [65]、侯病驥 [66]、孫謹丞 [67]、陳陶遺道一 [68]、姚勁秋 [69]、冒伯啟 [70]、楊會亭 [71]、程蟄庵 [72]、金子才 [73]、蒲仙帆 [74]，四十有三人，定多佳什。容再錄之。乙亥立春，與月色連句。亦有言續此圖，因附錄於此。

蠟石偏宜供水仙寒，青瓷稱牡丹妍□ [75] 除夕伍佩琳送牡丹水仙數分。但求筆潤能償債月，賣了梅花便過年。上日拭豪圖畫隱寒，即指此圖，入春治印篆茶仙

為李洞庭摹兩峰舊藏明人茶僊印。蠔肥筍脆山肴美月，莫吝床頭壓歲錢寒。

《香港中興報》1935 年 2 月 28，3 月 1 至 6 日

【注釋】

[1] 許情荃，即許樹枌，詳見《附錄　蔡守與時人交遊考》。

[2] □，原文字模糊莫辨。

[3] 賓虹，即黃賓虹，詳見《附錄　蔡守與時人交遊考》。

[4] □，原文字空白，下同。

[5] 王獅子，無考。

[6] 胡佩衡，詳見《附錄　蔡守與時人交遊考》。

[7] 路朝鑾，詳見《附錄　蔡守與時人交遊考》。

[8] 袁天庚，即袁夢白，詳見《附錄　蔡守與時人交遊考》。

[9] 郁濬，無考。

[10] 鄧春澍，詳見《附錄　蔡守與時人交遊考》。

[11] 吳子鼎，詳見《附錄　蔡守與時人交遊考》。

[12] 孟梅弇，無考。

[13] 陳夔龍，詳見《附錄　蔡守與時人交遊考》。

[14] 韓國鈞，詳見《附錄　蔡守與時人交遊考》。

[15] 唐文治，詳見《附錄　蔡守與時人交遊考》。

[16] 孫雄，詳見《附錄　蔡守與時人交遊考》。

[17] 蔡卓勳，無考。

[18] 楊圻，詳見《附錄　蔡守與時人交遊考》。

[19] 吳鳴麒，詳見《附錄　蔡守與時人交遊考》。

[20] 董玉書，詳見《附錄　蔡守與時人交遊考》。

[21] 蔣維喬，詳見《附錄　蔡守與時人交遊考》。

[22] 殷松年，詳見《附錄　蔡守與時人交遊考》。

[23] 奚侗，詳見《附錄　蔡守與時人交遊考》。

[24] 湯定之，即湯滌，詳見《附錄　蔡守與時人交遊考》。

[25] 舒石父，即舒厚德，詳見《附錄　蔡守與時人交遊考》。

[26] 況又韓，即況維琦，詳見《附錄　蔡守與時人交遊考》。

[27] 李孝瓊，無考。

[28] 戴漠材，無考。

[29] 楊琴溪，無考。

[30] 張谷雛，即張虹，詳見《附錄　蔡守與時人交遊考》。

[31] 李研山，詳見《附錄　蔡守與時人交遊考》。

[32] 盧子樞，詳見《附錄　蔡守與時人交遊考》。

[33] 高吹萬，即高燮，詳見《附錄　蔡守與時人交遊考》。

[34] 金鶴望，即金天翮，詳見《附錄　蔡守與時人交遊考》。

[35] 李洞庭，即李澄宇，詳見《附錄　蔡守與時人交遊考》。

[36] 陳散原，即陳三立，詳見《附錄　蔡守與時人交遊考》。

[37] 葉玉虎，即葉恭綽，詳見《附錄　蔡守與時人交遊考》。

[38] 吳霜厓，即吳梅，詳見《附錄　蔡守與時人交遊考》。

[39] 齊白石，詳見《附錄　蔡守與時人交遊考》。

[40] 蘇炳靈，無考。

[41] 郭竹書，詳見《附錄　蔡守與時人交遊考》。

[42] 吳東園，詳見《附錄　蔡守與時人交遊考》。

[43] 徐虹隱，即徐兆瑋，詳見《附錄　蔡守與時人交遊考》。

[44] 章硯舫，無考。

[45] 范雋丞，無考。

[46] 徐慎侯，無考。

[47] 吳蝶衫，無考。

[48] 楊蠶漁，詳見《附錄　蔡守與時人交遊考》。

[49] 唐病虹，詳見《附錄　蔡守與時人交遊考》。

[50] 歐陽印吾，無考。

[51] 錢競五，無考。

[52] 程後姚，無考。

[53] 顧未杭，即顧似基，詳見《附錄　蔡守與時人交遊考》。

[54] 顧仁卿，無考。

[55] 顧庚亭，無考。

[56] 顧時輔，詩人。餘無考。

[57] 郭仲達，詳見《附錄　蔡守與時人交遊考》。

[58] 王孚川，詳見《附錄　蔡守與時人交遊考》。

[59] 錢靜方，詳見《附錄　蔡守與時人交遊考》。

[60] 高潛子，詳見《附錄　蔡守與時人交遊考》。

[61] 張蟄公，即張榮培，詳見《附錄　蔡守與時人交遊考》。

[62] 費仲深，即費樹蔚，詳見《附錄　蔡守與時人交遊考》。

[63] 繆敏之，詳見《附錄　蔡守與時人交遊考》。

[64] 張仲仁，即張一麐，詳見《附錄　蔡守與時人交遊考》。

[65] 徐貫恂，即徐鋆，詳見《附錄　蔡守與時人交遊考》。

[66] 侯病驥，即侯鴻鑒，詳見《附錄　蔡守與時人交遊考》。

[67] 孫謹丞，無考。

[68] 陳陶遺，詳見《附錄　蔡守與時人交遊考》。

[69] 姚勁秋，詳見《附錄　蔡守與時人交遊考》。

[70] 冒伯啟，詳見《附錄　蔡守與時人交遊考》。

[71] 楊會亭，無考。

[72] 程蟄庵，詳見《附錄　蔡守與時人交遊考》。

[73] 金子才，無考。

[74] 蒲仙帆，無考。

[75] □，此句脫一字。

姜千里嵌螺鈿砂壺

　　以砂壺造胎，而外嵌螺鈿或雕漆者，真希世之珍也。月色少時曾在陳簡持昭常 [1] 之寵姬處鹿鳴庵尼耶須見一方壺，內紫砂胎。壺內之底有「鳴遠」印，篆書朱文，甚精勁。外黑漆嵌螺鈿，流與鋬兩面作折枝花，揀取螺鈿深碧淺紅之色，分配為花葉，備極巧思。左右兩面嵌人物，似是《玉簪記》中偷詩茶宴兩齣故事，極燕寢娛情之致。几案屏幃，文房珍玩，亦分選螺色配成，精巧絕倫。壺蓋作漢方鏡花紋，尤為古雅。鋬上嵌「妙慧庵」小篆三字，亦娟秀可愛，底嵌一印「姜千里 [2] 造」小楷四字作瘦金書。又一壺，白泥胎，外作硃紅雕漆，仿古提梁卣，雲雷紋極精細。此壺猶在陳之妻弟張某處。唯姜壺則不知流落誰家耳。

《香港中興報》1935 年 3 月 7 日

【注釋】

　　[1] 陳簡持，即陳昭常，詳見《附錄　蔡守與時人交遊考》。

　　[2] 姜千里，詳見《附錄　蔡守與古人交流考》。

女閣老水晶壺

泡茶貴砂壺，砂壺能結茶緄 [1]，緄逾厚而茶香逾濃。獨龍井茶取其味滑香清，弗宜砂壺。余每以沈瑩中之水晶壺泡龍井茶，見其旗槍碧綠，泛於壺中，至可玩也。但粵中只有初寄來明前之茶，才有此色味。匝月後，色味俱變，已不堪飲，更不堪玩也。此壺底有「沈氏瑩中」篆書小印。考沈瑩中，名瓊蓮，烏程人。世傳富民沈萬三之後。有廷禮者，父子皆仕於朝。瑩中以父兄之素，得通籍掖廷。嘗試守宮論。其發端云，「甚矣秦之無道也，宮豈必守哉。」孝廟悅，擢居第一。給事禁中，為女學士。至今吳興人稱為女閣老。其宮體諸詩，不遜婕好花蕊，其傳器更足多矣。

《香港中興報》1935 年 3 月 8 日

【注釋】

[1] 緄，同「繭」。

明夏雲英瓷壺

曹夫人藏一明青花瓷壺，續歸來堂覆茶故事，鋬有「端清閣」篆書三字，底有「夏雲英印」。考雲英為明周憲王宮人。憲王志其墓曰，「雲英山東莒州人。五歲能誦孝經，七歲學佛。背誦《法華》《楞嚴》等經。琴棋音律，剪制結簇。一經耳目，便皆造妙。姿色絕倫，淡妝素服，雖仙姝不足多也。年十三，選為周世子宮人。元妃呂氏薨，遂專內政。國有大事，多與裁決，明白道理，有賢明婦人之風。余嘗令詠鵲詩。雲英以箴進，戒余勿畜之以傷生，其因事納規如此。年廿二，屬疾退房，求為尼，以了生死。受菩薩戒，習金剛密乘，法名悟蓮。不兩載，洞明內典。永樂十六年六月，作偈示眾，吉祥而逝。年二十有四。雲英端正溫良，居寵能畏，雅好文章，不樂華靡。嘗取女誡端操清靜之義，名其閣曰『端清』。有《競清閣詩》，又有《法華經贊》七篇其遺物寧勿珍若球琳耶。」

《香港中興報》1935 年 3 月 8 日

明陳用卿雙壺

三胞兄嘯府為珍亦有壺癖，得名壺不鮮，尤以陳用卿 [1] 雙壺稱絕品。初，嘯府於宣南北平以千五百金得用卿紫砂鉅壺一事。壺身竹刀刻款明壺多鈐印於壺底。唯用卿刻款於壺身「秋水共長天一色。丁丑年，用卿」，草書四行，其

筆法刀法，均與道光己亥馬傳岩起鳳所拓用卿壺「瓦瓶親汲三泉，紗帽籠頭手自煎。丁丑年，用卿」。款署正同。考丁丑為崇禎十年，確係明朝傳器，欣賞不置。嗣在上海，又見一事，質色大小皆相若，刻「山中一杓水，可清天天心。用卿古式」，草書四行，筆法亦同，索值二千金，亦不得不購歸，以成延津之劍，因榜其藏壺之室曰「卿卿閣」。考陳用卿製器，與時大彬同工，尤善作大壺，而年伎稍後。負氣尚義，嘗掛吏議。在縲絏之中，時人目之為陳三呆子。式尚工致，其為圓珠、蓮子、湯婆、缽盂諸款，不規而圓，已極妍飾。署款仿鍾太傅 [2] 帖意，論者謂其落墨拙，落刀工，信不誣也。吳梅鼎 [3]《陽羨茗壺賦》云，「尚彼渾成，僉曰用卿醇飾」，觀此雙壺益信。但明代多此鉅壺，實於泡茶弗宜。世人呼之曰水壺，或果為蓄泉之用歟。余亦得一紫砂巨壺，質潤如玉。製度古雅。鏊耳流觜蓋的壺頂，尤為大方。底有兩印，上「荊溪」二篆書平列橢圓印，下「邵旭茂 [4] 製」篆書方印，淺鈐而精，似唐孝廉天如所藏陳鳴遠 [5] 壺印之鈐法。旭茂雖不可考，然必為明代傳器無疑。

《香港中興報》1935 年 3 月 9 日

【注釋】

  [1] 陳用卿，詳見《附錄　蔡守與古人交流考》。

  [2] 鍾太傅，即鍾繇，詳見《附錄　蔡守與古人交流考》。

  [3] 吳梅鼎，詳見《附錄　蔡守與古人交流考》。

  [4] 邵旭茂，詳見《附錄　蔡守與古人交流考》。

  [5] 陳鳴遠，詳見《附錄　蔡守與古人交流考》。

周文甫山水卷

    吾粵有清一代，畫人莫多於吾邑。吾邑之中，尤以吾鄉為盛。今聞嚴炎公邦英 [1] 有《順德畫徵略》之輯。張谷雛虹 [2] 有《龍江畫徵略》之輯，皆足以補汪氏《嶺南畫徵略》之闕也。

    余藏吾鄉周文甫有經 [3] 山水卷，皆《縣志》《鄉志》失載。卷高一尺有四寸，長七尺有八寸，作淺絳山水，筆致娟秀，賦色雅淡，有劉華東 [4] 跋。

    「此龍江老諸生周文甫諱有經之絕筆也，與余為四十年前舊交。猶憶當時丰姿絕妙，有潘安才貌之稱。且家擁鉅資，賓客時時盈座。既已厄於場屋，忽爾黃金散盡。甚至飄海營生，可為英雄喪氣。不意猶不永年，何其困頓若是。

惜哉。今年冬，始由吾弟卿雲出此相示，烟雲滿紙，春山如笑。展玩之下，儼然如見故人。謹書其略，以還卿雲而珍藏之。時道光癸巳長至後三日。六十甲子老人，華東記。」「參山」朱文方印。

《香港中興報》1935 年 3 月 9 日

【注釋】

[1] 嚴炎公，即嚴邦英，詳見《附錄　蔡守與時人交遊考》。

[2] 張谷雛，即張虹，詳見《附錄　蔡守與時人交遊考》。

[3] 周文甫，即周有經，無考。

[4] 劉華東，詳見《附錄　蔡守與古人交流考》。

《菱湖圖詠》冊

許情 [1] 丈又以《菱湖圖詠》冊寄示。繪圖題詠多故人，因錄下：

江寧嚴宇良國棟 [2] 續圖紈扇。「菱湖之側，有屋數楹。為蛻庵先生別墅。新秋招遊，殘荷猶花。相與泛舟中流，薄採菱藕。杯盤消夏，且歌且答。幾不知大地熱鬧場有此清涼世界也。蛻庵出紈扇屬為圖之。乙巳七月。江東劍■ [3] 並志。」「嚴」朱文圓印。

陽湖左迦庵運奎 [4] 寫。「菱湖煙雨圖。逸滄同年屬。運奎。」「迦庵」朱文方印。

懷寧蕭謙中 [5] ■寫。「重遊菱湖圖。癸亥冬。蕭■。」「謙中」朱文方印。

高郵宣古愚哲 [6] 寫《菱湖嫩秋圖》。「拙修先生以重遊菱湖詩見視，愧未能和。讀徵詩啟中所述，湖中風景，以夏末秋初為最。而先生重遊在乙丑春，或尚以未盡其勝為憾。因懸想成此請正。以為先生他日三至之券。宣哲。」「愚公」朱文方印。

「重遊菱湖圖徵詩啟　出安慶樅陽門東北二里許，有菱湖一區。廣可十畝。南介江湄，北環龍麓。每當盛夏，荷蒲菱茨之屬。萬花鋪棻，一望靡際。遊人放舟中流，徹夜忘返。縣志八景『菱湖夜月』，此其一云。

扁舟送客，汪梅湖 [7] 之深情。古鏡迎秋，魯研山之佳句。先哲標題，湖山生色已。亡何，狼氛俶擾，漚夢 [8] 頻驚。煙柳風荷，幾銷沉於往劫。騷人墨客，半轉徙於他鄉。雲水蒼涼，幾於無人過問焉。有清光緒之季，僕筮仕皖邦，謬司軍實。抗塵走俗，性非所堪。適菱湖觜有藥庫一，典勘之餘，流連景

光。閒邀朋侶，亦酌壺觴。傳碧筩之桮，盪木蘭之槳，此菱湖泛舟圖所由昉也。風前團扇，乍寫丹青。花吟牋，盡霏珠玉。緣是簪裾鱗萃，奚殊濠上之游。車騎馳，欲擬洛濱之集。左子云，『湖之顯晦有時』，不其然歟。乃江南勝迹，難戀溪山。塞北羈愁，幾更冬夏。蒹葭回溯，抑鬱於懷。然人生如寄，徒悵浮蹤。天假有緣，重溫舊夢。乙丑春，因事南來。復有菱湖之遊。廿年小別，印鴻雪以猶存。一葉清秋，問烟波兮無恙。彼都人士，蓋已就內湖之濱，開拓公園數載於茲矣。明漪一曲，園依綠水之旁。畫舫三更，月出東山之上。江城俊賞，仕女如雲。至若外湖，別饒野趣。人跡罕至，水調時聞。日斜風定，漁童晒網之天。夏末秋初，溪女採蓮之候。稻畦香足，一雨生涼。蓼潋花疏，數家臨水。是桃源再訪，亦有前緣。赤壁重遊，彌多幽趣也。猶憶癸亥寄跡都門，蕭子謙中為寫《菱湖第■圖》。龍眠本是鄉人，輞川夙稱名手。雲山潑墨，則景皆新。風月移情，則欲歸不得。矧江關蕭瑟，未免牢愁。塵海浮沉，頻催□棹。斯則覽虎頭之作，彌動季鷹之思者矣。噫，結習難忘，墨緣再訂。一船虹月，臥遊常對夫青山。滿紙琳瑯，高詠願聆夫雪白。丙寅夏五月。江都董玉書逸滄 [9] 啟。」

「拙修先生宦遊南北越卅年。入皖兩度，為時最久。中間雖北出居庸，宰興和治寶昌州，訪元上都故址。躍馬冰天，詩懷壯闊，興固不淺。而於菱湖山水之勝，獨難恝置焉。『菱湖夜月』為皖省八景之一。與杭之『平湖秋月』風景不殊。先生政暇，嘗招致嘉客，買舟消夏，結社聯吟於其中。余亦曾侍清遊，賡和篇什，以助雅興。嚴君宇良，為繪《菱湖泛舟圖》，左君迦庵亦為繪《菱湖煙雨圖》。各有題詠，以誌盛況。先生藏之行篋，攜出塞北，拱璧同珍。後客春明，蕭君謙中，菱湖之徵。果於乙丑春夏之交，再蒞湖上。江山如舊，亭榭增新。碧波一泓，青菱萬頃，益低徊流連而不能去。因作重遊菱湖絕句十首。屬而和者，又甚眾也。先生以詩寄示，並訂同游之約。余客濟南，歷十餘稔。屢邀先生遊明湖，卒不果。去冬先生六十攬揆之辰，仿芸臺相國。茶隱避客，以謝申祝。其哲嗣孝逸吾徒也。編次《菱湖圖詠》，將彙刊成帙為先生壽，屬余敘其崖略。是時余適重來皖城，而先生已赴杭，覽西湖名勝。僅得與二三舊侶，以吟以眺。俯仰陳跡，已不勝今昔之感。矧座少先生，益覺寡歡。及歸而瀏覽圖詠，心焉嚮往。覺先生之精神，足與湖山並壽。則斯圖斯詠，洵可播藝林之佳話也已。己巳五月，儀徵巴澤惠鄭澂 [9] 謹序。」

「一棹蒼波裡，花光接水光。湖山工寫照，境界住清涼。幾輩衣冠古，千

秋翰墨香。龍眠有丘壑，俗慮此中忘。城北幽栖地，江南雅集時。客星留畫本，人海豁襟期。雙槳剡溪月，孤蓬輞水詩。滄桑休感慨，展卷目漣漪。桂林許晉祁介侯 [10]。」

「湖水漾空碧，昔時來去過。誰家採菱女，清唱蕩微波。春草蘼蕪長，秋風蓴菜多。今看圖畫裡，高興發如何。黃岩王詠霓子裳 [11]。」

「逸滄本是滄波逸，說劍論詩雄萬夫。今日滄桑增感慨，不如一棹訪菱湖。江都李鍾豫毓如 [12]。」

「江亭多景風，潛德輝南離。東溪氾餘清，化流淪澎池。理楫及良辰，濯景澄中懷。仰聆歸鴻征，俯擷朱華披。朝霏變微岑，夕秀暉明漪。覺物換幽存，臨川緬逶迤。河陽睠餘謠，斜川睇曾丘。眷言虛丹超，未惜搴裳遲。載歌行潦章，洞酌民攸歸丘字，舊屬之部，周漢均然。

悲欣乖故風，嘉會寧久常。歡宴須及時，況復良覿并。嚶嚶黃鳥鳴，秩秩賓筵張。甘醪發芳顏，令德揚妙英。懵懵尊酒懷，習坎占不盈。詩人頌柔嘉，君子貞穆清。含淒緬往歡，申章奏中誠。境遷物不遺，景邁情斯征。逝川無停波，念此傷中情。儀徵劉師培光漢 [13] 左庵又號申叔，加入同盟會甚早，孫總理委以揚子大都督，「揚子大都督印」，置《國粹學報》，余案之抽屜中甚久，後申叔被其妻何智劍所賣，入端方幕，此印遂屬余，其字左庵，眾欲殺之，章太炎老友力保方免，後聞智劍為尼，其知悔乎。」

「十載龍山感舊遊，早知宦味淡於秋。菱歌還憶紅橋好，膡寄鄉心到白漚。甘泉閔爾昌葆之 [14]。」

「菱塘何必故鄉無，要作東坡赤壁圖。記否平山堂下路，扁舟一葉瘦西湖。
武庫森森載酒過，使君於此善婆婆。漁洋翻說揚州好，遊宦從來紀事多。
秋風夢影廣陵濤，話到蓴鱸意轉驕。官捨去家三十里，天然圖畫是金焦。
廿載離群別意長，兒時風景總難忘。莫愁湖上相攜去，萬頃荷花看夕陽。
江都方爾謙地山地山為袁克文受業師，耆古泉，兼精金石學。」

「瀲灔平湖對遠山，群公雙槳泛閒閒。柳絲藕孔畫圖出，剪取吳波月一彎。
蓴鱸張翰催鄉思，如此湖山可不歸。茅屋蓋頭舫載酒，十年漫道昔遊非。
義寧陳衡恪師曾 [15]。」

「當年小董譽江都，白袷風流絕世無。今日相逢皆老大，新詩一本紀菱湖。
玉牒尚書歸錦里，朱衣祭酒老長沙。思量三十年前事，頭白門生眼盡花甲午優選，同出玉牒尚書之門，丙戌入泮，亦同受知於長沙祭酒。

萬里龍荒接塞垣，與君立馬看中原。將軍新旅江南至，鼓吹連營慶上元。無錫孫道毅寒厓 [16] 寒厓工書，吳芝瑛，平之字，皆寒厓代筆，至今島市猶有未知者，故特書之。」

「一棹菱湖紀勝遊，展圖我誤竹西樓。柳堤楊柳青青色，猶識當年白袷不。

君是瘦西湖上客，我家亦有小金山。相逢同說江南夢，一片寒笳月照關。

百里邊城作小侯，聲名記取聽輿謳。放平心地腳踏實，白日青天在上頭。逸滄同年之任興和，僕既以上元奉答三首，寫菱湖冊子之尾矣。今覆函索句，謂將有以壯行色。僕聞逸言，心怦怦然，再成三首，辭效輿誦以奉壓裝，寒厓又記。」

「簾閣蕭蕭容夢涼，菱花十里是甘棠。日斜風緊思歸去，不為行人也斷腸。

姊唱菱歌妹採蓮，下風遠聽似朱弦。只今畫裏能知處，一度孤吟一惘然。無錫廉泉南湖 [17] 南湖為吳芝瑛之夫，工詩詞。當年與芝瑛偕隱小萬柳草堂，收藏書畫甚富，善自標置，不翅寒山伉儷，實芝瑛僅識字耳，後竟窮死，亦可哀也。」

「柳州橡筆記愚溪，幾輩蠻荒選勝蹟。況是菱湖如畫裏，最宜一舸夕陽西。

菱荇秋泚水亦香，中流容與鬢絲涼。朝來忽動蓴鱸思，風景依稀似故鄉。

笠屐兒時憶得無，周南留滯客心孤。蒲溪九曲無人畫，我亦煙波舊釣徒。

名湖自昔比佳人，膏沐誰容負好春。難得詩翁勤穮襀，披圖我欲喚真真。番禺沈宗畸南野 [18]。又號太侔，為筆香太史之子，與崔百越師貫 [19] 在北京，宣南士夫稱為嶺南兩公子。後竟窮窘死於薊門，幸雀公早歸，猶得在島市講學也。」

「記曾為客皖公城，落魄菱湖載酒行。好景披圖□ [20] 似昨，不堪華髮鬢邊生。

石門湖接石塘湖，處處荷花似錦鋪。何日移家住江上，一簾淞雨夢菰蒲。

紫荊花落鳥聲寒，歸臥菱湖願竟慳余舅氏懷寧陳潤甫先生抱歸老菱湖之願。所遺《紫荊花館詩集》，余為刊行。輸與舒州老從事，朝朝倚櫂看龍山。紹興周肇祥養庵 [21]。」

「江都小董舊馳聲，小試絃歌尹武城。烟水蒼茫容吏隱，浮家泛宅寄閒情。

何鄧威 [22] 毓紹岑 [23] 王義門 [24] 陳師曾已古人，摩挲遺墨漫霑巾。江湖滿地風波惡，羨爾收帆早出塵。常熟孫雄原名同屬師鄭 [25]。」

「《摸魚兒》 蕩柔颺小，蜻蜓舸，碧流依舊清泚。漚兄鷺弟魚奴婢，管領片時烟水。菱歌底，問幾劫滄桑。劫海涵桮裏。塵襟全洗，憶螢苑秋星，龍荒塞月。夢幻一彈指，□今何世。 惟見江湖滿地。桃源還恐花淚，金貂朱

紫喧天熱。一例大槐安蟻，君不見。陶栗里歸來。自署無懷氏。浮家可喜。願釣雨分錢，吹雲借笛，浪跡趁蘋尾。□ [26]」

《香港中興報》1935 年 3 月 9 至 14 日

【注釋】

　[1] 許情，即許樹枌，詳見《附錄　蔡守與時人交遊考》。

　[2] 嚴宇良，即嚴國棟，無考。

　[3] ■，原文字模糊莫辯，下同。

　[4] 左迦庵，即左運奎，詳見《附錄　蔡守與時人交遊考》。

　[5] 蕭謙中，詳見《附錄　蔡守與時人交遊考》。

　[6] 宣古愚，即宣哲，詳見《附錄　蔡守與時人交遊考》。

　[7] 汪梅湖，即魯研山，無考。

　[8] 漚夢，泡影般的夢。《蕙風詞話續編》卷二引清徐穆《鶯啼序》詞，「篷窗一宵漚夢，醒連天暮雨。」

　[9] 董玉書、巴澤惠、鄭澂，無考。

　[10] 許晉祁，詳見《附錄　蔡守與時人交遊考》。

　[11] 王詠霓，詳見《附錄　蔡守與時人交遊考》。

　[12] 李鍾豫，詳見《附錄　蔡守與時人交遊考》。

　[13] 劉師培，詳見《附錄　蔡守與時人交遊考》。

　[14] 閔爾昌，詳見《附錄　蔡守與時人交遊考》。

　[15] 陳衡恪，詳見《附錄　蔡守與時人交遊考》。

　[16] 孫道毅，詳見《附錄　蔡守與時人交遊考》。

　[17] 廉泉，詳見《附錄　蔡守與時人交遊考》。

　[18] 沈宗畸，詳見《附錄　蔡守與時人交遊考》。

　[19] 崔百越，即崔師貫，詳見《附錄　蔡守與時人交遊考》。

　[20] □，原文缺字，下同。

　[21] 周肇祥，詳見《附錄　蔡守與時人交遊考》。

　[22] 何邕威，詳見《附錄　蔡守與時人交遊考》。

　[23] 毓紹岑，即愛新覺羅·毓隆，詳見《附錄　蔡守與時人交遊考》。

　[24] 王義門，詳見《附錄　蔡守與時人交遊考》。

　[25] 孫雄，詳見《附錄　蔡守與時人交遊考》。

　[26] □，文似未完。

湯雨生畫像

朱石楳堅 [1] 寫湯雨生貽汾 [2] 像，紙本，長二尺有四有半寸，寬七寸。白描，箬笠芒鞋，鳩杖白袷，長髯微髭，瀟灑如魏晉時人。

「忠孝一門留世澤，盛名三絕畫書詩。舊遊腹痛從回首，歲歲春風二月時。曾從古寺看南枝，寫照評花記昔時。較似江南冰雪友，情留粉本繫人思。癸丑仲夏，古越朱堅背橅從木，即古摹字，非撫字，今畫人亦往往誤為從手，作撫字，殊堪一笑，故特書之此像於袁浦。」

「死生輕一瞬，忠義重千秋。骨肉非甘棄，兒孫好自謀。故鄉魂可到，絕筆淚收難。藁葬毋予慟，平生積罪尤案此為雨生絕命詩也。癸丑冬月。嚴保庸 [3] 謹錄。」

「試問從來忠孝節，一門濟美幾人同。後先四代空千古乾隆五十一年，公祖父同殉鳳山之難，公與公子實繼之，婦孺全家殉乃翁。自是乾坤鍾間氣，可無浪波激英風。絕憐絕命詩成後，半段槍猶殺賊雄詩成付僕令去，遽持槍出門，遇賊不敵，返赴池死。公正命後數月，石楳朱公子彷彿遺容，摹照徵題。敬成一律。揮淚書之。保庸力疾並記。」

寒案，湯雨生殉咸豐癸丑江寧之難，風公以鳳坡擅寫梅，又耆茗壺，因橅從木以寄贈。

「誰仿龍眠筆力遒，輕衫鳩杖舊風流。品後萬樹梅花見，人返三山洞府遊。漫說丹青高一代，盡留忠孝照千秋。天涯何幸瞻遺像，尺幅猶存固固愁。乙亥春初，李景康 [4] 題於香海百壺山館。」

《香港中興報》1935 年 3 月 15 日

【注釋】

[1] 朱石楳，即朱堅，詳見《附錄 蔡守與古人交流考》。

[2] 湯雨生，詳見《附錄 蔡守與古人交流考》。

[3] 嚴保庸，詳見《附錄 蔡守與古人交流考》。

[4] 李景康，詳見《附錄 蔡守與時人交遊考》。

當世潮州造壺良工

曩歲香港林某骨董估有鄭寧侯 [1] 硃泥粗砂小方壺一事，索直六百金。遍出島中嗜壺者，爭為欣賞，且有償以巨價。獨吾友張谷雛虹 [2]，論定此壺雖

工，但必出於匠人之手，非士夫雅裁，矧印文「鄭」字亦誤。嗣有廣州骨董店尊古齋潘某，紹介某氏以四百金購之，用貽陳某。廣州嗜壺者，莫不稱羨。詎知實係當世良工之贗鼎乎。是歲冬杪，廣州西關骨董估羅某，紹介吾友區夢園 [3]，買一白泥刻角方印小壺，製度精雅絕倫。僅在壺蓋合口之處，鈐一橢圓小印，為朱文「寧侯」二字，鈐泥上成白文，多不能辨。故潘某自謂精鑒甄砂壺，留看半月，亦竟退還。夢園遂以賤值得之。獨能識其為「寧侯」之印，狂喜無量。即攜壺過訪牟軒。余一見驚為奇珍，身毛喜豎。且謂朋輩中所藏名壺，除唐孝廉天如恩溥 [4] 之陳鳴遠 [5] 白泥方印壺外，莫有能出其右者。讚歎無極，各為詩寵之。去年秋間。又有潮州估人，攜來硃泥粗砂兩壺。售與廣州尊古齋骨董肆，一署陳鳴遠 [5]，陳某以二百金購歸，深為珍秘。一署戴玉屏 [6] 者，款式尤古雅可愛。吾友李研山居端 [7] 以二十金購得。余許其為當世良工所造。去臘島市，又出一鄭寧侯壺。壺之大小，質色及印，一一皆與前者相同，陳某才知昔所得者乃贗也。余亟馳書潮州，託友人黃仲琴 [8] 訪之。日前仲琴報我。謂距潮州府西四十里，地名楓溪。造壺良工，有蔡戴兩家，均善仿古，尤以硃泥粗砂者為佳。戴氏往往偽古人款印，自署「戴玉屏」。蔡氏則多仿惠孟臣 [9] 小壺，用小長方印。自署墨綠齋，墨綠齋乃蔡氏肆名也。但只能仿硃泥粗砂。其仿白泥紫泥者，兩家均不佳也。余即以舊藏惠孟臣之肥流反鋬壺影本，及明人笙形壺景本，令其仿之。而自寫銘與印，命其摹刻，或有可觀。雅事亦快事也。戲作一謠云，「荊溪而后有楓溪，陽羨名壺可與齊。蔡戴兩家爭仿古，粗砂偏擅製硃泥。」

《香港中興報》1935 年 3 月 16 日

【注釋】

[1] 鄭寧侯，詳見《附錄　蔡守與古人交流考》。

[2] 張谷雛，即張虹，詳見《附錄　蔡守與時人交遊考》。

[3] 區夢園，詳見《附錄　蔡守與時人交遊考》。

[4] 唐天如，詳見《附錄　蔡守與時人交遊考》。

[5] 陳鳴遠，詳見《附錄　蔡守與古人交流考》。

[6] 戴玉屏，無考。

[7] 李研山，詳見《附錄　蔡守與時人交遊考》。

[8] 黃仲琴，詳見《附錄　蔡守與時人交遊考》。

[9] 惠孟臣，詳見《附錄 蔡守與古人交流考》。

宋《神霄玉清萬壽宮詔》考釋

宋徽宗御撰御書《神霄玉清萬壽宮詔》，《金石粹編》未載。趙撝叔之謙 [1] 《補寰宇訪碑錄》著在河南祥符。繆小山荃孫 [2] 《藝風堂金石目》著在山東泰安不言有額。黃仲琴 [3] 《嵩園金石目》著在蒲城元妙觀，有額「御書手詔」四大字。俞梧生鳳翩 [4] 《寶存堂金石目》著在瓊州府治東，浮粟泉寺內。余得即此本，在今之海口五公祠右，矗立大樹下。龜趺尚存，惜額已佚，遍覓不可得。據道光辛丑重修《瓊州府志》第四十三卷載，「宣和御碑，在郡北郊外三清觀中。」碑文不錄，碑石高六尺有四寸，寬三尺有半寸，厚八寸有四分，四周花紋寬四寸，花紋作雷文藏螭龍。詔，正書十六行，行四十字，字約一寸強。

「神霄玉清萬壽宮詔一行。御製御書。

二行道者，體之可以即至神，用之可以挈天地，推之以治天下國家。可使一世之民，舉得其恬淡寂常之真，而三行躋於仁壽之域。朕思是道，人所固有，沉迷既久，待教而興，俾欲革末世之流俗，還隆古之純風。蓋嘗稽參四行道家之說，獨觀希夷之妙。欽惟五行長生大帝君，六行青華大帝君，體道之妙，立乎萬物之上，統御神霄，監觀萬國，旡疆之休，雖眇躬是荷，而下民之命，實明神七行所司。迺詔天下，建神霄玉清萬壽宮，以嚴奉祀。自京師始，以致崇極，以示訓化。累年於茲，誠忱感格，高厚八行博臨。屬者三元八節，按沖科，啟淨供。風馬雲車，來顧來饗，震電交舉，神光燭天。群仙翼翼，浮空而來者。或九行擲寶劍，或灑玉篇。駭聽奪目，追參化元。卿士大夫，侍衛之臣，悉見悉聞，嘆未之有，咸有紀述，著之簡編。烏十行呼。朕之所以隆振道教，十一行帝君之所以眷命孚佑者，自帝皇以還，數千年絕道之後，乃復見於今日，可謂盛矣。豈天之將興斯文以十二行遺朕。而吾民之幸，適見正於今日耶？布告天下，其諭朕意，毋忽。仍令京師神霄玉清萬壽宮，刻詔於碑。以十三碑本賜天下。如大中祥符故事，摹勒立石，以垂無窮十四行。」

「宣和元年八月十二日。奉一行聖旨立石二行。」在詔之左方，字約半寸強。

「保和殿直學士，朝議大夫，提舉上清寶籙宮，編類御筆，兼禮制局詳議官，校正內經，同詳定官，賜紫金魚袋，臣蔡絛 [5] 奉聖旨題額。」案此行四十九字，藏碑左雷文內，每字約二分許。

「通侍大夫，保康軍承宣使直睿思殿，同知入內，內侍省事，同提點皇城

司，充在京神霄玉清萬壽宮提點，臣譚積 [6] 一行。檢校少師，鎮東軍節度使，中太一宮使，直保和殿，明□ [7] 兼在京神霄玉清萬壽宮提舉提轄使，臣學，臣梁師我 [8]。管勾上石二行。睿思殿御前文字，外庫祗應，武功大夫，臣張士永 [9]。武經郎，臣張士亨 [10]。從議郎，臣王公姚 [11]。臣封寧 [12] 等。模勒再鐫三行」寒案，此小字三行，藏碑右方花邊雷文中。

案《宋史》，真宗於大中祥符元年正月受天書。四月，作玉清昭應宮。五年十一月置玉清昭應宮使。徽宗宣和元年三月，知登州宗澤，坐建神霄宮不虔，除名編管。八月丁酉，以神霄宮成。降德音於天下，碑應立於宮成時也。

徽宗從林靈素、張虛白、劉棟之請，詔天下皆設神霄玉清萬壽宮。縣皆有之，毀僧廬無算。

又案《老學庵筆記》[13] 云，「神霄以長生大君青華帝君為主。其次曰蓬萊靈海帝君，西元大帝君，東井大帝君，西華大帝君，清都大帝君，中黃大帝君。又有左右仙伯，東西臺吏二十有二人，繪於壁。又有韓君丈人，祀於側殿曰，此神霄帝君之尚賓也。甌帳座外，皆賜威儀。

西南東壁，從東第一架六物。曰錦繖，曰絳節，曰寶蓋，曰珠幢，曰五明扇，曰旌從。從東第二架六物。曰絲拂，曰旛，曰鶴扇二，曰金鉞，曰如意。

西壁從東第一架六物。曰如意，曰玉斧，曰鶴扇二，曰旛，曰絲拂。西壁從東第二架六物。曰旌，曰珠幢，曰寶蓋，曰絳節，曰錦繖。神霄宮之成，為當日釋道兩教消長之機。而宮中供奉者，皆方士偽託，非有所根據也。

秦皇漢武，以大功克成。信方士，求長生。徽宗則信帝君為下民司命。據此詔亦可見當日道家之方士在政治上所佔之位置。嘗見《汲縣志》載一事云，「汲有李道人，幼本讀書。年十八為道士，忽通道術。康熙五十六年，入都門。居白雲觀。未久，上遽知之。詔見便殿。時西路巴里坤方用兵。遂命往塞外，賜衣一襲，恩禮甚優。乘驛至軍前，將軍富寧安，親造其帳，與之謀畫。總鎮以下官謁之，如王公禮。」試觀亡清，亦有正一真人之封號。李道人事，固當不免。雖與神霄無關，亦可見由來方士勢力能及於戎事。在清初尚如此，何怪後有義和團事，竟釀成兵禍乎。

《書史會要》[14] 云，「徽宗行草正書，筆勢勁逸。初學薛稷，後乃變其法度。」《鐵圍山叢談》[15] 云，「裕陵初作黃山谷 [16] 書體，後自成一法。王翁 [17] 謂臨褚河南 [18] 聖教序，為道君瘦金書之祖。宋瀛士 [19] 謂道君實寢饋於柳誠懸而稍變者。觀此詔洵能兼上述諸家之長。」《老學庵筆記》云，「蔡京 [20]

書神霄玉清萬壽宮，及玉皇殿之類。玉字旁一點，筆勢險急。有道士觀之曰，此點乃金筆，而鋒芒侵王，豈吾教之福，遂疑此詔非道君所書。」殆未見雷文中之小字及碑額耳。

徽宗之瘦金書，瘦硬通神，有如切玉，冠絕今古。閨人月色，欲集是碑，與辟雍詔、大觀聖作碑、五禮記、八行八刑碑、賜道士劉既濟、項舉之手翰與各帖摹刻道君詩翰，及題畫署款，更益以二蔡、薛昂 [21] 李邦彥 [22] 之書，彙為瘦金書范。景刊行世，以救當世婦女學北碑之戾氣。

又獲舊拓剪俵一冊。每頁六行，行六字，都十二頁。烏墨甚精，亦闕額。並無雷文中藏小字。似亦瓊州本。但有陳蘭甫澧 [23]、何伯瑜昆玉 [24]、梁杭雪於渭 [25] 鑒藏印及蕭遠村 [26] 題詩。

「宣和天子真天才，縱橫筆陣風雲開。當年艮岳鑄鐵錯，至今斷碣埋蒼苔。道君心契道家事，金簡玉編祈上帝。目稽鶴馭二千群，手製龍章四百字。銀勾鐵畫體何工，淋漓濡染來天風。大中祥符仍故事，詔令率土同尊崇。江山萬里供揮灑，大清樓上無愁者。染翰閒成鶺鴒圖，傳神戲把鴛鴦寫。耶律既滅金漸強，前門拒虎後進狼。君臣謀國昧大計，猥以玄妙干穹蒼。靖康之變古所恥，青衣行酒顙有泚。坐使龍沙悲馬角，遂入羊群棄牛耳。此時籲天天不聞，銅駝荊棘怨王孫。風馬雲車渺何許，以淚洗面空酸辛。絕技爭誇擅場手，可惜為君才未有。零金斷璧棄人間，星霜剝蝕誰為守。當日濱海興化軍，玉清萬壽亦鐫珉。地僻未遭兵燹劫，雙勾點畫仍鮮新。故人好古耽金石，攫得古碑珍拱璧。自屑隃糜拓硬黃，鸞飄鳳泊驚魂魄。睇觀別是一家書，凌蘇黃米陌君謨。帝王筆力自天縱，神龍夭矯遜清都。得之狂喜夜不寐，以指畫肚窮殊致。回首芒羊五國城，滄桑人海浮雲逝。道光丙戌臘八日，遠村蕭重題。」

「此本拓手精妙，益見氣足神完。況經陳蘭甫、梁杭雪、何伯瑜三君舊藏，皆一時精鑒。何氏以傳拓著名，宜月色夫人拱璧視之。且喜作瘦金書，謂將景刊行世。以救當世婦女學北碑之戾氣云。癸酉秋七月重裝，屬為之記。古貨富翁方箬 [27]。」「藥雨」朱文方印。

「宋徽宗書神霄玉清萬壽宮詔舊墨脫。月色夫人工瘦金書，獲此舊本綑裝，屬為書端。于右任 [28]。」「於」朱文方印。

「南唐二主，北宋兩帝。不幸而生為天子。然道君八法六法，在此道中亦可南面矣。月色社嫂喜臨其神霄玉清萬壽宮詔。謹為題記如此。江亢虎 [29]。」「康瓠」朱文橢圓印。

「道籙禁當厄難侵，炎州石老瘴花深。蔡家韻事傾天下，書法麻姑學瘦金。
氈蠟功高字不肥，南唐風格想依稀。定知展帖當晴畫，寫韻樓前燕子飛。
瓊州宋徽宗書神霄玉清萬壽宮詔舊拓本。為月色夫人題句。金天翮 [30]。」
「天放翁」朱文小長印，「霽月樓」白文方印。

《香港中興報》1935 年 3 月 17 至 21 日

【注釋】

[1] 趙撝叔，即趙之謙，詳見《附錄　蔡守與古人交流考》。

[2] 繆小山，即繆荃孫，詳見《附錄　蔡守與時人交遊考》

[3] 黃仲琴，詳見《附錄　蔡守與時人交遊考》

[4] 俞梧生，生卒年不詳，民國時人，字鳳翽，1943 年出版《燕京壇廟沿革考》。

[5] 蔡絛，詳見《附錄　蔡守與古人交流考》。

[6] 譚積，詳見《附錄　蔡守與古人交流考》。

[7] □，原文缺字

[8] 梁師我，詳見《附錄　蔡守與古人交流考》。

[9] 張士永，詳見《附錄　蔡守與古人交流考》。

[10] 張士亨，詳見《附錄　蔡守與古人交流考》。

[11] 王公姚，詳見《附錄　蔡守與古人交流考》。

[12] 封寧，詳見《附錄　蔡守與古人交流考》。

[13]《老學庵筆記》，宋陸游晚年退居家鄉，結廬為庵，取「老而學如秉燭夜行」之
意，寫成此書，記其平生親歷見聞，流傳廣遠，備受稱賞。

[14]《書史會要》，元陶宗儀著，輯錄從上古三皇至元末書家小傳及書論，是我國第
一部權威性的書史著作。陶宗儀，詳見《附錄　蔡守與古人交流考》。

[15]《鐵圍山叢談》，宋蔡絛 著。蔡絛流放白州時所作筆記。白州境內有山名鐵圍山，
位於今廣西玉林西，古稱鐵城。絛嘗遊息於此。

[16] 黃山谷，詳見《附錄　蔡守與古人交流考》。

[17] 王翁，詳見《附錄　蔡守與古人交流考》。

[18] 褚河南，即褚遂良，詳見《附錄　蔡守與古人交流考》。

[19] 宋瀛士，即宋澤，詳見《附錄　蔡守與古人交流考》。

[20] 蔡京，詳見《附錄　蔡守與古人交流考》。

[21] 薛昂，詳見《附錄　蔡守與古人交流考》。

[22] 李邦彥，詳見《附錄 蔡守與古人交流考》。

[23] 陳蘭甫，詳見《附錄 蔡守與時人交遊考》

[24] 何伯瑜，即何昆玉，詳見《附錄 蔡守與古人交流考》。

[25] 梁杭雪，即梁於渭，詳見《附錄 蔡守與古人交流考》。

[26] 蕭遠村，詳見《附錄 蔡守與古人交流考》。

[27] 方箬，即方藥雨，詳見《附錄 蔡守與時人交遊考》。

[28] 于右任，詳見《附錄 蔡守與時人交遊考》。

[29] 江亢虎，詳見《附錄 蔡守與時人交遊考》。

[30] 金天翮，詳見《附錄 蔡守與時人交遊考》。

張春水、陸璞卿夫婦茗壺

　　吳江張新之澹 [1]，號春水，居盛澤。幼孤力學，寒暑弗輟。雖馬背船脣，吟哦自若。嗜畫入骨髓，得錢西溪 [2] 指授益工。志行肫竺。嘗手葬先世八棺，親死廬墓。虞山蔣椒竹寶齡 [3] 隱君，為繪圖紀事。內行如是，固不得僅以文士稱也。配陸氏，名惠，字璞卿。幼即明慧，並工詩畫。同遊武林。與馬秋藥 [4]、屠琴隖 [5]、魏春松 [6] 友善。一時才俊，傾襟攬佩，倡酬無處日。旋入湯雨生 [7] 都督貽汾幕，璞卿亦與雙湖夫人為閨友。伉儷詩畫進而益上。晚年偕隱吳淞。籍潤豪利市為窮活計，雖老而食貧，然極倡隨之樂。著有《風雨茅堂詩文稿》如干卷。邑子馬三份父 [8] 得其夫婦茗壺。十五年前，余以百金易之。嗣因閨人貧病，亦百金讓與張谷翙 [9]。數年前，谷翙罷官回里。聞陳某嗜壺，欲以易買田之貲。詎知陳某莫能識。吾友區夢園 [10] 亦以百金登來，喜而賦詩寵之。詩曰，「眷屬疑仙擅畫詩，筆床離手共無時。陽羨平聲獨絕推瞿甫，伉儷雙修比仲姬。名重墨林今有話，堂居玉茗更宜詞。情多趙管泥難得，捏作砂壺倒好嬉。」是壺白泥粗砂，製造精雅。壺身刻竹，壺蓋刻銘，「齊松雪，媲仲姬。詩書畫，同倡隨。為春水、璞卿伉儷作。瞿應紹子治 [11]。」行書六行。底有「月壺」朱文方印，鋬下有「吉安」朱文小印。夢園夫人姚得賜亦工文翰，壺得其主矣。

《香港中興報》1935 年 3 月 28 日

【注釋】

[1] 張新之，即張澹，詳見《附錄 蔡守與古人交流考》。

[2] 錢西溪，即錢志偉，詳見《附錄 蔡守與古人交流考》。

[3] 蔣橃竹，即蔣寶齡，詳見《附錄　蔡守與古人交流考》。

[4] 馬秋藥，詳見《附錄　蔡守與古人交流考》。

[5] 屠琴隖，即屠倬，詳見《附錄　蔡守與古人交流考》。

[6] 魏春松，無考。

[7] 湯雨生，詳見《附錄　蔡守與時人交遊考》。

[8] 馬三，無考。

[9] 張谷刕，即張虹，詳見《附錄　蔡守與時人交遊考》。

[10] 區夢園，詳見《附錄　蔡守與時人交遊考》。

[11] 瞿應紹，詳見《附錄　蔡守與古人交流考》。

徐橃客錫壺

邑子何覺夫 [1]、胡次卿夫婦，少年耆學，媚古有得。同好遊，傾慕徐橃客 [2] 之為人。共有壺癖，藏鄧溪曲之文遠堂小壺，俊物也。日昨於廣州賢藏街冷攤，以八百錢買得小錫壺一事。古澤如脂，蟹斑重疊，鋬流蓋的，均不嵌玉，尤為古雅習見之錫壺皆大，且蓋的鋬流，俱嵌玉以為雅飾，實惡劣不堪。唯夢園 [3] 所藏之顧西梅 [4] 錫壺，余所藏之汪錕 [5] 錫壺，皆不嵌玉，故可喜也。壺內茶絼築起，洵數百年物。底刻「橃客行篋」分書四字，甚拙穆。知係徐霞客傳器，更為狂喜。攜過牟軒同忻賞。傳觀讚歎，允稱希世之珍。與文遠堂砂壺，為海浪天風琴館中兩銘心絕品也。

《香港中興報》1935 年 3 月 28 日

【注釋】

　　[1] 何覺夫，詳見《附錄　蔡守與時人交遊考》。

　　[2] 徐橃客，即徐霞客，詳見《附錄　蔡守與古人交流考》。

　　[3] 夢園，即歐夢園，詳見《附錄　蔡守與時人交遊考》。

　　[4] 顧西梅，即顧洛，詳見《附錄　蔡守與古人交流考》。

　　[5] 汪錕，詳見《附錄　蔡守與時人交遊考》。

黃龍硯

黃龍硯者，乃端溪大西洞三層佳品，因黃暈似螭龍而得名。社友梅縣李桐庵開榮 [1] 獲之。又得明石黃一方，遂以研此硯而校書。閨人月色為之銘曰「黃龍硯，研石黃，校理文字生光芒」，作瘦金書。倩賢藏街鐫雅齋梁朗文刻之，

亦韻事也。

《香港中興報》1935 年 3 月 28 日

【注釋】

[1] 李桐庵，即李開榮，詳見《附錄　蔡守與時人交遊考》。

宋木刻美人

花朝之後，春雨初霽，嫩寒乍退。邑子何覺夫 [1] 過牟軒。適滇南方公子景陶 [2] 遙寄來醬芥頭，味極雋永，遂留覺夫飯同試之。飯後候桐庵 [3] 不來，與月色三人同步訪不蠹齋。覺夫以新得徐霞客 [4] 小錫壺與觀，亦讚賞不已。並出近獲宋刻木美人，高五寸許，玉立亭亭，右手之袖，半掩櫻唇。左手執巾，夾右腋下，右足微前，長裙委地，菽發雙聳，緜團豐圓，姿態獨絕，衣褶裙帶，刻工朗勁，如看唐人畫像。世人爭尚某國刻工之精，烏知吾祖國□ [5] 藝之巧耶。曩歲追陪石禪 [6] 尚書，人日攬揆之辰，仿芸臺 [7] 相國茶隱避客，以謝申祝之例。先去南華寺小住。曾於蘇程庵後樓，得木刻四面觀音像，有慶曆七年刻記。其刻□正與相若。此像盧滇生鑄 [8] 攜去，聞其太夫人供於佛閣甚虔云。

《香港中興報》1935 年 3 月 30 日

【注釋】

[1] 何覺夫，詳見《附錄　蔡守與時人交遊考》。

[2] 方景陶，無考

[3] 桐庵，即李開榮，詳見《附錄　蔡守與時人交遊考》。

[4] 徐霞客，詳見《附錄　蔡守與古人交流考》。

[5] □，原文字模糊莫辨，下同。

[6] 石禪，即趙藩，詳見《附錄　蔡守與時人交遊考》。

[7] 芸臺，即阮元，詳見《附錄　蔡守與古人交流考》。

[8] 盧滇生，即盧鑄，詳見《附錄　蔡守與時人交遊考》。

負壺區

《說苑》[1]，五大夫，衛人也。負壺入井，終日灌一區。區，《說文》，小屋也。吾友區夢良齎 [2] 有壺癖，所得名壺不鮮。尤以鄭寧侯 [3] 造白泥刻角

印方壺為最。因以「負壺區」榜其藏壺之室。又倩閨人月色為篆刻數印。並命潮州楓溪製壺名手蔡墨綠、戴玉屏，為仿惠孟臣 [4]、惠逸公 [5] 精雅砂壺，亦鈐「負壺區」印。傳器不朽，亦它日《壺史》之雅材也。

《香港中興報》1935 年 3 月 30 日

【注釋】

[1]《說苑》，又名《新苑》，古代雜史小說集，漢劉向編纂，成書於鴻嘉四年（前17）。原 20 卷，後僅存五卷，大部分已經散佚，後經宋曾鞏搜輯，復為 20 卷，每卷各有標目。按各類記述春秋戰國至漢代的遺聞軼事，每類之前列總說，事後加按語。其中以記述諸子言行為主，不少篇章中有關於治國安民、家國興亡的哲理格言。主要體現了儒家的哲學思想、政治理想以及倫理觀念。

[2] 區夢良，即區賓，詳見《附錄　蔡守與時人交遊考》。

[3] 鄭寧侯，詳見《附錄　蔡守與古人交流考》。

[4] 惠孟臣，詳見《附錄　蔡守與古人交流考》。

[5] 惠逸公，詳見《附錄　蔡守與古人交流考》。

《柳洲詩話圖》

友人顧頡剛 [1] 藏王漁洋 [2]《柳洲詩話圖》，仲琴 [3] 以跋示余，惜未獲共欣賞耳。

「清順治十四年丁酉，距今二百七十又八載矣。名人遺跡，縑素猶新，誠堪珍玩。惟考漁洋山人自訂年譜，是年山人二十又四歲。八月遊歷下，集諸名士於大明湖。舉秋柳社，賦秋柳詩四章。詩傳四方，和者數百人。未言柳洲詩話事，此圖實足補年譜之闕也。繪圖者，署款順治丁酉秋七月。視年譜所記，在一月之前。圖中四人，自山人外，其集秋柳社之東武丘海石 [4]，清原柳公窶 [5]，任城楊聖宜 [6] 兄弟，益都孫仲孺 [7] 輩乎。山人生平，篤於朋友。於《感舊集》見之。圖中三人，序未詳及，豈倉黃偶遺之歟。又《漁洋詩話》載作『秋柳詩』後三年，官揚州。山人之官揚州也，汪鈍翁士鐸 [8] □ [9] 序。有『翔風初勁，雨雪載途』之語。此序有『欲余寫詩於其上，會予奉揚州司李之命，急裝赴程。又性不奈作小楷。強應以答二三君子意』云。是山人赴揚州，在順治十七年庚子冬後。豈此序閱三年，始與圖珠聯璧合歟。第二首詩小注，考年譜，為汪鈍翁引嚴給事語。鈍翁又曾與山人詩相倡和者也。山人伯兄士祿，官考功員外郎，夙工歐陽書。山人書此，亦有率更筆意，殆家學歟。又此序『楊

－669－

柳百十』。而山人集序，作『十餘』。性多『慷慨』，集敘作『感慨』。所錄竹垞朱彝尊 [10] 和章『故國尚憐吳苑在』，《曝書亭集》作『亡國』。是又可資校勘者也。當山人舉社賦詩之時，正鄭延平 [11] 入浙江台州之月。揚朱明旄旗，撼東南半壁。詩中『夢遠江南』等句，其誠有荊棘銅駝之感乎。昔人謂其為朱明而作，豈無所見而漫然耶。」

《香港中興報》1935 年 3 月 31 日

【注釋】

　[1] 顧頡剛，詳見《附錄　蔡守與時人交遊考》。
　[2] 王漁洋，即王士禎，詳見《附錄　蔡守與古人交流考》。
　[3] 黃仲琴，詳見《附錄　蔡守與時人交遊考》。
　[4] 丘海石，山東諸城人，無考。
　[5] 柳公窿，山東臨清人，無考。
　[6] 楊聖宜，山東濟寧人，無考。
　[7] 孫仲孺，即孫寶侗，詳見《附錄　蔡守與古人交流考》。
　[8] 汪鈍翁，即汪琬，詳見《附錄　蔡守與古人交流考》。
　[9] □，原文字模糊莫辨。
　[10] 竹垞，即朱彝尊，詳見《附錄　蔡守與古人交流考》。
　[11] 鄭延平，即鄭成功，詳見《附錄　蔡守與古人交流考》。

冰紋硯

　　比來於陳坡記以廉值得一冰紋硯，石質絕佳，冰紋細而活，紫檀匣亦磨治甚精，古澤可鑒。文房得此，欣喜無量。閨人月色為余銘之。銘曰，「草我亂稿元金仁山履祥詩曰，『亂稿哀亂世也』，哀世泮□ [1]。如此聰明復何益，臨深履薄常惕惕。乙亥花朝，談月色銘。」作瘦金書，梁朗文刻之賢藏街，鐫雅齋。

《香港中興報》1935 年 4 月 1 日

【注釋】

　[1] □，原文字模糊莫辨。

歙硯金銀片

　　舊藏歙硯一方，作金銀片色，為歙石之罕得品。月色亦為銘曰，「百□ [1]

硯田誇富翁，寒瓊金石傲金農。筆耕耕出金銀氣，墨客生涯不會窮。」

《香港中興報》1935 年 4 月 1 日

【注釋】

　[1]　□，原文字模糊莫辨。

驪珠硯

　　吾友何巖築 [1] 世藏一端溪佳硯，長方形，長三寸又四分，寬一寸又□ [2] 分，厚三分許，兩面硯。一面有曲形池，池上三方刻古玉臥蠶文極工細，下方鏤螭龍文。一面無池，硯端作碑頭式，中有一鸜鵒眼，邊有黃暈如光芒，面邊鐫兩螭龍伴之。硯兩側有筍，硯面可開，中空。精鑒甚薄，約分許。可開之硯面亦薄至分許。故甚輕。巖築以為便於旅行之用。或以金葉置其中，則遇諂賊，亦必以石硯棄而不取。但閩人月色則以為科舉時代，用以夾帶文章藍本以入考場耳。二說吾以月色所言近是。

《香港中興報》1935 年 4 月 1 日

【注釋】

　[1]　何岩築，無考。
　[2]　□，原文缺字。

吳小荷寫文章藍本

　　吳荷屋榮光 [1] 之女小荷■ [2] 憙寫文章藍本，吳瞿安梅 [3] 題云，「紅燈魚貫聚蚊雷，小技詹詹亦費才。此是淮南枕中秘，火傳薪盡賸殘灰。」

　　月色跋云，「粵人所謂文章藍，藍即藍本之省文。科舉時代，紈袴子用以夾帶入闈者也。嘗聞科舉中人所述，為藍本之法。先取坊間大題五萬選等，擇其普通題目之文章十數百篇錄出。覓一僅曉為八股者，倩其每篇易數十字。復謄寫之。又倩他人易數十字，如是三五次，則全篇之面目盡換。然後求一能手訂正之。即為一完美之藍本，費既省而成速。乃以蠅頭小楷，每篇書為□ [4] 小幅。裝釘作小冊。更造□半臂即背心，有數十小夾袋者。案四書編次，分藏於夾袋中。衣以入闈。■恐百數十年後，無復有知其詳者。因得小荷手寫之文章藍本。用識於末。」

《香港中興報》1935 年 4 月 1 日

【注釋】

[1] 吳荷屋，即吳榮光，詳見《附錄　蔡守與古人交流考》。」

[2] ■，原文字模糊莫辨，下同。

[3] 吳瞿安，即吳梅，詳見《附錄　蔡守與時人交遊考》。

[4] □，原文缺字，下同。

堅靜尼硯

比丘尼堅靜硯，端溪蕉白佳石，是形天然子石也。硯背居楳生 [1] 箴，行書五行。箴如左：

「體硯之堅，用硯之靜。海大智慧，生於戒定。佛說如是，我聞如是。不立文字，不離文字。比邱尼堅靜《今夕庵雜銘》作『靜堅』，誤也硯箴。」「老巢」白文方印。

硯右側刻「仙人子室」行書四字。

硯左側刻「踏天割紫雲，把似仙人子。髹心亦最歡，身毛都喜豎。亭竹」。「葵人」白文長方印。

案白香山居易 [2]「龍華寺主家小尼詩　頭青眉眼細，十四女沙彌。夜靜雙林怕，春深一食飢。步慵行道困，起晚誦經遲。應似□ [3] 人子，花宮未嫁時。自注，郭代公愛姬薛氏，幼嘗為尼。小名仙人子』」。據此即可想堅靜為年少妙尼。聞為無著地尼，後歸某太史云。

《香港中興報》1935 年 4 月 2 日

【注釋】

[1] 居楳生，即居巢，詳見《附錄　蔡守與古人交流考》。

[2] 白香山，即白居易，詳見《附錄　蔡守與古人交流考》。

[3] □，似脫一字，疑為「仙」字。

女學

周代女學，著於詩禮。然惟及世祿之家，秦漢以降闕矣。大抵出於家學，類工辭翰。如伏女 [1] 韋母 [2]，獨傳樸學。道蘊 [3] 之兼善玄談。清照 [4] 之共錄金石，誠不多覯。而最可異者，高密經神 [5] 綜今古文之學，乃班昭 [6] 再傳馬融受《漢書》業於曹大家，見《范書》。右軍書聖會南北派之歸，實衛猗

弟子 [7]，則皆賴於婦人也。今男女學校同等，而男子急於謀生，力期致用。分途並鶩，國聞多荒。不若女性靜專，遷異不亟。即香港一隅，悉主讀經。又喜研訓詁聲律之學，如得良師導之，他日一線之延，恐不在彼而在此。吾友崔今嬰 [8] 語我如是，余甚韙之。

《香港中興報》1935 年 4 月 2 日

【注釋】

[1] 伏女，詳見《附錄　蔡守與古人交流考》。

[2] 韋母，無考。

[3] 道蘊，即謝道韞，詳見《附錄　蔡守與古人交流考》。

[4] 清照，李清照，詳見《附錄　蔡守與古人交流考》。

[5] 高密經神，無考。

[6] 班昭，詳見《附錄　蔡守與古人交流考》。

[7] 衛猗，即衛鑠，詳見《附錄　蔡守與古人交流考》。

[8] 崔今嬰，即崔師貫，詳見《附錄　蔡守與時人交遊考》。

吳荷屋佚書

黃信古 [1] 語我，光緒中，大興陳壽昌 [2] 刻《南華真經詮注》，後附《莊子韻》《莊子異同》，下署己名。比見吳荷屋 [3] 稿本校之，一字不差。並序例亦直鈔錄。內有數卷，吳未注者，則亦闕之。惟錄白文。所附一種，即從原書書眉摘出者。是又郭象 [4] 之竊白秀 [5] 矣汪康年 [6]《雅言錄》。案府志、縣志，並未載荷屋注莊子。得此可補志乘之遺。

《香港中興報》1935 年 4 月 2 日

【注釋】

[1] 黃信古，無考。

[2] 陳壽昌，無考。

[3] 吳荷屋，詳見《附錄　蔡守與古人交流考》。

[4] 郭象，詳見《附錄　蔡守與古人交流考》。

[5] 白秀，詳見《附錄　蔡守與古人交流考》。

[6] 汪康年，詳見《附錄　蔡守與時人交遊考》。

卷書竹筆筒銘 [1]

余獲一奇形竹筆筒，作卷書狀。殊堪把玩。閨人月色為銘刻之，「雖青汗，不作簡。匪縑綑，而可卷。邊人笪人或冷眼，扅煸裘鐘皆戚畹《廣韻藻》，王大令斑竹筆筲名裘鐘，端與莞城申繻綣。乙亥花朝，為寒瓊主君作銘，月色女並鑴。」作瘦金書。

《香港中興報》1935 年 4 月 2 日

【注釋】

[1] 竹筆筒今存蔡慶高家。

月上女爐

孫淵如星衍 [1] 妾湢室之銅爐，菜花銅質，作甘蔗斷狀。戟耳，高二寸，爐口直徑二寸又九分，連耳三寸又八分，重三斤又四兩銅十六練，故特重。爐身與耳光素無華，古澤照人。底有鑄款一印「問字堂珍玩」篆書五字，朱文橫方印。印之右方鑿「月上女」三字。印之左方鑿「閈[2] 古淵字郎」二字。印之下方鑿「浴詃」二字古籀字，皆隸書。案「問字堂」為孫淵如著書處，想所鑄銅爐不鮮，皆用此印。分置各室，則加鑿款以別之。是爐乃置其妾之湢室中者。「月上女」為淵如妾名也。《佛說月上女經》二卷，為隋天竺三藏法師闍那掘多 [3] 所譯。

況周頤 [4]《香東漫筆》，明比丘尼靜照，字月上，宛平人。曹氏良家女。泰昌時選入宮。在掖庭廿五年，作宮詞百首。崇禎甲申，祝髮為尼。

又朱滿娘，字月上，烏程人。屬樊榭鷁 [5] 之妾，有題「自畫紅梅詩」，並工繢事也。歸安奚樂夫疑 [6] 之榆樓臨溪，近對峴山，乃雍正間鮑氏故宅。即樊榭納姬人朱氏月上於此，故《榆樓集》中有「中秋月夜吳興城南鮑氏溪樓作」一首。湯雨生都督貽汾 [7] 駐節苕上，為繪《溪樓延月圖》。德清蔡爾眉 [8] 明經序之。題者如雲。費子苕丹旭 [9] 更摹朱月上小景，供養樓中。唯孫淵如之妾亦名月上，則鮮有知者。

此爐紫檀蓋，蓋頂乃象牙雕刻雙驪相戲於石上，態度如生，精工妙絕。

紫檀爐座，乃仿博山爐下之海。形如香槃，底刻銘曰，「毛孔出妙香《月上女經》『我身毛孔出妙香』，金爐藪並釀。星與月交輝，暔浴觀無厭《月上女經》，身體圓足，觀者無厭。銀色女銘。」「崔」白文方印，正書五行。案《大藏》亦有《佛說銀色女經》。銀色女亦淵如妾耶，據此並知女亦淵如妾耶，據此並知其為崔

姓。但惜月上女，則未知其姓耳。據此爐知淵如有二妾，並以佛經名之。觀其銘則淵如文采風流，令人健羨無窮無窮也。

《香港中興報》1935 年 4 月 4 日

【注釋】

[1] 孫淵如，即孫星衍，詳見《附錄　蔡守與古人交流考》。

[2] 뼈，原字「淵」之右半，今無此字。

[3] 闍那掘多，詳見《附錄　蔡守與古人交流考》。

[4] 況周頤，詳見《附錄　蔡守與時人交遊考》。

[5] 厲樊榭，即厲鶚，詳見《附錄　蔡守與古人交流考》。

[6] 奚樂夫，即奚疑，詳見《附錄　蔡守與古人交流考》。

[7] 湯雨生，即湯貽汾，詳見《附錄　蔡守與古人交流考》。

[8] 蔡爾眉，無考。

[9] 費子苕，即費丹旭，詳見《附錄　蔡守與古人交流考》。

劉宋徐州刺史楊謨造像

　　國學會藝術部主任王佩諍審[1]於蘇州得劉宋造像一區，石高七寸有三分，寬四寸有七分，厚二寸有八分，如碑形，中有穿，穿上與左右刻記。

　　「大宋元嘉二年歲在乙丑。洞庭山華山寺，池中生千葉蓮花，以應皇家同一切眾生康□[2]樂。元嘉三年丙寅正月，徐州刺史楊謨造。」

　　正書八行，行八字至四字不等。記之上，陽刻一鹿。記之下亦陽刻一人騎馬前導，次一人持蓋，次一人跨馬。下一列，一犬前行，次一人，次一人擔琴書之屬，後又二人隨行。

　　像陰亦作碑形，有穿。穿之上中一龕。龕中陽刻一佛趺坐。龕之右，邑主貝儒宣，邑子周度。龕之左，邑子孫豪供養。正書四行。穿之下，陽刻千葉蓮二朵。一已開，一未開。三葉，二已舒，一尚卷。絕妙，據此可見六朝人寫生也。

　　王君以硃色精拓本題寄如左：

　　「南朝自裴松之[3]奏禁立碑諛墓，造像亦因之而少。故南朝造像名貴，遠勝北地。此刻鹵簿侍從，既可考見當時衣冠文物。雕琢尤極精善。自陶齋[4]《藏石記》及夢碧簃[5]《石言》所載福山王文敏[6]公父子遞藏者而外，元嘉造像，世間無第三品。荒齋長物，常以此為甲選矣。

　　案正德《姑蘇志》云，『華山寺在洞庭西山之龍頭山，初為院。宋元嘉二年安禪師所建。在西湖北，隋大業三年廢。唐開成四年，重玄寺僧契元遷於此。咸通間賜名觀音院。會昌末又廢，宋建炎初重建。明洪武初歸併上方寺。』又錄『宋建炎元年十月，釋懷深《圓通殿記》云，『洞庭華山觀音院者，本在西湖之北。宋元嘉中，會稽內史張裕請於朝而立。感池產千葉蓮，名院曰華山』云云。是像云『大宋元嘉二年，歲在乙丑。洞庭山華山寺，池中生千葉蓮花。』與懷深記正合。又道光《徐州府志・職官表》，係輯金石著錄而成。刺史條於元嘉元年四年均有姓名。獨二三兩年付諸蓋闕，得此可彌其憾。改制二十四年春三月，拓寄贈寒瓊社督月色社嫂賢梁孟審是。吳縣瓠廬王賽跋於燕竹軒。」

　　右像，去歲葉遐庵恭綽 [7] 曾以景本寄我，惜未知誰人所藏。以不獲拓本為憾。詎知為吾友齋中珍秘。今以精拓寄贈，欣喜奚翅。促月色篆刻「元嘉千葉蓮堪即古庵字」一印報之。並裝池以儷曩歲說□ [8] 笙周頤 [9] 贈我端午橋方 [10] 題與之劉宋□熊造像拓本。

　　附錄劉宋□熊造像記如左：

　　「元嘉廿五年，太歲□子。始康□晉豐縣□熊造一□亮佛相。連光坐高三尺一石佛。為父母並熊身，及兒子起。願無亮壽佛國生。七月廿三日立。」

　　正書十五行，行三四字不等。像高三尺餘，寬二尺。記刻像趺，高四寸許。

　　案羅叔言振玉 [11] 《唐風樓金石文字跋尾》，宋元嘉廿五年，始康□晉豐縣□熊造像，為福山王文敏公舊藏。文敏遊蜀時得之成都西關萬佛寺。其像無頭，即蜀碧所載，明末獻賊斫去者，今歸端午橋制軍。考南朝造像極少，此雖廖廖數十字，不翅韓陵片石，洵可寶貴。書法極似爨龍顏、寇謙之碑。其時方由古隸變今隸，故字體極樸厚。其中別字。如「量」作「亮」，「壽」作「□」。

　　案王蓮生懿榮得此像於蜀中。庚子之變，蓮生殉國。石歸端方。丁巳，端氏後人分售藏石。蓮生之長子漢輔崇烈 [12] 以重值購回。漢輔以金石世其家學，品騭古器，別具會心。著有《種瓜亭筆記》，所述漢玉剛卯，及論圭璋區別，皆足發明古學精微。申論萬村料之研究，及考訂書畫金石之真雁，均有特識。

　　藏石記云，「『元嘉廿五』四字，僅存左之大半。考是歲為戊子，其闕當是戊字。沈約 [13] 《宋書・州郡志》，晉豐縣屬益州。始秦郡。熊為造像之人，而失其姓。

　　此造像高三尺餘，先文敏公得來，於成都以四人肩舁至京。庚子之變，崇烈以窮困居原籍，與京師聲息不通。水旱兩途，皆不克行。洎先人殉節後，存物蕩然。而所藏造像石刻以舉重僅存。端忠敏公本為至交，乃堅索各石。以大義相責，代為保存而流傳之，未敢以分文貨取也。今公後人分奪而售，余以重直購回舊石，僅能及此。以此石為巨擘名寶，不忍聽其淪落也。不但文字畫像之美，即以石質論亦蒼古極矣。亦未忍多拓，然憶往事已涕洟及之矣。崇烈識。」

　　「劉宋元嘉廿五年，太歲在戊子。始康郡晉豐縣均益州地。以吳氏《攈古目錄》[14] 考之。元嘉文字，存者僅數甂耳。有廿一年甂甲申年。則與此廿五年戊 [15] 子正合。先文敏公著有《兩漢存石目》《南北朝存石目》，稿本均失，不知此外尚有元嘉石否。崇烈又記。」

《香港中興報》1935 年 4 月 5、6 日

【注釋】

　[1] 王佩諍，即王賽，詳見《附錄　蔡守與時人交遊考》。

　[2] □，原文字模糊莫辨。

　[3] 裴松之，詳見《附錄　蔡守與古人交流考》。

　[4] 陶齋，即端方，詳見《附錄　蔡守與時人交遊考》。《藏石記》，端方著。

　[5] 夢碧簃，即顧燮光，詳見《附錄　蔡守與時人交遊考》。

　[6] 王文敏，即王懿榮，詳見《附錄　蔡守與時人交遊考》。

　[7] 葉遐庵，即葉恭綽，詳見《附錄　蔡守與時人交遊考》。

　[8] □，原文字缺，下同。

　[9] 況周頤，詳見《附錄　蔡守與時人交遊考》。

　[10] 端午橋方，即端方，詳見《附錄　蔡守與時人交遊考》。

　[11] 羅叔言，即羅振玉，詳見《附錄　蔡守與時人交遊考》。《唐風樓金石文字跋尾》，羅振玉著。

　[12] 漢輔，即王崇烈，詳見《附錄　蔡守與時人交遊考》。

　[13] 沈約，詳見《附錄　蔡守與古人交流考》。

　[14]《攈古目錄》，清吳式芬著。吳式芬，詳見《附錄　蔡守與古人交流考》。

　[15] 原刊作「在」，據前文改作「戊」。

居梅生砂壺

　　吾粵嗜壺者多倩名手為壺，前已疊誌之。日昨又見友人藏居梅生巢 [1] 一壺，白泥臥輪，製造精雅絕倫。銘曰，「記竹爐，吟石鼎。修茗具，仿壺隱。注天泉，瀹羅頂。重建茶勳定水品。老巢。」「某生」朱文長方印。案《今夕庵雜器銘》神州國光社刊美術叢書本有此銘，但題作錫茗壺銘則誤也，據此可證其非錫壺。又知吾粵造壺多一家，寧勿喜乎。

《香港中興報》1935 年 4 月 6 日

【注釋】

　　[1] 居梅生，即居巢，詳見《附錄　蔡守與古人交流考》。

楊惺吾手札

　　楊惺吾守敬 [1] 手札二十又四通。鄧爾雅 [2] 之甥容元胎 [3] 所藏。摯友黃仲琴嵩 [4] 跋云：

　　「宜都楊先生惺吾，為晚近通儒。其收回流入日本珍籍，尤徵盛事。東莞黃景侖 [5] 進士官秋曹時，與之訂文字交。進士子婦，先生之女也。以是東莞多先生手跡。此冊二十有四札，乃七十歲後示女者。元胎自藏篋出示，少師風格溢楮墨間。而語摯神悽，增人感喟。先生暮年處窮如斯，舉世竟忘其功在藝林弗之厚遇。我國學術不振，有由來也夫。」

《香港中興報》1935 年 4 月 11 日

【注釋】

　　[1] 楊惺吾，即楊守敬，詳見《附錄　蔡守與時人交遊考》。
　　[2] 鄧爾雅，詳見《附錄　蔡守與時人交遊考》。
　　[3] 容元胎，即容肇祖，詳見《附錄　蔡守與時人交遊考》。
　　[4] 黃仲琴，詳見《附錄　蔡守與時人交遊考》。
　　[5] 黃景侖，無考。

吳越金塗塔殘片

　　友人蘇碩人潤寬 [1] 在鎮江得吳越金塗塔殘片，以精拓寄示。高二寸有半寸，寬二寸，上角闕。像分三層。上層作獅象等。中層一龕，龕中坐一佛。右上一人合掌，下一人趺坐，左一人持刀割佛肉。下一虎，乃佛割肉飼虎之故事。

龕之左右有二金剛像。下層一列三佛像趺坐。背鑿記，「吳越國王錢弘俶，敬造八萬四千寶塔。乙亥歲記。」正書四行，首行四字，二三四行各五字也。下有一「爾」字。乃編號也。

案《清儀閣所藏古器物文》載張叔未廷濟 [2] 藏吳越舍利鐵塔，大小與此正同。但以鐵鑄成，故無記。唯銅塔都係分片鎔冶，鐫鑿記後，復用銅汁黏合，故世有散存留傳者。像與記皆同，朱氏藏者，以「保」字編號。毛氏藏者，以「人」字編號。今蘇氏所得，以「爾」字編號。

錢梅溪泳 [3]《金塗塔考》，記載綦詳。略謂吳越忠懿王，用五金鑄十萬寶塔。以五百遣使頒日本。見宋程珌《龍山勝相寺記》，見《表忠譜》，見程嘉燧 [5]《龍山寺志》，見《曝書亭集》。但《湖南通志‧卷二百八‧金石九》南嶽福嚴寺吳越七寶塔，引《南嶽□ [4] 勝集》云，「太平興國中，賜額般若寺。政和六年被回祿。後七年修建。昔忠懿王在吳越時，嘗以七寶造阿育王塔。八萬四千銅鑄，八萬四千鐵鑄，八萬四千紙絹印。福嚴有七寶塔，舊置於方丈。他日既經煨爐，巨鐘大石皆鎔裂，獨此塔不變，眾謂忠懿願力也。可補泳考之未備。」

《香港中興報》1935 年 4 月 11 日

【注釋】

[1] 蘇碩人，即蘇澗寬，詳見《附錄　蔡守與時人交遊考》。

[2] 張叔未，即張廷濟，詳見《附錄　蔡守與古人交流考》。《清儀閣所藏古器物文》，張廷濟著。是清代嘉慶、道光年間張廷濟整理集拓的金石類著作。該著作以拓本加題跋的形式，集拓古器物 429 件，題跋的時間從 1822 年到 1844 年，共 22 年。這些器物基本為張廷濟本人所藏，同時又多為其本人所拓。

[3] 錢梅溪，即錢泳，詳見《附錄　蔡守與古人交流考》。

[4] □，原文字模糊莫辨。考為「珌」，程珌，（宋 1164～1242），字懷古，休寧人。

[5] 程嘉燧，詳見《附錄　蔡守與古人交流考》。

航空寄畫

中國女子書畫第□ [1] 屆展覽會，假上海西藏路寧波會館舉行。主任李女士秋君 [2] 於會前二日以無線電徵室人月色出品。遠在數千里外，急何能及。幸比日有航空郵寄，遂走筆寫梅花一幅，由空中飛遞。戲題一詩。詩云，「寫梅傳遍□ [3] 洲九，不道還能上九天。數點梅花非細事，長留天地九千年。」

可與當日梁文忠節庵 [4] 用電報打詩鐘，並稱墨林新話也。

《香港中興報》1935 年 4 月 12 日

【注釋】

[1] □，原文字缺。

[2] 李秋君，詳見《附錄　蔡守與時人交遊考》。

[3] □，原文字模糊莫辨。

[4] 梁文忠，即梁鼎芬，詳見《附錄　蔡守與時人交遊考》。

端溪子石作昂鎮、筆捺、硯光為一器

打碑人張金，為余訪得粵中未見著錄之石刻不尟，乃吾之方可中 [1] 乎。三十載於茲，而今耄矣。其弟子朗文，為高要梁雲渠之子。世其業，且得張金指授。鐫碑治硯書丹，單勾上石，雙勾上石，莫不精湛。性尤肫摯，今設鐫雅齋於廣州市維新路賢藏街。梁紫笙鸞瑲 [2]、蘇幼宰寶盉 [3]、鄧爾疋 [4] 與余皆樂為題榜以張之。比來余與何覺夫 [5]、李桐庵 [6] 皆倩其鐫硯銘。朗文復有巧思，得端溪子石一，有鴝鵒三眼，製一紙鎮，亦可操筆，其圓角並可代貝光，以貽月色。月色為銘。銘曰「三鴝眼，一石子。宜蘸筆，宜鎮昂。用作硯光貝相似，粗藤燥褚皆畏爾。問□ [7] 得三胡不喜，月色銘之美其旨。作蠅頭小楷。朗文為鐫之。」

《香港中興報》1935 年 4 月 13 日

【注釋】

[1] 方可中，詳見《附錄　蔡守與時人交遊考》。

[2] 梁紫笙，即梁鸞瑲，詳見《附錄　蔡守與時人交遊考》。

[3] 蘇幼宰，即蘇寶盉，詳見《附錄　蔡守與時人交遊考》。

[4] 鄧爾疋，詳見《附錄　蔡守與時人交遊考》。

[5] 何覺夫，詳見《附錄　蔡守與時人交遊考》。

[6] 李桐庵，即李開榮，詳見《附錄　蔡守與時人交遊考》。

[7] □，原文字缺。

墨磨

吳子芯廉訪式芬 [1] 有墨磨，頃刻成瀋。蓋一巨硯受八墨，一轉抵八磨矣。

墨池之勳偉哉。

頃見友人得居梅生巢 [2] 仿造二事，乃以東洞為大圓形硯，徑可尺許，深可三寸強。底刻銘：

「墨不磨人，人不磨墨。盤盤墨磨，有大功德。其盤其旋，風馳雨疾。十二龍賓，奔命合力。天下後世，右軍長史。鄭婢顏奴，皆大歡喜。速亦達道，巧不傷雅。揮灑雲煙，毋忘作者。梅生。」「今夕庵」白文長方印，行書八行。

「作者誰，吳子苾。小子巢，仿其制。歲丙午，月在己。日乙亥，成此器。子孫寶之傳奕世，宜富當貴大吉利。居巢。」「某生」白文有邊方印，行書四行。

但今日墨汁之精，不需此磨，可供清玩耳。

《香港中興報》1935 年 4 月 13 日

【注釋】

[1] 吳子苾，即吳式芬，詳見《附錄　蔡守與時人交遊考》。

[2] 居梅生，即居巢，詳見《附錄　蔡守與古人交流考》。

南石堂陶器

月色所輯《藝觳初集》[1]，影印南石堂刻花陶鼎，中山歐陽氏六一山房所藏。易大厂廷熹 [2] 定為宋徽宗物。出版後，得來書質問南石堂為宋徽宗物何所據，媿無以應。蓋南石堂刻花無釉之器，實市上習見也。且有因《藝觳》一言，而以重值購此神器者。著書立說，一言之謬，害人不鮮也。黃仰琴 [3] 藏一陶質彌勒佛，骨格，衣褶，釉色，均似明朝物。日前又見一陸羽 [4] 像，捧茗一甌，喜形於色，大笑露齒，其牙與舌，精細無倫，衣作蔥白色，釉亦濃厚。底亦鈐南石堂篆書，與六一山房之陶鼎所鈐之印正同。適畫友李鳳公 [5] 過訪，謂南石堂者，實明中葉，由福建而入潮州，由潮州復遷陽江，皆用南石堂印記。及至石灣，方用祖唐居印記。祖唐居者，乃仿唐代釉色之義。故知南石堂非宋代，實明朝也。其傳器以有釉色者貴。其雕花無釉者，傳器甚夥，不足貴也。

《香港中興報》1935 年 4 月 14 日

【注釋】

[1]《藝觳初集》，1932 年創刊，張繼題簽，蔡元培作發刊詞。僅出一期。

[2] 易大厂，即易廷熹，詳見《附錄　蔡守與時人交遊考》。

[3] 黃仰琴，無考。

[4] 陸羽，詳見《附錄　蔡守與古人交流考》。

[5] 李鳳公，即李鳳廷，詳見《附錄　蔡守與時人交遊考》。

黃山谷書《伯夷叔齊廟碑》

南海李千里天馬 [1] 以重直購得鄧君展驥英 [2] 藏《伯夷叔齊廟碑》舊拓本。因月色喜瘦金書，用以移贈。李桐庵開榮 [3] 為附裝池。月色昕夕坐臥其下。《鐵圍山叢談》云「裕陵初作黃山谷書體」，洵不誣也。

碑高四尺又半尺，寬二尺又二寸又五分，正書十五行，行四十字，字徑寸許。宋元祐六年，石在河東縣。

「伯夷叔齊墓。在河東蒲阪雷首之陽，見於《水經・地志》，可考不妄。其即墓為廟，則不知其所始。以一行二子之賢，意其為唐晉典祀也舊矣。元祐六年，予同年進士臨菑王闡之 [4] 為河東縣，政成。乃用四年九月大享赦書。以公錢七萬，及廢徹淫祠之屋，作新廟，凡三十有二楹。貴德尚賢，聞者興起。貌像祠器，皆中法程。五月辛未有事於廟，乃相與謀記歲月，來乞文於豫章黃庭堅 [5]。謹按伯夷 [6]、叔齊 [7]，蓋有國君之二子，逃其國而不有者也。予嘗求其說，伯夷之不得立也，其宗與國人，必有不說者矣。叔齊之立也，其宗與國人，亦有不說者矣。於是時紂又在，虐用諸侯，則二子之去，亦以避紂耶。二子雖去其國其社稷，必血食如初也。事雖不經見，以曹子臧 [8]、吳季札 [9]之傳考之，意其若是也。故孔子以為不降其志，不辱其身。身中清，廢中權。求仁而得仁，又何怨。又曰，齊景公有馬千駟，死之日，民無德而稱焉。伯夷叔齊餓於首陽之下，民到於今稱之。孟子以為非君不事，非其民不使。不立於惡人朝，不與惡人言，故聞伯夷之風者。貪夫廉，儒夫有立志。此則二子之行也。至於諫武王而不用，去而餓死，則予疑焉。陽夏謝景乎 [10] 曰，『二子之事，凡孔子、孟子之不言，可無信也。』其初蓋出於莊周空言無事實。其後司馬遷作《史記》列傳，韓愈作頌。事傳三人，而空言成實。若三家之學，皆有罪於於聖人者也。徒以文章擅天下，學者又弗深考。故從而信之。以予觀謝氏之論，可謂篤信好學者矣。然可為智者道也。予觀今之為吏，愒日玩歲，及為

政者鮮矣。政且不舉，又何暇於教民。今河東為縣，吏治膚敏。政成而舉典祀以教民，可謂知本矣。故樂為之書。並書余所聞二子事，以告來者。六月丙申。豫章黃庭堅記。□ [11] □文勛篆額。雒陽李宏立石。」

《香港中興報》1935 年 4 月 15、16 日

【注釋】

[1] 李千里，即李天馬，詳見《附錄　蔡守與時人交遊考》。

[2] 鄧君展，即鄧驥英，詳見《附錄　蔡守與時人交遊考》。

[3] 李桐庵，即李開榮，詳見《附錄　蔡守與時人交遊考》。

[4] 王辟之，詳見《附錄　蔡守與古人交流考》。

[5] 黃庭堅，詳見《附錄　蔡守與古人交流考》。

[6] 伯夷，詳見《附錄　蔡守與古人交流考》。

[7] 叔齊，詳見《附錄　蔡守與古人交流考》。

[8] 曹子臧，詳見《附錄　蔡守與古人交流考》。

[9] 吳季札，詳見《附錄　蔡守與古人交流考》。

[10] 謝景乎，無考。

[11] □，原文字模糊莫辨，下同。

騰沖李氏曲石山房藏南漢造像三區

嘉應吳石華蘭修 [1] 撰《南漢金石志》二卷，無造像經幢。江陰金粟香武祥 [2] 在容縣之都嶠山，訪得經幢造像六品如左：

中峰石室造五百羅漢記乾和四年，陳僮文，楊珞書。

五百羅漢院經幢乾和十三年，羅漢融造。

內常侍梁造像大寶四年，

靈景慶贊記大寶七年，

智昔造羅漢銘年月泐，

廿五娘殘經幢年月泐，

李印泉根源 [3] 在蘇州得南漢造像三區，吾意以為亦金粟香得於都嶠，載歸吳中，筆記不著錄，欲為己之珍玩，故拓本亦不示人，否則南漢石刻，何以吳中有之。余乞得拓本。而黃慈博佛頤 [4] 據以補吳志也。茲詳記如左：

鄧惠■ [5] 造像。石高七寸有二分，寬亦同，側厚七寸。正面佛龕，龕中佛一尊。右側刻咒，左側刻記。

正面，龕右刻「南無阿彌陀佛」六字，正書，字徑寸許。龕左刻「大漢乾和四年弟子鄭惠█」一行十一字，亦正書。

右側刻咒九行，亦正書。「南無大慈大悲救一行苦救難廣大靈感觀二行世音菩薩，南無佛南無三行法南無僧南無救苦救難四行觀世音菩薩，█████唵伽五行囉哦哆伽囉哦哆伽訶哦六行哆囉伽哦哆囉伽哦哆娑七行訶天羅神地羅神人八行離難難離身一切九行。」

左側刻記五行。「乾和四年正月一行三日第子█████二行願家口平安敬三行造佛像一鋪合四行家大少供養五行。」像左鈐「騰沖李根源藏石」印。

趙還斬造像，石高七寸有半寸，寬厚皆同。正面佛像，右側刻往生淨土神咒。左側刻記。

正面，龕右刻「南無阿彌陀佛」六字。正書。龕左刻「大漢乾和四年佛弟子趙還斬敬造」一行十四字，亦正書。

右側刻咒八行，正書。「那摩阿彌哆婆夜今本《往生咒》作『南無阿彌哆婆夜』，與此刻起二字不同哆一行他伽哆夜哆地夜他阿二行彌利都婆毘阿彌唎哆三行悉躭婆里阿彌唎哆毘四行迦蘭帝阿彌唎█ [6] 毘五行迦蘭多伽彌膩伽迦六行那枳多迦隸娑婆七行訶八行。」

左側刻記七行，正書。「乾和四年三月四日一行上為二行皇帝，下為一切蒼生三行，今為見存父母敬造四行佛像一鋪，右刻█經一五行編佛弟子趙還斬六行一心供養七行。」此拓之右，印泉題字，「三石於民國十九年，移置小王山闕塋村舍。今命工拓出，寄呈寒瓊道兄審定。根源，乙亥花朝，新病初愈。」「根源」白文有邊長方印。

張處造像。石高七寸有半寸，寬厚皆同。正面佛像，右側刻普迴向起佛偈第二首，左側刻記。俱正書。

正面，龕右刻「□□□□陀佛」六字。龕左刻「大漢大寶二年佛弟子張處敬造」十三字兩行。

右側刻普迴向起佛偈第二首，正書八行。「阿彌陀佛身金色相好一行光明無等倫白毫宛轉二行五須彌紺目澄清四大三行海光中化佛無數億化四行菩薩眾亦無邊四十八五行願度眾生九品咸令登六行彼岸那謨今本作『南無』西方極樂世七行界大慈大悲阿彌陀佛八行。」

左側刻記六行，亦正書。「佛弟子張處孫□薄一行合意等敬造石佛一二行區。上為帝主師□父三行母，法界眾生共成□□四行時五行大漢大寶二年二月八

日六行。」

《香港中興報》1935 年 4 月 16 日

【注釋】

[1] 吳石華，即吳蘭修，詳見《附錄　蔡守與古人交流考》。

[2] 金粟香，即金武祥，詳見《附錄　蔡守與時人交遊考》。

[3] 李印泉，即李根源，詳見《附錄　蔡守與時人交遊考》。

[4] 黃慈博，詳見《附錄　蔡守與時人交遊考》。

[5] ■，原文字模糊莫辨，下同。

[6] □，原文字缺，下同。

回回文印識砂壺

日昨室人月色於冷攤得一壺，硃泥臥輪式，質甚精細。印以鳳坡之嶽字論壺，蓋鋬流□ [1] 極相當。底印橫方，有邊。邊作雷文。中一鼠形，古拙似蠟封。其紋復似漢畫像磚。但惜鼠之上，有回回文一行不可識耳，亦壺款之最奇物者。書以告島市嗜壺朋儕。

《香港中興報》1935 年 4 月 17 日

【注釋】

[1] □：原文字模糊莫辨。

張喬玳瑁扇柄與畫眉硯

去歲張二喬 [1] 生朝三月十六日，麗社同人假青年會開瓶花展覽會以慶祝。九月廿七日，余與室人月色於梅花坳百花冢之妝臺石上，發見彭孟陽 [2] 題「穩心隸書」兩大字，「護花惜福，掬水知源正書」八字。遂命打碑人張金精拓千本，遍寄知交。海內耆碩如章太炎炳麟 [3]、陳石遺衍 [4]、吳彈敨芯亨 [5]、吳蓬叟應麒 [6]、周養庵肇祥 [7] 等，均有和作或為長歌詠之，各地報帋亦遍刊。故舉國士夫，莫不知余發見彭孟陽題字矣。

日前當塗友人徐子安平 [8] 寄贈舊玳瑁扇柄一事，制度固古雅絕倫，雕刻尤為精妙，有「喬仙清拂，陽子」小隸書六字。「彭」白文方印。為當日彭郎以貽二喬者，寧勿珍秘耶。

日昨室人月色，亦得閨友荷鄉夫人贈二喬畫眉硯。水洞子石，細膩如脂。

背刻銘。銘曰,「子月子,割紫雲。鬯家風,策眉勛。喬婧竟奝。元友。」蠅頭小楷五行。匣亦紫檀製,古澤如玉。案墓誌及捐植記,皆有蔡元友名,迺當年吾家貽張麗人物,尤足貴也。

今日麗社社友伍佩琳 [9]、謝英伯 [10] 等同過牟軒,商量今歲慶祝事宜。議決假廣州淨慧公園內民眾教育館舉行。日期定四月廿號星期六,一連三天。即乙亥三月十八日至二十日也,為「盆石瓶花雙展會」,擬取甲等二十名,乙等三十名,丙等視出品多少酌加。請黃廳長麟書 [11]、江太史霞公 [12]、鐵禪大師 [13] 三人為評選員。特等則由社友出獎品而特選之。何覺夫 [14]、李桐庵 [15]、陳景素 [16]、陳伯任 [17]、鍾仁階 [18]、謝觀蓮 [19]、甄伯俊 [20]、馮石巔 [21]、鄭乘闓 [22]、周紹光 [23]、張頌堯 [24]、楊梓卿 [25]、蘇式倫 [26]、高燕如 [27]、梁昭武 [28]、溫述明 [29]、朱廣焜 [30]、溫斌至 [31]、溫啟明 [32]、岑笑漁 [33] 諸君皆參加贊助云。

《香港中興報》1935 年 4 月 17 日

【注釋】

[1] 張二喬,見前。

[2] 彭孟陽,見前。

[3] 章太炎,即章炳麟,見前。

[4] 陳石遺,即陳衍,詳見《附錄　蔡守與時人交遊考》。

[5] 吳彈赦,即吳芯亨,無考。

[6] 吳蘦叟,即吳應麒,無考。

[7] 周養庵,即周肇祥,詳見《附錄　蔡守與時人交遊考》。

[8] 徐子安,即徐平,無考。

[9] 伍佩琳,無考。

[10] 謝英伯,詳見《附錄　蔡守與時人交遊考》。

[11] 黃麟書,詳見《附錄　蔡守與時人交遊考》。

[12] 江霞公,詳見《附錄　蔡守與時人交遊考》。

[13] 鐵禪,詳見《附錄　蔡守與時人交遊考》。

[14] 何覺夫,詳見《附錄　蔡守與時人交遊考》。

[15] 李桐庵,即李開榮,詳見《附錄　蔡守與時人交遊考》。

[16] 陳景素,無考。

[17] 陳伯任，無考。

[18] 鍾仁階，詳見《附錄　蔡守與時人交遊考》。

[19] 謝觀蓮，詳見《附錄　蔡守與時人交遊考》。

[20] 甄伯俊，即甄陶，詳見《附錄　蔡守與時人交遊考》。

[21] 馮石癲，無考。

[22] 鄭乘閭，詳見《附錄　蔡守與時人交遊考》。

[23] 周紹光，無考。

[24] 張頌堯，無考。

[25] 楊梓卿，無考。

[26] 蘇式倫，無考。

[27] 高燕如，詳見《附錄　蔡守與時人交遊考》。

[28] 梁昭武，無考。

[29] 溫述明，無考。

[30] 朱廣焜，無考。

[31] 溫斌至，無考。

[32] 溫啟明，無考。

[33] 岑笑漁，無考。

上巳寒食

曩歲三月初三日清明節，吾友無沙老人馮師韓 [1] 取宋人詞句「今歲清明逢上巳」，篆刻白文長方印。其□ [2] 公子文鳳書畫多鈐之。今年三月初三日恰寒食節。牟軒中去年寒食節插漢陶牟之柳重發，漢陶缾供之梅亦開二度。因與室人月色寫生連句，用寄耆碩陳石遺衍 [3]。詩云，「寒食今朝逢上巳寒，喜同上巳入清明。去年插柳能重發月，前度殘梅□又榮。瓦缾陶牟土德王寒，皆漢家出土，翠眉瓊頰玉神清。香餳初進修春禊月，共試新茶共寫生寒。」

《香港中興報》1935 年 4 月 19 日

【注釋】

[1] 馮師韓，即馮漢，詳見《附錄　蔡守與時人交遊考》。

[2] □，原文字模糊莫辨，下同。

[3] 陳石遺，即陳衍，詳見《附錄　蔡守與時人交遊考》。

鄭板橋砂壺

　　鄭板橋燮 [1] 畫竹，婦孺咸知。其人詼諧，好作遊戲文章。曾讀《板橋集》者，亦莫不知之。但嗜茗飲，曾製壺，則鮮有知者。李小坡 [2] 藏板橋一壺。白泥粗砂，大甓短流，制度古雅，身刻一詩。詩云，「觜尖肚大耳偏高，纔免飢寒便自豪。量小不堪容大物，兩三寸水起波濤。板橋道人。」「鄭」朱文元印，行書六行。雖詼諧而屬諷刺，名流傳器，至可寶貴。宜夫小坡珍秘，不輕示人也。

《香港中興報》1935 年 4 月 19 日

【注釋】

　　[1] 鄭板橋，即鄭燮，詳見《附錄　蔡守與古人交流考》。

　　[2] 李小坡，無考。

端石天然小盆

　　桐庵 [1] 以萬錢與鐫雅齋買得東洞子石一拳，琢得兩硯。月色以其硯餘，就天然石皮，製得兩小盆，以應麗社瓶花盆石雙展會之出品四月廿日至四日，一連五天，前云三天，經會議延長。桐庵自銘一盆曰，「莫疑筆洗與墨池，欲與眾異作去聲此皿。吟窗清供硯為鄰，著花庵中些子景。」余為月色作一銘曰，「纖手割雲腴，作此些子景。莫稱水中丞，宜呼石首領。」它日會上，定多賞玩之者。

《香港中興報》1935 年 4 月 19 日

【注釋】

　　[1] 桐庵，即李開榮，詳見《附錄　蔡守與時人交遊考》。

朱小松雕竹筆筒

　　時代刻竹，分金陵嘉定兩派。金陵稱濮或作「濮陽」，複姓澄，字仲謙，以刻平面留青擅長，嘉定稱二朱。三朱者朱鶴字松鄰，朱纓字清父。朱雅征字三松。世工治竹，或謂小松出而名掩松鄰，三松出而名掩小松。其實松鄰之名，晚年始噪，至小松而盛。三松則繼其餘耳。至今嘉定刻竹者，皆得朱氏之傳也。

　　朱纓字清父，號小松，鶴子，居清鑒塘。貌古神清。工小篆及行草，畫尤

長於氣韻。間仿王摩詰 [1] 諸名家，雲樹紆曲盤折，盡屬化工。刻竹為古仙佛像，鑒者比於吳道子 [2] 所繪。性嗜酒，故獨酒家能數得之，他求者弗即應也。清父固世其業，且深得巧思，務求精詣。故其技益臻妙絕，人盛呼為小松，遂亦自署小松。少即端方，言動以禮。弱植時，友人乘其醉，置妓室中而鐍其戶。小松卒不為動，人以是重之。

牟軒藏朱清父刻竹筆筒，作東坡赤壁之游，小舟三人，神態各肖。樹石雲水皆有北宋畫法。款署壁間，蠅頭小楷，亦得晉唐風格。

「龍飛景泰元年庚午七月既望，嘉定朱纓，作於背山面水軒之北窗。」「小松」朱文長方印，小楷三行。

竹色黃如蒸栗，古澤如脂。光可鑒影。檀函重茵，珍秘不輕示人也。

《香港中興報》1935 年 4 月 20 日

【注釋】

[1] 王摩詰，即王維，詳見《附錄　蔡守與古人交流考》。

[2] 吳道子，詳見《附錄　蔡守與古人交流考》。

談箋

《竹個叢鈔》云，「談仲和，嘉興人。善製帋。其法不用粉，造以堅白荊。用連史背厚砑光。用蠟打各樣細花，古雅可愛，後人謂之談箋。」室人月色，亦喜製牋，種類殊夥。皆手寫梅花，賦色以雅澹為主。海內耆碩，盛為稱許。因自刻正書「談箋」二字，朱文連珠印鈐其箋角。

《香港中興報》1935 年 4 月 20 日

紙硯

紙硯即古之漆硯。《東宮舊事》云，「皇太子初拜，給紙硯□ [1] 枚。」即其遺製也。《尖陽叢筆》云，「北寺巷海寧街名舊有程姓蠡塘漁乃詩注作陳姓工為紙硯。以諸石砂和漆成之。色與端溪龍尾無異，且歷久不蔽。故藝林珍之。又案《橋西雜記》云，「漆砂硯以揚州盧葵生家所製為最精《思適齋集》卷五，有漆沙硯記。謂葵生尤擅六法，優入能品，葵生名棟。顧潤蕢廣圻為作記。其祖映之見《履園叢話》嘗於南城外市中得一硯，上有『宣和御府製』六字。形質類澄泥而絕輕，入水不沉，甚異之。後知其為漆砂所成，授工仿造，克適於用。葵生世其傳，一時業此者遂眾。凡文玩諸事，無不以漆沙為之。製造既良，雕刻山水花鳥之

文，悉臻妍巧。顧青娘即顧二娘之硯匣，亦多其手製，其用朱漆者尤精妙，其稱意之作始刻名款，尋常者僅鈐葵生小印而已。」余家舊藏一硯。長方形，其匣仿周製。作梨花一枝，兩燕雙飛，花與鳥皆螺鈿，枝則玳瑁，葉則翡翠。又在崔百越案頭見一硯，乃圓形下仿漢長生未央瓦。隸書款刻硯側，匣硃漆亦精。乃翁舜球太史當年在薊門以重直登來者。又見區夢園藏其茗壺一事，尤稱絕品。

《香港中興報》1935 年 4 月 21 日

【注釋】

　　[1] □，原文字空白。

匏器

　　匏之為器也殊古，巧工以明代巢氏為最先，奇品莫若清儀閣之縮結壺也。

　　縮結壺，張叔未廷濟 [1] 云，「壺伸之計可丈許，柄縮成結。明中葉止菴初建時，西域僧攜留者。里中胡雄飛 [2]、孫君尚 [3]、沈育佳 [4]，覓長柄□ [5] 仿縮之，柄輒折。拔少時令柄軟，結而復種之則又萎，啟其蒂出子植之亦不遂。嘗為詩紀之，詩曰，『西方僧作渡海船，壺盧禪結壺盧緣。止止菴留三百年注，余取吉祥止止之義，增一止字。不用漢書藏，不容五石剖。佛家心，仙家手，成之得之俱不偶。怪他到處問場師，長柄壺盧種可有見竹田樂府。』又有止止菴大吉壺，邦梁兒得之成圖求詩。詩曰，『何人緣結長柄壺，傳自西域顛浮屠。止止菴物幾易主，癡兒依樣還成圖。此是化人真手段，形摹不就凡人腕。若使人人縮輒成，百千萬結應無算。昔見雙壺雙結聯，欲購廠肆囊無錢注，嘉慶六年辛酉，見於京都琉璃廠肆。何如一壺長掛壁，長房夢入壺中天。壺中人與壺難老，到處結緣到處好。憑他醉漢問東吳，一笑壺盧真絕倒。』」

　　案此壺嘉慶間王氏對山閣舊藏。後歸叔未之子邦梁。江蘇何一琴銓 [6] 繪圖，海鹽張受之辛 [7] 縮摹刻之。余嘗以此壺之奇，遍詢植物學者。謂如此長柄匏之種，已不易得。又遍問化學家，亦謂縮結殊難，洵奇品也。

　　昔年嘗見匏製筆筒之事，摩鑢瑩滑，雕刻精雅，署款「端明」小楷二字。案端明，姓巢，名鳴盛，嘉興人。崇禎丙子舉人，名注復社。乙酉後屏跡不入城市。徒屋種匏瓜，手製為器而銘之。所需之物，莫非匏者。石佛寺僧師之，亦樸雅可愛夗央湖掉歌注。《籜石齋集》[8] 云，「嘉興王太樸、周北山，均善治匏尊。」

又案《蝶堦外史》[9]，「聒聒北地多有，好事者率盛以胡盧置暖處，可經冬不死。胡盧長者如雞心，截其半，嵌以象牙，或紫檀為蓋。其匾者，旁拓玻璃膓，以刀刻諸花卉，都下尤貴重之。梁九公者，太監也。居輦下種此為業，售必獲巨直。方胡盧未成時，束以範，方圓大小惟所欲。大者如斗，可為果盒注，嘗見一合，蓋與底各一胡盧，內外同色，不見其瓢，亦無合縫處，上下鬥筍，渾然天成，毫無鑿枘，質輕而堅，歲久不裂。極小者為婦女耳璫，尤精巧。其他奇形詭質，不可殫述。文備山水花鳥之狀，細入毫髮。非由刻畫，空際處皆有『梁九公製』朱文小方印。它人傚之，不能逮也。聒聒胡盧尤佳。人皆呼為梁胡盧。」案，寒少時得鄰鄉龍山沙□阜陳氏即獨漉後人家石葫蘆種，以小盆栽之。其胡盧長僅三四分，真可作耳璫。今遍問鄉人，已無此種矣。

《香港中興報》1935 年 4 月 21 日

【注釋】

[1] 張叔未，即張廷濟，詳見《附錄　蔡守與古人交流考》。

[2] 胡雄飛，無考。

[3] 孫君尚，無考。

[4] 沈育佳，無考。

[5] □，原文字模糊莫辨，下同。

[6] 何一琴，即何銓，無考。

[7] 張受之，即張辛，詳見《附錄　蔡守與古人交流考》。

[8] 《籜石齋集》，清錢載著。錢載，詳見《附錄　蔡守與古人交流考》。

[9] 《蝶堦外史》4 卷 129 則，清高繼衍著。清代文言短篇雜俎小說集。高繼衍，詳見《附錄　蔡守與古人交流考》。

陸子岡巧色玉

徐天池渭 [1]《詠水仙簪》詩，「略有風情陳妙常，絕無煙火烟蘭香。昆吾鋒盡終難似，愁殺蘇州陸子剛。」蓋陸子剛 [2] 碾玉妙手，造水仙簪，玲瓏奇巧，花蕊細如毫髮。見《蘇州府志》。

又案《太倉州志》云，「凡玉器皆砂碾。五十年前，州人有陸子剛者，乃用刀雕刻，遂擅絕。今所遺玉簪價，一枝值五十六金。子剛死。技亦不傳。」

又《妮古錄》[3] 云，「乙未十月四日於吳伯度家，見百乳白玉觶。觶蓋有環，貫於把手上，凡十三連環，吳門陸子所製。」寒案，觶似觚而小，無蓋，

無□[4]。據所云乃□也。非觶也。

又《遵生八箋》[5]亦載三則。陸子岡做周身連蓋滾球白玉印池，工緻侔古。

近有陸琢玉水中丞，其碾□面錦地，與古尊罍同，亦佳器也。

水注。又見吳中陸子剛製白玉辟邪，中空貯水，上嵌青綠石片，法古舊形，滑熟可愛。又有玉蟾蜍擬寶晉齋舊式者。

據以上所述，子剛精工，洵不可及。今見市上白玉方牌，一面刻人物，一面刻七言詩一句。陽文，小印「子剛」二字，皆拙工所為，無足玩也。

余嘗見一巧色玉，不特其工之精妙，且具有巧思。蓋有美玉一拳，綠多白少，有紅色兩點。子剛就其玉色，作一妙尼。裸體擁衾斜倚。首伏於曲股上，不見眉目因此玉無黑色，故不能作眉目，亦不能有髻，乃為妙尼。但頭微青，恰如新薙者。衾作綠錦，錦紋工致絕倫。衾角錦紋中藏一小印「陸子」二字，小篆亦工整。右乳微露，就一點紅色而為乳頭。菽發豐圓，令人頓生生噉想肉乳為『想肉』，見《談薈》[6]之豔思。左膝斜張，如《雜事秘辛》所謂陰溝流丹，火齊欲吐。上為衾掩，隱約見其墳起，尤為妙絕也。

《香港中興報》1935 年 4 月 29 日

【注釋】

[1] 徐天池，即徐渭，詳見《附錄　蔡守與古人交流考》。

[2] 陸子剛，詳見《附錄　蔡守與古人交流考》。

[3]《妮古錄》，清陳繼儒著。《妮古錄》是一部藝術鑒賞類的隨筆集。陳繼儒，詳見《附錄　蔡守與古人交流考》。

[4] □，原文字模糊莫辨，下同。

[5]《遵生八箋》19 卷。明高濂著。記述有關四時調攝、生活起居、延年卻病、飲食、靈秘丹藥等養生之道。高濂，詳見《附錄　蔡守與古人交流考》。

[6]《談薈》36 卷，明徐應秋撰。徐應秋，詳見《附錄　蔡守與古人交流考》。

有竹居畫梅

月前友人以墨梅小幅示余。帋本高二尺有三寸，寬四寸有六分。題云，「梅花百點千點，枯樹三枝兩枝。寫入羅浮舊夢，信筆匪夷所思。」行書兩行，下鈐「有竹居」白文長方印。畫筆頗秀勁，紙色淡黃，似數十年物，惜未知為誰也。

今日獲黃君仲琴 [1] 寄我《有竹居詩存》一卷，知為吳玉庭 [2] 先生所寫。此詩亦見集中。吳先生已歸道山數載。其遺詩南社社友丘荷公復 [3] 序而刊之。集內題寫梅詩不尠，亦皆可誦，錄數首如左：

「偶到梅花下，霜□ [4] 氣倍清。折來春在手，細想贈何人。

前村滿山雪，小屋繞梅花。慵李巡□笑，閒烹當酒茶。

梅花老西湖，聊與娛為可。著墨不須多，一枝描更好。

羅浮夢醒筆生春，絹海膠山簇簇新。日畫梅花二百樹，不妨長作畫中人。

鳥語啁啾冷蕊叢，合歡扇覓趙師雄。清風難與梅魂遇，無限深情託夢中題扇。」

《香港中興報》1935 年 4 月 29 日

【注釋】

[1] 黃仲琴，詳見《附錄　蔡守與時人交遊考》。

[2] 吳玉庭，詳見《附錄　蔡守與時人交遊考》。

[3] 丘荷公，即丘復，詳見《附錄　蔡守與時人交遊考》。

[4] □，原文字模糊莫辨，下同。

項小損 [1] 嵌色砂壺

邑子周玉翁 [2] 家藏多珍品，古琴茗具尤夥。日昨示我一壺，囑為考之。壺作覆斗式，紫砂甚細。壺口及鋬、流、蓋，皆有硃色雷文。底有「硯北齋」草書三字，亦硃色者，得從來所未有，洵奇品也。竊以為其製法，先作紫砂壺胚，俟其乾透，然後刻流、鋬及壺口之雷文，與壺底之款字。復用硃泥填滿，乾後磨礱使平。始入窯。故能花紋款識之泥色，與本壺之泥色分別，誠有巧思之雅製也。

《香港中興報》1935 年 4 月 29 日

【注釋】

[1] 項小損，即項真，詳見《附錄　蔡守與時人交遊考》。

[2] 周玉翁，無考。

楊寶年、鳳年兄妹砂壺

玉翁又藏砂壺二事，底皆用曼生 [1] 篆刻「阿曼陀室」印。

　　紫砂作井闌式。銘亦曼生製者，「井養不窮，是以知汲古之功，類伽銘。公壽作」，行書五行。書與潘氏「味不耽閣」所藏正同。鋬下鈐「寶年」二字篆書朱文長方小印。案此當係楊彭年 [2] 之弟名寶年，字公壽。從前嘗見有署「公壽」款者，疑是胡公壽 [3] 傳器，據此知為楊公壽，非胡公壽也。

　　白泥作鈿合式，銘小楷甚娟秀。「鈿合丁寧，同注《茶經》[4]《曼生壺銘譜》作□ [5] 注，據此以同注為合。綺雯書，王禽製。」小楷四行。鋬下鈐「鳳年」二字篆書朱文長方小印。案此當係楊彭年之妹名鳳年，字王禽，女子製壺僅見。月色《玉臺壺史》之史材也。

　　《前塵夢影錄》[6] 云，「陳曼生司馬鴻壽在嘉慶年間官荊溪宰，適有良工楊彭年善製砂壺，創為捏觜，不用模子。雖隨意製成，亦有天然之致。一門眷屬，並工此技。曼生為之題其居曰『阿曼陀室』，並畫十八壺式與之。」據此云楊彭年一門眷屬，皆能製壺。

　　東海李放父放真 [7] 著《中國美術》云，「彭年弟寶年，亦精此技。子晉稱其一門眷屬，並工此技，洵不虛也。」

《香港中興報》1935 年 4 月 30 日

【注釋】

　[1] 曼生，即陳洪綬，詳見《附錄　蔡守與古人交流考》。

　[2] 楊彭年，詳見《附錄　蔡守與古人交流考》。

　[3] 胡公壽，詳見《附錄　蔡守與古人交流考》。

　[4]《茶經》，唐陸羽撰。陸羽，詳見《附錄　蔡守與古人交流考》。

　[5] □，原文字模糊莫辨。

　[6]《前塵夢影錄》2 卷，清徐康撰。徐康，詳見《附錄　蔡守與古人交流考》。

　[7] 李放父，即李放真，詳見《附錄　蔡守與時人交遊考》。

落伽山僧天然茗壺

　　玉翁又藏臥輪紫砂大壺一事，壺蓋內有「白華庵」小篆朱文方印，壺底有正書銘四行，行六字。銘曰，「清人樹，滌心泉。茶三味，趙州禪。佛生日，丙申年。如曜銘，贈天然。」僉以為吾粵高僧天然和尚傳器。但白華庵與如曜，皆不可考。余偶讀《普陀山志》，才知非吾粵天然也。

　　案山志，禪德如曜，字昱光，定海人。智略才藝，一時莫能及。營復殿宇，賴其力焉，四十年萬曆壬子為住持。

案山志，釋係天然禪師，諱如壽。河南永城桑氏子。幼業儒，長投大智禪師薙度。智師歷刱淨土金蓮及本山海潮，多師之力焉。萬曆壬辰二十年智師沒，眾推師繼其席。戒行精卓，緇白景從。增建殿堂，規模壯麗。尋謝事樂精廬於沙岸。壬子萬曆四十年八月示寂。塔建於本庵禪堂後。丁丑崇禎十年遷葬庵右。

案山志，精藍，白華庵。明定海都司梁文，因靳嗣有感，捐資屬寺僧如曜建。曜，字昱光，刺血書經，中興寺宇。萬曆四十年壬子為寺住持。其徒性珠，字朗徹。弱齡入山，大璞不琢。間發一二性靈語，真常獨露，無絲毫猜薄。有《剖璞集》。人故樂與之遊，學字剖疑。酷類其師昱光。庵在雨華峰之南麓，距大海不數百武。紺殿紅樓，寬閒靚幽。撐雲古木，拔地拂天。水光雲影，逗漏樹隙。如水精簾幌。山中精廬，此為最矣。士大夫遊山者，多主其庵。昱光郎徹師徒，蓄金石書畫，文玩茶具皆最富。

案山志，形勝，滌心泉，在道頭瀕海，潮漲時若欲沒。然水清味甘，挹注不匱。山中多甘泉不著名者眾，斥鹵咸壇中，乃能涵英貯液。淪□ [1] 烹茗，不遜江心峽口。非惟造在之奇，抑亦聖靈之澤矣。

據山志所述，碻知天然、昱光如曜均落伽山萬曆間高僧。滌心泉，白華庵，又為落伽山中名勝，皆斑斑可考。是壺為兩高僧傳器，真茗具中之法物。且與時大彬 [2] 同時，亮必出少山之手。應更可寶貴也。

據《山志·藝文》屠隆 [3] 詩，「白華庵裡白烟生，童子烹茶煮石鐺。門外不知飄急雪，海天低與凍雲平。」

陳朝輔 [4] 詩，「幽壑沉沉春暖回，草菴陰雨長莓苔。新烟數縷穿雲竇，石鼎茶香客遠來。」

施世驃 [5] 詩，「不種凡葩養佛花，助春行汲盡紛拏。年來更結香山輩，小院清烟晝點茶。」

釋幻敏詩，「白華庵傍峭崖陰，煮茗頻煨折腳鐺。七碗興濃猶未罄，清風習習淡烟橫。」

又慈谿裘璉 [6] 句，「茗新爐舊香偏和，花潔泉清味有餘。」亦可證山僧之嗜茗飲也。

《香港中興報》1935 年 5 月 6 日

【注釋】

[1] □，原文字模糊莫辨。

[2] 時大彬，詳見《附錄 蔡守與古人交流考》。

[3] 屠隆，詳見《附錄 蔡守與古人交流考》。

[4] 陳朝輔，詳見《附錄 蔡守與古人交流考》。

[5] 施世驃，詳見《附錄 蔡守與古人交流考》。

[6] 裘璉，詳見《附錄 蔡守與古人交流考》。

沈鷺雛錫壺

張文魚燕昌 [1] 云，沈鷺雛存周 [2]、黃元吉 [3] 錫壺，與時少山大彬 [4] 之砂壺，其製之妙，即一蓋亦可驗。試隨手合上舉之，能吸起全壺。陳鳴遠 [5] 便不能到此。玉翁示我一錫壺，作美人肩樣。洵能信手合上其蓋，亦可吸起全壺者。

此壺全身鱣煸，間以簇蟊成堆。紫檀為鋬，嵌銀絲小篆「竹居」兩字。流與蓋、的皆錫不鑲玉。壺身刻行書十四行，繞壺一周。

「忽有西山使，始遺七品茶。末品無水量，六品無沈查。五品散雲腳，四品浮粟花。三品若瓊乳，二品罕所加。絕品不可議，甘香焉等差。壬辰據錢撢石 [6] 云，「錫斗歌款，康熙九年庚戌」，此當係順治九年清明節。錄梅堯臣 [7] 句。似駿公先生茶燕清玩，沈存周曉山氏。」「竹居」白文方圓印。底刻「鷺雛作」行書三字，「存周」白文屨齒印。蓋合口之外，刻草書「曉山」二字。案駿公當係吳偉業 [8]。以梅邨之傳器，不遜竹垞之錫斗也。

案《耐冷譚》[9]，「曩讀撢石齋詩。有戴儀部文燈齋飲沈存周錫斗歌。斗內刻『只如此斗，方口酌酒』。環鐫杜甫『飲中八仙歌』。款記康熙庚戌九年。是時僕齡才十一。撢翁去製器時僅六七十年，已寶重如此，今愈少矣。近見桐鄉時靈蘭鏽上舍藏一斗。蓋存周自製詩，鐫於斗旁。以祝竹垞 [10] 太史壽者。中鐫據《廣倉學宭》刊印，馬傅岩起鳳拓本則此隸書八字，分兩行，刻在斗之內底。底之外更有『鷺雛製』草書三字，『竹居』白文長方印。隸書『酌以大斗，以祈黃耇』八字。詩云，『涼州莫漫誇蒲桃拓本作『葡萄』，中山枉詫松為膠。仙拓本作『僊』人自釀真一酒，洞庭春色嗟徒勞一面。瓊漿滴盡生荔枝，玉露瀉入黃金卮。一杯入口壽千歲，安用火棗並交梨二面。不願青州覓從事，不願步兵為校尉。但令喚鶴與拓本作『共』呼鸞，日日從君花下醉。」三面拓本尚有『俚句敬祝竹垞太史老先生大壽。沈存周並書』，『存周』白文屨齒印，行書四行為第四面。元明以來如朱碧山 [11] 之銀槎，張鳴岐 [12] 之銅爐，黃元吉之錫壺，皆

勒工名，以垂後世，不聞其能詩也。若存周者，尤不可及矣。周字鷺雛，居嘉興之春波橋。」

《香港中興報》1935 年 5 月 6、7 日

【注釋】

[1] 張文魚，即張燕昌，詳見《附錄　蔡守與古人交流考》。

[2] 沈鷺雛，即沈存周，詳見《附錄　蔡守與古人交流考》。

[3] 黃元吉，詳見《附錄　蔡守與古人交流考》。

[4] 時少山，即時大彬，詳見《附錄　蔡守與古人交流考》。

[5] 陳鳴遠，詳見《附錄　蔡守與古人交流考》。

[6] 錢蘀石，詳見《附錄　蔡守與古人交流考》。

[7] 梅堯臣，詳見《附錄　蔡守與古人交流考》。

[8] 吳偉業，詳見《附錄　蔡守與古人交流考》。

[9] 《耐冷譚》，清宋咸熙著。宋咸熙，詳見《附錄　蔡守與古人交流考》。

[10] 竹垞，即朱彝尊，詳見《附錄　蔡守與古人交流考》。

[11] 朱碧山，詳見《附錄　蔡守與古人交流考》。

[12] 張鳴岐，詳見《附錄　蔡守與古人交流考》。

黃元吉錫茶葉瓶

玉翁所藏茗具，尚有黃元吉 [1] 錫茶葉瓶，亦俊物也。甄 [2] 作經幢狀，上作蓮花寶蓋以為蓋，下亦有蓮花座。連蓋與座，共高三尺有四分。六面刻正書《心經》。後有款記云，「步朗余藏錫壺，亦有步郎款者大師清賞。黃元吉。」「祥父」白文長方印據此知元吉字祥父。底刻「茶三昧龕茗具。祥甫製」。隸書兩行甚方勁，與所見馬山父 [3] 原名宗默，更名起鳳之拓本正同。

案《兩浙人物志》，黃元吉，嘉興錫工。所造茶具，種種精巧。其色與銀無辨，海內咸珍異之。

馬山父拓祥甫三錫壺亦甚精，因錄之。一，海棠樣，「雪水烹方得，春芽注即宜」，隸書二行，「黃元吉」白文方印。題云，「黃鳳江 [4] 案鳳江姓王，精造銅爐，與張鳴岐 [5] 齊名，山父以為元吉，誤也錫壺款識。道光壬辰十一月。於金閶，吳氏謹觀。」手拓墨本。「起鳳並記」，「起鳳」朱文屧齒印。「山父手拓」朱文方印。二，梅花式，「銀鐺新汲清泉水，紗帽籠頭手自煎。元吉」，隸書四行。題云，「黃鳳江錫壺款識。道光二年　月，於李氏謹觀，手拓因識。傅岩馬起

鳳。」「問奇」朱文長方印,「馬宗默印」白文方印。三,橢圓形,「冠六齋雅玩。黃氏元吉製」,篆書兩行。題云,「黃鳳江錫壺款識。山汪兄拓贈。起鳳記。」「起鳳」朱文屐齒印,式山手拓」朱文方印。

《香港中興報》1935 年 5 月 7 日

【注釋】

[1] 黃元吉,詳見《附錄　蔡守與古人交流考》。

[2] 甄 zhen,原意「製作陶器」。《文選》張華《女史箴》,「既陶既甄。」李善注引如淳曰,「陶人作瓦器謂之甄。」

[3] 馬山父,即馬傅岩,詳見《附錄　蔡守與古人交流考》。

[4] 黃鳳江,詳見《附錄　蔡守與古人交流考》。

[5] 張鳴岐,詳見《附錄　蔡守與古人交流考》。

黃玉麟砂壺

《蘿窗小牘》[1] 云,「蘇州黃玉麟 [2] 者,善製宜興茶器。選土配色,並得古法,賞鑒家珍之。謂在楊彭年、寶年 [3] 昆弟之上。倪小舫 [4] 丈云,黃故諸生,落拓不羈,家極貧,然非義不取,其壺每柄售兩金。須極窮乏時始再製,否則雖百金弗能強也。立品如此,宜其藝之精矣。日昨獲睹一柄,洵與從前諸良工名作不多讓。故能於壺人標大雅之遺,擅空群之目也。」

此壺白泥印方式,其精湛與康孝廉天如 [5] 所藏陳鳴遠 [6] 壺絕似。此壺,島市耆壺者皆見過,底僅鈐「黃玉麟」朱文方印,其鈐法淺而清晢,亦與唐氏之陳壺同,詎特在楊氏昆弟之上,實可與清初良工爭席也。惜傳器甚鮮,故不多見耳。

《香港中興報》1935 年 5 月 8 日

【注釋】

[1]《蘿窗小牘》,清丁佩著。丁佩,詳見《附錄　蔡守與古人交流考》。

[2] 黃玉麟,詳見《附錄　蔡守與時人交遊考》。

[3] 楊彭年、寶年,詳見《附錄　蔡守與古人交流考》。

[4] 倪小舫,清末紹興人,收藏家。

[5] 康天如,無考。

[6] 陳鳴遠,詳見《附錄　蔡守與古人交流考》。

方治庵竹琴

《飛鴻堂印人傳》[1] 潘桐岡西鳳 [2]，號老桐，浙江新昌人，僑寓廣陵，善刻竹。偶於越東黃岡嶺得奇竹，裁以為琴，而闕其徽。爰以竹鬚代，調之成聲，且清以越，嘆為竹人絕技。又偶讀《頤道堂集》[3] 云，「竹琴為嘐城女子所製，長夏陳之臥榻若青奴焉，則如竹夫人小能御者也。」方治庵絜 [4] 之竹琴亦類此。顧製作精巧。殊可玩也。

琴剖鉅竹為之，長二尺有二寸有八分，寬六寸有四分。磨治絕精，光可鑒影。色作紺黃，古澤比玉。弦徽焦尾，鐫鏤精工。背刻「陰瞑淥夫人通體秘景小篆九字」。一少婦裸睡於蕉葉上，縣團菽髮，態媚而妍。令人擁之，頓生瑤想。焦尾之下有「治庵閟玩」朱文方印，大僅如豆，篆絕工整。

案《白嶽庵詩話》[5]，黃巖方治菴絜工書，尤精刻竹。能於竹秘閣上，刻人小影。須釁畢肖，一時稱絕藝。前人有張鳴岐 [6] 銅，沈存周 [7] 錫，朱碧山 [8] 銀，陸子岡 [9] 玉之目。是則可稱方竹矣。嘗見其竹刻拓本一冊，真無上逸品。張叔未 [10] 解元題云，「竹人自昔嘐城傳，只恐輸君更擅場。」非虛譽也。著有《石我齋吟稿》。

又案《前塵夢影錄》[11]，「方絜，歙籍。善刻小人象。或臂閣，或筆筒。以其技遨遊吳越間。嘗見其為釋六舟達受 [12] 作廬山行腳圖像於竹臂閣，須眉畢現。六舟云，『方曾為阮文達公作八十像更佳』，後歿於禾中。」

又案《墨林今話》[13]，「方治菴絜，字矩平，天台黃巖人，精於鐵筆。刻竹尤為絕技。凡山水人物小照，皆自為粉本。於扇首臂閣及筆筒上，陰陽拗突，鉤勒皴擦，心手相得，運刀如筆也。嘗遊禾城，每一藝出，則手拓以贈同好，人爭寶之。」

《香港中興報》1935 年 5 月 8 日

【注釋】

[1]《飛鴻堂印人傳》，清汪啟淑著。汪啟淑，詳見《附錄　蔡守與古人交流考》。

[2] 潘桐岡，詳見《附錄　蔡守與古人交流考》。

[3]《頤道堂集》，清陳文述著。陳文述，詳見《附錄　蔡守與古人交流考》。

[4] 方治庵，即方絜，詳見《附錄　蔡守與古人交流考》。

[5]《白嶽庵詩話》2 卷，清余楍撰。余楍，詳見《附錄　蔡守與古人交流考》。

[6] 張鳴岐，詳見《附錄　蔡守與古人交流考》。

[7] 沈存周，詳見《附錄　蔡守與古人交流考》。

[8] 朱碧山，詳見《附錄　蔡守與古人交流考》。

[9] 陸子岡，詳見《附錄　蔡守與古人交流考》。

[10] 張叔未，即張廷濟，詳見《附錄　蔡守與古人交流考》。

[11]《前塵夢影錄》，清徐康著。徐康，詳見《附錄　蔡守與古人交流考》。

[12] 釋六舟，即達受，詳見《附錄　蔡守與古人交流考》。

[13]《墨林今話》，清蔣寶齡著。蔣寶齡，詳見《附錄　蔡守與古人交流考》。

石鹿山人竹印矩

　　李遷子 [1] 刻竹印矩，留青竹石甚精，不讓濮陽仲謙 [2]，署款「希喬」隸書二字亦留青，「石鹿山人」朱文方印。嘗讀施愚山 [3]《石鹿山人傳》，其人亦足多矣。

　　「石鹿山人名希喬，字遷子，姓李氏，世為徽之歙人。以善書，客四方。從予遊十年，忠謹無失。出入官舍，未嘗私一錢。聞善言，則錄而藏之。無貴賤智愚，強其書悉應，無忤色。其賢者物色而尊禮，退然謝不敏。其不知者傭遇之，不以為病。少時苦貧，嘗學賈不利。遂專學書，通六書大意。用浮屠戒，不食肉。有不能供伊蒲者，即它饌中擇蔬而食。食已則鹽漱。讀釋氏諸書，堅坐至中夜。其人貌願朴，然沉靜多藝能。嘗畫竹石，摹勒人物。工篆刻雙鈎法帖。又斷竹為臂閣及界尺，鏤刻燦然如寫生，捫之無毫髮跡。雖近世濮陽仲謙，號竹工絕技，不過其也。嘗為予鏤二片，皆為人奪去。予戒其輟勿為，而求之者日眾。年將五十，得脾疾，數不安穀。□ [4] 發轍劇，予謂其不宜久客也，將謝予還山中。始次其□ [5] 事為小傳。山人賢而執勞，貧而不怨。非其力不食，而間以藝見。嗟乎。今天下皆皮相知之者。石鹿山人嘗自署石鹿，故予稱石鹿山人。」

《香港中興報》1935 年 5 月 8 日

【注釋】

[1] 李遷子，見內文。

[2] 濮陽仲謙，詳見《附錄　蔡守與古人交流考》。

[3] 施愚山，即施閏章，詳見《附錄　蔡守與古人交流考》。

[4] □，原文缺字。

[5] □，原文字模糊莫辨。

鍾仁階製洞簫

欽州鍾仁階 [1] 與德配謝荷鄉夫人，伉儷同嗜書畫，藏顧橫波 [2] 墨蘭卷，有龔芝麓 [3] 題識。室人月色嘗篆刻「顧襄樓」朱文印貽之。仁階並解音樂，能自製洞簫。鄉園有奇竹，細而堅。節疏，二尺許才一節。因取而剡剗，竅孔尤具妙裁。手自磨治，瑩澤如玉。每與荷鄉夫人望月深宵，萬籟皆絕，漫聲吹之，聲聞數里。鄰村人疑聞仙樂也。王述庵 [4]《西征日記》云，「洞簫惟貴州玉屏縣製者最為著名，至今稱之。」傅占衡 [5] 載車龍文 [6] □ [7] 則，甚佳。因錄之：

「今簫，非簫也，蓋古尺八。近予臨川車兗擅其巧。今世稱洞盧子者是也。兗，戴湖村人，字龍文。幼涉學，凡藝近文史者皆工，而尤妙於竹，凡竹之屬皆善，而最善者竅尺八也。自言年七歲弄俗簫成聲，輒惡其聲。十歲時，得吳中簫吹之，亦不厭已意。然好彌甚，至妨語食。剡剗刻鏤，大變舊法。晝則操作水濱怪石傍，或入幽岫林樾蒼蒨中。當月野霜庭，鳥睡蟲醒之際。啟塞抑按，未嘗去手。日悟其法，起舞拍床。罵前人聾鈍，不聞此妙矣。頃之，其鄉人持一管，萬里外遇解音客購之萬錢雙絹，自是洞盧子簫聞天下。顧產僻左，足不到吳越歌舞場，家居十指不給。其後俗簫，稍稍竊其粗似，丹碧之名洞盧亂吳市中，暴得直。而真洞盧子家故貧自若也。

時澹宕以酒人客高門雅士間。語次罵坐，眾欲毆之。已而聞簫聲，滿座皆歡。又相與洗醆更酌，蓋其為人如此。四方之知洞盧子者，至今莫知其何許人也。其簫表裡濯治得議製之妙，無瑕聲，無累氣。飾以行草秀句，山水漁釣，宮觀烟樹，人物花鳥蟲豸，雜工寫描勒入神。而其獨特之妙在選竹。竹至千尺取十一。蓋有柯亭爨下遺識乎。嘯詠之頃，輒以斤鋸自隨。園公林監或訾病之，好事者賞其僻不問也。予嘗得□焉。其一，『瀟湘合流，八景分時』。隙間題詠，毫髮可數。其二，『十八尊者圖』。李龍眠筆，蘇子瞻贊，秦太虛記皆具。嘗置酒倚琴而吹之，余因謂子是藝，如北方佳人，絕世獨立，餘粉黛皆土耳。昔人品庾信月明孤吹，然非洞盧簫，寧稱子山文乎，兗大喜，遂別琢一枝遺余。彤以『一丘一壑，一觴一詠』而題其上云。青筠欲託王褒賦明月。吹成庾信文。且曰，簫之壽計年計十，人之壽計年計百。先生作傳，洞盧之壽不可計，敢請。予笑語諾之。因訪其利病最要處。兗乃曰，『簫孔斜出，貫綸者兩。宜差後而

斜睨，勿居中而徑往』。予愛其聰巧絕倫。戲為簫洞虛傳傳之。嗟乎。恐亦如流馬木牛，尺寸具諸葛書中，人不能用也。」

《香港中興報》1935 年 5 月 10 日

【注釋】

[1] 鍾仁階，詳見《附錄　蔡守與時人交遊考》。

[2] 顧橫波，詳見《附錄　蔡守與古人交流考》。

[3] 龔芝麓，即龔鼎孳，詳見《附錄　蔡守與古人交流考》。

[4] 王述庵，詳見《附錄　蔡守與古人交流考》。《西征日記》，清王述菴著。

[5] 傅占衡，詳見《附錄　蔡守與古人交流考》。

[6] 車龍文，即車衮，詳見《附錄　蔡守與古人交流考》。

[7] □，原文缺字，下同。

金朝官印

　　天津新出土一金朝官印，銅質，柱紐。方一寸有四分，柱高一寸有六分，柱寬八分。印文九疊篆九字，分三行，行三字，朱文犌邊，文字甚精湛。印柱左右刻正書二行「大定二十二年九月造」，印文九字如左「合札壽吉斡母謀克印」。

　　案猛安謀克，始於契丹，金初因之，而戶之多寡無定，許以承襲。後廼分為上中下三等。宗室為上，餘次之。貞元遷都，遂徙上京路。太祖遼王宗幹，秦王宗翰之猛安，並為合札猛安。合札者，華言親軍也。壽吉斡母，不知屬何路。此印造於大定二十二年九月，在貞元遷都之後。其為上京太祖遼王、秦王所部，移諸中都府附近屯駐，明矣。則亦河北出土之吉金精品也。

《香港中興報》1935 年 5 月 9、10 日

殷虛骨尺

　　自殷虛發見甲骨文字，考古學者得藉以考訂吾國最古文字。旋又掘得骨器，其花紋之精湛，有過於商周銅器者。最近方雨樓 [1] 更於殷虛得一骨尺，比周尺僅十分之八，蓋尺之製，古短而今長。漢尺長周尺四分有奇據《晉書》，若依建初尺，與周尺比較，長將一寸矣。此視周益短，疑為殷時之尺。惟中有道，一面刻寸，一面無之。刻寸一面，中亦有道，不悉何意。或用諸器物之測

驗者歟，以俟博雅訂正之。

《香港中興報》1935 年 5 月 11 日

【注釋】

　[1] 方雨樓，即方天仰，詳見《附錄　蔡守與時人交遊考》。

《槃龍山古梅圖》

　　去臘雲南圖書館長兼雲南通志局總纂方老先生矓仙_{樹梅}[1]，因搜訪滇南文獻，周流全國，道出粵垣，過牟軒談藝。述及晉寧縣槃龍山中之古梅，真可謂舉國現存古梅之冠也。適社友李桐庵開棻 [2] 以家藏二百年來大金榜四番見贈，月色因想像方公所述槃龍古梅，寫成連景鉅屏。託方公攜去姑蘇，乞國學會中耆碩題詠，日前由王君佩諍賫 [3] 鄭重寄還。鍾君仁階 [4] 夫人謝荷卿，代交大雅齋文德路以湖色綆絹裝池，用寄全國女子書畫第二次展覽會展覽。因誌其題詠一一如左：

　　「晉寧方公矓仙，萬里搜訪滇南文獻。道出廣州，連日犯雨。過訪牟軒譚藝。述其槃龍山中古梅，皆元代物。枝幹大可合抱，花朵亦莫不大於桃者。庸獨庾領羅浮所□ [5]，鄧尉亦何嘗得覯，聞之神王。適社友李桐庵，餉我家藏二百年來鉅楮四番。因想像槃龍古梅造此連景。仍如泰西攝影縮小成圖，寧謂鉅耶。縱筆揮就，頗得雄妍之致耳。願國學會諸耆碩題詠，藉以不朽，為牟軒世守。甲戌歲晏，順德蔡談溶溶月色並識。年四十有四也。」「蔡夫人談溶溶印」白文有邊有間方印，「月色女畫梅記」朱文有格方印，右款作瘦金書二行。

　　「槃龍古香篆書。為牟軒賢伉儷題。章炳麟 [6]。」「太炎」朱文方印。

　　「分明二樹，共抱冬心。能談春月_{寒注}，此用東坡與王夫人語。王夫人謂春月色，令人和悅，和悅瑟琴。工畫梅者，名字多與梅有關。冬心□樹是也。盖添畫一春月，以為夫人自寫照乎。寒瓊社掌以為然否。八十老叟陳衍 [7]。」「梅尉祠邊，梅子詞邊」白文方印，「石遺詩本」朱文方印，行書六行，寫第一幅。

　　「吾滇梅花，以黑龍潭為最古，盖唐梅也。前賢題詠甚夥。今樹已萎，惟存阮氏元 [8] 刻圖耳。晉寧槃龍之梅，其幹之偉，其花之繁且巨，世無其偶。民國初元，方公矓仙，邀根源 [9] 侍趙樾村師藩 [10] 遊山賞梅未果。竟久羈於外，歸家無期。凡遇晉寧友好，無不以此梅為問。今觀月色夫人此屏，足慰余二十四載之饑渴矣。民國乙亥春三月。雪生李根源。」「印泉」無邊朱文方印。

右隸書七行，題在第三幅。

「晉寧之山勢巉嶢，蓮峰老僧曾卓錫。降龍手植兩梅龍，際天蟠地態橫絕。梅龍蛻目却特前，七百年來噴芳烈。繁英晴昊幻奇觀，萬古玉龍鏖瑤雪。方公家在槃龍山，飽饜古香眼生纈。竭來考獻走天涯，東南得朋快著撰。羅浮春動話家山，超山轉似雲礽列。牟軒夫媲元稹 [11] 儔，文章際映九英日。靜好閨房林下風，逋仙知己同心結。潑墨春從腕底生，寫神香自豪端出。縮地能移滇土根，雙龍妙現全身活。分圖合寫態輪囷，復見天心雪色壁。歸來堂裡玉交枝，十二萬年香不滅。乙亥三月，奉題寒瓊社長德配月色夫人槃龍梅影連景鉅屏。即希雙正。吳江鈍髯金祖澤 [12]。時年六十有九。」「金祖澤」白文方印，「鈍髯」朱文方印，行書十行，寫在第三幅。

「世間古物何足數，漢柏秦松俱太楂。楂龍安得不死藥，死去公然穉孫補。超山去杭州五十里宋梅如是觀，入門第覺東野寒。安隱寺名，去臨平三里唐梅尤穉瘦，幾見萬蕊上花攢。雙樟突兀在蘇地，播陰真堪十牛蔽。問朝祇是奇渥溫，拈出唐花當指臂。晉寧山中花鐵骨，老健亦是元朝物。阿師拄杖咒毒龍，化作梅龍伴古佛。仲姬著筆春風來，高花移向南嶺開。明年再放珠江櫂，會看雙龍入酒杯。寒瓊社督，月色社嫂同政。乙亥上巳寒食節。金天翮鶴望 [13]。」「天放樓詩」朱文方印。行書十一行，寫在第二幅。

「天南毒龍舊事，憶蓮峰洞戶槃龍寺為元蓮峰師開山卓錫地，訪名勝。棕笠芒鞵，桂亭松澗初暮。問芳訊，南枝正暖，盤根錯節胡元樹。鋒寒林殘照，當風落英如絮。

一夢蘿浮，雪海貝闕，恍籠雲璞霧。想吳越，玄慕超山，作家曾託情素。古唅礜，青金黑漆，美蠶繭，羅紋苔縷。別鹽酸，追擬黃筌 [14]，淺描朱鷺五代黃荃有《紅梅彩禽圖》，見長沙葉奐邠 [15]《郎園所藏書畫題跋》。 紅妝豔冶，翠袖摩挲，鳳鷟瑣尾旅。委墮髻，散花天女，靜室閒話，墨客揮犀，瘴烟蠻雨。桄榔膩麵，芭蕉甘蕊，相思紅豆珠江夜，記當年，俊侶銀河渡。神仙眷屬，清閨鬥韻聯吟，漱玉再見南士。

含豪得意，恣肆雄奇，更自題白苧。頓彷彿，橫斜疏影，淡月昏黃，簇萼莊嚴，密枝飛舞。圍爐暖酒，殷勤揮灑，如椽湘管淋漓甚，泂珊瑚鐵網中流柱。西塍名蹟猶存，百幅芳魂，喜神似否宋槧宋雪巖 [16]《梅花喜神》，為我吳黃堯圃 [17]，潘鄭盦 [18] 遞藏，今歸老友吳湖帆 [19]。右調寄《鶯啼序》。

寒瓊社督以淑儷月色談社嫂畫，晉寧方公臞仙，述滇中槃龍山中古梅連景

鉅屏屬題。用夢窗韻，為賦是解。於吳中振華女學舍西園。九百年古石，瑞雲峰畔。園廣數十畝，為清高廟南巡行宮，饒有樹石之勝。峰則宋朱勔 [20] 採貢艮嶽故物。其傳授源流，迭見張宗子《陶菴夢憶》[21]，姜紹書《韻石齋帚譚》[22] 諸書。高三尋，廣二尋，碩大無朋。而特具皺透瘦之致。曲石閣揆李根源來吳，一見即詫為寰區第一奇石。謂足與拙政園古紫藤，司徒廟清奇古怪古柏，鼎足而成吳中三絕。安得賢梁孟惠然肯來，一訪古藤古柏。兼槃礴解衣於此峰下，潑墨揮豪。為石丈人作行看子邪。當率八百嬋娟，掃徑以待。書此以為異日券。乙亥花朝，佩諍王賽。」「王賽」白文有邊有格方印。行書二十行，寫在第四幅。

「貌出天南第一花，溪藤十丈玉杈枒。宵來清夢羅浮月，知是仙人蕚涤華。　滇南去粵一千里，翠羽殷勤夢往還。傳語東風莫吹笛，恐隨飛雪度關山。乙亥季春，為寒瓊社長題德配月色社嫂畫槃龍古梅圖，即希教正。勾吳諸祖耿介父 [23] 甫草於瑞雲峰下。」「諸祖耿印」白文方印，「獨學廬」朱文方印，「耿相意」朱文長方印。行書七行，寫在第二幅。

「淋漓元氣泄乾坤，數點天心妙想存。貌出百花真領袖，南天無冕尉陀尊。雪巖舊作喜神譜，瑣碎渾嫌未逼真。揮灑繁英滿晴昊，熙然天下一家春。月色社嫂盤龍古梅圖，吳江金元憲立初甫 [24] 奉題。」「立初」白文有邊方印。行書五行，寫在第四幅。

《香港中興報》1935 年 5 月 11、12、13 日

【注釋】

[1] 方臞仙，即方樹梅，詳見《附錄　蔡守與時人交遊考》。

[3] 王佩諍，即王賽，詳見《附錄　蔡守與時人交遊考》。

[4] 鍾仁階，詳見《附錄　蔡守與時人交遊考》。

[5] □，原文字模糊莫辨，下同。

[6] 章炳麟，詳見《附錄　蔡守與時人交遊考》。

[7] 陳衍，詳見《附錄　蔡守與時人交遊考》。

[8] 阮元，詳見《附錄　蔡守與古人交流考》。

[9] 根源，即李根源，詳見《附錄　蔡守與時人交遊考》。

[10] 趙樾村，即趙藩，詳見《附錄　蔡守與時人交遊考》。

[11] 元積，詳見《附錄　蔡守與古人交流考》。

[12] 金祖澤，詳見《附錄　蔡守與時人交遊考》。

[13] 金天翮，即金鶴望，詳見《附錄　蔡守與時人交遊考》。

[14] 黃笙，詳見《附錄　蔡守與古人交流考》。

[15] 葉奐郴，即葉德輝，詳見《附錄　蔡守與時人交遊考》。

[16] 宋雪岩，無考。

[17] 黃蕘圃，即黃丕烈，詳見《附錄　蔡守與時人交遊考》。

[18] 潘鄭庵，即潘祖蔭，詳見《附錄　蔡守與古人交流考》。

[19] 吳湖帆，詳見《附錄　蔡守與時人交遊考》。

[20] 朱劻 miǎn，詳見《附錄　蔡守與古人交流考》。

[21] 《陶庵夢憶》8卷，明張岱著。張岱，詳見《附錄　蔡守與古人交流考》。

[22] 《韻石齋帚譚》2卷，明姜紹書撰。姜紹書，詳見《附錄　蔡守與古人交流考》。

[23] 諸祖耿，詳見《附錄　蔡守與時人交遊考》。

[24] 金元憲，詳見《附錄　蔡守與時人交遊考》。

宋狄青巨棺中鴛鴦杯

　　據天津《大公報》四月十九無錫縣黃土蕩鎮濬河掘土時，陡現硃漆尸棺。長一丈五尺有奇，寬五尺強，高四尺許。棺之一端，鐫「大宋中書令狄青 [1] 將軍之靈柩」十二字。及發視，則屍骸衣衾皆無。僅有玉杯一對，晶瑩可愛。棺之木發奇香，斷為茄楠寒案，疑是香楠，茄楠無如是之巨者。棺中玉杯，即世傳之鴛鴦杯也。

《香港中興報》1935 年 5 月 13 日

【注釋】

　　[1] 狄青，詳見《附錄　蔡守與古人交流考》。

高昌王世勳碑

　　又據天津《益世報》，武威北鄉水渠石碑溝，有高昌王世勳 [1] 碑。清同治間，被土人將碑上半截鑿去。所餘下半截，仍埋土中。今由天津民眾教育館雇人發掘。石存高八尺有奇，寬七尺許，厚三尺強。字跡雅似歐顏。計尚存八百五十餘字。碑陰有蒙古文。今已運回民教館陳列云。

《香港中興報》1935 年 5 月 13 日

【注釋】

　[1] 王世勳，無考。

灼浸偽古玉

　　福山王漢章著《古董錄》[1] 云，「時人多嗜玉古，咸覓一以為佩件。而真偽乃以大淆。提油之後，復有所謂藥煉者。今以得諸廠賈者即北京琉璃廠，略述大概。先是有冀州人張姓者，諱其名。業書賈不成，一變而為古董客。輾轉至日本，不知以何因緣，得彼中灼浸法古玉之色澤變化，俗謂之浸，有血浸，水銀浸，亦曰黑漆古，硼砂浸，亦曰秋梨皮，石灰浸，亦曰雞骨白，水蒼浸，亦曰水蝕諸浸之別。明以來作偽者，率以提油為能。即所謂油炸鬼也。今日人以藥水煉之，名曰灼浸。而益之以水雕於一種藥水中腐蝕玉類，另於清水中雕刻，應手奏效，仿古逼真。惟不能施術於較厚之玉，僅能五六分厚之玉版上為之。燦列市場之物，率張姓所造之孽耳。

　　寒案，近年上海鄧秋馬 [2] 秋枚之異母弟，每歲必攜此種偽古玉來粵販賣或一次，或數次。故今廣州市上，此類偽古玉，照眼皆是。竟有自誇為精賞鑒者，篋衍亦堆滿此鄧估雁品，真可嘆也。尤以薄如紙，利如初發硎者之兵器為夥。其花紋皆仿古銅器也。竟有以真古銅花紋之兵器，與用玉偽仿之器，同裝一匣。謂同時發見冢者。某賞鑒家亦以重直購之，珍而藏之，寧勿令人竊笑邪。故今日之考古，安得不發地讀史，及鍬的考古乎。然狐埋狐掘之事恒有，又非躬自發掘目擊。不敼 [3] 信今傳後也。

　　　　　　　　　　　　　　　　　　《香港中興報》1935 年 5 月 14 日

【注釋】

　[1]《古董錄》，王漢章著，1933 年版。王漢章，詳見《附錄　蔡守與古人交流考》。

　[2] 鄧秋馬，詳見《附錄　蔡守與時人交遊考》。

　[3] 敼，同「敢」。《玉篇·攴部》，「敢，敢果也。歒、敼、敢並篆文，出《說文》。」《正字通·攴部》，「敼，古文敢。」

盜賊而為畫人

　　當世畫人，流品之雜，已不勝浩歎，顧尚未聞以盜賊而為畫人也。偶讀王漁洋士禎 [1]《乙亥見聞錄》云，「蕭照 [2] 者，濩澤人。靖康中，流入太行為盜。一日掠得李唐 [3]，檢其行囊，止粉奩畫筆，叩知其姓名，照雅聞唐名，

即棄賊，隨唐南渡。紹興中，補迪功郎，待詔畫院，賜金帶，此盜賊之工畫者。予向記盧循 [4] 輩盜賊多工書，皆可異也。」寒案，漁洋此說，見《圖繪寶鑒》第四卷。

《香港中興報》1935 年 5 月 14 日

【注釋】

　　[1] 王漁洋，即王士禎，詳見《附錄　蔡守與古人交流考》。

　　[2] 蕭照，詳見《附錄　蔡守與古人交流考》。

　　[3] 李唐，詳見《附錄　蔡守與古人交流考》。

　　[4] 盧循，詳見《附錄　蔡守與古人交流考》。

北齊高植冢中玉爐

　　《乙亥見聞錄》又云，「門人國子監助教趙善慶，德州人。前戶侍景毅繼鼎之孫也。家藏一古玉爐，云耕夫得之古冢中。冢有斷碑云，『君諱植，字子建』。始疑是陳思王，考之乃北齊高植墓。按，高氏渤海蓚人，正今德州境。然《北齊書》竟不載植姓名，何也。」寒案，如趙氏得此爐，正合今日發地讀史之旨，其物洵足貴也。

《香港中興報》1935 年 5 月 14 日

槿花娘

　　日本女吉富槿花，長崎人。十六歲往來寧滬為倡。二十七歲，嫁與滬商粵人劉全昌，仍設酒吧於北四川路。辛壬間日本肇禍，駐滬蔡軍與戰。自北四川路北，至江灣吳淞，皆戰地也。槿花所設酒吧，日本軍士來飲。槿花與之酬酢，得其機密以告蔡軍。事泄，日軍捕之，見其酋，詰其賣國。槿花正色曰，我既為中國人，理合助中國，賣國之說，我不受也，又況爾曹殘酷太甚，我實不忍。爾曹自號文明，文明安在，日酋殺之。日前得國學會會友武進錢夢鯨振鍠 [1] 寄示「槿花娘行」。因錄下。

　　「槿花孃，槿花孃，槿花生小出扶桑。流落寧滬間，十載青樓倡。天性不可沒，有志願從良。行年二十七，嫁與滬上商。商人何名姓，姓劉名全昌。兒家能賣酒，開門大道旁。當爐卓文君，顏色若朝陽。昨者辛壬間，海賊忽跳樑。霹靂起半夜，火勢燭天閶。殺人不用刀，捷若誅蚊虻。滬北十萬戶，血肉成泥漿。神人雖憤怒，當道自徬徨。百忍傳家法，袖手復垂裳。幸有陳留氏，一臂

奮螳螂。勝負雖未決，殺傷頗相當。兒家門戶連戰場，賊奴往往認同鄉。兒家
壓酒有深意，要使此屬輸肝腸。賺得機密語，走報蔡中郎。中郎下號令，賊至
須過防。一戰大勝利，賊奴氣不揚。轉憶酒爐前，漏言槿花孃。哀哉如花人，
辨色初下床。惡鬼破扉入，黑索聲郎當。率之見賊酋，猙獰如鬼王。責以賣國
罪，槍殺分所當。槿花仰首言，詞旨何慨慷。我作華人妻，理合助中邦。豈無
故國思，無如爾輩為虎狼。殘害無辜人，天理必不長。人生誰則無天良，我有
此心不能降。得正面死奚所妨。萬國同一天，民彝即天常。哀哉槿花女，死可
見穹蒼。五日體不寒，十日體不僵。此心耿耿在，此怨何時償。中國昔開天，
大道出羲皇。千秋烈婦人，乃有槿花娘。槿花有言語，順理自成章。槿花有性
情，本原出三綱。淤泥生青蓮，介蟲含夜光。一朝踏仁義，萬古流芬芳。嗟我
神明冑，努力當自強。慎勿自殘賊，媿此槿花娘。」

此舉此詩皆足傳也。適家賢初大將軍廷鍇 [2] 返國，遂促室人月色以瘦金
書書之。裝池用貽賢初大將軍永為紀念。

《香港中興報》1935 年 5 月 15 日

【注釋】

　　[1] 錢夢鯨，即錢振鍠，詳見《附錄　蔡守與時人交遊考》。

　　[2] 廷鍇，即蔡廷鍇，詳見《附錄　蔡守與時人交遊考》。

詩壇點將錄

　　詩壇點將錄，廼文人遊戲之作，前賢亦屢仿之。日前得吳江社友范烟橋鏞
[1] 寄示以國學會員為詩壇點將錄，亦配合頗稱，因錄下。

　　及時雨宋江，陳石遺 [2]。玉麒麟盧俊義，王晉卿 [3]。智多星吳用，金鶴
望 [4]。入雲龍公孫勝，張豫泉 [5]。大刀關勝，靳仲雲 [6]。豹子頭林沖，楊雲
史 [7]。霹靂火秦明，田星六 [8]。雙鞭呼延灼，路金坡 [9]。小李廣花榮，錢仲
聯 [10]。撲天鵬李應，許際唐 [11]。小旋風柴進，高吹萬 [12]。美髯公朱仝，
金硯君 [13]。花和尚魯智深，黃曉浦 [14]。行者武松，田個石 [15]。雙槍將董
平，鄧北堂 [16]。沒羽箭張清，易均室 [17]。青面獸楊志，（闕 [18]）。金槍手
徐寧，易君左 [19]。急先鋒索超，郭東史 [20]。混世魔王樊瑞，吳彈赦 [21]。
神行太保戴宗，戴亮吉 [22]。赤髮鬼劉唐，（闕 [18]）。

《香港中興報》1935 年 5 月 15 日

【注釋】

[1] 范烟橋，詳見《附錄　蔡守與時人交遊考》。

[2] 陳石遺，即陳衍，詳見《附錄　蔡守與時人交遊考》。

[3] 王晉卿，無考。

[4] 金鶴望，即金天翮，詳見《附錄　蔡守與時人交遊考》。

[5] 張豫泉，無考。

[6] 靳仲雲，即靳志，詳見《附錄　蔡守與時人交遊考》。

[7] 楊雲史，即楊圻，詳見《附錄　蔡守與時人交遊考》。

[8] 田星六，詳見《附錄　蔡守與時人交遊考》。

[9] 路金坡，無考。

[10] 錢仲聯，詳見《附錄　蔡守與時人交遊考》。

[11] 許際唐，即許承堯，詳見《附錄　蔡守與時人交遊考》。

[12] 高吹萬，即高燮，詳見《附錄　蔡守與時人交遊考》。

[13] 金硯君，即金祖澤，詳見《附錄　蔡守與時人交遊考》。

[14] 黃曉浦，無考。

[15] 田個石，詳見《附錄　蔡守與時人交遊考》。

[16] 鄧北堂，無考。

[17] 易均室，詳見《附錄　蔡守與時人交遊考》。

[18] 闕，原稿闕文。

[19] 易君左，詳見《附錄　蔡守與時人交遊考》。

[20] 郭東史，詳見《附錄　蔡守與時人交遊考》。

[21] 吳彈赦，即吳芯亨，詳見《附錄　蔡守與時人交遊考》。

[22] 戴亮吉，詳見《附錄　蔡守與時人交遊考》。

《粵屑》百花冢一則

　　麗社同人議重刊《蓮香集》，徵集古今撰述有誌百花冢事者，編入補遺之後為外編。日前得北平藝林月刊社社長周養庵肇祥 [1] 寄示劉世馨 [2] 陽春人著《粵屑》乾隆間原刻本載百花冢一則，洵得聞所未聞也。即與伍佩琳 [3] 驅車入梅花坳，冒雨遍訪姚氏碑刻弗得，殊為悵悵，亟錄此用告關心張麗人百花冢者。

　　「明末，粵有名妓張喬，字二喬。窈窕娟好，風致嫣然。善鼓琴，能詩。

與一時諸名士唱酬雅集。日聯詩酒之會，坐無俗客。若陳探花子壯 [4]，鄺兵部露 [5]，及牡丹狀元黎遂球 [6]，其最著者也。而尤相得者彭孟陽日禎 [7]。當夫珠海潮生，繞船明月。撫琴再弄，曼聲嬌吟，聞者莫不心醉。喬吟詠既多，哀然成帙。諸君子序而弁其首，付之梨棗，為一時傳誦。亡何，喬病不起，唱酬者聚哭舟次，會葬於白雲山之梅坳，題其墓碣而封樹之。各植名花一本，因名曰『百花冢』。明年寒食，咸攜楮奠於墓。覩百花開放，而紅顏黃土，邈若山河。因相視流涕。及陳、鄺殉國後，餘皆風流雲散。斷壟一丘，荒烟滿目。無有過而問之者。乾隆四十年間，大方伯姚雲岫成烈 [8] 任粵藩，大修白雲山寺。並訪梅坳百花冢，重修墓道。立碣表記，復樹百花於山。雅人韻事，流傳至今。癸卯清明，黃虛舟 [9] 招余偕張藥房錦芳 [10] 掃墓於蒲澗，路過梅坳，尋所謂百花冢者。緬想名士風流，美人香粉，相與低徊留之不能去云。」

《香港中興報》1935 年 5 月 16 日

【注釋】

[1] 周養庵，即周肇祥，詳見《附錄　蔡守與時人交遊考》。

[2] 劉世馨，詳見《附錄　蔡守與古人交流考》。

[3] 伍佩琳，詳見《附錄　蔡守與時人交遊考》。

[4] 陳子壯，詳見《附錄　蔡守與古人交流考》。

[5] 鄺露，詳見《附錄　蔡守與古人交流考》。

[6] 黎遂球，詳見《附錄　蔡守與古人交流考》。

[7] 彭孟陽，詳見《附錄　蔡守與古人交流考》。

[8] 姚雲岫，詳見《附錄　蔡守與古人交流考》。

[9] 黃虛舟，詳見《附錄　蔡守與古人交流考》。

[10] 張錦芳，詳見《附錄　蔡守與古人交流考》。

古瓶花供與木些子景

麗社同人集議舉行瓶花盆景雙展會，以紀念張麗人 [1] 生日二月十六日。後改歸民眾教育館辦理，仍聘麗社同人為委員。變更吾粵水仙會，菊花會舊式，並改良七夕式之故態，出品至四百餘號，各人分占數席，自由陳列。務求位置精嚴，足稱清供。除聘請江太史霞公 [2]、鄒夫人梁定慧 [3]、黃廳長麟書 [4]、金前廳長湘帆 [5]、陸局長幼剛 [6] 五人為評判員外，更任觀眾自由特獎。一連

展覽五天。雖日日春雨不歇，而參觀之人亦常滿。出品人各鬥雅思，真不勝收也。

室人談月色出品占兩席，一曰「甎花供」。昔金石僧六舟 [7]，嘗拓古甎全形為盆盎，補寫花卉，名曰古甎花供。今月色真以古甎為盆，以栽插花卉，洵足以傲六舟也。漢「作此與眾異」甎瓶，插黃白菊花三五朵。漢「吉羊」甎，明朱芾 [8] 琢為水中丞，插茉莉花一束。漢「大吉」甎、鏡文甎，一高一橫兩盆，皆種蘇州短蒲。秦琅邪臺「千秋萬歲」兩半瓦昔何昆玉 [9] 從琅邪臺攜歸者，以作掛壁之盆，亦種短蒲。霞公贈詩云，「蒙茸繡出兩當春，細剪輕瓢織手勻。值得君家名士供，本來香草美人身。」

一曰木些子景。元人稱盆栽曰些子景。此席瓶盆皆以嘉木為之，故稱木些子景。古藤為瓶插白酴醾兩朵。紫檀仿漢洗，盛水樏頭天然三峰，峰巔栽細蒲與小玫瑰。懸崖星樹一株繫以藤蘿。霞公贈詩云，「靈壁奇峰雲水皴，天然怪石最嶙峋。誰知木母胎能脫，縮影吟窗絕點塵。」又以天然紫檀頭為盆，種紫竹幾竿，蠟石一卷。仿馬湘蘭 [10] 畫意。霞公贈詩云，「仲姬妙筆湘蘭意，點入蒼苔特地勻，識得畫家清妙處，牟軒雅供十分春。」又以木化石一枝前兩廣地質調查所長朱庭祜 [11] 所贈，種小星樹一株。穿入石孔中，仿梅瞿山清 [12] 畫本也。獲評判員正選二名。甄伯俊 [13]、伍佩琳 [14]、馮信卿 [15]、易劍泉 [16]、謝荷鄉 [17]、李桐生 [18] 皆特獎之。

五月三日青年會舉行女子瓶花比賽，又函請室人月色參加。已請鐫雅齋主人梁明文，選端溪佳石有原皮黃龍者，琢為石瓶。插修竹三竿，幽蘭二剪。前所製端溪子石見本報四月十九日《牟軒邊璨》端石小盆插古松一枝、白菊數朵。如此清絕，亮亦可獲上賞也。

《香港中興報》1935 年 5 月 17 日

【注釋】

[1] 張麗人，即張喬，詳見《附錄　蔡守與古人交流考》。

[2] 江霞公，詳見《附錄　蔡守與時人交遊考》。

[3] 鄒夫人梁定慧，民國時人。

[4] 黃麟書，詳見《附錄　蔡守與時人交遊考》。

[5] 金湘帆，詳見《附錄　蔡守與時人交遊考》。

[6] 陸幼剛，詳見《附錄　蔡守與時人交遊考》。

[7] 僧六舟，詳見《附錄　蔡守與古人交流考》。

[8] 朱㠛，詳見《附錄　蔡守與古人交流考》

[9] 何昆玉，詳見《附錄　蔡守與古人交流考》。

[10] 馬湘蘭，詳見《附錄　蔡守與古人交流考》。

[11] 朱庭祜，詳見《附錄　蔡守與時人交遊考》。

[12] 梅瞿山，即梅清，詳見《附錄　蔡守與古人交流考》。

[13] 甄伯俊，即甄陶，詳見《附錄　蔡守與時人交遊考》。

[14] 伍佩琳，詳見《附錄　蔡守與時人交遊考》。

[15] 馮信卿，無考。

[16] 易劍泉，詳見《附錄　蔡守與時人交遊考》。

[17] 謝荷鄉，詳見《附錄　蔡守與時人交遊考》。

[18] 李桐生，即李開榮，詳見《附錄　蔡守與時人交遊考》。

黃晦聞壙銘

　　乙亥三月廿四日四月廿六號，故人黃晦聞 [1] 之靈柩，由北平運回粵。是日殯於白雲山麓之上御書閣山名，執紼者甚眾。下午二時落葬。其壙銘則老友任子貞元熙 [2] 撰文書丹。梁朗文賢藏街，鐫雅齋選石，得端溪大東洞硯材，躬自奏刀，因敬慕晦聞詩翰，盡心精刻，真可垂之千古也。石高九寸有三分，橫一尺有二分，厚二寸有六分。銘志正書十五行，行十六字。有棋格。

　　「公諱節，原名玉崑，字純熙，號晦聞，廣東順德黃氏。祖居甘竹右灘，寄寓省會河南。少有大志，能文，工詩。從簡竹居朝亮 [3] 先生學，益知讀書報國。曾任兩廣高等師範教授，廣東高等學校校長。之北平任北京大學教授，清華大學教授。民國戊辰就廣東教育廳廳長任，傷道不行，辭去。復之北平，遂累徵不起。生同治癸酉年正月廿二日，終民國甲戌年十二月二十日。春秋六十二。於民國乙亥年三月壬申，葬公於白雲山上御書閣。配室梁氏，存。妾張氏、羅氏，前卒。唐氏，存。嫡子二人，庶子二人，皆前卒。嫡女三人，庶子大星、大辰奉祀。銘曰，上御書閣，岡巒峻崿。福地福人，高山天作。有不朽名，佳城永託。

　　蓋上，黃府君壙銘。隸書五字，字徑一寸許。

　　蓋內，正書八行，行八字。此山憑中與郭姓價買。廣上一丈八尺，中三丈四尺。下□ [4] 丈五尺，袤左五丈三尺，右六丈八尺，上至壽基，下左至廖山，

下右至路，左至曹山，右至路。黃積厚堂謹識。」

《香港中興報》1935 年 5 月 18 日

【注釋】

[1] 黃晦聞，即黃節，詳見《附錄　蔡守與時人交遊考》。

[2] 任元熙，詳見《附錄　蔡守與時人交遊考》。

[3] 簡竹居，即簡朝亮，詳見《附錄　蔡守與時人交遊考》。

[4] □，原文缺字。

黃穆父刻楠木鐘鼎屏 [1]

馮氏霜青館珍弆黃穆父士陵 [2] 精刻楠木兩屏。紫檀作架，手澤如玉。屏高三尺有四寸，寬一尺有八分。穆父摹「史頌敦」全形。並摹原器銘大篆及釋文與跋正書，又摹商蠆鼎全形，並摹原器銘大篆及釋文與跋正書。

「史頌敦」釋文「惟三年五月丁子寒案，此為『巳』字，《西清古鑒》釋『子』誤王在宗周令史頌德蘇□ [3] 友里君百生帥堣蓋於成周休文成事蘇賓章馬三匹吉金用作㝮彝頌其萬疆曰□天子顧命子子孫孫永寶用。」

原器蓋大篆。摹寫陽刻。六行，行十字。

「史頌敦」銘曰「王在宗周」，又曰「蓋於成周」。蓋同戾。蓋史頌者，奉王命自西都往洛陽也。「蘇」，《篇海》音木。「堣」，《說文》謂即「嵎」字，意俱人名。「馬三所」，義不可曉。薛氏《鐘鼎款識》載寅簋，有此文。三所併作合文。前周已鼎，一所亦合文也。「頪」，《說文》訓大。即銘言天子顧命，猶稱大命耳。《西清古鑒》釋文。

「近歲客京師。見沈仲復 [4]、吳清卿 [5] 兩中丞，各藏一器。形制銘文悉同。金石家云，古人往往有一范二器。此即一范數器也。吳釋『德』為聽。『穌』即蘇之省文。蘇下一字疑古『法』字異文。『三所』釋為『三匹』。曰下一字，疑即臧之古文。光緒壬辰冬十月，黃士陵跋。」「士陵印信長年」白文方印。

「商蠆鼎銘一字作蠆形。考蠆字取其形象。蓋殷周而上，銘識簡古。如魚敦、饕餮鼎，皆商器也。悉取物以為篆。今『蠆』亦如之。蠆雖微物而善毒人，亦君子之所思患而豫防之。故其銘諸鼎宜焉。又『蠆』，疑為人名。若周恭王十三年，鄭獻公蠆立。又如公孫蠆之類。則鼎之識，殆亦商人之名也。見博古圖。」「士陵長年」白文方印，「必遵修舊文而不穿鑿」白文方印。

穆父工篆刻印章，人悉知之。但鑴刻木，則得未曾有也。宜馮氏珍愛之也。

《香港中興報》1935 年 5 月 19 日

【注釋】

[1] 其中一件「商𨡔鼎」楠木屏今存廣州篆刻家梁曉莊。梁曉莊，黃穆父私淑弟子黃文寬弟子。

[2] 黃穆父，即黃士陵，詳見《附錄　蔡守與時人交遊考》。

[3] □，原文缺字，下同。

[4] 沈仲復，即沈秉成，詳見《附錄　蔡守與古人交流考》。

[5] 吳清卿，即吳大澂，詳見《附錄　蔡守與古人交流考》。

南越朝臺瓦當硯

友人曾傳軺 [1] 考得廣州東山寺貝底為南越朝臺故址，見《考古》襍志。此處三十年來發見有文字之殘瓦以萬計。比來又發見造瓦之瓦椎，與有官印之巨塼。余又竟於此地獲蔡文卿之陶壺，唯瓦當殊少。曩歲李若柯 [2] 嘗得一事，作「萬歲」二字異文，且有小字，但質極鬆，摩之隨手而腐，數年來尚未敢施氈墨也。

去歲余於寺貝底彝樓牆根，拾得花紋瓦當一。洗刷之作白堊色，質殊堅。因命梁郎文琢為研，潔白如玉。諸暨陳達夫兼善 [3]，勷勤大學生物學主任為篆刻之。社友李桐庵 [4] 把玩不忍釋手。即以充著花菴文房。並為之銘曰「南越朝臺瓦，研硃校《漢書》。書城立硯帝，亦聊以自娛」。

《香港中興報》1935 年 6 月 3 日

【注釋】

[1] 曾傳軺，詳見《附錄　蔡守與時人交遊考》。

[2] 李若柯，即李尹桑，詳見《附錄　蔡守與時人交遊考》。

[3] 陳達夫，詳見《附錄　蔡守與時人交遊考》。

[4] 李桐庵，即李開榮，詳見《附錄　蔡守與時人交遊考》。

挽蔡瀛壺詩

家竹銘卓勳 [1] 號瀛壺居士，澄海人，著有《壺史》數卷。其詩古文辭皆奇絕。年已七十餘，日前遽歸道山。余於病榻上，占一詩挽之。自哭如是之挽

詩，真不可與俗人道也。詩曰，「蓬壺瀛壺方壺稱三壺，一壺中要一人去料理。壺公早已霸蓬壺，幾見蓬萊清淺水。竹銘周覽愛瀛壺，頭銜自謙署居士。遊戲人間七十年，年年戲筆草《壺史》。魂靈偶而去瀛洲，朋儕勿哀公遽死。會看千西萬歲後，人人爭拜瀛壺子。老夫竊取壺帝號余自號方壺壺帝，方壺聊以自娛耳。」

《香港中興報》1935 年 6 月 3 日

【注釋】

　　[1] 蔡竹銘，詳見《附錄　蔡守與時人交遊考》。

和黃仲琴自壽詩

　　友人黃仲琴 [1] 去歲十月廿九日五十初度。嘗促室人月色篆刻一印為壽，印文曰，「與裘叔度曰修 [2]、王靜安國維 [3] 同日生。」因仲琴工詩又耆金石也。日前仲琴之公子德奇，由潮州攜來自壽詩與友人和作，裝成兩巨冊，囑為書耑與膽。因與室人月色連句，和其原匀。

　　「亂世詩饑不怨貧月，孟郊 [4] 詩，『詩饑老不怨』，又句，『倚詩為活計，從古多無肥』，倚詩活計笑詩人。同耽金石盟逾好寒，高臥吟哦樂最真。生日觀堂欣並降月，觀堂王國維外號，行年伯玉德為鄰。此懷得語黃居士寒，絕業空山亙古新月。

　　分稻翠芳題令節月，見《宋史》，嵩園載酒故人過。寧為世上稱觴語寒，未抵湖邊放櫂歌君伴湖邊里。漳水印泥承索贈月，漳州畫家黃則唐，製印泥甚佳，勝於魏氏麗華齋，仲琴代乞得數兩，楓溪茗具督鷪磨比來託仲琴監造砂壺。吾年以長多貪念寒，余去年五十六也，自覺羞顏似半酡月。」

《香港中興報》1935 年 6 月 4 日

【注釋】

　　[1] 黃仲琴，詳見《附錄　蔡守與時人交遊考》。

　　[2] 裘叔度，即裘曰修，詳見《附錄　蔡守古人交流考》。

　　[3] 王靜安，即王國維，詳見《附錄　蔡守與時人交遊考》。

　　[4] 孟郊，詳見《附錄　蔡守古人交流考》。

嗜玉二種

　　王漢章 [1] 云，世人嗜玉之目的，分為二種。一、好古。二、迷信。就此二端推演之。

好古派。（甲）考究古玉製度，涉及禮器樂器。此上焉。

（乙）研究時代，根據刻字花紋浸色質地。此中焉者。

（丙）追逐時好，藉掠虛名。模仿賈客，圖謀實利，此下焉者。

迷信派。（甲）信仰佛像法物，可資造福。

（乙）佩帶身邊，可防意外。此事漢代人已有之，所謂剛卯者則此意也。

（丙）攜入賭場，可獲奇贏。

大約好古派者，以研究學問之眼學與手段出之，尚可與談玉學。迷信派者，只可任其上當吃虧，聊補賈客之利壑耳。余前力詆鄧□[2]□每歲販北平上海偽玉來騙吾粵人，後亦自覺無謂。正如王氏此意，無眼學無學問之謬稱嗜玉者，只好聽其以金錢填鄧估之利壑，又何必明斥之耶。

《香港中興報》1935 年 6 月 5 日

【注釋】

[1] 王漢章，詳見《附錄　蔡守與時人交遊考》。

[2] □，原文字空白，下同。

南漢玉造像

福山王氏漢章 [1]《古董錄》云，「粵人陳君藏玉造像一尊，記年為乾亨，南漢物也。白玉地，通體牛毛血浸。佛面獨瑩然無片瑕，佛光亦純白潔淨。此玉造像中無上珍品也。惟惜趺座下，原刻字外又加鐫信弟子南區烱供奉，小隸書一行，大書深刻，填以赤金，不能磨去耳。」

據所述乃吾粵瓌奇偉麗之法物也，但區、陳二人未詳，且從未見此墨脫。惜只書紀年而不全錄其造像記，更無從而考，殊令人恨恨耳。

《香港中興報》1935 年 6 月 7 日

【注釋】

[1] 王漢章，詳見《附錄　蔡守與時人交遊考》。

顧二孃署款之懸空點

余前已力言顧二孃 [1] 硯絕少真品，頃讀王氏《古董錄》亦云，「明顧二娘硯，二十年來所見，不下千百方，吾敢斷言無一真者。以顧二娘當時工於琢硯，不過開硯心耳吾粵稱硯堂，即硯之磨墨。硯之產地，曰廣東之端州，安徽之歙

縣兩處為大宗。蘇州夙不產硯，二娘蘇人，偶一磨礱則有之。又安能竭畢生之力，專治硯乎。二娘之娘字作孃，其裏上一點，與下不連。蘇州謂之懸空點，但作偽者，豈不能作懸空點耶。」寒案，此指署楷書款而言，但今所見雁者多作小篆款，則無所謂懸空點也。

《香港中興報》1935 年 6 月 7 日

【注釋】

[1] 顧二娘，詳見《附錄 蔡守與古人交流考》。

象牙臂釧印銘

當代女子禿袖喜臂釧，有金有玉有象牙者。考古代女子服御亦有臂環也。吾友黃賓虹質 [1] 耆古璽印，五十年來，搜集古銅璽印以數千計。有「邴博」二字白文小璽，其鈕大如條脫，可繫臂上。室人月色取象牙仿造以作臂釧，而四面作四印，以便旅行。或應書畫會上即席揮豪之用，固甚便也。塞外名士王希哲光烈 [2] 善刻牙印，遙寄萬里，倩其奏刀。余更為撰銘，並請王君刻之。銘曰，「賓虹集璽，邴博鈕鐶。大於條脫，可繫臂間。爰取象齒，仿造圓圜。奇觚四射，四印殷殷叶。古之女史，約腕有環。保汝令名，千西不刊。」

《香港中興報》1935 年 6 月 8 日

【注釋】

[1] 黃賓虹，詳見《附錄 蔡守與時人交遊考》。

[2] 王希哲，即王光烈，詳見《附錄 蔡守與時人交遊考》。

端溪東洞冰紋石印銘

汪訒庵啟淑 [1] 飛鴻堂印材最夥，甚至有珍珠者。亦嘗有以端硯硯石為印，但端硯硯石不易奏刀，故粵人亦鮮以為印者。梁朗文日前歸端溪采石，得一冰紋子石絕佳，惜太小不成硯材。月色令其磨治以為印，並銘印側曰，「保爾令名，如履薄冰。」

《香港中興報》1935 年 6 月 8 日

【注釋】

[1] 汪訒庵，即汪啟淑，詳見《附錄 蔡守與古人交流考》。

商玉爐

　　玉翁藏一銅爐，小缽盂式。通高一寸二分，口徑一寸二分，腹徑一寸六分，深一寸一分，足徑九分，重四兩，胭脂紅色。底款「商玉」二字篆書橫列朱文印，制質極精。檢邵氏《宣爐彙釋》[1] 查之，亦不載。偶閱《古董錄》[2] 云，「仿宣爐之精者，以蘇州張氏、商氏為尤。商製下署『清河郡家廟用』六字二行，多係隸書。商製別署『商玉』二字，橫列篆書，以餿金及海棠紅為貴。張陶卿去年臘底，於天津天祥市場，購得商玉製爐一具。精品也。」

　　據此知商玉之爐，固爐之佳製而罕得者，故邵氏亦未獲睹也。

　　　　　　　　　　　　　　　　　　　《香港中興報》1935 年 6 月 8 日

【注釋】

　　[1]《宣爐匯釋》，邵銳撰，1928 年出版。

　　[2]《古董錄》，王漢章著。

「諸葛亮鑄亮鑄」爐

　　老友紹興周養庵肇祥 [1] 藏螭耳乳爐，通高二寸六分，口圓徑四寸四分，腹徑四寸八分，深一寸八分，足高八分，耳高□ [2] 寸四分，重三斤，深蠟茶色，滲金作碎片，底有扁方印。款正書六字曰「諸葛亮鑄亮鑄」，圓勁似元槧書字體。養庵考明中葉有朱亮者，字伯亮，吳人。工繪事，能識古器物。此爐殆伯亮所鑄。蓋諸葛亮稱孔明，孔者大也，孔明者大明也。鑄朱諧聲，亮其名也。末鑄字，乃鑄爐也。即暗切「大明朱亮鑄」五字。風雅好事者，宜有此佳謎云。寒案，養庵所考甚是。但未知朱伯亮何年卒，如終於明代則不應用隱語以志大明。錢牧齋 [3] 則用鴻朗二字作大明隱語也。

　　　　　　　　　　　　　　　　　　　《香港中興報》1935 年 6 月 9 日

【注釋】

　　[1] 周養庵，即周肇祥，詳見《附錄　蔡守與時人交遊考》。

　　[2] □，原文字空白。

　　[3] 錢牧齋，即錢謙益，詳見《附錄　蔡守與古人交流考》。

王赤城爐

　　養庵 [1] 又藏王赤城圓缽爐，亦爐之逸品也。爐通高二寸，口圓徑三寸，

腹徑三寸六分，深一寸八分，足徑二寸八分，高二分，重一斤又二兩，海棠紅色。爐底草書十六字，文曰，「少年一段風流事，盡在瑤琴不語中。王旭 [2]。」陰文淺刻。養庵考王旭，字赤城，清康熙時錢唐人，工篆刻，善山水，書學董香光 [3]，得其神韻。此爐銘字，奏刀爽朗有致，殆赤城自刻者。寒案，銅爐私家款及刻銘者最足清玩，勝於宣德年號者遠甚。

《香港中興報》1935 年 6 月 9 日

【注釋】

　[1] 養庵，即周肇祥，詳見《附錄　蔡守與時人交遊考》。

　[2] 王旭，詳見《附錄　蔡守與古人交流考》。

　[3] 董香光，即董其昌，詳見《附錄　蔡守與古人交流考》。

乾清宮爐

　　謝英伯 [1] 比來佞佛，喜焚香默坐。友人蘇梓卿軼 [2] 贈一銅爐，作竹節式。高二寸又五分，蠟茶色。底有「乾清宮」三篆書圓印，朱文三字平列，亦邵氏所未見也。

《香港中興報》1935 年 6 月 9 日

【注釋】

　[1] 謝英伯，詳見《附錄　蔡守與時人交遊考》。

　[2] 蘇梓卿，即蘇軼，無考。

以科學整理宣爐法

　　老友馮無沙師韓 [1] 主張用理化科學整理文房之最力者。余亦發明利用金油墨油蠟紙移拓古器物銘上摺扇，與汽油火酒等拭印。友人邵茗生 [2] 更發明以科學整理宣爐，其法如左：

　　凡爐真色已剝落，或磨新者。欲復原色，置之洋爐鐵蓋上，烈火逼炙，每次以四刻為度。俟其稍冷再炙之，如此二三日，或十餘日，便復舊觀。但火力□ [3]。

《香港中興報》1935 年 6 月 9 日

【注釋】

　[1] 馮無沙，即馮漢，詳見《附錄　蔡守與時人交遊考》。

［2］邵茗生，詳見《附錄 蔡守與時人交遊考》。

［3］□，原文缺。

沈氏論宣爐

「吾謂古玩中之足以愜所好者，惟宣爐為最。何也？夫人為其事，而無其驗則心厭。為其事有其驗，而不足以賞心則又厭。即以銅器論，尚青綠者，尊、彝、鼎、鬲、錞、壺、匜、□ ［1］、盤、鑑等物，千百年沉埋深山大澤，一旦人人手摩弄，斑駁陸離，青綠蟠結。間襍以水銀褐色硃砂斑，價值不資。置之高齋，洵可貴也。然一見輒了，無甚深意。若爐以火候計，萬不敵青綠之歷年久遠。而日新月異，變幻百出。煉爐者，視爐之小大輕重。放火得法，其色或日漸以深，或日漸以淡。深有深妙，淡有淡妙。皆能如意而償，亦或奇光迴出意外，此所謂為其事有其驗者也。而賞鑒家相率把玩，亦得以不厭而愜心。余癖愛有年，收蓄無幾。而所見不可勝紀。讀書之暇，輒以此自娛。間與同好評論，亦以余言為然。但事非真好，兼閱歷之多且久，其原委難以言盡。用是不嫌猥瑣，敘其大略。以見小物之中有至理，人事之中有天趣。癖而非癖，各論皆經煉之談。幸勿以空泛忽視。」

寒案，煉爐興味，比盤古玉尤為雋永，唯東莞與吾邑。升平之世，讀書好古之士，必家藏數爐，各自煉玩。昕夕互相過從欣賞，其樂何可言喻。即吾家先輩，亦莫不喜此。且妙傭精婢，亦無解焗宣爐之事。今日求之順德東莞，亦皆亡矣。

《香港中興報》1935 年 6 月 10 日

【注釋】

［1］□，原文缺字。

竹瓶說

揀取筍竹之大如升者，無橫枝而節有五六芽。先以碎瓷片之利角，在竹青上劃寫詩詞，或年月外號。浹辰後，自然成雙鉤之飛白字。然後在節上五寸許截之，節下一寸許截之。取歸，用淺盆貯水承之。以細砂穩藏，令其勿搖。置當風而光之窗下不宜有太陽，盆之水固宜常滿。而竹筒尤須日添水數次。使其筒內之水亦常滿因竹筒內之水尤易乾。半月後芽長，可三四寸長。以細橡膠圈約之。令其芽旁竹筒直上，而不橫出。匝月後葉開，淨綠可喜。盆之水與筒之水永永

不令乾，則可延至數月或數載之久。春日宜插蘭花，夏日宜插荷花，秋日宜插菊花，冬日宜插松與梅，為歲寒圖。洵天然瓶史之逸品神品也。因詳述用告研究瓶花者。語云，修竹彈芭蕉。或采黃紅色之水蕉花一枝，半卷小蕉葉一片插之，標題只用一彈字。儼若東人之題畫，又似時彥幽黯文字之標題，尤為瓶史之異趣乎。

《香港中興報》1935 年 6 月 11 日

埃及古代文房考

西北科學考查團訪得漢居延筆後，為發現祖國文房最古之物。比來友人李旭華 [1] 更考得埃及古代文房用具，則發表世界文房最古之物也，尤為可喜。

埃及古人所用之文具，其構造均有特殊之方法與形式。其必備之工具，則為草紙卷、顏料板、蘆杆筆、墨水等。今分述如下。

埃及發明造紙，在吾國有紙之二千年前，埃及誠不媿為世界文明最古之國也。埃及古代之峆，係用一種如蘆葦之植物造成。此種蘆葦叢生於尼羅河畔，高至二十英尺或二十五英尺，其梗甚觔。古埃及人採集此種蘆葦，取出其中之纖維，分剖成條，用為造紙之原料。其制法系先直列若干條之纖維，敷以樹膠及其佗黏性之物成為薄紙。然後再於其上橫跨若干條纖維，將此雙層之纖維壓乾，即成草紙一張。埃及古書，並非如今日吾人所用裝軳之法，乃係將若干張紙續黏成卷。竟有長至數百英尺者。

埃及古代文具中，更有一重要之物，則為顏料板。乃以一長方之厚木板造成。長約八寸至十六寸，寬約二寸至三寸。於板之一端，鑿數圓形或長圓形之凹孔以貯墨水。又於此木板之中，鑿一長槽，用以貯筆。板端之凹孔，普通之數凡二。然亦有多至十餘孔者。墨水分為紅黑二色。用黑色以書普通之字。紅色以書全文中重要之字，藉以引起讀者之注意。又常在板上凹孔之處，雕刻一段象形之文。以頌揚所信仰發明書寫技術之神也。

埃及古代之筆，繫以蘆杆削成。用以書寫之一端，形如毛刷，杆長約十寸。

埃及古代之墨水，乃以樹膠水及礦物如煤之類攪和而成。

埃及有一象形字，作一筆形，一顏料形，一墨水瓶形，畫一繩以聯繫此三物。此字即雕刻與書寫之意也。

《香港中興報》1935 年 6 月 11 日

【注釋】

[1] 李旭華，無考。

尚王宮瓦當硃研銘

辛未十月廣州開闢淨慧公園。余奉市府命，為博物院發掘梁寶莊嚴寺故址即今教育廳後，昔為將軍衙門後樓，曾割為英國駐廣州領事署，亦平南王尚可喜之故宮也。曾得梁寺之瓦當作蓮花紋，及九乳甂。又得尚王宮瓦筒，內有「尚王府」三字正書印，瓦當作龍紋綠釉。質堅於瓷，堪為研材，因琢為硃研。劍川趙弢父侍郎式銘 [1] 為撰銘。銘曰，「阿片釁起，蠻彝邸開。尚王宮殿，化為槁街。還我故址，培我英才。下有宮瓦，鬱鬱莓苔。寒瓊鑿硯，點定別裁。日憂方亟，陸沉可哀。瓦全玉碎，孰材不材。我銘其背，淚漬瓊瑰。」

《香港中興報》1935 年 6 月 20 日

【注釋】

[1] 趙弢父，即趙式銘，詳見《附錄　蔡守與時人交遊考》。

木癭花瓶銘

廣州維新路石竹林主人李約韓 [1] 入滇陽江採取英德石與木癭，連舟載歸粵垣，設肆於市而鬻之。余偶過其門，入觀出品。承惠木癭數事。一如大斧劈皴之石，可儷我囊歲入朱厓，扰女新雲濼贈之沉香小山。一如雙峰，一高一矮。余刳其中空以作雙口瓶，殊清奇可玩。閨人月色為銘刻之。銘曰，「癭暈癭順德羅天尺 [2]，有癭暈山房，瓶水瓶大興舒位 [3] 有瓶水齋，刳癭為瓶得天成。敔 [4] 謂善鑒物之形，高者罃，矮者罌。碩人小婢媵雙瓴，木些子景奇趣生。硯北清供怡我情，四時但願花常盈。使我筆墨磨且馨，靈檀在握心性靈。作者順德蔡寒瓊，妾談月色為造銘。」

《香港中興報》1935 年 6 月 22 日

【注釋】

[1] 李約韓，無考。

[2] 羅天尺，詳見《附錄　蔡守與古人交流考》。

[3] 舒位，詳見《附錄　蔡守與古人交流考》。

[4] 敔，同「敢」，見前。

朱伯姬詩翰

余去歲獲朱伯姬名美瑤 [1]，次琦女寫花鳥扇面，已裝池珍藏。因伯姬遺畫足貴也。日昨友人羅慶元 [2] 名益，地方警衛隊，南海縣第二大隊，現駐九江以九江朱氏，張氏祠堂世守伯姬書畫景本寄示。

朱氏祠堂藏絹本中堂，高三尺有八寸，寬一尺有六寸，淺絳山水，署款行書四行如左，「曳杖過平橋，幽閒稱自了。更有絕塵人，扁舟獨垂釣。己丑仲夏，畫於桃花源裡人家。女史朱伯姬並題。」「朱美瑤印」朱文方印，「伯姬作畫」白文方印。

又淺絳山水四屏。紙本，高四尺有五寸，寬九寸有四分。第一幅二印，「伯姬女史」朱文長方印，「朱美瑤印」朱文方印。第二幅二印，「伯姬」白文有邊方印，「桃源女史」朱文方印。第三幅二印，「南海朱氏伯姬女史畫」朱文長方印，「伯姬」白文方印。第四幅署款正書一行，「十六世女孫美瑤敬繪」。「朱美瑤印」朱文方印，「伯姬女史」白文方印。

張氏祠堂所藏水墨山水大冊四頁。紙本，高一尺有二寸，寬二尺有半寸。第一幅，款「伯姬製」，「桃源女史」朱文長方印。第二幅，款「伯姬」，「美瑤」朱文橢圓印。第三幅，款「美瑤作」，「伯姬女史」朱文長方印。第四幅，款「丁亥仲秋之月。畫應少顏侄孫婦雅索。並希清賞。伯姬」，「南海朱氏伯姬女史畫」朱文長方印。

又行書寫詩大冊四頁。紙本，高一尺有二寸，寬一尺。每幅行書八行，寫七律八章如左：

「吹氣如蘭喜欲顛，買烟奚惜杖頭錢。名香領略非凡福，道味相交有夙緣。倦眼嬾窺忙世界，閒身消遣小神仙。不知雲夢吞多少，安枕無憂盡日眠。

相吹同羨口脂香，趣味難言仔細商。頃刻烟花誇富貴，一生燈火共輝煌。人惟求舊居奇貨，我亦多情載出疆。卻笑慳囊真笨伯，醉鄉不住住愁鄉第一頁。

一嗜香烟變性情，吹殘休問短長更。如花妻妾空憐愛，知己親朋失款迎。好月好風全不筦，學書學劍兩無成。漸教形瘦同孤鶴，對鏡偷看暗自驚。

茫茫如夢誤於烟，錯入圈中已廿年。不覺漸成長命債，豈知早授一燈傳。本來面目今何在，耗盡資財更愴然。骨立肩寒原自取，濺濺清淚有誰憐第二頁。

烟場游蕩日神馳，自困牢籠不自知。始錯路頭終錯路，得便宜處喪便宜。胡為賢者亦樂此，翻怪鄉人皆好之。一失足成千古恨，丈夫氣餒斷腸時。

莫教烟引漸成魔，日日牽纏可奈何。田地吹完空復爾，衣裳燒盡竟無他。

早知雞肋拋難得，誰肯豬肝累更多。幸勿世人輕錯愛，一經錯愛苦中過第三頁。

　　追悔從前愛若狂，為烟癡處為烟忙。噬臍回首嗟奚及，坦腹終身轉自傷。玉質煉成鬞面目，冰心染就黑心腸。平生情性難更改，似入溫柔老此鄉。

　　一吹烟菡被人嘲，萬苦千辛不肯拋。坐到場完鵝引頸，分來掌上燕歸巢。指頭搯破方成粉，津液揩乾始得膠。草薦半張燈一盞，雞鳴風雨話窮交。伯姬題。」「伯姬」白文有邊方印，「仙源女史」朱文方印第四頁。

《香港中興報》1935 年 6 月 22、23 日

【注釋】

　　[1] 朱伯姬，詳見《附錄　蔡守與古人交流考》。

　　[2] 羅慶元，詳見《附錄　蔡守與時人交遊考》。

端溪大西洞硯石製挂瓶炙硯合器銘

　　余母舅沈公古宜東銘 [1]，山陰人。遊幕粵中，歷參曲紅、端州軍幕機要。工詩有《蔗味齋詩集》。耆茗飲，有硯癖。張孝達之洞 [2] 開硯坑時，適在端州。躬逢其事，故獲佳石不尠。嘗以大西洞佳石瓶式硯，為銘予我。銘曰，「眾美備，此端友。瓶不罄，石永久。寒瓊宅相永用。古宜銘。」楊崘西其光 [3] 為刻於硯側。因此硯材殊厚也。余以其硯厚太重，囑梁朗文為鑿空其中。仿炙硯，可以稍輕。豎之又可為瓶以插花。穿其兩耳，更可作掛瓶。不特得減輕硯之笨重，且一物而二用也。欣喜無量。自撰銘曰，「瓶隱瓶明袁中道 [4] 有瓶隱齋。清黃曾 [5] 有瓶隱山房，硯機硯趙希璜 [6] 有硯機齋，為硯為瓶分兩面。忽瓶忽硯殊機變，口大含水花可薦。腹大容炭冰可研研去聲叶，古人有炙硯，硯下熾炭，朔方不冰也，耳大雙好壁可冒。」

《香港中興報》1935 年 6 月 23 日

【注釋】

　　[1] 沈古宜，即沈東銘，詳見《附錄　蔡守與時人交遊考》。

　　[2] 張之洞，詳見《附錄　蔡守與時人交遊考》。

　　[3] 楊崘西，即楊其光，詳見《附錄　蔡守與時人交遊考》。

　　[4] 袁中道，詳見《附錄　蔡守與古人交流考》。

　　[5] 黃曾，詳見《附錄　蔡守與古人交流考》。

　　[6] 趙希璜，詳見《附錄　蔡守與古人交流考》。

容壺

平日所見「伶菱俐荔支不缽如如意癡螭虎」之砂壺，多惡俗不堪，唯蔗味齋所藏三色砂壺一事，則妙絕無儔。壺身白泥作缽不形，紅泥如意如為流，紫泥螭虎癡為鋬，紫泥三菱伶為足，紅泥荔支俐為蓋之的。莫不精細而雅。螭虎之圖案仿古銅花紋，如意之圖案仿古玉花紋，尤為古雅。壺底有「容壺」二字篆書方印，蓋內有「琴隱」二字篆書小長方印。

又白泥臥輪壺。刻梅花一枝，中鋬左起，搭過壺蓋而垂下流之石。筆絕超妙。鋬右署款「菀貞」二字行書，下鈐一「董」字朱文小印，底亦用「容壺」印。

又紫砂梅根壺。樹癭枝幹皆極自然之妙，花用白泥，丁筍亦精細絕倫。鋬下有「湯董」二字篆書長方小印，底亦用「容壺」印。

又一壺仿梅瞿山清 [1] 黃山松抱石形。松紅泥，石白泥，作白石赤松。以石為壺身，松根為鋬，枯枝為流。石頂一紫芝為壺蓋之的。洵儼見瞿山小景也，底鈐「容壺」印。鋬下松根石罅之間，署行書小字款曰「摹瞿山本。造似月上夫人試茗此固非明末月上尼，亦非樊妾朱上月，及孫淵如妾之月上，乃見用佛經月上命名之第四人也，容考之。湯董琬貞」。「雙湖」篆書朱文橢圓小印。

寒案，王蓴農蘊章 [2]《然脂餘韻》卷三，湯雨生貽汾 [3] 夫人董氏，名琬貞，字容壺他書漏此名，碧春女公子，曉滄先生之孖女也。曉滄先生贅於海鹽，遂家焉。琬貞有小印曰「生長蓉湖家澂湖」，因以雙湖自號。人皆稱為雙湖夫人。據此及署款與琴隱印等，知為雙湖夫人傳器，殊可珍玩。惜已不知流落誰家耳。友人巖築告余曰，曩日在順德冷攤，見一紫砂竹節壺，底有容壺印。當日以不知其人，且已失蓋，故未購取。然製作精雅，與習見之竹節壺迥殊，故能不忘耳。

《香港中興報》1935 年 6 月 24 日

【注釋】

[1] 梅瞿山，即梅清，詳見《附錄　蔡守與古人交流考》。

[2] 王蓴農，即王蘊章，詳見《附錄　蔡守與時人交遊考》。

[3] 湯雨生，即湯貽汾，詳見《附錄　蔡守與古人交流考》。

黎渦硯

曩歲領海疆軍入朱厓，遇黎女新雲淥，備極歡戀。余少也賤，足跡遍南北，

世所稱大同婦女性之美，為全國冠。亦嘗御十數女，雖勝於清宮宮人曾與袁寒雲[1]至十殺海格格崇孃家留連匝月，顧人體美，猶遜黎女也。家子民[2]院長首先提倡天乳，飲冰梁啟超[3]、留仙朱某亦力稱婦女之美在乳。然天乳美備，莫有能逮黎女焉。余在朱厓有戲盧秘書鑄詩曰「絕絕南天天乳星」之句。洵令人生生嗷想肉少艾雙乳，謂之「想肉」，見《談薈》《南村輟耕錄》，雲淥曾以其黎人古廟瓦當二事贈余。其花紋酷似黎人之銅鼓者，藏之有年。日前偶於篋衍檢出以示桐庵。因命良工磨治為硯。倩陳達夫兼善[4]篆刻識之。又以一裁薄用紫檀嵌之為匣面，並題詩刻于紫檀匣底。

　　「樓船橫海蔡參軍，一入黎渦便有情借朱晦庵[5]句。太息瓦全翻玉碎雲淥已逝，暖瓊依舊是寒瓊寒丈雲淥浴溫泉句，『寒瓊從此不能寒』。寒丈曩歲海疆軍入朱耶，遇黎女新雲淥，贈瓦當二。其花紋與黎人銅鼓正同。為琢成硯，用充文房。奉題一詩。乙亥夏五，李放桐庵[6]。」

《香港中興報》1935 年 6 月 25 日

【注釋】

[1] 袁寒雲，即袁克文，詳見《附錄　蔡守與時人交遊考》。

[2] 子民，即蔡元培，詳見《附錄　蔡守與時人交遊考》。

[3] 梁啟超，詳見《附錄　蔡守與時人交遊考》。

[4] 陳達夫，詳見《附錄　蔡守與時人交遊考》。

[5] 朱晦庵，即朱熹，詳見《附錄　蔡守與古人交流考》。

[6] 李桐庵，即李開榮，詳見《附錄　蔡守與時人交遊考》。

從化溫泉如玉軒

　　《博物志》[1]云，凡水源有石流黃，其泉則溫，主療人疾。《水經注》云，「漁陽郡北有溫泉。」《述征記》[2]曰，「東萊郡出溫泉」，所記不尠。如《漢水記》云，「漢水有溫泉，方圓數十步。冬夏常沸湧，望見白氣衝天。能瘥百病。」《荊州記》亦云，「新陽縣惠澤中有溫泉。數里遙望，白氣浮蒸如烟。」以余所見之溫泉，如世人皆知驪山之華清池，今則不溫。且泉亦將絕也。黃山東峰硃砂湯泉，誠如《潛確類書》[3]所云，「泉色微紅，至為美觀。」但謂溧水西南，水溫有香氣，故名香泉。則余未嘗見也。瓊州溫泉最熱而大。如王安石[4]詩之「沸如蒸」。且數里外已見其白氣衝霄。其湯池大可數畝，熱能熟物。但池四周幽花奇草殊茂盛。側有寒泉。若天成令人取而

和之以浴。溫泉溢出而渠。泉流數里外，尚有白烟，絕可異者。余曾與雲溆跡其流泉經過森林數處。至一石穴，溫泉流入不知何去耳。余嘗築室其上，名曰腴瓊祠。雲溆請祀楊玉環。余曰不可，宜祀玉女。案盛弘之《荊州記》[5]曰，「新陽之溫泉，白氣浮蒸。上下採映，狀若綺疏。又有車論雙轅形。世傳昔有玉女乘車自投此泉。今人時見女子，姿儀光麗，往來倏忽。」因塑絕美之裸體女像祀之。亦云溆與余之贏遊宮也。與南天天乳星同浴，自謂當日華清池弗如也。

比來從化溫泉，因公路可達，人多往游。老友陳蘿生大律師大年[6]屢約同游而不果。蘿生築室泉上，為朋儕燕游之所，榜其室曰「如玉軒」。固取《潛確類書》云，「安寧州有溫泉，色如碧玉，可鑒毫髮。」而蘿生生平耆玉，所蓄古玉為吾粵冠。亦取溫其如玉之意也。友人黃文寬[7]，湛深金石之學，為之題榜。而嘗囑室人月色為治如玉軒大小數印，用鈐古玉拓本。

月色篆刻「如玉軒」印印款曰，「蘿生社督南社老友研求玉學有年，所蓄古玉為吾粵之冠寒曰，何只為吾粵之冠，直可稱當代藏玉之冠。故中西考古者來粵，莫不以獲睹其藏玉為榮幸。比倈揀取所藏之古玉，關於考據文化制度之千餘品，聘名手容氏續圖。每器自撰考述。成《大年藏玉》數十巨冊。精刊用餉當世之考古學者，厥功偉甚。今築室從化溫泉之上，取『如玉』二字榜之。並命治是印。因摹濰縣陳氏古玉璽印文字成之，即呈正篆。乙亥春月，蔡談月色謹識。」

寒案，陳蘿生大年畢生精力所聚以治玉學。故不惜重直，搜羅古玉，以供研求。蘿生不特研究古玉，且搜集新舊石器。及比來親去西北各省，搜羅近日各地發掘得琉璃資料附焉、瑪瑙、琥珀、車渠種種古器。曾開個人展覽於廣州文德路律師公會觀者皆讚歎謂得見所未見，歸來以為玉學之助。蘿生嘗語余曰，「十數年來，寢食而外，無時不為玉學。期必成一空前玉學之書。」如蘿生治學之勤，願之弘，朋儕中尠有能及者。

《香港中興報》1935 年 6 月 25、26 日

【注釋】

[1]《博物志》，晉張華著。張華，詳見《附錄　蔡守與古人交流考》。

[2]《述征記》，晉郭緣生著。《述征記》是唐前文人行役記的代表，具有行記的體例、地志的內容，記載了晉末宋初郭氏跟隨劉裕北伐慕容燕、西征姚秦的沿途

所見。

[3]《潛確類書》，原名《潛確居類書》，明陳仁錫編著。具有鮮明特色。全書共 120
卷。內容分玄象、歲時、區宇、人倫、方外、藝習、稟受、遭遇、交與、服御、
飲啖、藝植、飛躍十三部，一千四百餘類。引書達一千五百餘種，雖然多是轉
抄自其他類書，但也有僻笈遺文，為他書所未載。《自序》云，「此書予十六歲
時，讀書瑤林之潛確居，摭拾成帙。」清乾隆年間，以「四夷」「九邊」兩門，
語有違礙，被列為禁書。有清代金映雲草堂刻本。

[4] 王安石，詳見《附錄　蔡守與古人交流考》。

[5]《荊州記》3 卷，南朝宋盛弘之著。盛弘之，詳見《附錄　蔡守與古人交流考》。

[6] 陳蘆生，即陳大年，詳見《附錄　蔡守與時人交遊考》。

[7] 黃文寬，詳見《附錄　蔡守與時人交遊考》。

命名古事比

鍾仁階 [1] 夫人謝荷鄉嘗語室人月色云，「其母好善，生數男，而未有女。
蘄 [2] 於觀世音，願得一女。一夕夢觀世音授蓮花一朵，遂孕而生荷鄉，故名
觀蓮。」日昨偶閱《然脂餘韻》[3]，兩鬟道人陸觀蓮，字少君，嘉善人。其母
夢大士授之蓮花而生，故名之曰觀蓮。與荷鄉夫人命名正同也。泚筆志之。

《香港中興報》1935 年 6 月 26 日

【注釋】

[1] 鍾仁階，詳見《附錄　蔡守與時人交遊考》。

[2] 蘄 qi，通「祈」，祈求。《莊子·養生主》，「澤雉十步一啄，百步一飲，不蘄畜
乎樊中。」郭象注，「蘄，求也。」

[3]《然脂餘韻》6 卷，王蘊章輯。是書因王士祿《然脂集》書闕有間，而有意續
之，又因女子之作，「為天地間必不可少之一境」，是以此書於清代女文人採
錄尤富。始於清初，至於近代。每條大抵以敘其人、傳其事、錄評其詩為序，
全書以詩詞為主。所錄諸人絕大多數屬中國本土，也間有南洋馬來群島之作。

《歷代性論集成》

狂士張生 [1] 編性史，時彥震為空前倡作。庸知吾國經籍中言交媾之事，
固未嘗諱之。余將彙輯經籍與釋氏黃老之書所述交媾者，著為《歷代性論集
成》。固非欲以傲張生也。

《素女經》[2]、《玄女經》[3] 等數種,雖屢偽書,顧亦非漢魏以後人作。比俟葉氏《雙梅影闇叢書》[4] 刊行,世人咸得覩也。

《遊人窟》[5] 一卷,亦曩歲海寧陳氏慎初堂校印行世。跋云,「紀奉使河源,於神仙窟遇崔十娘事。」卷首題云,「唐寧州襄樂縣尉張文成作。」日本人因定為張鷟撰。《唐書》稱「鷟儻蕩無檢,罕為正人所遇。屬文浮豔少理。致其論著,率詆諧蕪猥」。以證是書,殆可信也。又謂鷟蚤慧絕倫。凡八應舉,皆登甲科。有青錢學士之譽,所作大行於時。晚進莫不傳記。新羅、日本、東夷諸蕃,每遣使入朝,必出重金購其文。其為遐邇推重如此。雖以浮豔蕪猥,未能久傳於祖國。而影響於日本文學,則甚鉅也。《萬葉集》[6] 卷四,大伴家持贈阪上大娘歌。其中序事,即以此書所述為典故。據源順奉旨撰《和名類聚鈔》[7] 竟引此書中古語,與《爾雅》《說文》並列。

《天地陰陽交歡大樂賦》[8],唐人寫本。上虞羅瓦 [9] 用玻璃版印行,都七篇,計一百四十六行。為敦煌石室發見者。余以重直購得一冊。鄭大鶴文焯 [10] 跋云,「自敦煌發見石窟,奇書秘籍,紛出人間。強半為佛闌西漢學家伯里和捆載而去。事為長白端忠愍 [11] 公所悉,出鉅資,從巴梨景寫數十種以歸,此賦即在其中。余客遊宣南,曾於友人齋中見之。詫為絕作。歲辛亥,公殉蜀難,展轉流出。復經損裂,前後並序凡一百四十六行,題白行簡 [12] 撰。行簡字知退,樂天之季弟。《舊唐書》稱其文筆有兄風,辭賦尤稱精密。是否所制,固未可定。弟謀篇鍛句,洵作□手。繪摩兒女,詞旨豔冶。蓋《褉事秘辛》[13]、《飛燕外傳》[14] 皆唐人偽書、《會真記》[15]、《遊仙窟》[16] 之流也。夫夢憶高唐,昭明以之入選。術修《素女》經方尚有遺文。閨房靜好,誠過畫眉。風月閒情,亦資譚麈。況俚俗音號,多為《玉篇》[17]、《廣韻》[18] 所未載。尤足為研究唐代方言之一助。未可以淫媟斥之也。」

友人金山高天梅旭 [19] 為題一詩,「賦心真與世殊科,文乃成妖色入魔。一凸一凹平聲原若此,胡天胡帝竟如何。寫生手媲夏少正,姑妄聽之春夢婆。聊伴騷人作消遣,信陵醇酒莫蹉跎。細讀數回,多悟道語。可謂玄之又玄矣。非唐代博學士,斷斷未能夢想。況復完全唐賦耶。喜題一什,用志眼福。寒居士哂正,鈍道人醉筆。」

《唐控鶴監秘記》[20],袁子才枚 [21] 稱唐人張垍纂。節錄京江張冠伯抄本二則。或謂實子才偽造,顧序事鑄辭,亦多精妙者。

元《上官婉娜傳》[22] 二卷《癡婆子傳》。昔年於流水音袁寒雲 [23] 案頭,

見明左氏精刻本。繡像數十幅,亦古豔絕倫。與坊本《癡婆子傳》之舛誤迥殊。嘗假之,倩愛新覺羅崇娘影鈔一部。此書立格洵可稱佳作,其造句亦多奇妙之言。

舊約雅歌,尤多綺語。余幼時肄業上海徐家匯聖依納爵學院,輒喜誦之。曾與同學項微塵驤 [24],湛深希臘古文案原文,用古豔詩體譯之,以為秘曲。詎知實出堂堂舊約中乎。

右舉數種,皆有刊本。雖《交歡大樂賦》原跡景本難得,《上官婀娜傳》明刻本,亦與今坊刻不同。然亦不欲贅錄全文耳。

曩歲客滬瀆,歲晚有友人攜趙悲菴之謙 [25] 手鈔俞理初 [26] 撰《積精篇》來售,索五百金。崢嶸歲莫,莫能購。僅留觀一夕,與姬人楊匏香嬴嬴分紙鈔寫。損一夕之眠。至詰期平明甫既,交換分割才訖。而物主即來索還。取去售與日本人長尾甲字雨山,則此秘文將長流東海。幸我篋衍有此傳寫副本耳趙撝叔抄本為六十八頁,字或正或草,或大如杯,或小如豆,盡淋漓之致。倘當日斥百餘金影之,則今日友人盧世傑 [27] 見之,不知如何傾倒也。

寒案,俞理初名正燮,黟人,《積精篇》約一萬二千來餘也言。當日平定張石洲 [28] 校刊癸巳存稿,不刊是篇,但謂理初此文為極用意之作,非後學所能遽曉云云。顧道光間,首善大吏,莫不謹飭修行。若石洲刊出此篇,僉必大嘩。矧石洲當時方負謗聲,更難當此重責也。

又案「積精」兩字,出《春秋繁露·通國身》[29] 篇。云氣之清之為精,治身者以積精為寶。精積於其本,則血氣相承受。又云,欲致精者,必虛靜其形。形淨志虛者,精氣之所趣也。故治身者,務執虛淨以致精,能致則合明而壽。語本指嗇精秘氣而言。理初用此名籍,狂臚群說。以正世儒鷙於房中之術,不明終始。為所震盪,貽害不淺。因綜其派別,悉其難易。期於篤行儒修,知生理之原,絕眾害之萌。所謂曲終奏雅者,庶幾近之。

又案,《漢志》[30] 錄房中八家。孟堅 [31] 謂房中者,情性之極,至道之際。是以聖王制禮樂而禁內情,亦本子產之說而推其極。所以向、歆 [32] 劉氏父子,及孟堅咸得而弟錄之。古之經籍於交媾之事,固不諱也。況比來醫學之士,翻譯各國人體學與東西洋房中諸書,其文殊不雅馴。而當代□ [33] □ [33] 子弟,為所震盪者多矣。理初此篇,理兼敬戒,胡可不傳。

又案,趙撝叔跋云,謂,「此篇傳寫,衍脫凡百數十字。歙人汪氏宗沂 [34] 校本,又擅以意定,未足為據。余撝叔自稱研摩歷歲,始得正其句讀,出以示

世。弘覽博物君子，幸有以達其趣焉。則理初著是篇之意也。」寒因鄭重書之，用告當代研求性學之士。勿徒為狂生性史，與所□[33]異邦房中之術者所震蕩。余作《歷代性論集成》之旨亦本此。

《積精篇》，據趙氏寫本。未刊入《癸巳類稿》《癸巳存稿》者。

古道術，易子而教。《白虎通》[35]，言師授之道。當極說陰陽夫婦變化之事，以是父難教子。案易著咸象，又稱男女媾精，萬物化生。詩稱，亦既覯止，心則夷悅。覯即媾精箋如此，《魏書》《列女傳》。高允詩云「遘止一暮」記稱，飲食男女，人之大欲。又稱君子之道，造端乎夫婦。著之典策，而難口說。言文行遠，其體如此。自儒者通天地而不通人。陰陽夫婦變化之事。仙佛極說，又失其本旨。或為世害，是不可以不質言之也。

《元命包》[36]《太平御覽》五十八云，「水之為言也演，陰化淖濡，流施潛行。故其立字，兩人交一，以從中出者為水。一者數之始，兩人譬男女，言陰陽交物以一起。」《素問·上古天真論》云，「腎者主水。受五藏六府之精而藏之，故五藏盛乃能寫。」《水熱穴論》[37]云，「腎者牝藏也。生水液。腎腧五十七穴。水從出入」。又云「腎脈下行，藏之陰絡，水之所容」。《解經微論》[38]云，「至陰者腎之精。宗精之水不出者，精持之也。輔裹之，故水不行。」皆言水者人所由生。《靈蘭秘典論》[39]云，「腎者作強之官，伎巧出焉。」王冰[40]云，「強於作用，故曰作強。造化形容，故曰伎巧。在女當其會巧，在男正曰作強。」《管子·水地篇》[41]云，「人水也，男女精合而水流。形凝塞而為人。故聖人重其事也。其事為男施而女受。經言嫁娶，言陰陽，言雌雄，言牝牡。皆陰先陽者。女不受則男無所施，易言求婚媾。亦謂男下女」。

《困學紀聞》[42]云，「言陰陽者闔而闢，言晦朔者終而始。」實則《外臺秘要》[43]引《素女方》云，「男性節操，故不能專心貪女色。犯之竭力。」《神仙傳》[44]引《天門子經》[45]云，「陰人之情，每急於求陽。而外自強抑，不肯請陽。陽人性氣剛燥，志節疏闊。至於燕游，則顏和氣寬，詞語卑下，蓋得嫁娶雌雄牝牡之情矣。夫婦男女陽先陰者。乾坤鑿度取象法用，云匹配法咸艮下兌上，陰陽之說也。恒象巽下震上，夫婦之義也。」

《韓策》[46]云，「秦宜太后謂尚子曰，妾事先王日，先王以其髀加妾之身，妾困不支。盡置其身妾之上。而妾弗重也。何也。以其少有利焉。利者則從之。」司馬相如[47]《琴歌》云，「愛情通理心和諧，中夜相從知者誰。寒案，《玉臺新詠》《藝文類聚》《樂府解題》三本皆如此。《史記索隱》『心』作『必』，『知者』作『復

有』，《索隱》又一本，竟無此詩。女從男也。是故不可不善也。」

《素問·六節藏象論》云，「腎者主蟄，封藏之本。精之處也，充在骨。」
《陰陽應象大論》[48] 云，「腎生骨髓，腎主耳。」《五運行大論》[49] 云，「腎
生骨髓。」《宣明五氣論》[50] 云，「腎主骨。」《痿論》[51] 云，「腎主身之骨
髓。」《骨空論》[52] 云，「督脈起少腹以下骨中央，女子入繫廷孔。其孔溺孔
之端也。其絡循陰器。合篡間，繞篡後。別繞臀，貫脊，屬腎絡腦。男子循莖
下至篡，與女子等。」《靈樞·經脈》[53] 云，「肝脈過陰器。」《本神》[54] 云，
「肝藏血，血含魂。腎藏精，精含志。」《九鍼論》[55] 云，「肝藏魂，腎藏精
志也。」《素問·厥論》云，「前陰者，宗筋之所聚也，太陰陽明之所合也。」
《靈樞·經脈》云，「足陽明筋聚於陰器，結於鼻。足太陰筋聚於陰器，散於
胸中。足少陰筋結於陰器，上至枕骨。足厥陰筋結於陰器，絡諸筋。」《本藏》
[56] 云，「肝合膽，膽者筋其應。」《九鍼論》云，「肝主筋，蓋前陰聚胃脾肝
腎八筋。而肝經經脈與督脈實主之。腎脈司蓄寫之權。」《素問·五藏別論》
云，「腦、髓、骨、脈、膽、女子胞，此六者地氣所主，皆藏於陰。」《六微旨
大論》[57] 云，「君火之下，陰精承之。陰精指相火少陽也。三焦膽皆以陰精養
之，故營衛從志決魂堅積精之驗也。」

《靈樞·刺節真邪》云，「莖垂者身中之機，陰精之候，津液之道也。」
《素問·生氣通天論》云，「陰陽之要，陽密乃固。陰平陽秘，精神乃治。」
《上古通天論》[58] 云，「今時之人，以欲竭其精。以耗散其真，不知持滿、不
時御神，務快其心。逆於生樂，起居無節。故半百而衰。」《管子·內業篇》
云，「精也者，氣之精者也。氣道乃生。」又云，「精存自生，其外安榮。內藏
以為泉源，浩然平和以為氣淵。泉之不涸，四體乃固。泉之不竭，九竅漢改作
『心』。下同遂通。」《文子·上德篇》[59] 云，「陽氣蓄而後能施，陰氣積而後能
化。未有不蓄積而能化者也。故聖人慎所積。」《九守篇》[60] 云，「孔竅者精
神之戶牖，血氣者五藏之使候韓非喻老淮南精神訓同。」《白虎通·性情》云，「陰
者腎之泄，腎者水之精。又云，腎者主泄。」又云，「精者太陰，施化之氣。
神者恍忽，太陽之氣。」《春秋繁露·通國身》云，「治身者以積精為寶。積精
積於其本，則血氣相承受。形體無所苦。」《淮南子·精神訓》[61] 云，「血氣
能專於五藏，則胸腹充而嗜欲省。故憂思不能入，邪氣不能襲。」《後漢書·
荀爽傳》，「陽性純而能旋，陰體順而能化。以體濟樂，節宣其氣。故能豐子孫
之祥，致老壽之福。」

　　《漢書·藝文志》云,「房中者情性之極,至道之際。聖人制外樂以禁內情,而為之節文。樂而有節,則和平壽考。及迷者弗顧,以生疾而隕性命。」《詩》,「蟋蟀刺懷婚姻不知命。」《左氏春秋·昭元年傳》,「言近女室疾如蠱。非鬼非食,惑以喪志。」又云,「女陽物而晦時。淫則生內熱,惑蠱之疾。」《素問·至真要大論》云,「竭瀉無度,太谿絕,死不治。」《宋書·顏延之傳·庭誥》云,「欲者性之煩濁,氣之蒿蒸。故其為害,燻心智,耗真精,傷人和,犯天性。雖生必有之,而生之德。猶火含烟而妨火,桂懷蠹而殘桂。」又《天門子經》云,「陽生於寅,純木之精。亦立於寅。陰生立於申,純金之精。以木投金,無往不傷。故陰能疲陽。五行之義,水陰克火陽。金少陰克木少陽。今六壬行年。男寅女申,猶盖天古義也。古聖賢所說,能禁人慾。」《管子·中匡篇》云,「道血氣以求長年,長心長德。」《文子·上仁篇》云,「積陰不生,積陽不化。陰陽交接,乃能成和。」《抱朴子·釋滯篇》[62] 云,「陰陽不交傷也。陰陽不交,坐致壅遏之病。故幽閉怨曠,多病而不壽。任性肆意,又足以損年命。」《素問·痿論》云,「思想無窮所願不得,意淫於外。入房太甚,宗筋馳縱。發為筋痿,及為白淫。」

　　《疏五過論》[63] 云,「當合男女,離絕菀即蘊字結。憂恐喜怒,五藏空虛,血氣離守。」《史記·倉公列傳》云,「濟北王侍者韓女,病得之欲男子而不可得也。」《道藏備急千金方·隱一》[64] 云,「無男女則意動,意動則神勞,神勞則損壽。強鬱閉之,難持而易失。」《韓詩外傳》[65] 亦言,「賢者精氣闐溢而復傷時,不可過也。乃陳情慾以歌道義。又言父母之道,人子血氣澄靜,則聘內以定之。」劉智《天方典禮·父道注》[66] 亦言,「男以二十為限,女以十六為限。或以知情為限,或以情盛時為限。以證制樂禁情,和平壽考。以禮濟樂,致老壽之福。蓋百不失一焉。」《呂氏春秋·情慾篇》云,「早嗇則不竭,是有時焉。所謂節也。」《春秋繁露·循夫之道》云,「男子不堅牡,不家室。女子陰不極盛,不相接。」又云「君子甚愛氣而謹游於房。是故新牡者寒案,顧亭林 [67]『規友人納妾書』,引作『新壯』,誤也,十日而一游。中年者倍新牡。始衰者倍中年。中衰者倍衰。大衰者以月當新牡之日」《抱朴子·極言篇》云,「二十以前二日復,二十以後三日復,三十以後十日復,四十後一月,五十後三月,六十後七月。」《千金方·慈十一》云,「人生二十者,四日一守,三十者八日,四十者十六日,五十者二十日,六十者閉精勿寫。體力猶壯者,一月一寫。強忍不寫,致生癰疽。此所謂終身之時。」《春秋繁露》言,「堅牡者男三十,陰

極盛者女二十。」《大戴禮・本命》云,「男二八十六,然後精通,然後其施化。女子二七十四,然後其化成,則新牝牡數也。」

又歲中自有時,《夏小正》云,「二月綏多士女」。《詩》云,「何草不元,何人不矜」。吾草元萌蘗,人亦生意矜動。月令仲春,有高禖之事。《管子・幼官篇》云,「春三卯合。男女是也。」《詩》言,「倉庚。熠熠其羽。之子于歸,則夏日亦昏時。」《管子・幼官》又言,「秋三卯合男女。」《荀子・大略篇》[68] 言「霜降逆女,冰泮綢止」。《呂氏春秋・上農》云,「當務之時,庶人不冠弁,娶妻嫁女,為害於時。」故《詩》言,「士如歸妻,迨冰未泮」。士者未娶之通稱。謂農民多以冬娶。而《周官》[69] 媒氏中春之月,令會男女。自兼農民,與《夏小正》[70] 意同。又檢春秋四時皆嫁娶。《詩》,綢繆二星。傳箋異義,通典引束,晰論嫁娶。言王肅、馬昭兩家皆誤。通年嫁娶 古之制也。月令,日長至。止聲色,毋或進。日短至,言去聲色。此則歲中之時,又應月星為時。

《尚書大傳》[71] 謂,「王以十五日序女御。」鄭注《周禮九嬪》[72] 云,「朔,始於女御,十五為后夕。望後反之。」又引《孝經・援神契》孔子云,「日者天之明,月者地之理。陰契制,故月上屬為天。使婦從夫。放月紀。」《素問・八正神明論》云,「月始生,則血氣始精,衛氣始行。月郭盈,則血氣實,肌肉堅。月郭空,則肌肉減,經絡虛。衛氣去,形獨居」寒案,《靈樞・歲露篇》同此。《月令》言仲春雷發聲,民有不戒其容止者,生子不備,必有凶災。則就月望,避陰晦,聖人所重。《外臺秘要》卷十七,引《古今錄驗素女方》云,「第一忌日月晦朔,上下弦望。六丁合,陰陽望,蓋牽涉字。晦朔上下弦,即衝及魁綱。而俗人妄說月望犯房室當奪算寒案,今此劇之陰陽河亦本此。又魁綱在房,古陰陽家所忌。」《歷例》云,「陽建之月,前三辰為天綱,後三辰為天綱。後三辰為河魁。陰建之月反之。以捷法言,則建陰家平收二日。蓋夫婦相對,忌兩旁雜出。得氣如子午月,不取卯酉日。卯酉月,不取子午日。其八辰以是推之。而寄名魁綱。」《宅無吉凶論》《嵇中散集》[73] 引云,「孤逆魁綱,不能令彭祖夭。亦措和合之室。所謂好內不怠,則昏喪之房。」楊泉《物理論》[74]《意林》引云,「豈有太一之君,生於庶人之座。魁綱之神,存乎匹婦之室。蓋其寄名者非也□[75]。」

摯虞《新婚箴》[76]《藝文類序》引,「色不可耽,命不可輕,君子是憚。敢告後生。」仲長統《昌言》[77]《意林引》云,「美女數百,侍妾數十《千金方・慈

十》作美女兼干，侍妾數百，晝則以醇酒淋其骨髓，夜則以房室輸其氣血。」故《漢書‧杜欽傳》云，「好色伐性短命。」《郭象注莊子》[78] 云，「色慾之害，動皆之死地。而莫不冒之。斯通之甚者也。」《韓非子‧二解老》[79] 云，「生之徒十又三，死之徒十又三者。四支與九竅。十又三者之動靜，盡屬於生。至其死也，十有三具者，皆還而屬之死也。生者固動，動盡則損也。是以聖人愛精神而貴處靜《老子貴生章義》。」《呂氏春秋‧圜道篇》云，「人之竅九，一有所居則八虛。八虛既久則身斃，此生死之道也。」

《顏之推家訓》云，「智者不淫之禁，是在乎人。善乎！《淮南‧脩務訓》云，『毛嬙西施，施芳澤。正娥眉，設笄珥。衣阿錫音錫，細布也，曳齊紈。粉白黛黑，佩玉環，揄步搖。雜芝若，籠蒙目視《呂覽》不屈謂之烟視，烟視即朦朧目視也，此名甚新。冶猶笑，目流眺。口曾撓，奇牙出酈輔。則雖有志嚴頡頏之行者，莫不悇憛癢心而悅其色矣塞案，見《賈子新書‧勸學篇》。骨勝肉飛，傾詭人目。」

《紀聞》云，「《太平廣記》引唐時密雲北山道者，居山六百餘年。令迎之治女病，見女美，意大悅之。自抑不可，遂隱形女淫。令捉得殺之。故智者豫絕其萌也。」《淮南本經訓》云，「陰陽之情，莫不皆有血氣之感焉。男女群居雜處而無別，是以貴禮。」《典禮》曰，「使人以有禮，知自別於禽獸。」《呂氏‧先識覽》云，「天生人而令之有別，有別者人之義也。所以異於禽獸麋鹿也。臣民上下之所以立也。豈不諒哉。」

《關尹子‧五鑒篇》[80] 云，「心蔽男女者，淫鬼攝之。或以陰為身，或以幽為身，或以風為身，或以土偶為生，或以彩畫為身，或以氣為身，或以老畜為身，或以敗器為身。彼以其精，此以其精。兩精相搏，則神應之。」《阿含經》[81] 云，「淫亦有鬼，鬼入人心，則使人淫佚無度。」《魏書‧徐之才傳》云，「武成初見空中有五色物。稍近，變成一美婦人。」蓋昏眊之見。思士又有夢寐之事。《靈樞‧淫邪發夢》云，「厥氣容於陰器，則夢接內。」《列子‧天瑞篇》[82] 云，「思士不妻而感，是或精氣不固。或淫鬼以陰為身。」《史記‧趙世家》云，「武靈夢處女鼓瑟而歌。後遂納吳娃。」此敗機之先見者《宋玉‧高唐賦》[83] 云，「昔者先王嘗遊雲夢，怠而晝寢。夢婦人願薦枕席。」《神女賦》云，「楚襄王寢，夢與神女遇。」是以風氣為身也。而蔡邕《檢逸》[84]，陳琳《止欲》《神女》[85]，阮瑀《止欲》[86]，王粲《閑邪》[87]，應瑒《正情》[88] 諸賦《藝文類聚》，皆甘同夢，託以通情陳琳《神女賦》云「託嘉夢以通情」。罔

極之士，又或撰造淫書，以供循覽。載考終始，亦非起於晚近。《詩‧牆有茨》云，「中冓之言，不可道詳談也。」釋文引韓詩說云，「中冓，中夜淫僻之言。」《漢書‧文三王傳》云，「不窺人閨門之私，不聽人中冓之言。」注晉灼 [89] 云，「魯詩以為夜也」，二家皆謂夜中淫穢之事。《毛詩》鄭箋云「宮中所冓成頑與夫人淫昏之語」，則是宮人造成一書，當時且有談而詳道之者。《漢書‧禮樂志》云，「武帝時采詩夜誦。」注云「詞或秘不可宣露，故於中夜歌誦」，皆淫書也。其後則《漢志》有陰道百五十四卷，《養陽方》[90] 二十卷，《內房有子方》[91] 十七卷，《廣宏明集》[92]，阮孝緒 [93]《七錄仙道錄》，房中部有十三種，十三帙，三十八卷。《隋志》有《玉房秘訣》之屬。按之《史記‧倉公傳》，陽慶有古先道遺傳神接陰陽禁書。其書時有時無，蓋不足行遠。

鮑昭代 [94]《淮南王詩》云，「合神丹，戲紫房，紫房采女弄明璫。」《博物志》[95] 引《典論》云，「有容成御女藥。」又有《淮南王書》[96] 說丹藥、真誥、甄命授云，「食草木之藥，不知房中之術，亦無益也。但知行房中術，不知神丹之法，亦不得仙。」房中術世自有經，不復一二說之。《抱朴子‧釋滯篇》云，「房中之術，雖言服藥。而服藥之方，略有千餘。」又有采女丹法，《外臺秘要》引《素女》方，則以茯苓為神藥，雜以兔絲蓯蓉之術。

《舊唐書‧鄭注傳》云，「自言有金丹之術，可去痿弱重腿之疾。李愬得效，王守澄亦神其事。」《癸辛雜志》引施仲山言偏僻之術，必加繫縛之法，氣不能通。則宋以後助淫之具，裏以御女藥繫之。明道士陶仲文、邵元節、梁指甲、李孜省、僧繼曉等，皆以秘方得幸，為合丹之支流。後漢邊讓 [97]《章華賦》云，「歸生風之廣廈，修黃軒之要道。攜西子之弱腕，援毛嬙之素肘。」張衡 [98]《同聲歌》云，「衣解金粉御，列圖陳枕張。素女為我師，儀態盈萬方。眾夫所稀見，天姆教軒皇。」《玉臺新詠》「言衣解而御金粉，是服金丹御女藥。列圖儀態」。如《漢書》，廣川王海陽，畫屋為男女嬴交接。置酒召請諸父姐妹飲，令仰視畫。《南齊書》東昏於芳樂苑，諸樓觀壁上，畫男女私褻相。《北夢瑣言》[99]，溫顗仕蜀，官至常侍。以隱僻繪事為媒紹。又以謁郡將。其子郿以奸穢坐流。其名出於素女軒皇。《漢書‧王莽傳》言莽日與方士昭君等，考驗方術縱淫樂。徐陵答周宏讓書云，「承歸來天目，得肆閒居。差有弄玉之俱仙，非無孟光之偕隱。優游俯仰，極素女之經文。升降盈虛，盡軒皇之圖藝，雖復考槃在阿，不為獨宿。詎勞金液，惟飲玉泉。則凡媚藥、秘器、淫書、秘戲圖，皆妄言道家。」

《春秋繁露・循天之道》云,「天氣先盛牡而後施精,故其精固。地氣盛牝而後化,故其化良。其云天謂男,地謂女。牡與牝則陰也,謂之施者。」《白虎通・娶嫁》云,「地有九州,承天之施,無所不生。天子諸侯取九女,亦足以承天之施。」其云盛牡盛牝者,通於善生之說。而《外臺秘要》引《素女方》[100] 云,「弟七之忌,共女語話。玉莖強盛,以合陰陽。」則道家所說,其取法各異。《抱朴子・微旨篇》云,「知元素之術者曰,惟房中之術,可以度世。」又云,「或問房中之術,能盡其道者。可單行致神仙,並可移災解罪。轉禍為福,居官高遷,商賈倍利。」《釋滯篇》云,「房中之術十有餘家。或以補救損傷,或以攻治眾病。或以采陰益陽,或以益壽延年。其大要在乎還精補腦。」《極言篇》云,「長生之道,在於還精補腦。其次不以自伐。若年少壯而知服陰丹以補腦,采玉液於丹谷。雖不服藥物,亦不失三百歲。」

《真誥運象篇》[101] 云,「紫虛真人書黃極之道,混氣之法,千萬中有一得之。得之遠至於不死耳。」《千金方・隱一》引《仙經》云,「男女俱仙之道,深納弗動。精思齊中赤色大如雞子形,乃徐徐出入,精動乃退。一日一夕,可數十為,可以益壽。」皆言房中術功效,本《黃書》[102] 之旨。《後漢書・方術傳》言,「伶壽光行容成公御婦人之法。」注云,「其法在握固不寫,還精補腦。」言容成公黃帝師,喜補導之事。《列子・天瑞篇》云,「《黃帝書》曰,『谷神不死,是謂元牝。元牝之門,是天地之根綿綿若存。用之不勤。』」《封氏見聞記》[103],李石 [104]《續博物志》皆以《老子・谷神章》見《黃帝書》。唐僧元巖 [105]《甄正論》,老聃 [106] 演《黃帝書》,重廣其文為道德二經上下兩卷是也。《列仙傳》亦云容成之道,取經元牝。其要谷神不死。《辨正論・十喻篇》引《三教論》云,「五千文者,容成所說。老為尹談。蓋淵源如此。謂之元牝者。」《白虎通・五行篇》云,「元冥者入冥也。」則元為入。《唐律疏義釋文》云,「物有穴可受入者為牝。」則元牝古語可知。《呂氏春秋・去和篇》云,「《黃帝書》曰,『色禁重』。」注,不欲好色至淫縱。此蓋古黃書。《韓非子・楊榷篇》云「曼程皓齒,說情而損精。故去泰去甚」,亦其旨也。

《素問・陰陽應象大論》云,「能知七損八益,則二者可調。不知用此,則早衰。智者有餘,耳目聰明,身體經強,老者復壯,壯者益治。是以聖人為無為之事,樂恬淡之能。縱慾快志於虛無之守,故壽命無窮。」亦《黃書》也。其言七損八益,謂男女天癸之驗,損七以益八。黃帝實有采補之法。但禁重耳。《論衡・命義篇》云,「素女對黃帝陳御女之法。非徒傷父母之身,乃又戕男

女之性。」甄鸞《笑道論》[107] 云，「臣年二十時好道術，就觀中學，教臣《黃書》。合氣三五七九，男女合氣之道。四目兩舌，正對行道。」《宏明集・元光辨感論注》引《合氣咒》云，「天道畢，三五成。日月俱出，窈窈入冥冥。人氣入，真氣通。神氣布，姦邪思賊皆消亡。觀我者盲，聽我者聾。敢有圖謀我者，反受其殃。我吉而彼凶，乃開命門。抱真人，嬰兒廻戲龍虎作。」《辨正論・九箴篇注》引《黃書》云，「開命門，抱真人。嬰廻龍彪，載三五七九，天羅地網。開諸門，進玉柱。陽思陰，女白如玉。陰思陽，男手捉摩。」《宏明集・慧通駁顧道士夷夏論》云，「今世學道，陳《黃書》以為真典，佩紫籙以為妙術。士婦女無分，閨門雜亂。服食以蘄長年。淫姣以為療病。」《王氏見聞》《太平廣記》引，「青城道士，年年采民家女子住山中，行黃帝之法。死於巖穴者不知其數。」案，黃帝言男女俱仙。故素女傳授，又采女可問彭祖。今賊女命，其傳失真。非《黃書》本然矣。述其法者有彭祖。《千金方》引彭祖云「以人療人，真得其真」。《神仙傳》載彭祖告殷王采女云「經脈損傷，血氣不足。足肉肉裡空疎，髓腦不寶。體已先病，故為外物所犯」。又云「人失交接之道，致有損傷之期。能避眾傷之事，得陰陽之術，則不死之道也。書之傳者為彭祖」。經據神仙傳，經非彭祖造。宋戴埴 [108]《鼠璞》亦以為言埴言，余案《列仙傳》，蓋誤。《列仙傳》文無可案。《抱朴子・極言篇》引《彭祖經》云，「自帝嚳以來，又佐克歷夏至殷為大夫。殷王使采女往從受房中之術。王行之有效，欲殺之以絕其道。彭祖覺焉而逃。」文與《神仙傳》同。《微旨篇》云，「房中之術，彭祖之法。最其要者。」又云，「偏枯若此，仿學道不能成。」《釋滯篇》云，「房中近有百餘年。」元李子都彭祖之書，皆載其物事。終不以至要者著於紙上。然則《彭祖經》在房中以為要，而猶不著至要。他可知己。老聃本與彭祖同稱，其學皆本黃帝之術推廣之。

　　《道德經》云，「甚愛必大費。」注云，「甚愛色，費精神。惟不愛而與之接，故能不施。」《列仙傳》云，「老子好養精氣，貴接而不施。采補之事，得其半矣。」《莊子・知北遊篇》，「老子詔孔子曰，『精神生於道。形本生於精，而萬物以形相生。邀於此者，四支強，思慮恂達，耳目聰明。其用心不勞，而應物無方。』」此篇就養精氣言，絕不及元牝法。其言元牝者，《辨正論》引《內侍律》老子云，「使我專心養玉莖，三活五七九還陰精《赤松子經》文同」。又云，「我行三五住七九。呼□ [33] 太元生門口。」又云，「內傷不得外交接，失內養之道。」是隋以前道家所傳，其書已古。

《漢書·李尋傳》云,「成帝時,齊人甘忠可有《天官歷包元太平經》[109]十一卷。夏賀良、丁廣世、郭昌、解光及尋皆好之。」言延年益壽皇子生之事,即哀帝紀所謂赤精子讖。《後漢書·襄楷傳》云,「順帝時琅邪宮崇上其師於吉,於曲陽泉上所得神書百七十卷,號太平清領書。後襄楷上言,神書有廣嗣之術。」注引《太平經典帝王篇》云,「天師曰,如令施其人慾其生也。開其玉戶,施種於中。比者春種於地也。今無子之女,雖日百施其中,猶無生也。不得其所生之處,比若此矣。」《真誥運象篇》云,「《紫虛真人書》,是張道陵受教施化。為種子之一術。」其書漢世往往傳之。時魏伯陽 [110] 作《參同契文》云,「爰斯之時,情合乾坤。乾動而直,氣布流精。坤靜而翕,為道舍盧。剛施而退,柔化以滋。九還七返,八歸六居。男白女赤,金火相拘。」又云,「太陽流珠,常欲去人。卒得金華,轉而相因。是還精也。」又云,「子當右轉,午當東旋。卯酉界隔寒案,《天陽子注》擁背從後而深納,俗所謂隔山,主定二名。龍呼於虎,虎吸龍精。是忌河魁天綱,男為女敗也。」又云,「陽失其氣,陰侵其明。陽消其形,陰凌災生。溢度過節,為女所拘。魄以檢魂,不得淫奢。」言慎則不敗也。說者詔是金丹寓言。不知金丹正是房中寓言。《參同契》云,「配以服食,雌雄迭陳。則服食亦非有他法。」其文云,「可以口訣,難以書傳。不得其理,難為妄言。竭殫家財,妻子飢貧。訖不諧遇,稀有能成。廣求名藥,與道乘殊。」又云,「露見枝條,隱藏本根。傳世迷惑,竟無見聞。遂使官者不遂,農夫失芸。商人棄貨,志士家貧。吾甚傷之,定錄斯文。故為亂辭寒案《離騷》亂曰之亂,孔竅其門。是燒金煉汞,伯陽所不道。惟論房中口訣也。」

五代末,道士陳摶 [111] 祖述其說,作《無極太極之圖》,「初一,元牝之門。次二,餘精化氣,煉氣化神。次三,五氣朝元。次四,取坎填離。次上,餘神還虛,後歸無極。」宋俞玉吾 [112]《易外別傳》云,「此丹家說也,傳自河上公。」魏伯陽、鍾離權 [113]、呂岩 [114],至摶推本元牝之門,則源出於黃帝。其口訣之散見諸書者。《辨正論氣為道本》[115] 引《陽氣黃精經》云,「陰氣赤,名曰元丹。陽氣黃,名曰黃精。陰陽交合,二氣隨轉。與神合凝,臨於命門。要須九轉,是為九丹。」《笑道論》引《道律》云,「行氣以次,不得任意。排醜近好,抄截越次。」元女云,「不鬲戾,得度世。」言心不注色也。《千金方》云,「凡御女必當徐徐調和,使神合意盛。良久,乃可令得陰氣。陰氣推之,須臾自強。所謂弱而內進,堅急出之。進退欲令疏遲,情動而止。

不可高自投擲，不必三五七九之數。」《崔公入藥鏡》[116] 云，「日有合，月有合。窮戊巳，守庚申。託黃婆，媒姹女。輕輕地，默默舉。一日內，十二時。意所到，皆可為。」《悟真篇》[117] 云，「姹女遊行自有方，前行須短後須長。歸來卻入黃婆舍，嫁個金公作老郎。」即《參同契》所云，「擣持并合之，馳入赤色門。固塞其際會，務令致完堅。始文使可修長也，終竟武乃陳短也。」《仙經》云，「男女俱仙，深納勿動。」《參同契》亦云，「薰蒸達四支，顏色悅澤好。老翁復丁壯，耆嫗成姹女寒案，朋儕中服某種藥而死者夥矣，唯唐四服而有效。日昨區君過我云，日前唐四偕梁四過其齋觀砂壺，聞唐四以如是高年，日來竟生一子。又徐氏則夫婦皆耄歲，而並服金銀奮者，誠能『老翁復丁壯，耆嫗成姹女』。顧總弗宜輕試也。」劉向[118]《列女藥嬖傳》云，「夏姬狀美好無匹。內挾伎術，老而復壯者三。」《漢武內傳》[119] 云，「神君者女仙也。霍去病微時禱於神君。神君現形，欲與相交接。去病不肯。去病將卒，武帝請神君。神君曰『霍將軍精氣少，壽命不長。吾昔欲以太精補之。今則不可救也』。」《列仙傳》云「女丸者，陳市上沽酒婦人。得素書，為養性交接之術。更設房室，納諸年少與止宿。行文書之法，遂棄家追仙人去」，亦元素流亞也。

魏文帝《典論》[120] 寒案，《博物志》《三國志·華陀傳》注，《冊府元龜》二百七十六卷，「以寺人嚴峻就左慈學補導之術，為逐聲」。《旌異記》[121] 言，「後魏太和中，有奄人自慨形殘入山。六月髭鬚生，得丈夫相。」見《法苑珠林》[122]。《逸史》[123] 言，「唐李元於嵩山見老人，自言秦奄人，避禍得道，鬚髯偉甚。曰，此皆山中所長。」見《太平廣記》[124] 四十八。嚴峻亦望陽氣通暢，故就學道，非逐聲也。《抱朴子·微旨篇》云，「太元之山，難知易求。和氣絪縕，神意並游。玉井污瀯，灌溉匪休。醴泉出阿，挹其清流。長谷之山，杳杳巍巍。元氣飄然，玉液霏霏。金池紫房，在乎其隈。愚人狂妄，至皆死歸。有道之士，登之不衰。此河上公所謂上元下牝，神仙家承用之。」其說甚誤，而偏言采補者。《呂氏春秋》所謂「嗇其大寶，用其新，棄其陳。腠理遂通，精氣日新」。《素問》所謂「法於陰陽，和於術數，事亦非易」。《神仙傳》彭祖謂「采女曰，美色淑姿。幽閑娛樂，不能尌酌之。反以速患」。巫炎對武帝曰，「臣誠知此道為真。然陰陽之事，宮中之制，臣子之所難言。又行之皆逆人情，能為之者少，故不敢以聞。」曹植 [125] 親接方士，作《辨道論》，亦言房中之術，「非有至情不能行也寒案，一作「非有志至精莫能行也」。《博物志》引此文作曲論」。

《真誥·運象篇》云，「紫陽真人言『積精所感，萬物俱應。妙誠未□[33]，

則形華不盡。形華不盡，則洞房之中，難即分明也。」《神仙傳》云，「殷王百三歲得郰女，妖淫失道而殂。」《北夢瑣言》云，「唐夏侯孜得彭素術。出鎮蒲中，悅一娼妓，不能承奉。致尾閭之泄，因而病卒。」

　　《野獲編》[126] 云，「譚綸受術於陶仲文，行之二十年。一夕御伎女而敗。張居正用其術，日以枯瘠。不及下壽而歿。」故養生者多言慎房室。嘗覽《魏書·釋老志》云「神瑞二年十月己卯，太上老君見嵩嶽。謂道士寇謙之，除去男女合氣之術，曰大道清虛」，豈有此事。《真誥·稽神樞篇》云，「定籙君曰，守元白之道忌房室，房室即死。守□ [33] 之道在節下。」《甄命授篇》云，「裴君曰真人都無情慾之感，男女之想。若丹白存於胸中，則真感不應。陰氣之接，永不可以修至道也。」《神仙傳·陰君自敘》云，「仙君神丹要訣，積學所致，無為合神。」是則內竈燒丹，施化求益，道教中已有論甘忌辛，是非素論。然而道者天下所同，今別名之曰道。則為陰陽兩氣，男女相拘。猶勝符籙持咒，揉襐神鬼。時以僧眾誨淫，其焰方熾。故道家託清虛之旨，激為此說。《辨正論九箴篇》云，「道有男官女官之兩名，《黃庭經》實行房縮陽之術，其言誠不誣。然僧法自謂攻道，乃自忘其醜以下言僧尼交媾。」《魏書·沮渠牧犍傳》云，「沙門曇無讖以男女交接之術，教授婦人。蒙遜諸女子婦，俱往受法。魏朝崔浩勸滅沙門，搜括諸寺，多藏婦女。元遙擒妖僧法慶，並其妻尼惠暉。」

　　《大唐西域傳》[127] 云，「劫比陀國有天祠十，所事大自在天，皆作天像。其狀人根形甚偉長，俗不以為惡。謂諸眾生從天根生也。」元時番僧授延徹爾法，謂之秘密大喜樂禪。定所居室為色濟。占音烏格依寺有秘密佛，官寺亦受其戒，其法大顯。明依元時馬哈噶喇佛刻像大善殿案上，置金銀佛像百六十九座，備諸醜怪。成化時僧繼曉以房術進，僧徒以之誣佛，非佛過也，佛制僧者不近女色也。

　　《廣異記》[128] 云，「《太平廣記》引雁門山婦人見僧法法朗，不識為何物。朗自言人，婦人笑曰，安有人形狀如此者。」

　　《北夢瑣言》云，「幽州僧返初服，謂人曰『生平不謂有此歡暢，悔知之晚』。」僧法擯落形骸，蓋有見也。

　　《後漢書·襄楷傳》云，「天地遺浮屠以好女。浮屠曰『此但革囊盛血』。遂不盼之。」

　　《增壹阿含經·馬王品》[129] 云，「婆羅門施女於佛，佛不受。一比丘欲受，佛為說女人九惡。蓋強制之道」。

《禪秘要法經》[130] 云，「男精白清，是諸蟲淚。女精黃赤，是諸蟲膿。」
又云，「諸女如畫瓶，盛不淨。」又《出曜經》[131] 云，「佛言淫態，注心臭惡。
吮其涕唾，玩其膿血。珍之如玉，甘之如蜜。」又《楞嚴經》[132] 云，「欲氣
觕濁，腥臊交遘，膿血襍亂。」又云，「淫習發於相摩不休。大猛一作猛火光，
於中發動見第一八分。」均是革囊盛血之意。

《妙法蓮華經·安樂行品》[133] 云，「不於女人身取能生欲想相而為說法，
不與少女處女寡女共語。」又云，「為女人說法，不露齒笑，不見胸臆。」況
復餘事。《善見律》云，「女人聽說法，以扇遮面，慎勿露齒笑。笑者驅出，薩
婆多論云，瞿雲彌來見佛禮，以不坐為誹謗。」瞿曇彌即大愛道佛之姨母，猶
慎其防，亦豫制也。

《新婆沙論》[134] 云，「忍辰仙人為哥利王宮婚說諸欲之事，皆是臭穢不
淨之法。諸姨皆應厭離寒案，《賢愚因緣經屬提婆羅品》亦有此事，但不載所說。」

《周書·蕭詧傳》云，「詧性不好聲色，尤惡見婦人。雖相去數武，遙聞
其臭。經御婦人之衣，不復更著。有《內典華嚴般若法華金光明義》[135] 四十
六卷。」人言詧具佛性，實則病也。《素問·風論》云，「肝風之狀，時憎女子。」
《腹中論》[136] 云，「肝傷病至，則先聞腥臊。詧以遠隔宗社，脫營損肝。以
性偏嗜佛，故人疑之。佛言人性五欲，色、聲、香、味、觸。」《增□[33] 阿
含經》云，「天地更始，人漸相看。欲心多者，變成女人，遂成淫慾。久乃覆
藏形體，不使人習見玩淫慾。」此非於古有徵，然亦無以證其非也。

《新羅沙門元曉阿彌陀經疏》[137] 引《聲五經說》云，「佛母是化身女，
非報身女。」《佛說如幻三摩地無量印法門經》[138] 云，「佛剎中女人生者皆是
化身。」《觀佛三昧經》[139] 云，「采女言事太子，不見其根。十八年不見其便
利。」此真無智之言。佛出家舍俗，不近女人者，實以避衰相。《智度論》[140]
云，「諸衰中女衰最重。」故《四十二章經》[141] 云，「佛告諸沙門，慎無視女
人。見若無見，慎無與語。老者以為母，長者以為姊。少者如妹，幼者如女。」
《佛說菩薩內戒經》[142] 云「四十七戒，二十五菩薩，不得至博戲淫女舍」，
其教人者。」《大薩遮尼乾子受記經》[143] 云，「自妻知足，他妻無求。無起邪
心，邪淫二種果報。一者婦人不受語，二者自妻為他侵奪。」

《優婆塞陸舍迦經》[144] 云，「佛言齋日持意不蓄婦，亦不會婦。亦不貪
女人，亦無淫意。」

《佛說齋經》[145] 云，「佛言一日一夜，持心意如真人。不貪邪欲，不念

房室。」

《佛說廣義法門經》[146] 云,「十四不淨想者。一共女人一處住,二失念心觀女人,與教婦人。」

《廣宏明集》云,「郗嘉賓奉法要曰。齋日女人去香花脂粉之飾,端心正意。」亦本佛說而教術之,離魔言男女二根。即是《涅槃阿含經》云,「四天王身,身相近成陰陽。忉利天,阿修羅相抱成陰陽。焰摩天,相近成陰陽。兜率天,執手成陰陽。化樂天,熟視成陰陽。他化自在天,暫視成陰陽。魔法如人間。」

《樓炭經忉利天品》[147] 云,「四天王行陰陽。忉利天以風,焰摩天,以相近,兜律天,相牽手,無貢高天相視,他化自在天,人念淫慾。便成陰陽。」

《起世經》[148] 云,「四天下人行欲。二根相到,流出不淨。龍及金翅鳥。但出風氣,即得暢適,無有不淨。三十三天,二根到出風氣。夜摩天執手,兜律天憶念,化樂天熟視,他化自在天共語。魔相看,並得成其欲事。」

《立世論》云,「四天,忉利男女形交。同人無異,而無泄精。炎摩天人行欲意喜相抱,或但執手。兜率天中意喜笑語。化樂天中共相瞻視。化他自在天,但聞語聲,或聞香氣。其言閡閡。不可究詰。」

又佛家冥想有不淨。《觀禪秘要法經》[149] 云,「此骨從何處來,未胎時和合白對。如乳如泡,何處有骨。」又云,「此因依未生時二人不淨。和合筋纏血塗三十六物,污露不淨。屬諸業緣。」又云,「身肉肌皮。皆由二人和合不淨,精氣所共合成。如此身者,種子不淨。」又云,「修白骨觀,入不淨觀。乃至煥法,不得向人宣說。」則亦道家伐毛洗髓之意。佛以精為不淨。《晉書石勒》載記,「勒敬佛圖澄,虎遷鄴,事之尤謹。國人化之,競事佛。石虎嘗謂群臣曰,『吾欲以淳灰二年,自滌其腸』。出如小水。又或以精與溺,俱婦要即腰古字腎。」明時羅雅谷 [150]《西洋人身圖》說,言其人要腰字腎形長圖,窪處受血絡脈。絡下為前溺絡,其血絡為質具者精也。始悟中土人髓海為腦,循脊下至腎。而溺自屬膀胱,精為至淨。西洋人精與溺俱歸腎,故曰不淨。西洋去佛遠,其書則俱佛說。《辦正論》內《九箴》引「漢安帝元年壬午,張道陵 [151] 分別《黃書》云,『和合之道,真訣在於丹田。丹田者玉門也』」。其注《五千文》云,「道可道云者,朝食美也。非常道云者,暮成溺也。兩道同出而異名。謂人根生溺,溺出精也。」「元之又元」云者,「臭與口也。交接者,惟以禁秘為重。不許泄於道路,道路者人溺孔也。其言人根生溺,溺出精。則精亦

非淨」。道陵特以時初譯佛經不淨語奇，襍采同之。非道家本然，中國無此說也。佛言不淨，又思之無節三歸五戒，慈心厭離。《功德經》[152]云，「梵志，布施八萬四千臥具，八萬四千玉女。莊嚴具足。」《佛說須達經》[153]云，「大波羅門施八萬四千玉女，端正殊特。一切交絡，妙極嚴飾。」《妙法蓮華經·陀羅尼品》云，「彌勒菩薩有八千萬億天女眷屬。」又云，「書寫《法華》，命終生忉利天。有八萬四千玉女伎樂來迎。其人著七寶冠，於采女中娛戲快樂。」禁錮可憫，色衰當避。即幻想亦非宜也。又《梵摩喻經》[154]云，「釋迦相，九相為陰馬藏。」

《若經》云，「如來陰相，勢鋒藏密。其猶寶馬，是為第十相」。《釋迦譜》[155]云，「十者陰藏相，如象王馬王。」《本行經·相師占看品》[156]云，「十者太子陰馬藏相。」《觀佛三昧海經》[157]云，「采女修曼那。采女淨意，言不見太子根。太子聞言，乃見陰馬藏相。初見達華中有身根。復如馬王相，漸漸出見長大。」又云，「猶如寶馬，隱顯無常。」又云，「尼犍言出身根，繞身七匝。佛出身根，繞須彌身七匝。形不醜惡，猶如蓮華。」《佛說寶女經》云，「如來之身，其陰馬藏大人相者。乃往古世謹慎，自身遠色慾故」《梵摩喻經》[158]云，「神足見陰馬藏以貞潔無欲可別。」《智度論》云，「大迦葉謁阿難，佛陰藏相般涅槃以示婦人，是何可恥。阿難言，以我思維，使女人見佛陰相，欲得男子身故。」又《智度論》云，「彌勒菩薩三相。一者眉間白毫。二者舌覆面。三者陰藏相。」而《龍樹菩薩傳》[159]至云，「以青藥塗眼，與八人隱形入王後宮。七人被斫，龍樹獨逃。」此皆見於《藏經》[160]，亦妖人言縮陽隱形者所藉口。《金樓子》[161]云，「劉始安王遙光人道素壯，有心疾。不勝忿怒，一旦以手自拔其陰，遂長數尺。」此或元帝佞佛，引證佛事。王崟[162]《甲申雜記》云「唐諲為湖北漕。道士徐督與妓女戲弄無度，或發其陰視之，兒童也」，亦縮陽之事。《觀佛三昧海經》云，「波羅奈國淫女妙意，見佛弟子年少者，心生恭敬。而不禮佛。佛乃化身作麗童子，遂與妙意成其世事。六日六夜，女體如被杵擣，如同□[33]轢。」生未然《三界經》[163]云，「鬱單越七日便成人」。佛與妙意合，或用鬱單越法也。

《立世論》云，「西瞿邪尼行欲兩倍勝閻浮提，乃玉轉相加兩倍。一切女人以觸為樂，男子以出不淨為樂。諸天以洩氣為樂，其事必身歷始知之，語不實也。」

《因話錄》[164]云，「元和中僧文淑，假託經論，言淫猥鄙褻之事。纖夫

冶婦，聽者瞻禮崇奉。時呼所居為和尚教坊。其事實經論所有，迷者樂其放誕。謂是漸教，藉引愚人。持世君子，又不知其源流。橫造罪科，謂是假託。是終不足以服其心也。」

《志雅堂雜鈔》[165]、《癸辛雜志》並云，臨平時因寺尼剎也。往來僧官至，必呼尼之少艾者共寢。後遂有尼站，站者若驛，元史志詳之。此呼為站，與《因話錄》之教坊，皆以為在官之辭，比之於樂戶。

《宏明集》載牟融《理惑論》云，「今沙門或蓄妻子。」《清異錄》云，「大相國寺僧妻曰梵嫂。」蓋自古如此，然不當云出家矣。

《番禺雜記》[166]云，「嶺南有火宅僧。」《東坡志林》[167]云，「儋耳城西李氏處女，見地獄一嫗，乃儋僧之室，罪坐用檀越錢。」《鐵圍山叢談》[168]云，「嶺南僧，婚嫁悉同常俗。」《元史》「至元二十八年，藉西僧楊璉真妻孥田畝，三十年以楊璉真珈子暗普為江浙行省左丞」，亦官畜家屬。

《太平廣記》引《紀聞》云，「小僧阿馬，與寺中青衣通。」又齊梁時寺中俱有奴有婢。豈佛制剎中不得有女人之訓，其尤誕妄者，從而為之辭。

《晉書》言，「鳩摩羅什講經欲障，乃下高座與婦人交而生二子。又納妓十人。」《南齊書‧顧歡傳》云，「今以中夏效西戎，既不全同，又不全異。下有妻孥，上廢宗祀。」是時僧有明娶妻妾者。

《三寶感通記》《太平廣記》引云，「法琳有妻子，宣律師疑其破戒。天王子謂琳是菩薩地位。」俗託元曠，潰壞佛法，迷誤人也。

《大唐新語》[169]云，「僧慧範恃權勢，逼奪生人妻。」

《北夢瑣言》云，「東川僧前後女童為尼者。呈身之物，百四十五人，鎮使戮之。」又云，「雙峰禪師聚徒千人談元，一旦惑於鄰女而敗道焉。」又言「其門徒僧與尼輩無別，號曰依止」。醜聲盈耳。此蹈法琳之覆轍者也。其隱慝則《宋書‧周朗傳》云，「延姝滿室，置酒浹堂。寄夫託妻者不無，殺子乞兒者繼有。」

《隋書‧酷吏王文同傳》云，「至河間，裸僧尼。驗有淫狀非童男女者，至數十人。」《廣宏明集‧劉書》云，「有優婆夷，實僧妻妾，損胎殺子。其狀難言。」傅奕云，「衛壯之僧，婉孌之尼。失時不婚，夭胎殺子。」而文同所裸驗非童男僧。及《根本說一切有部‧尼陀部》云，「六眾苾芻，常於大小便室，往來談語，種種調戲。」

《王氏見聞紀》[170]云，「伶人藏珂，深慕空門。舍俗落髮，漸見僧眾穢

亂，垢辱污濫。乃詬罵而出曰，大師之門，甚於花柳曲。吾不能為之，復歸樂籍。」宜魏太武以沙門群聚穢淫坑殺之也。

《楞嚴經》云，「堅固交遘，而不休息。感應圓成，名精行仙。別獲至理，報盡還來，散入諸趣。」又云，「天魔飛精附人，口說經讚歡行淫。不毀粗行，將諸猥褻，以為傳法見卷八卷九二分中。」則男僧秘密教。

《讀元怪錄》云，「有胡僧拜延州淫縱女子墓云，是鎖骨菩薩。喜舍徇世欲，發視之，骨如連鎖。眾為作塔。」

《維摩所說經·佛道品》[171] 云，「或現作淫女，引諸好色者。以欲鈎牽，令入佛智。」是女尼秘密教。彭之流沙，老子化胡，所留遺法。佛不好色，而喜天人行欲法。炬譯有《佛說求欲經》[172]、《佛說伏淫經》[173] 中言「內有穢，內無穢。非法淫三法。非法三，如法四」。亦為《伽提婆中阿含經》[174] 之穢品。穢經六品。行欲經僧徒，洸洸然久壅大潰。至元史始屢詔有妻室僧還俗。張珪傳 [175] 言之「刑法志，戶婚法，諸河西僧人有妻子者，當差發稅糧鋪馬次舍，與庶民同。其無妻子者蠲除之」。又云，「諸僧道背教娶妻者，杖六十七離之。」案道士本無不娶之法。元人苛求之。

《弇州史料》[176] 言見刑部藏洪武中事例，十八年詔天下火居道士，許人詐挾銀三十兩，鈔五十錠。如無者，聽從打死勿論。

《春明夢餘錄》[177] 引《明太祖實錄》「洪武二十七年正月，禮部榜示，天下僧道有妻妾者，許諸人捶逐。兼容隱者罪之」。

《大明會典·僧道》云，「永樂十年諭。洪武中禁僧行瑜珈法及火居道士。即揭榜申明，違者殺不赦。又正統六年引舊例。僧有妻者，許諸色人索鈔五十錠，無鈔毆死勿論。」於是火居者少。蓋教術盛衰，亦各有時。

古詩云，「服食求神仙，多為藥所誤。不如飲美酒，被服紈與素。寄語世上人，道士慎莫作寒案，作讀去聲，如造字，此二句各本所無。惟《辨正論》內《九箴》引有。」秘密教亦然。漢魏晉沙門止稱道人，唐詩僧蓋不知也。房術語雜出，忽狂忽狷。皆有小道可觀之長。世儒不明其終始，乍見一二語，為所震蕩。則足為世害。男女居室，人之大倫。庸德則康強，無逸則長壽。要在知其派別，悉其難易。博學、審問、慎思而明辨之，則能篤行儒修，知生理之原，絕眾害之萌。而合陰陽自然之數也。因撮錄以為《性論集成》，用告當世之研求性者，豈欲以傲狂士張生乎。

《香港中興報》1935 年 6 月 30，7 月 1 至 10，16 至 26 日

【注釋】

[1] 張生，即張競生，詳見《附錄　蔡守與時人交遊考》。

[2] 《素女經》，中國古代頗重要的一本性學著作。可能是在戰國至兩漢之間完成，並在魏晉六朝民間流傳修改。唐代以前，中國曾流傳過《素女經》《玄女經》《玉房秘訣》《玉房指要》《洞玄子》等許多房中性學名著，可惜在五代及北宋以後已經失傳。值得慶幸的是，這些著作早已流傳到日本，因而在該國尚保存著部分中國古代房中著作。日本人丹波康賴於 982 年編成《醫心方》30 卷，其中第 28 卷就摘錄和引述了上述房中著作。近代學者葉德輝從《醫心方》等書中分別把有關的引文輯錄出來。收入所編《雙梅景闇叢書》之中，才使國人得以部分地窺見上述房中著作的風貌。

[3] 《玄女經》，見前。

[4] 《雙梅影闇叢書》，葉德輝整理出版。收錄了《素女經》《素女方》《玉房秘訣》《玉房指要》《洞玄子》《天地陰陽交歡大樂賦》等 6 種，大抵言房中陰陽之術、養生之方。除《天地陰陽交歡大樂賦》為唐代白行簡所撰外，其餘 5 種並為唐以前古籍。還有《青樓集》《板橋雜記》《吳門畫舫錄》《燕蘭小譜》《海漚小譜》《秦雲擷英錄》等 6 種，除《青樓集》為元人所作外，餘皆出清人之手。所記皆梨園青樓之事，為優伶歌妓之傳譜。還有《觀劇絕句》《木皮散人鼓詞》《萬古愁曲》3 種，以詩、鼓詞、曲的形式，抒心中不平之氣，發千古興替之慨，是為詠史之作。尚有《乾嘉詩壇點將錄》初刻、重刻各 1 種和《東林點將錄》共 3 種，為文人排名榜。

[5] 《遊人窟》，唐寧州襄樂縣尉張文成作。

[6] 《萬葉集》，約成書於中國的唐代，是日本現存最早的詩歌總集，全集 20 卷，收詩歌 4500 多首。

[7] 《和名類聚鈔》，又名《和名鈔》《倭名類聚抄》《倭名抄》。是日本最早的百科全書，是日本國平安時代承平年間（794～1192）源順應勤子內親王的要求所編纂，其分類方式受到《爾雅》的影響，共分 32 部 249 門。

[8] 《天地陰陽交歡大樂賦》，寫本，敦煌石室出土。署白行簡撰。

[9] 羅瓦，無考。疑是羅振玉。

[10] 鄭大鶴，即鄭文焯，詳見《附錄　蔡守與古人交流考》。

[11] 端忠愍，即端方，詳見《附錄　蔡守與時人交遊考》。

[12] 白行簡，詳見《附錄　蔡守與古人交流考》。

[13]《雜事秘辛》，署漢無名氏撰，明黃嘉惠閱。記漢宮故事。

[14]《飛燕外傳》，署漢伶玄著。

[15]《會真記》，又作《鶯鶯傳》，唐元積作。元積，詳見《附錄　蔡守與古人交流考》。

[16]《遊仙窟》，唐張鷟著。張鷟，詳見《附錄　蔡守與古人交流考》。

[17]《玉篇》，見前。

[18]《廣韻》，全稱《大宋重修廣韻》，韻書，5 卷。宋陳彭年等奉詔重修。原為增廣《切韻》而作，除增字加注外，部目也略有增訂。收字二萬六千餘。平聲字多，分上下二卷，上平二十八韻，下平二十九韻。上、去、入聲各一卷，上聲五十五韻，去聲六十韻，入聲三十四韻，共二百零六韻。

[19] 高天梅，即高旭，詳見《附錄　蔡守與時人交遊考》。

[20]《唐控鶴監秘記》，唐張垍纂。記武后淫穢事。張垍，詳見《附錄　蔡守與古人交流考》。

[21] 袁子才，即袁枚，詳見《附錄　蔡守與古人交流考》。

[22]《上官婀娜傳》，又名《癡婆子傳》，明無名氏撰。為情色小說，以淺近文言之倒敘筆法，述少女上官阿娜情竇初開，少試私情，至出嫁後傷風敗俗，亂倫淫蕩，最終被視為「敗節婦」遣歸母家，後皈依佛門，以清涼之水淨洗淫心之故事。

[23] 袁寒雲，即袁克文，詳見《附錄　蔡守與時人交遊考》。

[24] 項微塵，即項驤，詳見《附錄　蔡守與時人交遊考》。

[25] 趙悲庵，即趙之謙，詳見《附錄　蔡守與古人交流考》。

[26] 俞理初，即俞正燮，詳見《附錄　蔡守與古人交流考》。

[27] 盧世傑，即無考。

[28] 張石洲，即張穆，詳見《附錄　蔡守與古人交流考》。

[29]《春秋繁露·通國身》，見前。

[30]《漢志》，無考。

[31] 孟堅，即班固，詳見《附錄　蔡守與古人交流考》。

[32] 劉向、劉歆，詳見《附錄　蔡守與古人交流考》。

[33]□，原文字模糊莫辨。

[34] 汪宗沂，詳見《附錄　蔡守與時人交遊考》。

[35]《白虎通》，又稱《白虎通義》，向來被視為東漢建初四年（79）白虎觀經學會議之資料彙編，此書不僅是經學發展中之產物，更是當時上自天子、下迄儒生

之學術共識，具有保存當時經學樣貌之典範價值。故《四庫全書總目》評論《白虎通》曰，「方漢時崇尚經學，咸兢兢守其師承，古義舊聞，多存乎是，洵治經者所宜從事也。」

[36]《元命包》，全稱當為《春秋緯元命苞》，三國魏宋均注。「苞」也作「包」，二字古通用。漢代緯書《春秋緯》中的一種。《元命苞》是《春秋緯》中保存佚文較多的一種。本書涉及天地人三才，明五行更王，帝王迭興，天人合一，天人相感之道。對於符瑞、災異以及帝王形象、天文、地理都有所敘述。

[37]《水熱穴論》，原刊「穴」誤作「血」，傳戰國時無名氏作。

[38]《解經微論》，《素問》中的一篇。

[39]《靈蘭秘典論》，《素問》中的一篇。

[40] 王冰，詳見《附錄　蔡守與古人交流考》。

[41]《管子‧水地篇》，春秋管仲著。管仲，詳見《附錄　蔡守與古人交流考》。

[42]《困學紀聞》，南宋王應麟撰。王應麟，詳見《附錄　蔡守與古人交流考》。

[43]《外臺秘要》，又名《外臺秘要方》，唐王燾輯錄，是一部綜合性醫書。

[44]《神仙傳》10 卷，晉葛洪撰。

[45]《天門子經》，天門子，古代房中家，姓王名剛，據稱因其行房中修煉有成，「年二百八十歲，猶有童女之色。」其著作似屬男女雙修派之言。《抱朴子內篇‧遐覽》中載有古代房中術著作數種，其中有《天門子經》，今不見傳。

[46]《韓策》，《戰國策》中之一篇。

[47] 司馬相如，詳見《附錄　蔡守與古人交流考》。

[48]《陰陽應象大論》，《素問》中一篇。

[49]《五運行大論》，《素問》中一篇。

[50]《宣明五氣論》，《素問》中一篇。

[51]《痿論》，《素問》中一篇。

[52]《骨空論》，《素問》中一篇。

[53]《靈樞‧經脈》，《黃帝內經》分《靈樞》《素問》兩部分。《經脈》是《靈樞》中一篇。

[54]《本神》，《靈樞》中一篇。

[55]《九箴論》，《靈樞》中一篇。

[56]《本藏》，《靈樞》中一篇。

[57]《六微旨大論》，《素問》中一篇。

[58]《上古通天論》,《素問》中一篇。

[59]《文子·上德篇》,上下卷,周文子撰。諸子百家之一。《漢書·藝文志》道家類著錄《文子》九篇,原注謂,「老子弟子,與孔子並時,而稱周平王問,似依託者也。」

[60]《九守篇》,《管子》的一篇。

[61]《淮南子·精神訓》,《淮南子》,又名《淮南鴻烈》《劉安子》,漢淮南王劉安撰。《淮南子》在繼承先秦道家思想的基礎上,糅合了陰陽、墨、法和一部分儒家思想,但主要的宗旨屬於道家。《淮南子》原書有內篇 21 卷,中篇八卷,外篇 33 卷,至今存世的只有內篇。

[62]《抱朴子·釋滯篇》,晉葛洪著。集漢晉神仙思想、道教理法與養生方術之大成,也反應著葛洪對當時社會的認識,包含著廣泛的時代內涵。建立了基本完整的神仙道教理法與方術的體系。

[63]《疏五過論》,《素問》中一篇。

[64]《道藏備急千金方·隱一》,又稱《千金要方》或《千金方》30 卷,唐孫思邈著。中醫學經典著作之一,是綜合性臨床醫著。約成書於永徽三年(652)。本書集唐代以前診治經驗之大成,對後世醫家影響極大。明代後,有按《道藏》析為 93 卷者,內容相同。

[65]《韓詩外傳》十卷,漢韓嬰作。該書由 360 條軼事、道德說教、倫理規範以及實際忠告等不同內容雜編。一般每條都以一句恰當的《詩經》引文作結論。韓嬰,詳見《附錄　蔡守與古人交流考》。

[66]《天方典禮》,伊斯蘭典籍,明劉智譯。

[67] 顧亭林,詳見《附錄　蔡守與古人交流考》。

[68]《荀子·大略篇》,戰國時荀子著。荀子,詳見《附錄　蔡守與古人交流考》。

[69]《周官》,《尚書·周書》的一篇。成王既黜殷命,滅淮夷,還歸在豐,作《周官》。

[70]《夏小正》,成於戰國時期或兩漢之間。原為《大戴禮記》中的第 47 篇。撰者無考。是我國現存最早的一部記錄傳統農事的曆書。在一定程度上反映了先秦中原農業生產的發展水平,保存了我國古老的比較珍貴的天文曆法知識。

[71]《尚書大傳》四卷,補遺一卷,漢伏勝著。

[72]《周禮九嬪》,《周禮·天官·內宰》,「九嬪掌婦學之法,以教九御婦德、婦言、婦容、婦功,各帥其屬而以時御敘於王所。」

[73]《嵇中散集》10 卷,三國嵇康著。嵇康,詳見《附錄　蔡守與古人交流考》。

[74]《物理論》，三國吳楊泉著。楊泉，詳見《附錄　蔡守與古人交流考》。

[75] □，原文字模糊莫辨。

[76]《新婚箴》，晉摯虞著。摯虞，詳見《附錄　蔡守與古人交流考》。

[77]《昌言》34 篇，東漢仲長統著，是仲長統創作的哲學政治著作。

[78]《郭象注莊子》10 卷，戰國莊周撰。莊子，詳見《附錄　蔡守與古人交流考》。

[79]《韓非子·二解老》，戰國韓非子著。韓非，詳見《附錄　蔡守與古人交流考》。

[80]《關尹子·五鑒篇》，關尹子著。關尹子，詳見《附錄　蔡守與古人交流考》。

[81]《阿含經》，阿含（梵文和巴利文：āgama），也作阿鋡、阿含暮、阿笈摩、阿
　　　含，是部派佛教根本經典。漢譯四部《阿含經》是在 4～5 世紀時由天竺或西域
　　　來華高僧誦出並翻譯而來，「四阿含」常作為部派佛教經藏的別稱。漢譯阿含經
　　　與南傳巴利語記載的《尼柯耶》（Nikaya）有著對應關係。現代原始佛教研究者
　　　重建佛陀本初教義亦以阿含經為基礎之一。其內容多為當時佛與弟子、王公及
　　　外道等的言談，為最接近佛時代的記錄。

[82]《列子·天瑞篇》，列子著。列子，詳見《附錄　蔡守與古人交流考》。

[83]《宋玉·高唐賦》，宋玉著。宋玉，詳見《附錄　蔡守與古人交流考》。

[84]《檢逸》，蔡邕著。詳見《附錄　蔡守與古人交流考》

[85]《神女》，陳琳著。陳琳，詳見《附錄　蔡守與古人交流考》。

[86]《止欲》，阮瑀著。阮瑀，詳見《附錄　蔡守與古人交流考》。

[87]《閑邪》，王粲著。王粲，詳見《附錄　蔡守與古人交流考》。

[88]《正情》，《正情賦》，東漢應瑒作。應瑒，詳見《附錄　蔡守與古人交流考》。

[89] 晉灼，詳見《附錄　蔡守與古人交流考》。

[90]《養陽方》，《黃帝書》中的一篇，原名為《黃帝三王養陽方》20 卷。《黃帝書》
　　　是道家黃老學派典籍的總稱。先秦時期經過稷下道家的發展，黃老學著作甚多，
　　　僅據各種典籍記載的黃帝書就有《黃帝四經》（《經法》《十六經》《稱》和《道
　　　原》）、《黃帝銘》六篇（存《金人銘》《巾幾銘》兩篇）、《墳》《歸藏》《黃帝君
　　　臣》《雜黃帝》《力牧》《黃帝泰素》《黃帝說》《黃帝十六篇》《鬼容區》《盤盂篇》
　　　《黃帝雜子氣》《黃帝五家曆》《黃帝陰陽》《黃帝諸子論陰陽》《黃帝長柳占夢》
　　　《黃帝內經》《外經》《脈經》《泰始黃帝扁鵲俞木付方》《神農黃帝食禁》《天老
　　　雜子陰陽》《黃帝三王養陽方》《黃帝雜子步引》《黃帝岐伯按摩》《黃帝雜子 19
　　　家方》《黃帝雜子芝菌》《難經》等。

[91]《內房有子方》，《黃帝三王養陽方》20 卷內《三家內房有子方》第十七卷。

[92]《廣宏明集》30 卷，唐京兆釋道宣撰。是擴大梁僧佑《弘明集》。

[93] 阮孝緒，詳見《附錄　蔡守與古人交流考》。

[94] 鮑昭代，詳見《附錄　蔡守與古人交流考》。

[95]《博物志》，見前。

[96]《淮南王書》，見前。

[97] 邊讓，詳見《附錄　蔡守與古人交流考》。

[98] 張衡，詳見《附錄　蔡守與古人交流考》。

[99]《北夢瑣言》，宋孫光憲撰，原帙 30 卷，今本僅存 20 卷。古代筆記小說集，記載唐武宗迄五代十國的史事，包含諸多文人、士大夫言行與政治史實，為研究晚唐五代史提供了可貴材料。前 16 卷記唐，後 4 卷記五代，可補正史之不足。

[100]《素婦女方》，《素女經》又名《素書》《素女密道經》，是我國古代最著名的房事秘書，原書佚失，作者不可考。今本《素女經》由葉德輝輯自《醫心方》第二十八卷。

[101]《真誥運象篇》，《真誥》，上清派宗教書籍，南朝陶弘景撰。陶弘景，詳見《附錄　蔡守與古人交流考》。

[102]《黃帝書》，道家黃老學派典籍的總稱。

[103]《封氏見聞記》10 卷，唐封演撰。中國古代筆記小說集。前六卷多陳掌故，七、八兩卷多記古蹟及雜論，均足以資考證，末二卷則全載當時士大夫軼事，嘉言善行居多，惟末附諧語數條而已。封演，詳見《附錄　蔡守與古人交流考》。

[104] 李石，詳見《附錄　蔡守與古人交流考》。

[105] 唐僧元嶷，無考。

[106] 老聃：即李耳，詳見《附錄　蔡守與古人交流考》。

[107]《笑道論》3 卷，北周甄鸞奉敕撰。甄鸞，詳見《附錄　蔡守與古人交流考》。

[108] 戴埴，詳見《附錄　蔡守與古人交流考》。

[109]《天官曆包元太平經》12 卷，漢甘忠可編著。現已亡佚。其基本信息存於《漢書·李尋傳》。

[110] 魏伯陽，詳見《附錄　蔡守與古人交流考》。

[111] 陳搏，詳見《附錄　蔡守與古人交流考》。

[112] 俞玉吾：即俞琰，詳見《附錄　蔡守與古人交流考》。

[113] 鍾離權，詳見《附錄　蔡守與古人交流考》。

[114] 呂岩，詳見《附錄　蔡守與古人交流考》。

[115]《辨正論氣為道本》，無考。

[116]《崔公入藥鏡》，簡稱《入藥鏡》1 卷，唐崔希範撰。崔氏生平無考，據《修真十書·天元入藥鏡》有崔希範自述，題「唐庚子歲望日至一真人崔希范述」，知其為唐人，號至一真人。但唐代有四個「庚子」年，尚不能斷定其為哪個「庚子」。但《道樞》卷三十七收有崔希範《入藥鏡上篇》和《入藥鏡中篇》，後者篇末云，「其後純陽子呂洞賓嘗聞之於崔公而歎曰：『吾知修行有據，性命無差，道成其中矣！』」據此推知，崔希範生當唐末五代道士呂洞賓之前，或與其同時而稍前。

[117]《悟真篇》，宋張伯端撰。道教典籍。該書以詩、詞、曲等體裁闡述內丹理論。張伯端，詳見《附錄　蔡守與古人交流考》。

[118]劉向，詳見《附錄　蔡守與古人交流考》。

[119]《漢武內傳》1 卷，《漢武帝內傳》又名《漢武內傳》《漢武帝傳》，神話志怪小說。明清人有云為漢班固或晉葛洪撰者，皆無確據。《四庫全書總目》云當為魏晉間士人所為。本書自漢武帝出生時寫起，直至死後殯葬。其中略於軍政大事，而詳於求仙問道。特別對西王母下降會武帝之事，描敘詳盡。

[120]《典論》，三國曹丕著，是最早的文藝理論批評專著。原有 22 篇，後大都亡佚，只存《自敘》《論文》《論方術》三篇。

[121]《旌異記》15 卷，隋侯白著。侯白，詳見《附錄　蔡守與古人交流考》。

[122]《法苑珠林》100 卷，別本作 120 卷。唐釋道世撰。全書分為一百篇六百六十八部，概述佛教之思想、術語、法數等，博引諸經、律、論、紀、傳等，共計四百數十種，其中有現今已不存之經典。又以內容之不同而分類，故使用極為方便。其引用之文並非照經文抄錄，而係錄其要義。為我國佛教文獻中極其珍貴之一部書。

[123]《逸史》，唐盧肇撰。古代中國文言軼事小說集。今存《舊鈔本》、《類說》本、《說郛》本。《太平廣記》等輯有佚文 78 條。盧肇，詳見《附錄　蔡守與古人交流考》。

[124]《太平廣記》，宋李昉、扈蒙、李穆、徐鉉、趙鄰幾、王克貞、宋白、呂文仲等 14 人奉宋太宗之命編纂。開始於太平興國二年（977），次年（978）完成。中國古代文言紀實小說的第一部總集。全書 500 卷，目錄 10 卷，取材於漢代至宋初的紀實故事及道經、釋藏等為主的雜著，屬於類書。

[125]曹植，詳見《附錄　蔡守與古人交流考》。

[126]《野獲編》，即《萬曆野獲編》20卷，明沈德符編。該書記述起於明初，迄於萬曆末年，內容包括明代典章制度、人物事件、典故遺聞、政權內部紛爭、民族關係、對外關係、山川風物、經史子集、工藝技術、釋道宗教、神仙鬼怪等諸多方面，尤詳於明朝典章制度和典故遺聞。

[127]《大唐西域傳》，《大唐西域記》又稱《西域記》，唐玄奘口述，辯機編撰，成書於唐貞觀二十年（646）。《大唐西域記》記載的是玄奘從長安出發西行親身遊歷西域的所見所聞，其中包括有兩百多個國家和城邦，還有許多不同的民族。書中對西域各國，各民族生活方式、建築、婚姻、喪葬、宗教信仰、沐浴與治療疾病和音樂舞蹈方面的記載，從不同層面、不同角度、不同深度反映了西域的風土民俗。《大唐西域記》是研究印度、尼泊爾、巴基斯坦、孟加拉、斯里蘭卡等地古代歷史地理的重要文獻。

[128]《廣異記》20卷，今存六卷。唐初志怪傳奇小說集。

[129]《增壹阿含經‧馬王品》，《增一阿含經》51卷（一作50卷）。前秦僧伽提婆譯。佛教基礎經典，北傳四部阿含之一。此經記述佛陀及其弟子們的事蹟，闡述出家僧尼的戒律和對俗人修行的規定，論述小乘佛教的主要教義等。

[130]《禪秘要法經》3卷，姚秦三藏法師鳩摩羅什等譯。鳩摩羅什，詳見《附錄　蔡守與古人交流考》。

[131]《出曜經》30卷。印度法救菩薩造，後秦竺佛念譯。又稱《出曜論》。收在《大正藏》第四冊。全經係由詩頌（即優陀那，感興偈），及注釋此詩頌之故事（即阿波陀那、譬喻）所組成。「出曜」，僧睿《出曜經序》云，「出曜之言，舊名譬喻。即十二部經第六部也」。

[132]《楞嚴經》，又稱《首楞嚴經》《大佛頂經》《大佛頂首楞嚴經》《中印度那爛陀大道場經》，全稱《大佛頂如來密因修證了義諸菩薩萬行首楞嚴經》10卷，唐般剌密諦譯。般剌密諦在唐中宗神龍元年（705）於廣州制止寺（今光孝寺）誦出楞嚴經10卷，時由烏萇國沙門彌伽鑠佉譯語，沙門懷迪證譯，菩薩戒居士房融筆受。為佛教主要經典之一。

[133]《妙法蓮華經‧安樂行品》，《妙法蓮華經》7卷，簡稱《妙法華經》《法華經》，後秦鳩摩羅什譯，是天台宗依據的主要經典。《安樂行品》是其中十四講。

[134]《新婆沙論》，全稱《阿毘達磨大毘婆沙論》200卷，唐玄奘譯。

[135]《內典華嚴般若法華金光明義：》46卷，北朝周蕭督著。

[136]《腹中論》，《黃帝內經》中一篇。

[137]《新羅沙門元曉阿彌陀經疏》，即《佛說阿彌陀經疏》，唐海東新羅國沙門元曉述。

[138]《佛說如幻三摩地無量印法門經》，有四種漢譯本。①西晉竺法護於泰始至建興間（265～316）譯出，名《光世音大勢至受決經》一卷，簡名《觀世音受記經》。②西晉聶道真於太康至永嘉間（280～313）譯出，名《觀世音受記經》1 卷。此二種譯本現今闕佚。③劉宋曇無竭於元嘉三年（426）譯出，名《觀世音菩薩得大勢菩薩受記經》1 卷，又簡稱《觀世音菩薩受記經》。④宋施護於太平興國五年（980）譯出，名《佛說如幻三摩地無量印法門經》2 卷。

[139]《觀佛三昧經》，《佛說觀佛三昧海經》10 卷，東晉佛陀跋陀譯。以觀佛之相好及其功德為教者。海者譬三昧之功德深廣也。

[140]《智度論》100 卷，一百多萬字，後秦鳩摩羅什譯。包括《摩訶般若波羅蜜經》全文三十多萬字，鳩摩羅什對《摩訶般若波羅蜜經》的解釋六十多萬字。幾乎對佛教全部關鍵名詞都給出了詳細、深入淺出的解釋，是佛經入門必讀經典，無現存梵本，也沒有藏文譯本，僅有漢文譯本。

[141]《四十二章經》，傳說中國第一部漢譯佛經。《出三藏記集》記載，「《四十二章經》1 卷，《舊錄》云，《孝明皇帝四十二章》，安法師（指東晉道安）所撰錄闕此經。」並於其補充說明中提及明帝遣使者赴西域求法，「於月支國遇沙門竺摩騰譯寫此經還洛陽」。

[142]《佛說菩薩內戒經》，劉宋三藏求那跋摩譯。

[143]《大薩遮尼乾子受記經》，元魏天竺三藏菩提留支譯。

[144]《優婆塞陸舍迦經》，即《優陂夷墮舍迦經》1 卷，失譯人名。

[145]《佛說齋經》，吳月氏國居士支謙譯。

[146]《佛說廣義法門經》1 卷，陳三藏法師真諦譯。

[147]《樓炭經忉利天品》6 卷，西晉三藏法師法立共法炬譯。

[148]《起世經》，又稱《起世因本經》10 卷，隋闍那崛多譯。為佛陀解說宇宙形成、發展、組織和滅亡的經書。

[149]《觀禪秘要法經》，姚秦三藏法師鳩摩羅什等譯。

[150] 羅雅谷，詳見《附錄　蔡守與古人交流考》。

[151] 張道陵：即張陵，詳見《附錄　蔡守與古人交流考》。

[152]《功德經》，《藥師琉璃光如來本願功德經》，又簡稱《藥師經》。共有三個譯本，分別為，一《藥師琉璃光如來本願功德經》，1 卷，唐三藏法師玄奘譯。二《佛

說藥師如來本願經》，1 卷，隋天竺三藏達摩笈多譯。三《藥師琉璃光七佛本願功德經》，2 卷，唐三藏沙門義淨譯。敘述佛陀因曼殊室利的啟請，而為在毘捨離國樂音樹下的大比丘、大菩薩、國王、大臣等，盛陳東方淨琉璃世界藥師如來的功德，並詳述藥師如來因地所發的十二大願。

[153]《佛說須達經》，蕭齊中印度三藏求那毗地譯。

[154]《梵摩喻經》1 卷，吳月支優婆塞支謙譯。

[155]《釋迦譜》5 卷，釋僧佑於齊代編撰，為現存中國所撰佛傳中最古的一種。僧佑把各種經傳中所說釋迦的史實，從上溯佛的氏族來源起，下至佛滅後的法化流佈等相止，「原始要終」地彙編成為本書。

[156]《本行經·相師古看品》，《佛本行經》別稱《佛所行贊》，古印度馬鳴著，北涼曇無讖翻譯。

[157]《觀佛三味海經》10 卷，東晉天竺三藏佛陀跋陀羅譯。

[158]《梵摩喻經》，吳月支優婆塞支謙編。

[159]《龍樹菩薩傳》1 卷，姚秦三藏傳鳩摩羅什譯。龍樹菩薩，古印度大乘佛教「觀學派」創始人龍樹之生平事蹟。從出生於南印度婆羅門種起，至龍樹名之由來，共分七段。內容及字句與元魏吉迦夜、曇曜共譯之付法藏因緣傳卷五龍樹傳相同。

[160]《藏經》，泛指搜集佛教所有的經律論三藏，以及歷代後賢的著作聚集在一處，好像佛經的庫藏一樣，所以叫做「藏經」。後世編成《大藏經》《中藏經》。

[161]《金樓子》，梁元帝蕭繹撰。《金樓子》是南北朝時期的一部重要子書，採用劄記、隨感的形式，或前引名言成句，後加自己的看法；或借題發揮以闡發自己的思想；或記述史實以勸誡子女；或追敘往事，聊以自慰；或轉志奇事，欲廣聞見；或記東交遊，以敘友情。與《呂氏春秋》《淮南子》等雜家著作相比，它的最大特點是基本上是由一人寫成。

[162] 王羲，詳見《附錄　蔡守與古人交流考》。

[163]《三界經》，泰國五世王立泰（1354～1376）根據 30 部佛經編纂而成，是泰國素可泰王朝時期最有代表性的一部宗教文學作品。

[164]《因話錄》6 卷，唐趙璘撰。筆記小說集。所記皆唐代事，分為 5 部，卷一宮部為君，記帝王；卷二、卷三商部為臣，記公卿；卷四角部為人，記不仕者，並附以諧戲；卷五徵部為事，多記典故；卷六羽部為物，記無所歸附的見聞雜事。書中敘及元和以後文壇情況（卷三）以及文淑僧講經（卷四）、女優弄假官戲

（卷一）等事，都可供治文學史、戲曲史者參考。

[165]《志雅堂雜鈔》2 卷，宋周密撰。依次分圖畫、碑帖、諸玩、寶器、人事、醫藥、陰陽算術、仙佛、書史八類。

[166]《番禺雜記》，唐鄭熊撰。原書已失傳。元陶宗儀輯錄本，收入《說郛》一書，共 10 條，記錄嶺表山川異物。是研究廣州早期漢族民俗文化不可多得的文獻。

[167]《東坡志林》，宋蘇軾著。自元豐至元符二十年中之雜說史論，內容廣泛，無所不談。其文則長短不拘，或千言或數語，而以短小為多。皆信筆寫來，揮灑自如。

[168]《鐵圍山叢談》，宋蔡絛撰。蔡絛，詳見《附錄　蔡守與古人交流考》。

[169]《大唐新語》，又名《唐新語》《大唐世說新語》《唐世說新語》《世說》《大唐新話》等，唐劉肅編撰。是一部筆記小說集，記載唐代歷史人物的言行故事，起自唐初，迄於大曆，多取材於《朝野僉載》《隋唐嘉話》等書。

[170]《王氏見聞紀》，五代王仁裕撰。早已散佚，後人有輯本。王仁裕（880～956），字德輦，人稱詩窖。著有《紫閣集》《乘招集》《王氏見聞錄》《玉堂閒話》《入洛記》《開元天寶遺事》等。並輯有《國風總類》50 卷。《讀元怪錄》

[171]《維摩所說經‧佛道品》，《維摩詰所說經》是佛教大乘經典。一稱《不可思議解脫經》，又稱《維摩詰經》《淨名經》，後秦鳩摩羅什譯有 3 卷，14 品。敘述毗耶離（吠舍離）城居士維摩詰十分富有，深通大乘佛法。通過他與文殊師利等人共論佛法，闡揚大乘般若性空的思想。

[172]《佛說求欲經》1 卷，西晉沙門法炬譯。

[173]《佛說伏淫經》，西晉沙門法炬譯。

[174]《伽提婆中阿含經》，《中阿含經》60 卷，罽賓沙門僧伽提婆共僧伽羅叉譯。

[175] 張珪，詳見《附錄　蔡守與古人交流考》。

[176]《弇州史料》30 卷，明董復表編。董復表，詳見《附錄　蔡守與古人交流考》。

[177]《春明夢餘錄》，明末清初孫承澤撰。記載明代北京情況，體例似政書，又似方志。是研究明朝章典源流沿革的好材料。孫承澤，詳見《附錄　蔡守與古人交流考》。

《江亭錄別圖》

日昨與南社社友陸玄同更存 [1] 原名俠飛過越秀山椒顯園訪陳石遺丈衍 [2]，見案頭有《江亭錄別圖》一卷。圖後馬秋藥履泰 [3] 題詩絕妙。石丈、鶴丈冒廣

生 [4] 題亦有雋語，因並錄之。

　　圖二，俱帋本，高約五寸強，長僅尺許。第一圖為馬履泰、朱鶴年 [5] 合作，船山題記。

　　「江亭錄別圖隸書。嘉慶壬戌八月二日曼生招同法時帆 [6]、楊蓉裳 [7]、李墨莊 [8]、謝香泉 [9]、馬秋藥、翁宜泉 [10]、吳天松 [11]、山尊 [12]、戴金溪 [13]、江秬香 [14]、何緩齋 [15]、盛山甫 [16]、蔡浣霞 [17]、繼蓮菴 [18]、令兄荔峰、令弟雲伯、家兄亥白全集江亭。時曼生將之粵東。秋藥、墊雲朱鶴年合作此圖贈別。張問陶 [19] 題記。」

　　第二圖為盛山甫寫，並有記及題句，皆略不錄。

　　「江亭風葉響菰蘆，無限離情酒百壺。自昔沉香投極浦，至今薏苡似明珠。一花五色團蝴蝶，萬木連雲叫鷦鳹。此去定多懷古意，越王臺殿莽榛蕪。

　　陸賈功成彼一時，橐中寶劍擁歸貲。怳逢谹達高皇度，更愛雄渾大長辭。彴鳥狑花山市鬧，龍郎蛋女水嬉癡。令君若播中何化，椎髻餘風信易移。

　　嶺梅吹落到天涯，暨託興衰付笛家。一曲幽香妃子笑，千年花發美人斜。只應杯酒酹威彥，豈有殘棋保呂嘉。似此海山天倍惜，苦驅玉局寫清華。

　　我已粗陳雅奏篇，齊髡欲共衍談天。香堆蓮蕚狼醨市，露灑薔薇鬼子筵。榜錄蓬萊矜素足，著紅蕉坐理冰弦。竹枝莫漫經蠻語，字字傳來仙妹仙。

　　本擬作長律，襞積幽雋事，為他日古錦之助。別後即充監試官十餘日，不暇捉筆。出院後，恐驪從即發。匆匆為此，漫無紀律。不免為程尉所笑。呈曼生大兄吟席，同邑弟馬履泰。」

　　冒疚齋丈廣生題云，「王城一飯尋常事，難得流傳主客圖。千載風流兩壬戌，讀詩須滌曼生壺。

　　百四十年完絹素，不隨陸賈壓歸裝。船山口福今輸我，佳餌能分到後堂聞馬二乞題是卷，冒丈索其婦黃雙玉鈺手造粉果千枚餉客」。

　　陳石遺丈衍題云，「萬柳而還幾盛筵，鴻臚圖卷尚流傳。香泉雲伯船山輩，何必前賢勝後賢。

　　潘伯寅 [20] 張香濤 [21] 選客費推敲，王湘綺 [22] 李蒓客 [23] 相逢戰邊挑。可惜當時闕圖畫，灌夫情態未曾描。

　　世人詩派說同光，滄趣曾經此別觴。一集畏盧一圖繪，可憐零落付滄桑。」

《香港中興報》1935 年 8 月 1 日

【注釋】

[1] 陸玄同，即陸更存，詳見《附錄　蔡守與時人交遊考》。

[2] 陳石遺，即陳衍，詳見《附錄　蔡守與時人交遊考》。

[3] 馬秋藥，即馬履泰，詳見《附錄　蔡守與古人交流考》。

[4] 冒廣生，詳見《附錄　蔡守與時人交遊考》。

[5] 朱鶴年，詳見《附錄　蔡守與古人交流考》。

[6] 法時帆，即法式善，詳見《附錄　蔡守與古人交流考》。

[7] 楊蓉裳，即楊芳燦，詳見《附錄　蔡守與古人交流考》。

[8] 李墨莊，即李鼎元，詳見《附錄　蔡守與古人交流考》。

[9] 謝香泉，即謝振定，詳見《附錄　蔡守與古人交流考》。

[10] 翁宜泉，即翁樹培，詳見《附錄　蔡守與古人交流考》。

[11] 吳天松，詳見《附錄　蔡守與古人交流考》。

[12] 山尊，詳見《附錄　蔡守與古人交流考》。

[13] 戴金溪，即戴敦元，詳見《附錄　蔡守與古人交流考》。

[14] 江秬香，生卒年不詳，字秬江，一作秬香，錢塘人。嘉慶三年（1798）舉人。
工隸書，與黃易皆能以漢法自命者。

[15] 何緩齋，即何夢華，詳見《附錄　蔡守與古人交流考》。

[16] 盛山甫，詳見《附錄　蔡守與古人交流考》。

[17] 蔡浣霞，即蔡鑾揚，詳見《附錄　蔡守與古人交流考》。

[18] 繼蓮庵，無考。

[19] 張問陶，詳見《附錄　蔡守與古人交流考》。

[20] 潘伯寅，即潘祖蔭，詳見《附錄　蔡守與古人交流考》。

[21] 張香濤，即張之洞，詳見《附錄　蔡守與時人交遊考》。

[22] 王湘綺，即王闓運，詳見《附錄　蔡守與古人交流考》。

[23] 李蒓客，即李慈銘，詳見《附錄　蔡守與古人交流考》。

石遺《兩粵遊蹤圖》卷

　　中國國學會耆碩，《國學論衡》總編纂陳丈石遺衍 [1] 今年政八十寒案，石丈乃四月八日生，月色因篆刻「與佛同生」四字巨印為壽，犯暑南來寒案，石丈於乙亥五月三日到廣州，六月十三日乘四川輪船返福州，恰四十日耳，遍遊兩粵山水。國學會聘余為廣東分會主任，余與月色以會友之誼，追隨杖履月餘。石丈因余夫婦曉繪事，囑合

作《兩粵遊蹤圖》，以志歲月紙本，高八寸，二圖各長二丈又四尺。又喜月色之瘦金書，並命寫其詩於圖後並寫和作一二。今照錄之。用餉兩粵吟儔之喜讀石遺詩者。

贈公望寒案，公望為蒼梧縣長，姓蔡

駕言遊八桂，形勝首蒼梧。百里侯非小，雙江勢不孤。擘窠瞻筆力公望善榜書，發地出規模。為詠長源句，昂藏此丈夫。

（附）陸玄同和作寒案，陸君名更存 [2]，原名俠飛，容縣人，胡展堂 [3] 弟子。亦石丈門人，此次石丈電召來廣州，為桂遊嚮導

看山兼問俗，撰杖入蒼梧。無已吟還健，中郎興不孤。為邦多美政，飲水建良模梧州自來水，公望手辦。接席聯杯酒，疏狂媿野夫。

贈黃旭初 [4] 主席並示同遊陸玄同、黃崑山

南置八桂何森森，蒼梧咽喉柳中心。中原通道舊逾嶺，都會乃設於桂林。雙江夾流西北下，量移又復偏南寧。黃公數載坐開府，整頓百度歸維新。寓兵於民匪自化廣西辦民團甚力，鑿此通路無因循。我從梧州來南寧，貴縣橫縣逾桂平。夾江萬山可森林，溝通水利需經營。我從南寧往桂林，公路賓陽逾石陵。遷江陡矗千萬石，灘江陽朔恐弗勝。兩山暴雨乏溪間，大塘甌沒□ [5] 柳城。國僑乘輿渡溱洧，何止濡軌深濟盈。柳江阻雨遂坐困，羅池祠廟徒逡巡。會當山賊效靈運，安得霞客招江陰。莫學吾鄉陳季海，游山僅向五岳尋。此乃區區一卷吟，敝帚不足享千金。持正東道賢主人，兼示同來向與禽。

（附）陸玄同乙亥五月與黃秘書崑山侍石師遊桂

私淑卅年愛慕深，忽承寵召感彌襟。西遊判月叨陪侍，一路看山到桂林。筍輿浸曉度江隈，為訪羅池得得來。薦罷黃蕉捫斷碣，匆匆相與剔莓苔。山水休誇陽朔奇，天將靈鷲壓江湄。立魚峰峭鵝山秀，特拓名區著柳祠。

（附）陸玄同酬黃旭初主席

眼底邕垣氣象新，堂堂開府表斯民。年來家國關心切，伯始端推締造人。

柳侯祠

正是黃蕉丹荔時，三人來訪柳侯祠陸玄同、黃崑山同遊。羅池蒼翠百千樹，不種江頭柳一枝。

君因謫宦此棲遲，我笑無端某在斯。應是好詩好游記，平生偶有似君時。

不似河東似羲皇，登高愁思正茫茫。千回百匝無歸路，難到他鄉況故鄉。

真行多石少人地，忽到山窮水盡中。不是蒼梧非象縣，如何卻遇鼻亭公。有菜何因號鶹鶬，全行不得雨模糊。若教泥楯山在□，何畏鈎輈格傑呼。昌黎驅鱷偶然耳，潤色山川即事功。山不丹青水宮徵，詩人誰到廣西東。

遷江舟中

路入遷江千萬峰，峰峰離立盡尖鋒。各爭薛伯滕侯長，試挈童孫幼子從。羅漢浮圖雄突兀，硯山筆架列從容。桂林陽朔知誰勝，更待衡量比較中。

舟中見月

忽憶松寥起四更，江中缺月趁潮生。依然殘夜明樓水，不遺樓居看到明。

（附）陸玄同和作

廻舟津吏報三更，一葉眠安浪不生。八十詩翁偏早醒，推窗殘月看分明。

贈鏡秋寒案，鏡秋姓呂 [6]，名競存，為桂林法院院長

傾蓋已如故，還能伴我游。星巖穿曲曲寒案，即棲霞山黑巖，風洞聽颼颼。石刻隨園剔寒案，風洞山、獨秀峰，袁子才 [7] 皆有詩刻，雲山墨井收寒案，呂鏡秋藏吳歷 [8] 寫桂林山水冊。西南盛賓主，尊酒話綢繆。

（附）陸玄同和作

堆架琳琅滿，留連半日遊。縑緗題乙乙，茶韻聽颼颼。眼福誇誰飽，奚囊讓爾收。新歡如舊好，臨別尚綢繆。

風洞山寒案，此詩石丈手寫，字徑三寸許，呂鏡秋為付摩厓

空穴自來風，空洞本無物。百輩熱中人，此洞肯容不。

獨秀峰寒案，此詩亦寫付鏡秋刻石

聚來無數毛錐子，成就一枝大手筆。會須橫掃萬人軍，銅柱同標扶桑日。

桂林看山寒案，此詩似未完稿

粵西邊地真假山，陽朔第一誰與班。遷江至柳數百里，離立離坐紛迴環。迷途如入魚腹浦，只少波浪激潺湲。

送黃崑山秘書回南寧

孤竹令支困識途，皆糧扉屨窘濤塗。勞君往返三千里，一路何曾聽鶹鶬。

（附）陸玄同和作

未卜陰晴遽首途，累君千里涉泥塗。柳侯祠廟曾題句，不羨黃陵鄭鶹鶬。

羅浮

羅山佳處為公言，白鶴黃龍兩對門。雪色水廉經雨潤，雷鳴石澗劈灘奔。沖虛有觀仙何取，華首稱臺勢獨尊。萬綠千蒼藏一寺，吾鄉巖洞最靈源。

（附）陸玄同和作

清遊二日接清言，同□空山幾洞門。遠近泉聲因雨王去聲，高低巖翠挾雲奔。千年松與詩人瘦，五百峰如羅浮尊。俊語能傳林壑美，簡齋筆法有來源。

（附）陳功之和作華首臺聽梵

一入忘還古有言，孤青深處見山門。境從仙國分來別，峰似飛雲挾以奔。耆傑遯荒名易世，清涼求地佛稱尊。梵音午夜莊嚴最，了死明生總一源。

（附）沈演公和作名贊清，石丈之甥

一諾尋山竟踐言，迴環松翠幾山門。諸天化雨神龍戲，萬壑飛泉渴驥奔。寺觀平分各殊勝，峰巒弟畜始稱尊。茲游結穴飯華首，梵唄聲高徹法源。

（附）邱錦賢和作協之之戚晼

諸公許我進狂言，歷歷同登眾妙門。古蹟因人題壁重，飛泉得雨激湍奔。弟五句脫，耆宿名山兩所尊。一老低徊增百感謂協之，營齋午夜訴心源。

羅浮遇雨

有約不得游羅浮，此謠未知果與不。我來兼旬此阻雨，舍之去作桂林游。歸聞道圮猶未修，吾宗毅然戒徒御謂協之。凤駕種種車與舟，輿夫僎從暨負弩。數遇積潦艱逾溝，我方憑軾而凝眸。指點某壑與某丘，山靈忽呼雨師至。為具湯沐及膏油，定應自謙非國色。未便粗服復亂頭，奉匜沃盥揖及客。漸車如令降服囚，我謂山靈可以休。環肥燕瘦誰苛求，僕也猶龍一老子。雨行雨立非所愁，曾游西溪遇狂雨。儼一桶水傾衣裘，武夷龍塘揭且砅即屬。所見瀑布壯而修，區區此雨不足道。日氣含濕須臾收，更語山靈勿夷猶。為告山中各泉石，詰朝努力添飛流。

從化浴溫泉並觀山中瀑布得未曾有也賦此示諸同遊寒案，此即從化之頭甲山，石丈嫌其名不雅馴，因更名曰透峽山，有記尚未脫稿。此瀑之大，為兩粵罕有。在他處亦不多覯云。瀑布之上有亭，石丈手題其榜曰「俯瀑亭」，字徑尺許。瀑布之下，萬壑爭流，中亦有亭，石丈手題其榜曰「□然」，字徑亦尺許，云歸去當補為二亭記也

巨瀑奇觀名未成，在山時作不平聲。倒流三峽驚蘇子，浴日咸池快柳甥。龍上於天劉蕡意，雲垂立海杜陵情。尚嫌孤負滂沱景，冒雨奔車返二更。

中國國學會廣東分會成立全人六榕雅集即席題蔡寒瓊、談月色、陸玄同合作梅竹石四幅乙亥六月初四日也

梅為國花，蘭有國香。石則天骨之開張，是為剛柔相得而益彰。贈寒瓊、月色。

吾愛陳石頭，過於梅蘭芳 [9]。石頭之衣鉢，卻傳程玉霜 [10]。贈國學會廣東分會副主任張曲度漢宗 [11]。

合梅堯臣 [12]、石介、鄭□□、屈子賦蘭而不及梅，束皙 [13]、何遜 [14]、宋璟 [15]、杜甫 [16] 賦梅而不及蘭，豈不奇哉。米元章 [17] 愛石，而不畫蘭與梅。奇哉，奇哉。雖石遺亦不強為之解。贈何覺夫覺 [18]。

思肖於一處，得其所哉，得其所哉。贈李桐庵開榮 [19]。

月色夫人即席寫梅見贈賦此答之

繁花開一樹，肯共歲寒時。枝有盤虯勢，人添似鶴姿。短廊看徒倚，淺水照嶔崎，對汝情殊愧，從無警策詩。

（附）陳丈石遺南來，國學會同人買讌六榕，石丈即席題合作畫分贈全人，因與月色連句賦此

嶺海看山與采詩月，詩翁會療我詩饑孟郊 [20] 詩「詩饑貧不怨」。羅浮一雨泉逾王寒，王讀去聲，石丈羅浮遇雨長句多絕奇，陽朔千峰句並奇。撰杖爭誇腰腳健月，重來不負木棉時石丈語。當筵合畫分題遍寒，對酒高歌共樂之月，石丈酒酣，擊箸唱東坡詞。

（附）石丈屬月色篆刻「且看山」三字巨印，並刻一詩於印側

朋儕亂稿待刊刪，行國詩人那得閒。犯暑南來年八十，采詩而外且看山。

題薛劍公始亨 [21] 畫冊

薛公莫是賣漿人，一集遺民久隱淪蔡寒瓊搜集其遺著，得《南枝堂詩集》一卷，《蒯緱館文集》一卷。紙本偶將毫素託，羅浮持贈布衣人。芳蘭已歎根無著，苦竹空傳箭有筠。更庽石頭芝草意，澹歸兩字最精神。

題古婉儀壙誌後示紀文劉市長未婚妻古應芬 [22] 女

如此神傷世所希，香桃瘦骨想支持。須知奉倩分涼日，曾未催妝一畫眉。

頗怪吳江葉小鸞，匆匆仙去太無端。婿鄉若是真情種，嬰母簾前幾問安。

芝芙去草足銷魂，柳絮泉邊日易臏。淒絕采薇長離閣，阿爹附錄一篇文壙

_{誌為古應芬撰書。}

相憐到底相捐易，持匕深情果是真。自古官家惟重色，傷哉蒙被李夫人。

題陸景韞壙誌後示匡文寒案，此乃定稿，廿六日本報刊為初稿也

治始於道路，非以致人死。倉卒望有人，機關可立止。司機一不慎，數數
殺人矣。哀哉掌中珠，墜地即不起。何須遽破碎，破膽身已靡。子龍膽周身，
伯約斗可比。椒山自有膽，豈責兒女子。女拏志昌黎，金鑾傳白氏。早慧皆短
折，此中是何理。何以齊彭殤，名人常有此。

題鐵禪 [23] **畫冊**

山水經行地，雲煙自在身。若嫌留迹象，除是毀乾坤。

答丹名

直是當年溫八叉，長謠短詠逞才華。句如河內爭傳誦，曲比湖陰又拜嘉。
桂嶺虞衡方考訂，粵南文物莫紛拏。我來未繼何岐海，季海成書敢自誇。

答炊方

流水高山有令姿，相思命駕即牙期。柳城陰雨連三日，蜀道難行共一噫。
華首未登猶可望，奇肱不駕我何辭。坡公遺跡全孤負，啖荔還家尚及時。

答敬軒吳康 [24]

詩家四岳更呼嵩，杜白韓蘇逮放翁。敢擬三湘雄作鎮，況加二室奠當中。
拉丁羅馬淵源遠，諸子公羊比較工。肯併學人與詞客，何難出筆雅兼風。

答天倪陳鼎忠 [25]，中山大學教授

累唫渾如秋興篇，篇篇屬和竟茫然。故人推許多逾量，宿債清償媿屢延。
歸里乘風行破浪，遊山阻雨事關天。何當重接談經席，尊酒流連弟二泉。

答海濱鄒魯 [26]

巢父平生屢掉頭，談瀛鄒衍路何遒。蹉跎往往因容易，咫尺羅浮懶一游。

題沙亭訪墓圖陳伯任 [27] **修屈翁山** [28] **墓事**

招罷高樓少婦魂，天山雪片鬢紛紛。蘆中自遁窮人跡，柳下誰完死士墳。
白傅築亭傳叔海，墨卿題碣話朝雲。三閭合冠三家集，司寇冠峨華嶽文。

答仙根 [29] 次韻

詩債方告清，君詩卻復至。次用安定均，寫以伯英字。勸駕游北江，再三鼓詩思。我言屢疊均，直似編聲類。移堂強就樹，買櫝珠翻棄。俯仰似桔槔，何曾為己事。言之雖成理，終覺非本意。何如且偃息，弢中納旌幟。不然床疊床，焉得味外味。

別鶴亭

甌魚甌爵為淵藪，陸買歸裝已過豐。可有傷廉傷惠處，敢言全是信天翁。

（附）冒鶴亭和作

名盛須知謗亦叢，硯田豐略抵年豐。傷廉傷惠君休問，過嶺從無八十翁。

別協之

南館玲瓏北水西自注，昔屬樊樹出游揚州。主馬佩兮，秋玉兄弟之小玲瓏館，天津主查蓮坡之水西莊，此風今日問誰齊自注，咸同以來物力困，此風幾不可追矣。鄭莊執訊教通驛自注，余游粵西，承黃旭初主席通電柳州、桂林各處，命自己汽車送往游，並派秘書黃崑山一路照料。皆君囑李德鄰總司令招呼之力也，馮媛讀本音乘車有障泥自注，余出門常乘君汽車。竟累登山攜屐齒自注，君攜賓從陪余游羅浮。已備各種舟車肩輿。遇險處，尚須步行數百級，君體厚重頗困，為招諛墓博朱提自注，余此來賣文，多為已故人作者。孝廉船緩驪歌亟自注，余亟於言歸，而海船期屢改，細雨梅天幾命題自注，馬佩兮送樊樹歸杭詞云「廉纖細雨侵衣袂」，梅天最難調攝，君贈詩甚多，非馬氏所及矣。

（附）陳協之和作

冒雨尋山東復西，欽嵩君與古人齊。老親風雅明香瓣，別誦詩篇悵雪泥。四卷楞伽驚一瞬，六如電露畏重提。銘心水繪雄文外謂鶴亭，猶有宗工老筆題。

《香港中興報》1935 年 8 月 2 至 9 日

【注釋】

[1] 陳石遺，即陳衍，詳見《附錄　蔡守與時人交遊考》。

[2] 陸更存，詳見《附錄　蔡守與時人交遊考》。

[3] 胡展堂，即胡漢民，詳見《附錄　蔡守與時人交遊考》。

[4] 黃旭初，詳見《附錄　蔡守與時人交遊考》。

[5] □，原文字模糊莫辨，下同。

[6] 呂鏡秋，詳見《附錄　蔡守與時人交遊考》。

[7] 袁子才，即袁枚，詳見《附錄　蔡守與古人交流考》。

[8] 吳歷，詳見《附錄　蔡守與古人交流考》。

[9] 梅蘭芳，詳見《附錄　蔡守與時人交遊考》。

[10] 程玉霜，即程硯秋，詳見《附錄　蔡守與時人交遊考》。

[11] 張曲度，即張漢宗，詳見《附錄　蔡守與時人交遊考》。

[12] 梅堯臣，詳見《附錄　蔡守與古人交流考》。

[13] 束皙，詳見《附錄　蔡守與古人交流考》。

[14] 何遜，詳見《附錄　蔡守與古人交流考》。

[15] 宋璟，詳見《附錄　蔡守與古人交流考》。

[16] 杜甫，詳見《附錄　蔡守與古人交流考》。

[17] 米元章，即米芾，詳見《附錄　蔡守與古人交流考》。

[18] 何覺夫，詳見《附錄　蔡守與時人交遊考》。

[19] 李桐庵，即李開榮，詳見《附錄　蔡守與時人交遊考》。

[20] 孟郊，詳見《附錄　蔡守與古人交流考》。

[21] 薛始亨，詳見《附錄　蔡守與古人交流考》。

[22] 古應芬，詳見《附錄　蔡守與時人交遊考》。

[23] 鐵禪，詳見《附錄　蔡守與時人交遊考》。

[24] 敬軒，即吳康，詳見《附錄　蔡守與時人交遊考》。

[25] 陳鼎忠，詳見《附錄　蔡守與時人交遊考》。

[26] 鄒魯，詳見《附錄　蔡守與時人交遊考》。

[27] 陳伯任，詳見《附錄　蔡守與時人交遊考》。

[28] 屈翁山，即屈大均，詳見《附錄　蔡守與時人交遊考》。

[29] 仙根，即李仙根，詳見《附錄　蔡守與時人交遊考》。

《風雨勘詩圖》卷

　　三十餘年老友高吹萬燮 [1] 來書云，「竊不自量，頗喜購書。然書之多，不勝購也。則專其力於一書。因而所積《詩經》一類之書，幾及千種，故自號蒦盧。又有《風雨勘詩圖》，略徵題詠，以為快樂。但並不廣徵，廣則不精，且入俗套寒案，吹萬此二語，深中時流以圖狂臚題詠之病。必求親暱至好，老友如公，乞為我寫一卷。月色夫人不作山水，則懇題一詩最妙。唐蔚老文治 [2] 先為圖序。希賜覽焉下略。」

唐文治《風雨勘詩圖序》,「余友金山高君吹萬,溫柔敦厚士也。居張堰鎮,蓄書十餘萬卷。尤以《詩經》為夥,都凡九百餘種。一廬軒敞,其嘯也歌。春誦夏弦,鍥而不捨。勾蔡子寒瓊為繪《風雨勘詩圖》卷。書來屬余為序言。余與高君雖爾思室遠,而神交者二十年矣。迺為序曰:自來民勞板蕩之時,必有揚風扢雅之士。好是懿德,陶淑性情。維文化於將衰,蘇人心於不泯。故鄭詩曰,『風雨如晦,雞鳴不已。既見君子,云胡不喜』。

序曰,亂世則思君子不改其度焉。余謂風雨者,易剝之象也。雞鳴者,易復之幾也。碩果不食,豈非天地之心所寄乎。冬日烈烈,飄風砭我骨矣。如松柏之茂,胡獨後彫而丸丸乎。春秋之末,干戈侵尋。曾子隱居武城,讀《商頌》淵淵作金石聲。東漢之季,黃巾俶擾。鄭君箋詩禮堂,群盜相戒不入其鄉。今之世,何世乎?豈猶是春秋與三國之時乎。滄浪濯足,滔滔者皆是也。不弔昊天,亂靡有定。我瞻四方,蹙蹙靡騁。而高君獨閑閑泄泄,雲翔千仞之表,星羅白城之書。樂土樂土,爰得我所。意者優游彌性,默相天地之宜。綢繆牖戶,足支風雨之飄搖乎。抑或將恐將懼,惴惴小心。乘谷風陰雨之會,藏名山而傳諸其人乎。考槃之詩曰,『獨寐寤宿,永矢弗告』。白駒之詩曰,『毋金玉爾音,而有遐心』。人間寶笈,天上娜嬛。于焉逍遙,伊人宛在。余方將攬喬木,求友聲。一葦溯洄,霜凝露白。訪君於蒹葭秋水間,摻執而譚經焉。」

余讀唐蔚老序既,遂取老友黃賓虹 [3] 督造寬簾楮皮帋。長八尺有四寸,高八寸有六分。仿龔柴叟 [4] 之濃墨為作《風雨勘詩圖》成。月色如命題一詩於卷尾。詩曰,「風雨入懷哀世亂,觀詩眼學在秦前。詩亡翻為詩人眾,試讀潭秋邵祖平 [5]《詩厄》篇。」

《香港中興報》1935 年 8 月 11、12 日

【注釋】

[1] 高吹萬,即高燮,詳見《附錄　蔡守與時人交遊考》。

[2] 唐文治,詳見《附錄　蔡守與時人交遊考》。

[3] 黃賓虹,詳見《附錄　蔡守與時人交遊考》。

[4] 龔柴叟,即龔賢,詳見《附錄　蔡守與古人交流考》。

[5] 潭秋,即邵祖平,詳見《附錄　蔡守與時人交遊考》。

詩厄篇

摯友邵潭秋祖平 [1] 主之江大學中國文學系六載有奇。比來不得於郭校長,

治任將去杭。以近著《詩厄篇》甫脫稿，遙寄示余。余為折服之至，亟錄如左：

「荀子 [2] 曰，『詩者，中聲之所止也』。劉勰 [3] 曰，『詩者，持也。持其志者也』。中聲之所止，故暉緩蕩靡唯殺哀思之音不生。持其志，故傲忽媚諛儇豔狠怒之情不至。唐虞之盛也，詩言志，歌永言，聲依永，律和聲。八音克諧，神人以和。姬周之治也，其詩樂而不淫，哀而不傷，怨誹而不亂。此殆中聲之所止，而又能持其志者耶。後世詩人，逐於所好，不貞其守。於是始有喪厥志者。而人主亦有競創新聲，以掩抑摧藏哀音斷絕為美者見《隋書‧音樂志》。於是志騖聲不中，真詩亡而偽詩鴟張桀起。德敗俗媮，國亂於上，民困於下矣。

嗟乎，君子觀於詩之厄而可察知世變矣。晉移魏權，篡奪之既。迫於眉睫，而一時風流名士，盛於雒下。棄經典，尚老莊。崇放達，蔑禮法。顧亭林 [4] 所為致喟於亡天下者，正此時也。當時士喪厥志，聲不准於中。其間詩人，豈有如堅持漢賊不兩立之諸葛武侯 [5]，抱黍而吟『梁甫吟』者乎。嵇康 [6] 之為人，心於魏者也。而以非薄湯武遭戮，其詩固不多。阮籍 [7] 心於魏而仕於晉，晦於酒而出入禮法。所作詩雖多，而志趣不明。則詩之厄也，殆初遭於茲矣。張華 [8] 博物，王衍 [9] 清談，均之玩物喪志者也。終晉之世，幾無詩。其亡也，僅得一陶靖節 [10] 詠荊軻三良以見志，視彼清談名士，觀其故主之青衣行酒而漠然無動於中者，賢亦遠矣。然而卓孤陽於群陰之中，詩之獲存而不及於亡者，蓋亦僅矣。劉宋之初，老莊告退。山水方滋，而山水者，□ [11] 之博物，清談之玩物喪志者也。

夷考古人作詩，從未有藉山水以立篇章者。崧高漢廣，詩人不過以借喻其德崇化美，非真欲寫山水也。謝靈運 [12] 乃疲神魂，干法紀。以從事所謂模山范水之詩，鬼幽鬼躁。卒不保其首領以沒，其惑亦可哀矣。寺人孟子之詩，盲左之文，未嘗乞靈於山水。而後世顧有詩文得江山助之說張說 [13] 謫岳州後，詩益悽惋，人謂得江山助。太史公 [14] 遊覽天下名山大川，蘇轍 [15] 指謂其文所以疏宕有奇氣。亦成其所謂詩厄而已。齊梁之間，鍾嶸仲偉 [16] 取漢魏以來一百有三人詩，論其優劣，著為《詩品》。其論優劣也，推原某人源出某人，因未為得也。至推原某人出於風，出於雅，則尤為害道矣。詩三百篇，一言蔽之曰，思無邪。而風雅頌又同為詩之一體。風者諷也，有類乎春風之風人。鳥獸草木，雌雄牝牡，各以其風化而相感也。雅者正也大也。有類乎夏氣之昌大條達，秋令之正肅昌明。鳥獸孳乳而蕃其族，草木摯斂而遂其實也。頌者容也。嚴冬收閉，歲功已成。草木之實，可登俎豆。鳥獸之肉，可助祭享，於以見其盛大莊肅之容也。

詩之有風有大雅有小雅有頌，一如四時之有春夏秋冬也。使云某人原出於雅，是有夏秋而無春冬也。使云某人源出於風，是有春而無夏秋與冬也。自詩教之衰，人不見詩道之全。其病則至於割裂風雅，其意且欲以自繩而繩人。曾不知其為害道違理，使詩復蒙其破碎殘缺之厄也。

陳隋之間，迄無令主。後主 [17] 素無心肝，顧好文學，靡麗輕豔，突過前代。以宮人袁大捨 [18] 等為女學士。令其臣江總等與張貴妃、孔貴嬪游宴，共賦新詩，互相嘲謔。採其尤豔麗者《玉樹後庭花》《金釵兩臂垂》，製為樂詞，被以新聲，狎昵之情，激為哀豔。北鄙之音不是過，亡國之慘已自知矣。煬帝蒸及父姬，縱情聲色，大製豔篇，辭極淫冶。令樂正白明達 [19] 造新聲。所創《汎龍舟》《清夜游曲》等，與陳後主之《玉樹後庭花》相伯仲也。詩道不幸，至此幾與倡優賤伎同蓄，美教化移風俗之謂何。顧後世亦有目此新聲豔曲為藝術之一種者今世盛行《桃花江》《漁父曲》，殆亦玉樹後庭之流亞。輦目為藝術矣。然藝術者，不必盡出雅正，有志者所不屑為。彼藝術則藝術，而吾終以中國之詩非藝術。不任屈己從人嫭媚世之厄也。唐太宗初有志於禮樂，貞觀之治，庶幾復古。開元多賢相，蔚為盛世。其時俗尚淳樸，淫邪之思不生。陳子昂 [20]、張九齡 [21]、李白 [22]、杜甫 [23] 之倫，庶幾為詩國復興之傑。自天寶以迄大歷，國奢召亂，詩道亦衰。錢起 [24] 之脆薄，劉長卿 [25] 之泄沓，顧為此時之兩雄。錢詩疲於贈送，公卿大夫出為州郡，不得其詩餞送者，引以為恥。劉詩熟於題詠，篇章滿天下。自負人知其名，每題句僅署長卿二字而不氏，極其弊也。詩體通俍，窠臼滿紙，既闕性靈，復乖雅道。至於奔趨投謁，懸句以比雉媒。射策梯榮，媵篇藉邀鶚薦。千首詩輕萬戶侯，一曲菱歌敵萬金。受詩者姑為廣座延譽，投詩者馴致私門無恥。其厄可謂甚矣。宋人詩學愈壞。稗書小說，取以裝點詩篇。叫囂議論，賴之恢張氣勢。聯句次韻，汩沒性源。聲氣明鄺，墮染江湖。自蘇軾 [26]、黃庭堅 [27] 之詩行，詩法精進，而詩道垂絕。阮閱 [28]、胡仔 [29] 之書行，而詩學可下降於稗鈔。陳起 [30] 之《江湖集》，呂居仁 [31] 之《宗派圖》行。詩道蓋墮惡道，已不勝其厄矣。元無詩。明詩頗蘄復古。譬如女紅之春花，刻玉之楮葉，姿形雖似，苦無生氣。公安 [32] 步趨白傅 [33]、杜荀鶴 [34]、羅昭諫 [35] 而不足，竟陵 [36] 追摹姚合 [37]、賈島 [38]，四靈而不逮。明詩之成就如是，特又唐宋人之緒餘而已。

清初詩無宋人清苦僻澀之習，然順康大家如吳偉業 [39] 者，特為靡曼。王士禎 [40] 彌見矜持。乾隆間袁枚 [41] 之佻傺，沈德潛 [42] 之陳熟，趙翼 [43]

之俳優，皆無足觀。其間稍以才自力者，孫星衍 [44]、黃景仁 [45] 之屬。以學自力者，厲鶚 [46]、胡天游 [47] 之屬，差足鏖持方隅。譬如禮失而求諸野，迷孤竹而得一老馬。未可復見漢官之隆，遽問鼎於中原也。同光作者，今猶有存者。佳者黝然有光，恬然有味。下者生硬槎枒，皆演宋詩之餘勢，益無餘味。金和 [48]、黃遵憲 [49]、易佩紳 [50] 之徒，擬變之而學力不逮。天其猶未欲振吾詩厄耶，抑振詩之厄者尚有待耶。

　　嗚呼！天真未欲振吾詩厄矣。振詩之厄者無其人，而助詩之厄者實繁有徒矣。人或謂建國七年，文學革命，用夷變夏之白話詩，將致國詩於厄乎。曰『不然也』。白話詩自附益為國詩之一體，庸何傷。且昔年之仿泰西白話詩者，今且相率而為國詩矣。而不知國詩之壞，國學之不講，國恥之不明，國詩作者應自負其責者也。詩有自然高妙，性靈之事也。想高妙，意境之事也。理高妙，學問之事也略用姜夔 [51] 說詩語。今日詩人之庸濫，來書不覯。日惟手《佩文韻府》□編，取今日號稱所謂之詩人詩，伏案揣摩。學尚不知，何知詩理。性靈意境，更無論矣，此一厄也。

　　顧亭林曰，士大夫之無恥，是謂國恥。今之詩人，駢肩趨于輦轂之下，弋名利於都會之中。組為詩社，刊為報尾。翕忽而崇山作會，須臾而名刹登高。武弁商賈，雜遝拈韻。冠帶相索，筐篚是勤。強致遺民，利誘詩老。要遮東西，隳突南北。識者怪其不倫，而昧者不察。以為中國之詩盡在是矣，此二厄也。

　　惟此二厄，是生十三異。昔之詩人，目存溫柔敦厚興觀群怨之旨。今之詩人，心惟傾巧固結鉤距縱橫之術，一異也。

　　昔之詩人，好名者不必好利，好清名者不好官職。今之詩人，既弋名，復嗜利，更不厭官職，二異也。

　　昔之詩人，以泉石松菊月露烟霞為累。今之詩人，以揖讓周旋羔雁筐篚為樂，三異也。

　　昔之詩人，詩篇泥沙俱下，瑕不掩瑜，讀之不能捨。今之詩人，周還中規，折旋中矩，令人不敢逼視，四異也。

　　嗟乎。詩者，言之精也。志者，心之精也。詩言志，以天下之至精，遇天之至精。其所入神，應有富貴不能淫，貧賤不能移，威武不能屈者。而軒冕者，物之儻來者也。有官職者，天之儌人也。保財富者，猶蜣蜋之弄丸，事之最穢濁者也，皆天下之至粗者也。而吾詩人顧歆之樂之不倦。捨天下之至精，御天下之至粗。棄天下之至清，拾天下之至穢。以言志之詩，為財富利祿之媒阰，

豈非亙萬世蓋天下之至惑者乎。《漢書・藝文志》曰，『詩以正言。義之用也』。
《春秋說》題辭曰，『詩書，義之府也』。使詩為義府義用之說而果信。則詩人
固窮，不能捨義而趨利必矣。義喻於君子，利喻於小人。

　　詩人者，三代以下直道而行之民也。有聖賢典謨焉，有祖宗墳墓焉，有父
母訓誨焉，有宗族鄉鄙之清議焉。奈何以純白之身，為貪污之行。舍君子之趨，
而小人之歸乎。」

　　　　　　　　　　　　　　　　　　《香港中興報》1935 年 8 月 13 至 16，18 日

【注釋】

　[1]　邵潭秋，詳見《附錄　蔡守與時人交遊考》。

　[2]　荀子，詳見《附錄　蔡守與古人交流考》。

　[3]　劉勰，詳見《附錄　蔡守與古人交流考》。

　[4]　顧亭林，詳見《附錄　蔡守與古人交流考》。

　[5]　諸葛武侯，即諸葛亮，詳見《附錄　蔡守與古人交流考》。

　[6]　嵇康，詳見《附錄　蔡守與古人交流考》。

　[7]　阮籍，詳見《附錄　蔡守與古人交流考》。

　[8]　張華，詳見《附錄　蔡守與古人交流考》。

　[9]　王衍，詳見《附錄　蔡守與古人交流考》。

[10]　陶靖節，即陶潛，詳見《附錄　蔡守與古人交流考》。

[11]　□，原文字模糊莫辨。

[12]　謝靈運，詳見《附錄　蔡守與古人交流考》。

[13]　張說，詳見《附錄　蔡守與古人交流考》。

[14]　太史公，即司馬遷，詳見《附錄　蔡守與古人交流考》。

[15]　蘇轍，詳見《附錄　蔡守與古人交流考》。

[16]　鍾嶸，詳見《附錄　蔡守與古人交流考》。

[17]　後主，即陳叔寶，詳見《附錄　蔡守與古人交流考》。

[18]　袁大舍，詳見《附錄　蔡守與古人交流考》。

[19]　白明達，詳見《附錄　蔡守與古人交流考》。

[20]　陳子昂，詳見《附錄　蔡守與古人交流考》。

[21]　張九齡，詳見《附錄　蔡守與古人交流考》。

[22]　李白，詳見《附錄　蔡守與古人交流考》。

[23] 杜甫，詳見《附錄　蔡守與古人交流考》。

[24] 錢起，詳見《附錄　蔡守與古人交流考》。

[25] 劉長卿，詳見《附錄　蔡守與古人交流考》。

[26] 蘇軾，詳見《附錄　蔡守與古人交流考》。

[27] 黃庭堅，詳見《附錄　蔡守與古人交流考》。

[28] 阮閱，詳見《附錄　蔡守與古人交流考》。

[29] 胡仔，詳見《附錄　蔡守與古人交流考》。

[30] 陳起，詳見《附錄　蔡守與古人交流考》。

[31] 呂居仁，即呂本中，詳見《附錄　蔡守與古人交流考》。

[32] 公安，明代文學流派。代表人物為湖北公安人袁宗道、袁宏道，袁中道弟兄，因名。他們活動於萬曆年間，反對貴古賤今，反對模擬古人，主張文學創作要「獨抒性靈，不拘格套，非從自己胸臆中流出，不肯下筆」。在詩歌方面，他們推崇民歌，認為當時閭里婦女兒童所唱的《擘破玉》《打棗竿》等，是「無聞無識真人所作，故多真聲」。他們的作品以散文成就最高，打破了傳統古文的陳規定局，自然流露個性，語言不事雕琢，流利潔淨。詩歌也受到民歌等通俗文學影響，淺近率真。但是這一派派的作品一般缺少深厚的內容，思想貧弱，創作成就遠遜於他們在理論上的建樹。

[33] 白傅，即白居易，詳見《附錄　蔡守與古人交流考》。

[34] 杜荀鶴，詳見《附錄　蔡守與古人交流考》。

[35] 羅昭諫，即羅隱，詳見《附錄　蔡守與古人交流考》。

[36] 竟陵，明後期文學流派。代表作家鍾惺、譚元春，均為竟陵人，故名。他們活動於萬曆年間，反對前後七子的擬古主義，主張獨抒「性靈」；同時也反對公安派的俚俗與浮淺，因而提倡「幽深孤峭」的藝術風格。但是，他們實際上仍然在向古人那裡討生活。兩人所選《詩歸》一書，目的就在於「引古人之精神以接後人之心目，使其心目有所止焉，如是而已矣」。因之，他們的作品不是抒寫創作主體本身的真實情懷，而是表現古人的「幽情單緒」，這樣就把詩文創作引向一條更為狹窄的小路。

[37] 姚合，詳見《附錄　蔡守與古人交流考》。

[38] 賈島，詳見《附錄　蔡守與古人交流考》。

[39] 吳偉業，詳見《附錄　蔡守與古人交流考》。

[40] 王士禎，詳見《附錄　蔡守與古人交流考》。

[41] 袁枚，詳見《附錄　蔡守與古人交流考》。

[42] 沈德潛，詳見《附錄　蔡守與古人交流考》。

[43] 趙翼，詳見《附錄　蔡守與古人交流考》。

[44] 孫星衍，詳見《附錄　蔡守與古人交流考》。

[45] 黃景仁，詳見《附錄　蔡守與古人交流考》。

[46] 厲鶚，詳見《附錄　蔡守與古人交流考》。

[47] 胡天游，即胡騤，詳見《附錄　蔡守與古人交流考》。

[48] 金和，詳見《附錄　蔡守與古人交流考》。

[49] 黃遵憲，詳見《附錄　蔡守與時人交遊考》。

[50] 易佩紳，詳見《附錄　蔡守與時人交遊考》。

[51] 姜夔，詳見《附錄　蔡守與古人交流考》。

《漁樂圖》

　　巖竹 [1] 以何香凝 [2] 為徐又錚 [3] 寫《漁樂圖》索余與月色題句。因和仲愷 [4] 原韻各為漁家傲一闋。仲愷此詞，刻本闕，因並錄之如下：

　　「狎得風波渾自苦。朝朝打槳乘潮去。媚水蒹葭還故故。烟和雨。蒼茫那是相思處。　散亂飛鴉悽告語。宵來玉露凋秋樹。者裡乾坤誰作主。君莫訴。蘆中有客儕鷗鷺。壬戌雙十節香凝內子為徐君又錚畫竟。索余題之。率成漁家傲一闋。廖仲愷並誌。」

　　「莫學楊雄空自苦。避秦有路爭先去。椰笠欄簑還我故。禁風雨。桃源深處深深處。　慷慨當年曾共語。故人奇節千秋樹。吾郲而今誰造主。休輕訴。只應漁隱盟漚鷺。吾郲徐又錚廖仲愷皆殉國多年。今夕披圖，寧勿黯然，依韻和之。並質覺夫志兄鑒意。蔡守寒瓊。」

　　「負戴夫妻休叫苦。終須有日歸山去。偕隱由來多掌故。雲和雨。歡情最愛山深處。特地漁翁來與語。前溪已種梅千樹。正要先生來作主。偷相訴。釣竿暫付江邊鷺。談月色學倚聲。」

《香港中興報》1935 年 8 月 18、19 日

【注釋】

　　[1] 巖竹，詳見《附錄　蔡守與時人交遊考》。

　　[2] 何香凝，詳見《附錄　蔡守與時人交遊考》。

［3］徐又錚，即徐樹錚，詳見《附錄　蔡守與時人交遊考》。

［4］仲愷，即廖仲愷，詳見《附錄　蔡守與時人交遊考》。

南昌拆城基又發見古物

　　江西南昌拆城。家蔚挺敬襄［1］搜羅城甎。集拓文字，成《南昌城甎圖志》見去年六月廿三日至廿八日刊邊璈。比來已拆至城基下，蔚挺又獲古物不尠，日昨以精拓本寄示。分錄於後。

　　唐墓志一，石高七寸又半寸，寬八寸。兩面刻，蓋大小同。「唐故滎陽鄭夫人墓誌」，正書九字分三行，字徑約二寸。志亦正書，十三行，行十三字。陰十二行，行亦十三字。

　　「唐故滎陽鄭夫人墓誌銘並序，吳郡陸翹撰。維大唐建中辛酉歲正月庚辰，皇中書舍人博陵崔府君夫人滎陽鄭氏，薨於鍾陵惠命之精舍，享年六十六。以其年正月十七日，權窆於南昌灌城鄉■［2］命寺果園，可謂悲矣。前望崇山，卻倚脩原。喬木平川，鬱鬱芊芊，宜乎貴尊之宅兆也。於戲！體仁蘊智，外和內正。閫門有則，令儀令範。存為姻族所望，歿為姻族所悲。滎陽夫人則然矣。曾祖宣州長史仁愷，生王父朗州司馬以下陰知十。知十先生府君州司馬延祚，外祖清河崔氏，中書舍人思睞。皆奕善積行，為海內甲族。有子一人，前任洪州南昌令，輔朝以清白稱，■皆夫人內訓也。塊焉在疚，□［3］□□■訪。余以不腆之文，刻石泉扉。銘曰，巍巍高門，威儀不忒。光於九族，行於四德。令譽有彰，福□無疆。母師母範，大任齊姜。嗚呼嗚呼，禍兮不常。勒石千秋，寒松白楊。」

　　「江西南昌唐人墓志，考歷代金石著錄無之。民國七年，南昌進賢門外南關口。鄉人掘井發現程皓墓志，係長慶四年，屬晚唐，有篆額九字。志銘共二百六十九字，書法遒勁。為桂林龍伯純［4］購去。余今亦在進賢門外獲此墓志，有建中年號，屬中唐，距今一千一百七十餘年。書法精湛，文亦簡樸，為唐碑上品。倘在河南、陝西，多不甚重。而發現吾南昌，殊堪珍貴。今既獲『漢建寧三年』甎，復得此志。齋中夜靜，燈下摩挲。漢唐文物，照我眼前，不勝愉快。然世亂末日，殺人利器，翱翔天空，又不禁感慨繫之。即題一詩，『天昏地黑劫依然，不意躬逢兩建年。夜半摩挲燈炯炯，漢唐文字到吾前。民國廿四年八月上浣。蔡敬襄題。」

　　「顏魯公［5］《麻姑仙壇記》，李北海［6］《東林寺碑》，為江西唐碑最烜赫

於世者，至元代兩碑均毀。後來翻刻，失其真相。惟柳公權 [7] 書《廬山東林寺碑》尚存殘石耳。萍鄉之楊岐山 [8]《乘廣》《甄叔》兩碑。雩都之福田寺《三門記》石雖存，然皆屬晚唐。而此額九字，新出土，風神飄逸，是中唐書法。今當推此為江西唐碑第一。蔚挺又跋。」

「漢建寧甎二。今裁尺橫一尺又二寸五分，直八寸又二分。四邊雷文，寬二寸又五分。中作二格。中『建寧三年』隸書四字。左右二格，花紋亦奇古。又一甎。花紋大小相若，但無字耳。

是甎平面，用漢建初尺度之，高一尺三寸強，寬二尺，厚二寸。均適合漢尺度。考建寧二年，為漢靈帝庚戌歲。南州徐孺子 [9] 卒之第二年也。然孺子躬耕稼穡，家貧高尚，清風亮節，與夷齊比，斷無此花紋磚築墓。況同地發見有精湛之漢鏡、銅劍、古璧、貨泉諸品。諒為當時握政治權之大人之墓無疑。今年南昌省會附近之大郎廟後山，工人取土以填飛機場。發見此花紋磚不尠。惟有『建寧三年』四字者，僅此一枚。『建』字損左旁。書法樸茂雄俊，似《西狹頌》《張遷碑》，竟出於南方之南昌。從來無漢碑者，誠堪寶貴。乙亥仲夏，拓寄寒瓊月色賢伉儷審定。蔡敬襄蔚挺並記。」

「漢鏡二。一直徑四寸又五分，黑漆古。花紋四重，精湛無匹。銘曰『■鍊字省，漢竟文多如此石英，下之清。見己巳日干也，知人請借請作情，漢石經殘字，臣弒其君之弒，亦借試作弒。心志得兮樂長生』。一直徑五寸，亦黑漆古。文字兩重，間以龍虎文。亦殊精湛。近鼻處方格。『子丑寅卯辰巳午未申酉戌亥』十一字。銘曰『昭照省是明鏡誠快意，上有龍虎四時置。長保二親樂毋事，子孫煩審省息家富熾。予借作與天無極。守大』。

兩鏡亦大郎廟後山出土，皆破，幸未損失。工人云此地上層有未朽之棺木。中層多唐開元錢與宋磁器。下層有古璧與銅器，惜皆破。為賦二絕句，『文字花紋屬晉前，墓磚發見建寧年。如何不幸遭塵劫，火焰刀兵到九泉。』『鹵莽無妨聽缺殘，誰能恢復得全完。傷心吾國前途禍，破碎河山一例看』。

昔人有夫婦破鏡重圓之佳話。今之社會，夫婦無故忽告離異，信義掃地。孔子曰，『自古皆有死。民無信不立』。孟子曰，『舍生取義』。然則信義二字，為人類之至寶。而夫婦之道，亦賴以維持。余補是鏡，後成一詩，『土工鋤底太無情，毀我先民藝術精。破鏡重圓夫婦合，堅持海誓與山盟』。此二鏡倘不破，非窮措大所能得。又成一詩，『倘能出土原完璧，隱秘視為奇貨誇。窮措書生無眼福，定知飛入富豪家。乙亥六月拓寄似寒瓊月色賢伉儷吟教。南昌蔡

敬襄蔚挺並識。」

《香港中興報》1935 年 9 月 19、20 日

【注釋】

[1] 蔡蔚挺，詳見《附錄　蔡守與時人交遊考》。

[2] ■，原文字模糊莫辨，下同。

[3] □，原文空白，下同。

[4] 龍伯純，即龍志澤，詳見《附錄　蔡守與時人交遊考》。

[5] 顏魯公，即顏真卿，詳見《附錄　蔡守與古人交流考》。

[6] 李北海，詳見《附錄　蔡守與古人交流考》。

[7] 柳公權，詳見《附錄　蔡守與古人交流考》。

[8] 楊岐山，江西萍鄉上栗縣境內，具有豐厚的人文景觀為內涵，融自然風光和宗
　　教文化為一體的重點風景區。

[9] 徐孺子，即徐穉，詳見《附錄　蔡守與古人交流考》。

硃書墨書陶瓷款識

疇昔揚州張丹斧 [1] 自陝西鳳翔府城市上，購得陶瓶三事。硃書二，墨書
一。

硃書一瓶後歸羅叔言振玉 [2]。硃書十三行，「熹平元年十二月四日一行甲
申，為陳初敬等二行立冢墓之□ [3]，為生三行人除殃，為死人解四行適造西冢
公伯地下五行二千石倉林君武夷六行五生人上就陽死人七行人下歸陰生人就高
八行臺死人□自臧生人九行南死人北生死各自十行異路急急如律令十一行善者陳
氏吉昌惡十二行者五□自受其殃急十三行。」

所書皆道家言，與買地券文相近，蓋漢時風氣如此。今俗接殃送殃，猶仍
此習也。書法厚重，已近行草，亦如流沙隊簡。據此可證漢晉已有行草。其餘
兩瓶，字跡隱約，多不能辨。

老友鄒景叔壽祺 [4] 得杭州出土唐陶瓶一，質堅細如宋瓷。其釉紫色，且
厚重光潤尤似汝窯。瓶底有硃書「武德四年霍仲初制」八字，半為釉掩。今春
上海博覽古物會上售與顧巨六鼇 [5] 三千金。半年來已有人願出價十萬金，而
顧氏尚未欲售也。

又昔年余辦廣州博物院，開幕時曾與何敘父遂 [6] 借陳宋瓷，亦器底多有
硃書墨書者。

　　河北天津博物院藏鉅鹿出土宋瓷洗二，一底有硃書左行三行「大觀二年子四月初四日買亞」。案大觀二年，為宋徽宗即位之第八年。歲次戊子。文曰「子」，蓋即「戊子」之省。可見當時習俗紀甲子只紀地支，而省天干。亞為署押，此習尤為當時所通行。鉅鹿出土各器，凡題識者，率多署押。形雖各殊，然皆由亞字變化而來。蓋仍沿三代鼎彝銘式之亞形。可知畫押之押，即亞之假音字也。

　　洗之二，「大觀二年四月廿五日置到東王亞」，正書二行。

　　盒一「元祐七年八月十九日買■〔7〕五十亞」。■字為俗書錢字之減筆，與今無異。錢五十，可略見當時物價也。

　　盒二「子大觀二年四月十三日買范秀藥鋪南曹亞」，環書於器底。中又書價「■卅文」。案「子」，亦戊子省文，書於年號之前，與洗文略異耳。范秀為置器者之名。南曹者，蓋其鋪分職治事之所。古官府多分曹，如漢置尚書四人為曹，晉置三十四曹，唐《韓洗傳》「涖南曹五年」。郡縣椽屬亦分曹，如功曹等是。商家俗尚好襲官式，其分工治事之所亦曰曹，故有南曹之名也。

　　盒三「徐院主」。案宋有畫院、書院、道院、僧院、行院種種。《宣和書譜》歐陽詢〔8〕有草書院君帖。院主即院君之謂也。

　　盂十二。一曰張亞。二曰郝。三曰李亞。四曰劉丞。五曰王通。六曰叚。七曰明作。八曰大王，其王家之長支歟。因其身大而名之。與腐遷盲左同。九曰楊。十曰李。十一曰四，蓋人之行次。十二曰十，十即其押。蓋沿甲古文十字而來。

　　盌五。一曰張。二曰安。三曰楊。四曰董。均用器者之姓也。五曰黃二叔亞，二叔其用器者之稱謂，或乳名歟。

　　甌七。一曰花，此字北魏前不見，蓋為外族之名氏，唐有花驚定，《通志》宋有尚書郎花尹。二曰花李，概婦女連同母氏書者。三、四皆曰曹亞。五曰周。六曰耿。此皆用者姓氏。七曰墊，其義不明。案唐俗用錢。常值百而去其一謂之墊。《唐書》，所在用錢墊陌不一。沿從俗所宜。此俗至清製錢未廢時仍行之。俗謂之作底兒錢。底兒錢即墊音之轉也。宋沿唐風。此器當為瓷市交易至百數所留之墊，以當錢也。

　　盃二。底皆書一社字。案《風俗通》齊昌徙社南，因以為氏。姓苑有社北氏。又宋時當佳節，民間往往結社火以為歌舞。此器為社氏之藏，抑為社火所公用。不可知也。

　　甌一小於杯者，底有四字，只一「佳」字可見。

橚二。案《說文》，橚，槃也。《急就》篇，欂、戣、椑、橚、匕、箸、█，今訛為碟字，一曰尹郎，二曰雒縣公用。案宋雒縣屬成都府路漢州，今四川漢縣，去鉅鹿甚遠。或為鉅鹿往雒縣之人所攜回者。

土鼓一。底正書四行，曰「四月十三日」。曰「四月廿八日」。曰「四月十日」。曰「四月二十二日」。案土鼓為人類最初之樂器，法國某博士在非洲考查類人猿，即有此製。吾國《小戴》記，「禮運未有火化之世，蕡桴而土鼓。」《周禮》有籥章，「專官掌土鼓。中春擊之以逆暑，中秋擊之以迎寒，祈年擊之以樂田畯。祭蜡擊之以息老物。」可見吾國視此樂器之重。秦人之擊缶而歌，楚人之鼓盆而歡，皆沿擊土鼓之遺俗。此鼓所記皆初夏之候，可知宋時祈年仍用此器。遜清求雨時，猶有道士擊鼓，其風由來遠矣。

《香港中興報》1935 年 8 月 28、29 日

【注釋】

[1] 張丹斧，詳見《附錄　蔡守與時人交遊考》

[2] 羅叔言，即羅振玉，詳見《附錄　蔡守與時人交遊考》。

[3] □，原文字空白，下同。

[4] 鄒景叔，即鄒安，詳見《附錄　蔡守與時人交遊考》。

[5] 顧巨六鼇，即顧鼇，詳見《附錄　蔡守與時人交遊考》。

[6] 何敘父遂，即即何遂，詳見《附錄　蔡守與時人交遊考》。

[7] █，原文字模糊莫辨，下同。

[8] 歐陽詢，詳見《附錄　蔡守與古人交流考》。

《畫隱園圖》第二圖題詠

今歲元旦試筆，即為國學會耆碩許丈情荃 [1] 年七十八作《畫隱園圖》，並錄其題詠見本闌二月廿八號至三月十四號。比來為紹介周丈玉鐫圖瑞 [2]，順德人。亦國學會耆碩為作圖，仿龍眠白描法寫之，洵稱能品。玉丈亦自謂得意之作也。題云，「萬個琅玕萬笏山，碧苔分綠上松關。輞川詩思龍眠畫，盡入如皋楮墨間。情荃社長屬寫畫隱園圖。即希指正。周圖瑞玉鐫並題。時年七十有七」，「圖瑞」白文長方小印。

「比來秋暑如焚。承情丈寫示當世名流題圖詩什。名章迥句，滿目琳琅。揮汗濡豪，晨鈔暝錄。亦當乙亥消夏記也。」

義寧陳散原三立 [3]，「匡山誇說子瞻來，老去逃名勝自哀。輸汝家園成畫

隱，逢人莫更贈簫材。」

金山高吹萬燮[4]，「先生懷抱迥超塵，丘壑胸中盎盎春。莫怪名園成勝地，即看小隱亦傳人。揮豪落紙烟凝壁，拄杖觀山雲滿身。畫意詩情誰領得，披圖我已欲通神。」

其二「寒隱未堪儕畫隱吹萬有《寒隱園》，柴灣直欲比柴桑。讓君松菊長無恙，媿我林泉為底忙。翠竹高花供點染，青絲白髮共徜徉。橫流滿地知難避，一壑能專計最良。」

湘潭齊白石璜[5]：「悠悠水繪勝名垂，地以人傳非譽辭。若向柴灣問陳跡，天邊還有夕陽知。

少時余也字畫隱，人世不呼呼馬牛。欲把雕鐫遠相贈，附公名下亦千秋自注，余二十七歲時自號『畫隱』，世人不呼即作罷。曾刊有『畫隱』二字小印，存在家山。如未化秦灰，尋得當奉寄贈。印旁增加題跋，亦可附公千秋也。」

如皋顧仁卿錫祥[6]，今年八十七：「天生因篤必能栽，畫隱原為磊落才。亦似論文嚴五去，也隨吟詠作三來。神情在所留真氣，心髓居然奪眾胎。萬竹如逢文太守，請君放筆莫徘徊。

詞賦奚曾輸子山，小園花草總迴環。有聲有色於其際，無悶無憂在此間。偶與通家同肖像，豈如謝氏不知鵰。鳳樓可造何妨造，願助濤箋十樣蠻。」

番禺葉玉虎恭綽[7]，「先生有筆工作畫，即以畫意營邱灣。先生有地供大隱，蒔花疊石雕堅頑。園瓢偶築標歐樣，攢林雜現蠻卉斑。歌呼魚鳥亦相和，寄傲寧覺林泉慳。水繪五松縱絕覽，撫茲神想三神山。蹬音他日我或往，散策松壑同高閒。」

吳江金松岑天翮[8]，「說劍歸來畫裡藏，畫中人老閱興亡。了知浮世無常業，且復酣吟學古狂。歲晚君能松柏健，園居我媿薜蘿荒。鶯花自昔江皋美，烟艇秋期■[9]子堂。」

吳江費仲深樹蔚[10]，「畫中庸可隱，即景寄閒情。踵有柴灣築，能齊水繪名。地偏籠野色，世亂隔兵聲。三十年中事，丹青老更成。

鄧劉皆好我，衡泌晚棲遲。雞黍頻仍約，山河邈若思。輸君清福最，於古隱人師。吳下悲秋者，生涯草木疑。」

奉賢朱遯叟家駒[11]，「君家作園名畫隱，君畫蕭疏我已領。君以畫意營為園，結構清幽美風景。花木中西並效奇，亭池曲折環疏籬。春秋佳日良朋萃，剪韭烹蔬樂在茲。我與君為神交者，未到園中馳意馬。記文讀罷興豪梁，口沫

手胝得藏寫。

畫隱三弓拓小園，斜陽水繪接淵源。貞松拔地雲團蓋，寒菜蓮畦圃作樊。交蔭雜花看爛縵，環溪流水聽潺潺。詩宗記取橋丁卯，一撫丹青看不諼。」

遼陽蘇鐵庵炳文 [12]，「墨雨回春色，高風萃一門。闢開詩裏境，隱入畫中園。泉石閒知己，功名舊夢痕。不須尋水繪，花樣已新翻。

全家都畫隱，傳畫更傳人。眼界空今古，眉山證果因。亭臺誰獨步，花月自成鄰。清福修非易，丹青壽此身。」

吳縣張仲仁一麐 [13]，「園林大好養天和，水繪風流未足多。不管人間桑海事，烟雲供奉樂槃阿。

鄭虔三絕屬君家，福地琅嬛洵足誇。我亦倦游思小隱，伊人秋水望蒹葭。」

宜興程肖琴適 [14]，「畫意詩情萃一園，紫灣深處作桃源。池臺妥貼關經濟，花鳥聰明解語言。水繪風流堪繼起，雲林清秘好同論。二龍膝下盤旋舞，此亦淮南通德門。

憶昔題襟滿暨陽，過江名士盡堂堂。論交叔重無雙譽，惜別神皋各一方。人海滄桑醒劫夢，君家烟墨發奇光。何當訪舊珠池畔，讀畫如游丁卯莊。」

長洲吳瞿安梅 [15]，「豪俠巢民冒，丹青石谷王。名園追水繪，高館又斜陽。一曲柴灣靜，千秋墨瀋香。何時來訪戴，雪夜試輕航。

吾懷江片石，詩筆最輕圓。瘦石金元曲，清時付管絃。遙知雙鳳宅，定隔■牛眠。為讀君家畫，連情憶昔賢自注，江干《片石詩》，少時最喜誦之。又黃氏《石榴記》，亦時時籀諷，此皆柴灣舊日文獻也。」

無錫王西神蘊章 [16]，「最憶詩人許丁卯，烟雲供養老柴灣。無雙經學傳紅豆，第一名流主碧山。水繪新園丘壑富，樸巢少隱性情閒。輞川家■吾滋愧，畫裡高風未可攀。」

岳陽李洞庭澄宇 [17]，「似畫園林久愈新，先生原是畫中人。桃源路斷誰真隱，水繪圖開此後塵。靜假丹青娛旦莫，老憑丘壑驗經綸。夢曾共飲如皋酒，遙贈吟箋當買鄰。」

金華王孚川廷揚 [18]，「玄黃初剖判，文明斯肇啟。混沌既已鑿，踵事增華靡。兩都與二京，上擬阿房侈。須臾成灰燼，殘瓦在案几。陵谷時變遷，紛紜況朝市。許君懷高曠，十弓拓園址。優游樂晨夕，坐忘山與水。寫作畫隱圖，形神同一揆。圖中何所有，欣欣見喬梓。展圖春融融，此父並此子。廣廈千萬間，何如尺幅咫。我家有五齋，逡巡未經始。一齋刊一印，略足慰草鄙。五印

今未刓，摩挲亦可喜。安得乘飛航，汗漫窮奇詭。歸訪圖中翁，相與發妙理。」

南海蒲仙帆瓚勳 [19]，「自築溪山自寫圖，圖中亭樹俯平蕪。池塘京口元章米，水竹湖陰叔黨蘇。筆點新苔招鷺宿，縑橫弱柳倩風扶。樸莊湘浦前塵接，名士名園樂也無。

風葉溪花倚畫樓，柴灣灣水接邗溝。王維泉石饒供養，宗炳雲山稱臥遊。國破戊辰稀燕疊，橋依丁卯足菟裘。隔江小囿東倉近，有暇丹青一放舟。」

常熟徐虹隱兆瑋 [20]，「開卷探幽勝，詩痕與畫痕。丘樊容小隱，風物是仙源。蔓草斜陽館，平蕪水繪園。古賢遺跡邈，韻事與重論。

隙地開三徑，家風守一經。林泉供眼福，花竹見心靈。語小蘭成賦，留馨夢得銘。巢民長卷在，雙璧絢丹青。」

東臺繆敏之文功 [21]，「先生文采動當時，老去園居作畫師。天下囂囂蝸角戰，眼中落落虎頭癡。林間妙趣雲三徑，溪上清光月半規。頓忘仄聲上頭崔灝在，為伸紙尾撚吟髭。

祭酒傳經得許沖，徵詩養志慰而翁。頗哀老子安閑處，結想名山夢寐通。日靜客堂居綠野，秋高我欲駕烏篷。巢民水繪同人集，曠代詞人異曲工。」

常熟唐病虹光漢 [22]，「詩中有畫王摩詰，畫隱名園許樹枌。三絕鄭虔今復見，閒情逸致寄烟雲。」

金山陳道一陶遺 [23]，「誰藏山林於城市，叢薄鬱苾峰崔嵬。中有無限之清風，纖塵不染幽如此。名園手闢詩翁許，丘壑胸羅心似水。圖書傳授薄功名，高風大隱光射雉。」

如皋郭仲達雍南 [24]，「漁牧耕樵仙佛吏，別開生面隱丹青。倚天有劍從誰說，依水為園故獨醒。三島名花供粉本，半灣斜日飾雲屏。平交百口徒相慕，早脫塵機養性靈。

我本譚公晚輩姻，舟車尤喜往還頻。暗驚白髮人無幾，倍覺黃眉翁可親。甲子紀年身是晉，江山入畫世疑秦。撫松據石冠裳古，硯北應添折角巾。」

南通費範九師洪 [25]，「隱者古恒有，實嗟世不用。屠築或醫卜，溷跡合群眾。公今隱於畫，殆亦有深痛。造化藏豪端，萬物出紙縫。冥心赴精微，抨將日月送。昨讀仙遊圖，坐月春醪共。樂土在方寸，是處桃源洞。長江浩蕩來，不礙閑鷗夢。一棹覺蓬然，臨風聽鷺哢。奇懷寫無前，寧止千金重。畫理通治術，眾象妙搏控。信手與點染，規矩一一中。悠悠日閉門，柴灣酒孰供。知公念理亂，欲反招隱頌。」

福鼎周遜庵夢虞 [26]，「地與人相得，高樓又一村。天然呈粉本，鎮日掩柴門。詩畫工摩詰，漁樵溷許渾。于焉涉成趣，金谷不須論。」

奉賢朱伯庸聲韶 [27]，「廬南買得地三弓，規劃名園自不同。莫怪主人翁善畫，此身原住畫圖中。

短籬曲折石嶙峋，風景清幽迥出塵。意匠經營原不易，一花一木也精神。

坐花歡笑醉瓊筵，文燕流連繼昔賢。試問名場爭逐者，可能清福享年年。

精神矍鑠七三人，眼底滄桑閱歷新。世上已無乾淨土，桃源穩住老吟身。」

常熟錢南鐵育仁 [28]，「詩壇文苑兩稱尊，籍甚始皋水繪園。二百年來風雅繼，斐然二絕霸中原。

相思渺渺隔江雲，散髮林泉許偉君。只媿荒傖無好句，丹青一引贈將軍。」

阜寧龐友蘭馨吾 [29]，「江東說劍美少年，淹貫今古輕時賢。餘事兼擅詩書畫，彷彿玉局蘇髯仙。年過五十不稱意，抽身決計隱林泉。諸葛廬南有隙地，意造畫境闢小園。花草竹木互掩映，亭池水石相迴旋。園景如畫人之畫，結構點綴經精研。園裡栖隱畫中隱，世外桃源別有天。主人年老興不淺，畫稿花鳥矧天然。閒來信筆供摹寫，八法款識新詩篇。客至取畫換美酒，不需裘馬與金錢。催租有畫抵國課，不教驚破青松烟。人老隱畫人益著，園名畫隱園亦傳。風雲龍虎相感應，南極閩粵北幽燕。有如此園茂林樹，來鴻去雁紛翩翩。膝下邁過難兄弟，小畫隱更似斜川。繪圖題詠徵舊雨，菁院我昔叨隨肩。圖園可許添畫我，願侍老人書劍偏。」

常川錢任遠遠 [30]，「莫誤仙源去問津，柴灣穩作葛天民。斜陽水繪思前哲，白石雲林是後身。入畫溪山資笑傲，滿園花鳥隔風塵。何時一櫂秋江上，共泛烟波下釣綸。」

風陽俞壽田錫疇 [31]，「名園水繪知名久，畫隱風流復見今。花樣翻新皆稿本，市塵不到即山林。徑幽時駐高人足，筆妙尤徵靜者心。平淡何曾爭絢爛，一丘一壑見沖襟。

不須世外覓仙源，黃葉江南自有村。疊石疏泉參畫意，吟風嘯月煉詩魂。傳家富擁書千卷，招客閒傾酒一尊。最羨娛親尋樂處，花為四壁樹當門。」

武進鄧青城春澍 [32]，「羨公博雅擁書城，長日揮豪眼力明。高隱林泉吟興健，分貽翰墨感深情。

名園東望隔江城，仰指文星分外明。為寫行吟圖一幅，風懷可似畫中情。」

休寧吳瑞汾千鼎 [33]，「如皋池水比連珠，水繪園荒址已無。幸有畫圖傳永

久，流風餘韻盡規摹。

園名畫隱獨嶔崟，丁卯橋邊點筆時。灣水一泓情似昔，輞川粉本畫中詩。」

熱河孟竹葊梅 [34]，「畫隱園中老畫師，個中心事有誰知。茫茫家國成何計，大好湖山任所之。酌古準今難為意，一丘一壑費沉思。年來最怕登高望，惟恐狂風幾面吹。」

如皋沙健葊元炳 [35]，「春盡行春得自由，柴灣一水蕩輕舟。題襟舊記斜陽館，讀畫遲登聽雨樓。草帽籠頭時入夏，麥風吹面氣如秋。八年彈指塵沙劫，門巷依稀感昔游。

鱗鱗萬瓦俯清溪，老柳高榆夾岸齊。短扇摑門山犬吠，矮籬護路火雞啼。晏嬰市近先人宅，庾信園成遯世棲。賴是故家喬木在，安排柑酒聽黃鸝。

蕭然野趣絕塵蹤，賓主同來認泰容。歷亂花壇排算式，標題物志稱官僻。謀生自藝無花果，慢世仍栽落葉松。解道均田能富國，願師新學託神農。

高門忠義幾滄桑，躧履重登舊草堂。松醪雲浮缸面煖，竹廊雨過蜜脾香。醉中說劍還今日，飯罷維帆又夕陽。去去只貪風色利，築隄捍水為渠忙。

右民國元年沙太史光緒甲午翰林碻髯同往海安勘壩，舟過畫隱園作也。偶從篋衍得之。已隔二十四年，碻髯亦歸道山八年矣。人亡琴在，思之憮然。畫隱老人記。」

福鼎林壽卿步蟾 [36]，「如皋自昔多風雅，冒汪徐黃不相下。先生繼起踵前徽，三絕馳名稱健者。吳宮花草燦瑤天，金谷尊罍敞綺筵。歌管繁華誇絕代，丘墟寂寞不再傳。先生小園闢隙地，池沼亭臺善位置。別開境界寄吟身，幻出江山皆畫意。以畫託隱自名園，由隱工畫聊閉門。老懷詎後趙松雪，高眼不識殷深源。寶桂王槐衛壇幸，獠草蠻花種歐米。經綸裝出玳瑁天，點綴宛成珊瑚海。時而拜石當為兄，時而戰酒如行兵。時而瀟灑宋廣平，時而恢諧東方生。觀樹千桃劉夢得，門栽五柳陶淵明。閒居日涉以五趣，高臥風流且久住。摩詰作畫畫亦詩，蘭成賦園園得句。何以證功修，一幅畫，五岳收。何以娛心目，三分水，二分竹。何以拓胸襟，青萍劍，綠綺琴。況有孟公轄，仲舉榻。賓從名園時雜遝，佳兒圖詠請徵題。老子婆娑開笑靨，下交折節感紀群。不才何幸附展裙，靈山香火分懃我。蓋世才名獨讓君。吁嗟乎，大千三千世界難尋乾淨土。中原逐鹿日尚武，擾擾八方無寧宇。濁世人心皆城府，先生遯而隱場圃，那管歐風兼亞雨。肝膽眉誰與伍，園共畫圖傳之十二萬年古。」

常熟宗子威威 [37]，「輞川墅，王右丞。清秘閣，倪雲林。裴迪秀才時來往，

銕厓老子非知音。文同之竹泉明柳，劉伶之酒中郎琴。可以聽鳴蛙，可以枕書眠，可以抱膝吟。此老婆娑興不淺，偶然留住雲無心。獨樂園中自怡悅，勝他揮手千黃金。園林結構皆畫稿，補籬貫石由意造。朱霞白鶴好丰標，嬌鳥名花春不老。軒中榻，月來窺。階前葉，風來掃。手植之樹培其根，再遲十年都合抱。此中人語小桃源，曾不足為外人道。如皋風雅推冒姓，水繪名園觴詠盛。斜陽館裡詩人來，柴灣韻事今未竟。玄度挾有濟勝具，山水登臨足力勁。池臺點綴付丹青，補景還須吳朝請。圖中有畫畫中詩，老樹著花多媚姿。彭水海棠無五恨，湘東斑竹弟三枝。柴几湘簾多情趣，筆所未到神先注。傳呼立本非畫師，小園庾信仍流寓。郊居沈約簡居岳，輸君三絕虎頭顧。伸紙吮豪意邈然，舉目江南有雲樹。雲樹茫茫不見人，六朝山色穩吟身。遼天雪壓歸裝重，鍾阜苔黏屐印新。知君作畫杳無價，為君作歌思無垠。暮年領取隱人福，文藝傳中有逸民。」

福建長慶寺方丈智水楞根，「數弓地拓饒佳趣，署以丹青高蹈宜。幻出雲山摩詰稿，猶存松菊淵明詞。亭池奇創匠心運，泉石清幽畫意施。大好園林容寄傲，西方不怨莫人遲。

水繪文園渺若烟，許渾結構邁前賢。奇才鴻製乾坤迴，粉本龍眠今古傳。勝地六朝山可假，洞天一品石能鐫。遍仙泥我題圖泳，未解詩禪與畫禪。」

如皋王錫五福基 [38]，「修禊圖藏水繪菴，名流題詠徧東南。杭懷欲踵前賢武，小築村居例斬斬。

幾人宦海說歸耕，老去空懸物外情。書畫成名人坐隱，此心端不負生平。汪黃徐冒久衰殘，大好園林百歲難。丘壑從心憑臆造，傳家可作畫圖看。」

常熟俞憩園可 [39]，「名士江南北，高年七十三。輞川新粉本，洪谷老烟嵐。園傍陶潛宅，圖開米老菴。李侯真畫隱 黃庭堅詩『李侯畫隱百僚底』，古月繪松龕。

世間無淨土，世外有桃源。潁上歸田錄，洛陽會隱園。濠梁圖謝稚，花月醉劉村。我愛鄭三絕，晚年風雅存。」

江都董逸滄玉書 [40]，「放翁團扇圖展笠，神采奕奕逾七十。鹿門高蹈子孫安，舊德相承世卜卅。名園況繼撲巢蹤，書畫從心目送鴻。嵇呂交情如隔世，徐黃妙手冀相逢。漚盟白首今重續，千里遺詩吐衷曲。秋高欸唾落珠璣，名篇往復不厭讀。桑海而還古誼存，知君老健隱衡門。若非松雪歸江上，難訪桃源避世人。媿予偃蹇羈塵事，倦羽將還無遠志。傭書未辦買山錢，欲遁枯禪修定慧。海濱一叟老猶豪，邗水相通倘見招。雪夜扁舟期訪戴，一傾懷抱藐鴻毛。

更羨幽栖同栗里，深柳書堂環綠水。它時觴詠集同人，我願春風陪杖履。」

常熟孫師鄭雄 [41]，原名同康，「名園丁未初開闢，轉眼滄桑廿七秋。堯舜勤民膺疾疢，荊關染翰此勾留。山中麻朔都忘卻，身外浮榮何所求。更喜兒曹紹弓冶，庭羅玉樹老無憂。

摩詰工詩兼畫聖，巢民遺老亦通儒。盛名不減將軍李，妙筆還追道子吳。栗里歸來松菊好，柴灣吟嘯葦蘆枯。羲皇高臥饒真樂，起陸龍蛇莫慨吁。」

真州卞獲菴綷昌 [42]，「伊人宛在水中氓，月白風清想見之。馬援據鞍猶矍鑠，張華博物本瓌奇。流能洗耳防將浼，欲己從心任所為。一幅輞川圖自寫，妙兼三絕畫書詩。

負笈澄江憶昔年，我來君早著先鞭。慨當東海揚塵日，喜見南山採菊篇。過眼滄桑何物是，羅胸丘壑乃天然。畫原有法如無法，名不求傳轉必傳。

天與林泉福最慳，晚年難得此優閑。繼聲水繪文園後，設想濠梁濮上間。地以藉咸成結構，人欽過邁博歡顏。身為畫隱同琴隱，珂里都從解組還。

惘悵家園日就荒，未能堂構實心傷。倦飛鳥亦歸林下，離思鱸偏隔水鄉。有願識荊空嚮往，何時訪戴共徜徉。臥游或許丹青乞，清夢遙通翰墨場。」

天長郁老鶴濬 [43]，「繪成潁水居巢父，畫出箕山隱許由。十笏園林收兩界，一邦圖史各千秋。柴灣高寄尊黃髮，桑海奇觀傲白頭。好對溪山安筆硯，琴尊何日不清游。

筆花鋪錦墨盈池，丘壑羅胸造化奇。石室獅林高士畫，輞川鹿砦右丞詩。牙期知己山兼水，過邁聯吟父即帥。我有憩園歸計拙，天涯想望可棲遲。」

北流陳柱尊柱 [44]，「平生所羨為高隱，安得同君隱此圖。直以乾坤為粉本，不辭身世老樵漁。深山大澤龍蛇遠借句，種竹栽花婦子俱。更有使人神往處，每從濠上共觀魚。」

祥符靳仲雲志 [45]，「自注，許君徵文啟，有水繪園淪為丘墟，冒氏子孫無人之言。據吾所知，鶴亭近曾修復，輒加糾正，不罪，直諒為幸我聞如皋冒，南金不並尊。領袖四公子，風流被後昆。鶴亭獨清臞，輪困蒼龍孫。頗訝風骨美，猶喜典型存。常念湘中閣，歸然閱明昏。二百九秋風，坐驚烏兔奔。雲兒年時影，清絃彈離鵾。稍稍拾墜緒，斬斬新巢痕。所慚天南北，未遑安丘樊。歸夢墮荒寒，一笑回春溫。畫隱最後起，蹩蹵能騰騫。刻畫輞川墅，點綴重波軒。既擅林泉勝，且誇藻思繁。尺書走千里，遍徵風雅言。任昉歡觀海，氣欲八九吞。醴泉豈無源，芝草自有根。種蘭不當門，汲多使井渾。彩燕鎖紅芳，愁殺辟疆園。持此問鶴

翁，郤掃方避喧。」

江寧吳小甫鳴麒 [46]，「和蔡寒瓊談月色連句用唐人一韻體。畫不必隱隱不畫，畫即稱隱隱非畫。畫外之隱隱者畫，畫以隱重吁嗟畫。」

常熟陸孟芙熊祥 [47]，「調寄《高陽臺》　石疊為山，花繁若錦，幽居小築園林。水繪名傳，未妨舊夢重尋。廿年湖海歸來後。看星星兩鬢塵侵，到而今。棲隱衡門，漫撫瑤琴，□ [48] 一簾風月原無價。聽枝頭好鳥，時送清音。畫意詩情，焚香展遍吟襟。丹青點染倪迂筆。潑雲煙，寄託遙深。最堪欽，悟澈浮生，早息機心。」

常熟陸醉樵寶樹 [49]，「調寄《金縷曲》　勝事從頭記。記當年，冒家水繪，雅人深致。眼底滄桑多變局，消盡元龍豪氣。慨浮生，為歡有幾。小築幽居栖隱好，學陶公，栗里歸耕計。園日涉，門常閉。　柴灣可是桃源地。盡徘徊，一簾風月，一庭蘭桂。笑指湖山分片席，領略清閒況味。更添得，詩情畫意。開拓心胸丘壑趣。看雲烟，點染丹青裡。圖尺幅，此身寄。」

《香港中興報》1935 年 8 月 30、31，9 月 1 至 9 日

【注釋】

[1] 許情荃，即許樹芬，詳見《附錄　蔡守與時人交遊考》。

[2] 周玉鑴，詳見《附錄　蔡守與時人交遊考》。

[3] 陳散原，即陳三立，詳見《附錄　蔡守與時人交遊考》。

[4] 高吹萬，即高燮，詳見《附錄　蔡守與時人交遊考》。

[5] 齊白石，詳見《附錄　蔡守與時人交遊考》。

[6] 顧仁卿，即顧錫祥，詳見《附錄　蔡守與時人交遊考》。

[7] 葉恭綽，詳見《附錄　蔡守與時人交遊考》。

[8] 金天翮，詳見《附錄　蔡守與時人交遊考》。

[9] ■，原文字模糊莫辨，下同。

[10] 費仲深，即費樹蔚，詳見《附錄　蔡守與時人交遊考》。

[11] 朱遯叟，即朱家駒，詳見《附錄　蔡守與時人交遊考》。

[12] 蘇鐵庵，即蘇炳文，詳見《附錄　蔡守與時人交遊考》。

[13] 張仲仁，即張一麐，詳見《附錄　蔡守與時人交遊考》。

[14] 程肖琴，即程適，詳見《附錄　蔡守與時人交遊考》。

[15] 吳瞿安，詳見《附錄　蔡守與時人交遊考》。

[16] 王蘊章，詳見《附錄　蔡守與時人交遊考》。

[17] 李洞庭，即李澄宇，詳見《附錄　蔡守與時人交遊考》。

[18] 王孚川，即王廷揚，詳見《附錄　蔡守與時人交遊考》。

[19] 蒲仙帆，即蒲瓚勳，詳見《附錄　蔡守與時人交遊考》。

[20] 徐虹隱，即徐兆瑋，詳見《附錄　蔡守與時人交遊考》。

[21] 繆敏之，即繆文功，詳見《附錄　蔡守與時人交遊考》。

[22] 唐病虹，即唐光漢，詳見《附錄　蔡守與時人交遊考》。

[23] 陳道一，即陳陶遺，詳見《附錄　蔡守與時人交遊考》。

[24] 郭仲達，即郭雍南，詳見《附錄　蔡守與時人交遊考》。

[25] 費範九，即費師洪，詳見《附錄　蔡守與時人交遊考》。

[26] 周遜庵，即周夢虞，詳見《附錄　蔡守與時人交遊考》。

[27] 朱伯庸，即朱聲韶，詳見《附錄　蔡守與時人交遊考》。

[28] 錢南鐵，即錢育仁，詳見《附錄　蔡守與時人交遊考》。

[29] 龐友蘭，詳見《附錄　蔡守與時人交遊考》。

[30] 錢任遠，即錢遠，詳見《附錄　蔡守與時人交遊考》。

[31] 俞壽田，即俞錫疇，詳見《附錄　蔡守與時人交遊考》。

[32] 鄧青城，即鄧春澍，詳見《附錄　蔡守與時人交遊考》。

[33] 吳瑞汾，詳見《附錄　蔡守與時人交遊考》。

[34] 孟竹庵，即孟梅，詳見《附錄　蔡守與時人交遊考》。

[35] 沙健庵，即沙元炳，詳見《附錄　蔡守與時人交遊考》。

[36] 林壽卿，即林步蟾，詳見《附錄　蔡守與時人交遊考》。

[37] 宗子威，即宗威，詳見《附錄　蔡守與時人交遊考》。

[38] 王錫五，詳見《附錄　蔡守與時人交遊考》。

[39] 俞憩園，即俞可師，詳見《附錄　蔡守與時人交遊考》。

[40] 董逸滄，即董玉書，詳見《附錄　蔡守與時人交遊考》。

[41] 孫師鄭，即孫雄，詳見《附錄　蔡守與時人交遊考》。

[42] 卞獧庵，即卞綍昌，詳見《附錄　蔡守與時人交遊考》。

[43] 郁老鶴，即郁濬，詳見《附錄　蔡守與時人交遊考》。

[44] 陳柱尊，即陳柱，詳見《附錄　蔡守與時人交遊考》。

[45] 靳仲雲，即靳志，詳見《附錄　蔡守與時人交遊考》。

[46] 吳小甫，即吳鳴麒，詳見《附錄　蔡守與時人交遊考》。

[47] 陸孟芙，即陸熊祥，詳見《附錄　蔡守與時人交遊考》。

[48] □，原文字空白。

[49] 陸醉樵，即陸寶樹，詳見《附錄　蔡守與時人交遊考》。

泉石留言

社友黃仲琴嵩 [1] 從潮州寄贈新刊《泉石留言》一卷。獲讀人間未見之書，欣喜無量。因寫其原序與重刊序，用告儕輩。書為雲亭陳光我煜瑚 [2] 所撰。

原序，「漳為山水奧區，名勝多有。梁山、天寶、九侯、龍巖、梁皋、董鳳、三平、大武甲於東南。第以介居天末，尚子之興未窮，康樂之蹤不及。故中州鮮有知者。獨岐山雲洞，去城郭為近。昔人或多至焉。其洞之大容千人，餘若房宇。出雲吐泉，仄徑通玄。幽厓隱幻，峙以仙亭，延以瑞竹。窮數月遊，未搜厥趣。蓋岩巖之多，或埋沒於荒烟蔓草中。雖敏之土人，各隨所見，言人人殊。無遍歷者。吾叔父以詩酒之懷，濟烟霞之癖。經歷三次，紀之以言，繫以詩歌。雖於茲山，未窮靈蹟。然胸次所取，領略盡矣。夫天下事，向之所得。由今驗之，以為陳跡。今日所見，從後思之，應尚留遺。豈獨此山哉。窮秋九月，風清日潔。微涼在山，爽氣多暇。特偕叔氏復登茲山。煮泉炊烟，載作數日清供。知叔氏發其餘思，復歌新曲。將援筆更書，以視茲編，當復何似也。用識數語，以訂高秋之游。丁酉大暑中。愚姪兀麟拜書。」

重刊序，「龍溪城東有嶽廟，其右佛殿。丁巳六月三日雷震其楹。越日或於承塵隙間見一書版。聞諸伯兄，亟命檢盡瓦礫。得陳光我《泉石留言》版片，印為一冊。版仍歸主廟者守之。顧以陰藏內腐，質漸剝落。今夏問之，已紙墨難施。劫後餘灰，同歸於盡，其可惜也。雖然，懷空成住，諸天難免。是戔戔者又烏能逃。但已垂毀，乃傳人間。固曰一瞥回光，毋亦自有不磨滅者耶。當年鏤肝刻腎，吐納烟雲。山川之價，雖不增重。而發揚幽香，後起有責。況其風格，克肖唐賢。展覽之餘，煩襟盡滌。故重付排印。並書其端，用訊來者。光我事略待考。同遊之隱愚居嶽廟，有顛素風。胡君湘云。乙亥六月三日，潮安黃仲琴」。

友人題詞亦多佳什，錄一二如左：

「畢竟難磨滅，風雷動鬼神。吉光存片羽，鴻爪幻前因。文字今無恙，名山古有人。香山遺稿在，攜與問苔茵。瀋陽張友人 [3]。」

「磨滅流傳曾有時，獨闢天地始驚奇。風雷似發金縢策，文字能靈荐福碑。

山水緣留前度屐，滄桑劫賸燹餘詩。九原可作當無恨，歿世名偏死後知。大埔鄧爾慎 [4]。」

「王鄭無人角兩雄龍溪王羽聲、鄭亮卿兩家詩集均晚出，龍湖宗派溯流風唐玉鈴將軍陳元光有《龍湖集》。閩中舊本麻沙少，秋壑私藏玉板同。題柱長留謝仙火，烹茶未遇小毛公寒案，此用毛晉孫用唐三家版煮茶事，見《書林清話》。鼇峰殘稿今何在鼇峰詩版，亦同時見於嶽廟者，更乞涪翁仲琴寫一通。南嶽釋敿焦。」

「多君挖雅更揚風，石室搜藏玉版同。為願雲亭陳處士，詩魂不必戀殘叢。天台道士醒高。」

「掣電轟雷未足奇，灰餘惜遇我公遲。海邦鄒魯多文獻，搜討叢殘望及時。盱南黃履思 [5]。」

「天地蘊靈區，文章抉其秘。二者得相資，始足云美備。所以名勝境，獨多佳遊紀。士患不好名，天豈無深意。人生苦寂寥，藉此慰勞勩。雖未忘結習，頗亦有佳思。陳君何許人，獻徵佚姓字。泉石獨留言，翰墨見高致。久翳固當顯，覆鍥詎稱異。蕭寺訇雷聲，咄哉真怪事。

文人多命薄，自古孰相矜。白首窮述造，難保身後名。曠世乃相感，何必問平生。黃君媚古癖，內美重脩能。嗜好殊酸鹹，搜剔到巖扃。獲此未見書，對之心怦怦。遂使蠹蝕餘，重見光晶瑩。豈徒供賞玩，思古發幽情。舊籍多叢殘，欲顯無自明。願君勤訪輯，此功莫與京。陳運彰 [6]。」

「有靈山水驚知己，刼後文章得賞音。好古羨君兼好事，抱殘守闕見情深。

登高能賦說才難，沒世稱名亦可歡平聲。奇事還當同秀野，夢中來拜古衣冠。陳量違寬 [7]。」

「豐隆抉秘藏，岳神色為變。殿瓦金石鳴，擲空一書卷。言石玉群立，言泉珠四濺。鶴峰瑞竹巖，吟衲共遊昕。唯其無意傳，其傳捷於電。搜奇黃仲子，雷吼復雷忭。殘甎出歸袖，磨作勘書硯。燈火青客膔，麻沙摹百片。衣冠古雲亭，彷彿夢中面。相忘此何境，鳥倦烟乍暝。清泉白石間，一瑧手親薦。南通州徐貫恂鋆 [8]。」

「擾擾閩中幾刼塵，沉埋詩史尚清新。直須雷火發靈秘，始信文章動鬼神。心史鐵函終見世，奇書石室有傳人。留言不盡膏肓感，徵獻還當溯逸民。鄭翼雪耘 [9]。」

「姓名容易委蒿萊，不道幽光一震開。在昔精神奇泉石，即今章句動風雷。

鵑魂寂寞誰同拜，鴻爪分明此未灰。情重天南黃叔度，夢中求序有人來。上海
鄭永詒 [10]。」

《香港中興報》1935 年 9 月 10、11、12 日

【注釋】

　[1] 黃仲琴，詳見《附錄　蔡守與時人交遊考》。

　[2] 陳光我，即陳煜騮，詳無考。

　[3] 張友人，詳見《附錄　蔡守與時人交遊考》。

　[4] 鄧爾慎，詳見《附錄　蔡守與時人交遊考》。

　[5] 黃履思，詳見《附錄　蔡守與時人交遊考》。

　[6] 陳運彰，詳見《附錄　蔡守與時人交遊考》。

　[7] 陳量，無考。

　[8] 徐貫恂，詳見《附錄　蔡守與時人交遊考》。

　[9] 鄭翼，詳見《附錄　蔡守與時人交遊考》。

　[10] 鄭永詒，詳見《附錄　蔡守與時人交遊考》。

南漢潮州拓路記

　　黃仲琴 [1] 手拓南漢拓路記寄贈。摩厓深刻，高約三尺，寬約一尺有五寸。
行書三行。

　　「以大寶二年庚申—一行歲月在仲冬，開—二行拓此路。特留題記三行。」字徑
約五六寸不等。

　　案《潛研堂金石跋尾》[2]，右拓路記。凡三行，二十字，行書頗縱逸。在
潮州府西湖傍大石上。金石家未有著錄者。益都李南澗 [3] 知潮陽日，赴郡遊
斯湖。始見而拓之。

　　又案《南漢金石志》[4] 釋文，竟誤「為留題記」。今據拓本乃「特」上字。
非「為」字，可以訂正。

　　南漢石墨，如此大書深刻，筆法雄健罕見。潛研堂稱其縱逸，誠然誠然。

《香港中興報》1935 年 9 月 12 日

【注釋】

　[1] 刻石今已不存。黃仲琴，詳見《附錄　蔡守與時人交遊考》。

　[2]《潛研堂金石跋尾》，清吳雲撰。吳雲，詳見《附錄　蔡守與時人交遊考》。

[3] 李南澗，詳見《附錄　蔡守與古人交流考》。

[4]《南漢金石志》，清吳蘭修撰。吳蘭修，詳見《附錄　蔡守與古人交流考》。

太平天國梯王墓碑

右太平天國梯王墓碑拓本，高三尺有八寸，寬一尺有六寸，正書。

「天朝頂天扶朝綱梯王真千歲之墳墓碑中一行十五字。癸開年七月□ [1] 日碑石一行七字。男居仁、里仁、旺仁、崇仁、旌仁率孫勝□，侄友、興，侄孫勝洗、阿勝全跪立碑左二行，二十三字，里居旺崇旌五字平列，下只省書一『仁』字。」

太平天國遺物，毀滅無餘。此墓碑其碩果僅存者耳。癸開即癸亥，當時忌諱之字，多以他字代之，此其一也。粵俗謂亥時生子女害父害母，以為不祥，多改之。日前見某報小品「一害記」。云今歲在乙亥，故無一不為一害。吾署干支亦戲作乙開，亦忌一害也，一笑。

《香港中興報》1935 年 9 月 13 日

【注釋】

[1] □，原文字空白，下同。

明朝驛符

明朝驛符，緙絲製。高約一尺，寬約一尺有五寸。四邊雲龍文。正書七行如左：

「皇帝聖旨，公差人員經過一行驛，分持此符驗，方許二行應付馬疋，如無此符三行，擅便給驛。各驛官吏四行不行執法，循情應付五行者，俱各治以重罪。宜六行令准此七行。」文後繪馬二疋。馬後有弘治十肆年□ [1] 月□日一行。上鈐「製誥之寶」四篆書巨璽。

此符今藏河 [2] 博物院。為歷史罕見之材料。案弘治為明孝宗朝。是符緙絲裝，黃質丹章。署年前，繪二馬，鞍轡具。其符製治成軸，用藍色縑為隔界。軸背黏一紅紙簽。署表褙匠吳浩，織匠嚴老老，挑花匠姚辛保等姓名。其弟二人，似是女工老媼。案明代郵驛之制，仿自前元。元起朔漠，混一區字，輿圖廣袤。故郵驛最為要政。《元史·兵志》「世祖至元八年正月，中書省議鋪馬劄子。初用蒙古字。各處站亦未能盡識，宜繪馬匹數目。復以省印覆之。庶無疑惑」。又徐霆《黑韃事略》[3]，疏謂韃人本無字書。然今之所用，則有三種。行於韃人本國者，則只用小木長方三四寸，刻之四角。且如差十馬，則刻十刻。

只刻其數也。此驛符,即元代鋪馬劄子之遺制。符有二馬,則應付不得逾其數。亦猶元代之刻畫馬數也。

《香港中興報》1935 年 9 月 13 日

【注釋】

[1] □,原文字空白,下同。

[2] 似脫一字。

[3]《黑韃事略》,宋彭大雅撰,徐霆疏證。彭大雅,詳見《附錄　蔡守與古人交流考》。徐霆,詳見《附錄　蔡守與古人交流考》。

《七言律法舉隅》

社友李鳳坡景康 [1] 寄示新著《七言律法舉隅》一冊。書其序紹介初學為詩者。

「同事葉次周 [2] 詞長,偶談課詩之難。予謂授近體詩,當以句法始,以章法終,次周韙焉。屬予發凡起例。先從七律著手,編作課本,聊示學子津梁。於是上溯唐宋,下迄清代。選句分類,甄別標舉。合綜所得句法,凡數十種,可謂繁矣。夫以七言律句之微,而法度變化繁賾若是。宜乎初學者,每一展卷。有如波譎雲詭,茫無涯涘。而莫知所從也。是編先別句法之異同,次示章法之恒軌。庶幾由句窺章,朗若眉列。聊為初學舉一反三之助。未敢謂前賢法度悉盡乎是也。或謂方虛谷 [3] 昔編《瀛奎律髓》,標舉詞旨警句,猶為紀文達 [4] 公所呵。今乃並句法而分析之,無乃穿鑿乎。抑知文達所云,乃為上乘說法。而茲編之旨,僅作小乘梯航,未可同日語也。矧以詩言三百篇之作,皆至情至性之所流露。雖曰人籟,實同天工。初無所謂學,更無所謂法也。後之治詩者,即目之為學。復步武其法,縱極工妙。已落弟二義諦,而非古之所謂詩矣。抑尤有說焉,學詩如參禪,未悟則法不可無,既悟則法不可著。下根之士,以指為月。雖達摩說法,終成葛藤上乘之器。則見月忘指,一超直入,不為法病也。然則析句分章,又曷足為詩病歟。編纂既竣,爰綴數言,以為之弁。建國二十四年仲秋,南海李景康 [5],敍於香港百壺山館。」

「昔孔子謂伯魚曰,『不學詩,無以言』。又曰,『誦詩三百,授之以政。使於四方。不能專對,雖多,亦奚以為』。是則詩也,固教人立言之本也。然誦之而不通其旨,遍誦而莫闡其微,畢誦而不得其用,則亦與不誦等。故孟子曰,『博學而詳說之,將以反說約也』。葩經三百,國風雅頌,各異其詞。吟詠

賡歌，諸體咸備。降而至於兩漢魏晉六朝五代唐宋元明清諸家，代有名篇，各成馨逸。互張旗鼓，格律愈繁。學者欲追源溯流，若非博覽遺編，緬尋矩矱，不免有面牆之歎，將奚收集腋之功。然諸家篇帙流傳，烟海浩如，勢難盡讀。無已，惟有聊借一隅之舉，俾窺眾體之長。此亦簡而易□ [6]，約而不失者乎。香港漢文中學校師範班，向設詩學一科。校長李鳳坡先生，欲簡示準繩，導之門徑。爰集唐宋元明清各家傑作，只就七律一種，摘其句法章法。分門別類，凡若干條。加之注釋，彙刊成篇，以為本校課本。僕性耽吟詠，稍識途趨。常欲纂近體之成規，作一流之初筏。緣牽人事，未果予懷。今睹是篇，覺其朗若列眉，瞭如指掌，誠後學之津梁，諸生之圭臬乎。若夫集眾體之大成，求別裁之兼備。則有況少吳之《雜體詩鈔》在，不煩覯縷矣。是為序。時歲在旃蒙大淵獻端陽日，番禺葉次周序於香港寅齋之藥餳菴。」

《香港中興報》1935 年 9 月 14、15 日

【注釋】

[1] 李鳳坡，即李景康，詳見《附錄　蔡守與時人交遊考》。

[2] 葉次周，詳見《附錄　蔡守與時人交遊考》。

[3] 方虛谷，詳見《附錄　蔡守與古人交流考》。

[4] 紀文達，即紀曉嵐，詳見《附錄　蔡守與古人交流考》。

[5] 李景康，詳見《附錄　蔡守與時人交遊考》。

[6] □，原文字模糊莫辨。

粵音依聲檢字

老友馮師韓漢 [1] 寄示《新編粵音依聲檢字》一冊，足供匆遽間檢遺忘之字。特錄莫慧劍 [2] 之序。用為紹介云爾。

「中國文字，數逾十萬。聲字分歧，各不相屬，誠世界上最煩難者也。歐美文字，類多以字母拼音，字聲相依。識其音者可拼得其字，實至簡便易記。而中文異是。每有曾識其字，記其音。而偶而疏用，一旦握管，輒忘焉不能下筆。音則琅琅在口，字則模糊於心。雖腦竭腸枯，百思不得。茫茫字典，下手無從。此普通人士所常感之困難也。吾屢欲編一檢字善本，然吾無良法，且人事日紛，著手非易。參考搜集，必賴多書，是以徒有此心，迄未成事。或有舉市上分韻撮要以對者。然吾觀是書，繁雜異常。檢查不便，往往費時半句鍾，猶未得其字者，又何取也。且此書古僻之字，觸目皆是。最通行者，乃反掛漏。

科學新奇之字，更無論矣。數年以來，未有愜意者。乃者言旋香港，造訪馮丈師韓。馮丈滑稽善談，無所不達。出入中西，證據今古，尤為字學耆宿。閨秀名流，願得而師事者，遍乎大江南北。晚年息影香港，以著述自娛。有《書法相人術》《半畝竹園隨筆》《書法闡微》行於世。見識深造，思想新穎。近著《粵音依聲檢字》行將付梓，出以相示。初聞其書，若有觸悟。及得拜讀，正償夙願。蓋先得我心，先書我手矣。斯編只以英文字母十七個，檢得中文數達七千。自化學名詞以至粵東俗字，凡通行應用者，包羅幾盡。至於古僻之字，一概刪除。注釋示例，力求明簡，務能一覽可獲，信手即得。不特此也，此書對於中字併英，尤有功匪淺。街名人名，拼字應有定規。而粵東人士，每各逞土音，亂拼英字。甲此乙彼，言人人殊，不便孰甚。此書一出，吾知拼音之法，可趨劃一矣。至於應用方法，自不難學。識英文者只看三分鐘說明，不則但學半句鐘拼音，即可運用自如，檢閱隨宜。老耄善忘，及士商各界，允宜人手一編，勝對良師問字。予既欲得檢字易法，又睹拼音良規。故樂為序言，以興來者。是書每冊四角，本港軒鯉詩道新新書局代售。」

《香港中興報》1935 年 9 月 16 日

【注釋】

　　[1] 馮師韓，即馮漢，詳見《附錄　蔡守與時人交遊考》。

　　[2] 莫慧劍，詳見《附錄　蔡守與時人交遊考》。

諸曦菴《水墨蘭竹》卷

　　南社社友容縣陸玄同更存 [1]，原名俠飛工詩詞，為展堂 [2] 入室弟子，喜畫蘭。曩昔與黃賓虹 [3] 客滬瀆，以重值得諸曦菴 [4] 蘭竹卷子，昕夕臨摹。十年來已得其筆墨之妙。

　　此卷峖本。高八寸，長一丈二尺有七寸。寫蘭竹各五叢。間以石坡，極瀟灑之致。款，「癸巳冬日，為谷王社盟兄寫於學半署中。西湖弟諸升」，「諸昇之印」朱文方印，「曦菴」白文方印。卷首有「指壑」朱文長方印及「萬經氏印」白文方印。「曹溶之印」朱文方印。「倦圃老人」白文方印。「九江後裔」朱文方印。「笠癭所藏」朱文方印。

　　卷端「墨趣橫生四大字。俠飛得諸曦闍蘭竹卷，歡喜欲躍，為題四字張之。甲寅五月，吳昌碩 [5]。」

「諸曦菴本精山水，與藍蜨叟齊名。後專寫蘭竹，故造詣深得古法。此卷不讓青藤白陽也。考其弟子復有朱東皋、戴書、阮遐生輩。今求其手跡，亦不易得之矣。俠飛仁兄素擅畫蘭，不惜重值，購而藏之，非得良師歟。甲寅二月，禺山潘飛聲假觀並題。」「說劍堂印」白文方印，「弟七洞天仙客潘老蘭 [6]」朱文方印。

「甲寅春晚，重入都門。道出淞濱，與俠飛先生把晤。出視曦菴蘭竹長卷。客中展玩，殊令人有秋風鳴條之思。黃節 [7] 題記。」「黃節」白文方印，「湖□ [8] 客」朱文方印。

「淇澳思君子，瀟湘懷美人。幽香與奇節，意態一番新。古人以喜氣寫蘭，怒氣寫竹。曦菴是卷，蘭則浥雨露而揚芬，竹則掃風霜而獨立。是能得喜怒之真者。俠飛仁兄攜此過予風雨樓屬題。因附一絕，以志墨緣。甲寅春莫，野殘學人鄧實 [9] 記。」「鄧實」白文方印。

「李君實言，靈均作離騷，雜取香草，以示扶芳殳穢之意，繪家掬灑蘭竹亦是寓意。然其人非潔廉高韻，具噓風漱雪之腸，即按譜為之，凡氣終不斷。俠飛先生夙好風雅，以詩畫自娛。同余客滬市，邈然如處空山中。近出曦菴所作蘭竹長卷屬題。晴窗展觀，撲去紅塵十斛，勝讀離騷一過矣。濱虹。」「樸丞翰墨」朱文方印。

「懷佳人兮秀芳，思君子兮琢磨光。信兩美其必合兮，慰予心之寫藏。丁卯秋八月為俠飛姻仁兄題諸曦菴蘭竹卷。紹章 [10]。」「紹章」寒案，紹章姓蘇，北流人。陳柱尊編《學術世界》第一卷第二期，刊其遺著。

「樹蘭百本竹千竿，恰稱幽人骨相寒。便欲攜圖江海去，客中聊當故園看。為俠飛姻兄題，戊辰正月。封祝祁 [11]。」

「余於植物最愛竹，蘭次之。蘭美人也，喜風而畏日，喜露而畏雨。歲須易新土，供養良不易易。竹則傑士也，雨露風日罔不宜，山石沙土罔不宜。自出土以迨干霄，旬月間耳。得水即活，徑去勿顧不需人也。經歲即長子孫，源源不絕。自根至末，其有用於世，有益於人，縷數不能終其物。余嘗作贊數百言美之。生平到處必種，種無不活，每有詩紀之。畫本之工者必題，余不負竹，竹亦不負余矣。今夏將羅浮桂林，招容門人陸玄同為侶。玄同攜清初諸曦菴先生蘭竹長卷出觀之，風葉霜枝，兼傑士美人之骨格態度，其工妙有在筆墨之外者。上有曹倦圃萬九沙二老印章。余歎謂世罕其匹，當於宋金元諸老求之，喜而為記其端。歲在旃蒙大淵獻。侯官八十叟衍 [12]。書於柳州柳文惠祠旁之旅

舍。時已阻雨三日矣。」「衍」朱文方印。

《香港中興報》1935 年 9 月 28 日

【注釋】

[1] 陸玄同，詳見《附錄　蔡守與時人交遊考》。

[2] 展堂，即胡漢民，詳見《附錄　蔡守與時人交遊考》。

[3] 黃賓虹，詳見《附錄　蔡守與時人交遊考》。

[4] 諸曦庵，即諸升，詳見《附錄　蔡守與古人交流考》。

[5] 吳昌碩，詳見《附錄　蔡守與時人交遊考》。

[6] 潘老蘭，即潘飛聲，詳見《附錄　蔡守與時人交遊考》。

[7] 黃節，詳見《附錄　蔡守與時人交遊考》。

[8] □，原文字模糊莫辨。

[9] 鄧實，詳見《附錄　蔡守與時人交遊考》。

[10] 蘇紹章，詳見《附錄　蔡守與時人交遊考》。

[11] 封祝祁，詳見《附錄　蔡守與時人交遊考》。

[12] 陳衍，詳見《附錄　蔡守與時人交遊考》。

薛劍公詩冊

吾鄉明遺民薛劍公始亨 [1] 詩文集散佚已久，余弱植狂臚搜輯，抄成《蒯緱館文》一卷，《南枝堂詩》一卷。梁節庵鼎芬 [2]、汪憬吾兆鏞 [3]、胡隨齋毅 [4]、黃慕韓裔 [5]、馬鋤經復 [6]、李桐庵放 [7] 皆借抄流傳。今聞老友崔百越師貫 [8]，香港大學教授得劍公手寫詩一冊，為之狂喜。特造訪島樓，護拜觀，謹錄如左。紙本十四頁，高七寸有三分，寬八寸有五分，對折俵成冊子。

歲暮度大庾寒案，集作「歲暮度庾嶺」

雞鳴關月照蓬盧，馬邑寒生雪霽餘。客夢不成燈已爐，歸程說是歲將除。荒原罷牧經寒燒灰聲，遠水分流入晚畬。每向道傍添白髮，悔拋田里載私車。

懷羅浮寒案，集作「將入羅浮書南枝堂壁」

江天露下憶清都，濁世飄零酒一壺。心似暮花逢處謝，影同秋月入宵孤。雲林鶴譬三洲枕，石室龍耕九節蒲。風佩珊珊從此去，鐵橋高揖列仙儒。

戊戌歲暮

山市猶喧夕已曛，歲殘人事各紛紛。橋逢白鶴談堯代，家乏黃羊祀竈君。

逎客星霜容易改，草堂蟋蟀不堪聞。嘉平欲向桃津問，何處騎茅上紫氛寒案，
第三句指丙戌國變。

送陳五遊吳寒案，集作「陳生」

清霜南浦折芙蕖，黃葉秋風恨索居。送客暫傾千日酒，辭家寧為四腮魚。
吳王苑外鳥啼早，范蠡湖邊雁影疎。從此論文中夜月，寂寥空掩舊精廬。

舟泊平步尋孫典籍蕡 [8] 讀堂寒案，集題下注，「蕡譴主簿罷，起蘇州經歷，譴死」

三百年來生也晚，溯迴孤櫂訪前徽。閣寒藜火遺編在，肰落琪花舊國非。
自昔壚頭鸞獨鎩，只今華表鶴無歸。明堂大雅空宵夢，甚矣吾衰淚滿衣。

黲黲殘雲弔夕暉，高才淪落聖朝稀。攀龍不為遲馮衍，聞鶴翻憐誤陸機。
百里枌榆鄉土接，一廛耕鑿子孫微。風流莫問長江水，惟有南園蝴蝶飛。

荒村寒木掩荊扉，人指詞臣舊釣磯。再召長沙恩未薄，一辭彭澤願終違。
年深頹壁棠梨長，日落空田鳥雀饑。何處羊裘江畔客，清時猶食越山薇。

歸次三水

萍蹤兩月逐浮漚，千里歸心繫客舟。潮拍遠天江欲曙，烟開晴浦岸初秋。
擔簦已謝虞卿璧，負郭應嗤季子裘。漸近鄉園對寒色，尋思去住轉生愁。

別楚公子寒案，集作「夜別楚公子」

憐君歸去鬢如絲，欲賦平生媿景差。客舍空囊餘寶劍，離筵殘燭罷枯棋。
霜懸橘柚荊門路，月照蒹葭桂水涯。愁向夢魂中斷處，更憑南雁寄相思。己亥
臘月既望，寒甚不寐。案有此冊，戲書近作。不覺墨盡。仙都山人薛始亨識。」
「劍公」朱文長方印。

「余嘗得薛劍公為陳獨漉 [9] 畫竹石冊，為屈介子 [10] 畫獨石小幀。今見
此手寫詩冊，神似晉賢，洵稱三絕。陳文良公伯陶撰《勝朝遺民錄》[11]，搜討
甚詳。而未言劍公仕於永歷。時檢《南枝堂詩集》屈介子序，言『從蹕端水，
於袁特邱坐上識薛子』。集中又有《崧臺留別鄺湛若 [12] 詩》，證以此冊『悔拋
荷芰襲簪裾』句，知其為永歷遺臣。末署己亥為順治十六年，是桂王已入滇矣。
伯越道兄得此見視，高賢真蹟。後於志乘可資補闕拾遺，能弗寶諸。乙亥中秋
後十日，羅浮老民，汪兆鏞敬題。」「憬吾」朱文方印。

「案歸次三水一首。當是永歷時自端江辭官歸途中之作。集載《己丑崧臺
留別鄺湛若詩》有，『曳裾曾笑沐猴冠』及『貧賤魯連惟蹈海』等句。於永歷

時事，多所憤激。可見己丑為順治六年。以尋思去住為言，尚不忘君國。時桂王未失敗。己亥錄舊作時，則桂王自粵西入滇矣。伯越道兄屬題劍公詩冊。題竟意有未盡。再綴數言。七十五病叟兆鏞記。」「伯序」朱文方印。

《香港中興報》1935 年 9 月 29、30 日

【注釋】

[1] 薛始亨，詳見《附錄　蔡守與古人交流考》。

[2] 梁鼎芬，詳見《附錄　蔡守與時人交遊考》。

[3] 汪兆鏞，詳見《附錄　蔡守與時人交遊考》。

[4] 胡隨齋，即胡毅，詳見《附錄　蔡守與時人交遊考》。

[5] 黃慕韓，即黃裔，詳見《附錄　蔡守與時人交遊考》。

[6] 馬鋤經，詳見《附錄　蔡守與時人交遊考》。

[7] 李桐庵，即李開榮，詳見《附錄　蔡守與時人交遊考》。

[8] 崔師貫，詳見《附錄　蔡守與時人交遊考》。

[9] 陳獨漉，即陳恭尹，詳見《附錄　蔡守與古人交流考》。

[10] 屈介子，即屈大均，詳見《附錄　蔡守與古人交流考》。

[11]《勝朝遺民錄》，陳伯陶撰。陳伯陶，詳見《附錄　蔡守與時人交遊考》。

[12] 鄺湛若，即鄺露，詳見《附錄　蔡守與古人交流考》。

薛劍公小像 [1]

余少時曾假龍江薛氏家廟世守之劍公小像，臨摹一幀。像作寬袍大袖，紗帽籠頭。把卷坐石上，身畔有囊琴匣劍。老友黃子賓虹為補松石。諸大至宗元 [2] 隸書署端曰「薛劍公 [3] 先生遺像。己酉夏四月，蔡有守余早年名有守，後更名守重摹。黃質補圖，諸宗元志」。「民史氏」朱文方印。高天梅旭 [4]、鄧秋枚實 [5]、諸貞壯即宗元別字皆有題詩。余並錄李祈年稔 [6]《劍道人小傳》與劍公自為像贊於像上。

贊曰，「其為人也，質直而潔清，好古而力行。闇然而不近於名。其為學也，脫略章句而含咀精英。其為文也，原本六經宗百氏而一家自成。方其少也，易言天下事，見為才氣縱橫。及其壯也，若揣摩熟矣。而乃絕意仕進，率妻子而躬耕。以琴書山水，陶詠性情。拘腐者病其佛老，輕薄者目為磆磕。渺毀譽之奚恤，固寵辱而不驚。即形狀末也，亦無關于神明。豈隱几之南郭，抑不下床之君平。儼乎其若思，澹乎其無營。吁嗟默默兮，誰知吾之廉貞。里後學蔡

-799-

有守謹錄。」「蔡有守印」白文方印。「蔡八八分」二朱文二白文方印。

劍道人者，南海人也。少好神仙術。年五歲未就傳時，已能識字。探炭煤於壁作書，或成句。父梅溪_{天植}令大奇之。年十三，通五經，成舉子業，名藉甚鉅公間矣。年十四而喪父。家多難，拂亂不自得，忽忽若狂。久之，始以文雋為郡諸生。聲名益振，試輒雋。所為古文詞，上溯古逸，下訖唐宋，窮精極詣，不遺餘力，成一家言。歲丙戌遭世大亂，避地龍江，會母喪，遂棄儒冠，絕意仕進。杜門探頤。積二十年，其學無所不窺。自岐黃龜策日者堪輿家言，皆洞其首要。尤善老莊，晚更潛心內典。嘗謁華首宗寶和尚。和尚欣然為受記。及和尚謝世，道人益憫然深自晦。又從在操和尚受戒，尤深器重。年五十始稍稍游人間，然終不肯下顏失色於人。見幾微不可，即遁去不辭也。以為常，人多怪之。同里鄺露 [7] 曰，『道人有文武美材，遭時不偶，託方外以自晦。而先大夫亦謂其氣文而神勇，少受劍經甚秘，心異之。其號曰劍道人也以此。予觀道人內剛外和，第高不涉俗，故屢空耳。與語道則衝衝然謙謙君子也。又不忘久要，大抵尚義砥節。異乎今人遠甚，世俗嫉之何足怪。予故為作小傳，以俟論人者，番禺李稔撰。有守再錄。」「有奇堂」白文方印。

「道貌奇姿遺老像，峩冠博帶古賢風。倘非道子傳神筆，怪石蒼松未易工。

嗟彼狡童不我遊，人間春去那能留。一琴一劍平生意，老死空山無所求。

鑄金久事道援堂，屈宋騷心不可忘。一樣詩人偏闃寂，搜羅幸有蔡中郎。

乾坤今古恨無窮，歇浦龍江兩劍公。君劍較剛儂劍鈍，傷心對卷哭秋風_{自注，公字剛生，余別署鈍劍}，已酉夏六月。金山後學高旭拜題。」「江南鈍劍」白文方印。「天梅」朱文方印。

「我與先生居隔鄉_{寒案，秋枚水藤鄉人}，龍江一水碧茫茫。蒯緱草佚南枝廢，獨拜遺容見故裝。

劍公俠士空歌哭，獨漉詩人自苦辛。畫石囊琴圖聽劍_{獨漉有《聽劍圖》}，傷心吾邑兩遺民。邑後學鄧實拜題。」「秋枚」朱文方印，「野殘學人」白文方印。

「鳴琴說劍喜畫石，此老胸中多不平。閉戶廿年難寫狀，高衢牢落亂離情_{用先生過白沙舊宅句}。

翁山為僧海雪死，嶺南士氣久凋零。龍江村舍尋灰燼，不數當年野吏亭。山陰后學諸宗元敬題。」「諸大至」白文方印，「貞壯」朱文方印。

《香港中興報》1935 年 10 月 1 日

【注釋】

[1] 該畫現存美國蔡守外孫女處。

[2] 諸宗元，詳見《附錄 蔡守與時人交遊考》。

[3] 薛劍公，詳見《附錄 蔡守與古人交流考》。

[4] 高天梅，即高旭，詳見《附錄 蔡守與時人交遊考》。

[5] 鄧實，詳見《附錄 蔡守與時人交遊考》。

[6] 李祈年，詳見《附錄 蔡守與古人交流考》。

[7] 鄺露，詳見《附錄 蔡守與古人交流考》。

薛劍公畫石

劍公喜畫獨石圖，余以重直購得四葉。及見寫贈獨漉一冊二十年前汪憬吾 [1] 以五十金與潘楠 [2] 買得。前年以二百金賣與馬武仲 [3]。然最不能忘者，則少時將家眷兆先生名酉祁，今香港太古分局總理蔡慧一之父齋中見一立軸。蒼潤華滋，洵稱逸品。迄今四十年來，猶能想像得之。聞其哲嗣慧一兄云，久已失卻。不知流落何處，至為可惜耳。

癸酉二月望日，在廣州市展會古物館第七室，見梁孔生 [4] 所藏劍公獨石立軸。帋本高二尺許，寬一尺許。余為之玩賞判日。歸即燈下背臨數帋，今歸汪憬吾藏。劍公自題如左：

「予少好觀關塞之書，感慨開平棄置之事。每夢未嘗忘獨石，故予好寫獨石。然予所寫石也，所深念者關也。人生豈可以筆墨自了平生。偶為介子道兄戲寫此而復識之。始亨。」「剛生」朱文長方印。

《香港中興報》1935 年 10 月 1 日

【注釋】

[1] 汪憬吾，詳見《附錄 蔡守與時人交遊考》。

[2] 潘楠，無考。

[3] 馬武仲，詳見《附錄 蔡守與時人交遊考》。

[4] 梁孔生，無考。

薛劍公遺集

余耗二三十年精力，搜集劍公遺著。得蒯緱館文四十有五篇，南枝堂詩樂府十三首。五言古詩三十四首。七言古詩六首。五言律詩六十六首。七言律詩

一百有三首。五言排律二首。七言排律一首。七言絕句十四首。銘六首。春秋誦言二十六則。雖經梁節庵 [1]、汪憬吾 [2]、胡隨齋 [3]、黃慕韓 [4]、馬鋤經 [5]、李桐菴 [6] 諸君借鈔流傳，迄今四十年來，尚未能刊行。未知何時方能償吾斯願。尚冀島僑富而好禮者，佽助剞劂，獲早觀成書也。今先錄其序跋，用告留心鄉邦文獻者。

「西京劉客生曰，余從踾至端水。於袁特丘座上識薛子剛生。自稱劍道人，冠服甚偉，心訝之。至五羊舟次復邂逅一揖，然仍訝其未嘗刺通也。既而予以罪遠謫，剛生則寓詩見懷。情靄然乎詞咸軌於道。壬辰秋，予以方外再至羊城，遍諸鄉落。因抵其廬問之。其人曰，不足城市久矣。年甚富，然辛卯已謝諸生試，事浮屠，藝蔬或賣文自給。顧與余益親，謂予如屈三閭 [7]。雖流離睠然不忘君。於是為予假館，通聲氣。恤然若甚矜予旅者。余視剛生，四壁貧甚。而推瓶粟飯客不倦，豈望報耶。始喟然歎息，知其人如蘇雲卿 [8] 者流。又反炎涼與世異趣者也。間出近所為文賦相示，讀之，曠然如登蓬萊，迥異世間，把挹列仙，所見皆賢聖。余不意久墮塵劫，乃復睹茲異瑞。今天下古文辭一派，向有吾師左萊陽蘿石 [9] 先生，今更寥寥。剛生史漢深於唐宋，萊陽遜其明快。古人云『氣節文章』，乃今知之矣。嗟乎，余知剛生則已後矣。若海內人知之，不更後乎。予聞之袁特丘 [10] 云，患難中得剛生。噫，剛生之文，有目所共睹。剛生之人，有目所不能共識也。余故感慨而書之，因評其文以行。壬辰九日敘。」

「晉魏以前詩文合，而人多擅美。唐宋以下詩文分，而士鮮兼長。固時代風氣使然乎？何才不相等也。夫道法之言，有才而不用其才，有學而不侈其學。故原本性情，歸之溫厚。若夫議論風采，固在所後也。由斯以談，詩文宜無二道。然體裁格韻，各有攸當。非溯流窮源，洞晰條貫。詎能究其離合異同之故哉。予嘗謂讀書種子不應絕於世。近於吾邑而得一人焉，曰薛子剛生。弱冠以制義有聲庠序。且學無所不窺。一時古文詞無出其右者。凡有大著作，非經其手筆不足傳。今世無論識與不識，皆以文人目之矣。乃其於詩尤工。規模古哲，積精淪髓。發揮性靈，追琢爾雅。當其高寄，冷冷然若御風吸露之姿；及其正容，煌煌乎清廟明堂之奏。此殆文人所難也。辛卯以後，屏竄山林。絕意聞達，不應有司試。當事者欲識其面而不可得。賣文自給，落魄不羈，喜與緇羽遊。每酒酣嬉笑兒童間，隨而狎之，夷然不屑也。或謂剛生子何嚴於彼，而誕於此。剛生大笑不答。故家無儋石，而座客常滿。當庚寅城陷之始，素產

蕩然而繞樹無枝。徬徨骶□者，異時以眾人相待，至是反以為歸。剛生讓宅道南，甚或複壁以匿。及事平別去，終身不見。季布平生恥以俠著，故其節不顯耳。其為人類如此。宜其胸次文章迥超近代也。剛生年甚富，論甚高。而軌於正，不肯為迂闊。使時際熙明，必有遇為國者。其遠到之器，蓋未可量。況其先孝廉清白之遺，宜世其澤。吾奇剛生，不僅以詩文已也。會其近刻成，聊書其概，與海內公言之。剛生別稱劍公。嘗遇異人授以《論劍書》一編，因以為號云。甲午菊月黃士俊 [11] 序。」寒案，公有壽甘灘黃玉侖相公五言排律一首。題下自注「相公恬於聲利，而賞予文。語曰『知己重於感恩』。即指此序也」。（下缺）

《香港中興報》1935 年 10 月 2 日

【注釋】

　[1] 梁節庵，即梁鼎芬，詳見《附錄　蔡守與時人交遊考》。

　[2] 汪憬吾，即汪兆鏞，詳見《附錄　蔡守與時人交遊考》。

　[3] 胡隨齋，即胡毅，詳見《附錄　蔡守與時人交遊考》。

　[4] 黃慕韓，即黃裔，詳見《附錄　蔡守與時人交遊考》。

　[5] 馬鋤經，詳見《附錄　蔡守與時人交遊考》。

　[6] 李桐庵，即李開榮，詳見《附錄　蔡守與時人交遊考》。

　[7] 屈三閭，即屈原，詳見《附錄　蔡守與古人交流考》。

　[8] 蘇雲卿，詳見《附錄　蔡守與古人交流考》。

　[9] 左萊陽羅石，無考。

　[10] 袁特丘，詳見《附錄　蔡守與古人交流考》。

　[11] 黃士俊，詳見《附錄　蔡守與古人交流考》。

黃賓虹《蜀遊詩卷》

（前缺）

小孤山

置身雲水久徘徊，平楚蒼茫靄色開。萬里舟行江上望，大孤山去小孤來。

漢上

艤舟休問峴亭碑，陵谷何當似舊時。日夜空流襄水碧，秋風人感鬢成絲。

伯牙琴臺

江潯山矗一臺高，曲罷松風人去遙。欲覓賞音雲水上，澄虛只見石岧嶢。

八陣圖

啣石心勞齊海衛，廻瀾氣壯狎天吳。綸巾羽扇安劉策，盡付江流入畫圖。

白帝城

萬壑深陰卉木稠，黛螺濃影潑滄流。丹黃幾點蕭蕭葉，白帝城高易得秋。

峽中望夔巫諸山

湘澧始入江，川原自夷曠。落日上壚烟，莽蒼極四望。舟行溯宜昌，彝陵復西向。歷落見岡皁，崇墉起屏障。傾邪間缺齾，奇詭各殊狀。峰巒競蹲跳，雲濤恣搖漾。奔流勢已雄，束峽氣逾壯。廻磧激飛溢，曲折互爭讓。捩舵舵工捷，橫渡窘鯨浪。水由地中行，人如坐天上。旬俟涉重險，迅速風五兩。夔門驚逼蹙，巫山悅排宕。神媧煉石餘，斧鑿出天匠。嵐光撲襟袖，游想心目暢。安得常久居，泉石相依傍。即景窮幽邃，圖畫列裝潢。流觀綜宙合，搜獲詫奇刱。澄懷觀物外，塵壒盡消忘。解纜又晨徵，言念神為王。

巫峽

秋隨鷗夢到江潯，晴巘陰厓楚蜀分。十二峰前舟駛過，巫山娟秀戀朝雲。

明妃村

輕藝椒蘭識重文，黃金揮霍賦長門。馬卿若比毛延壽，終古明妃尚有村。

酆都

唐像莊嚴楊惠塑，楚辭悲憤屈平歌。臨摹欲覓吳裝畫，鬼趣翻新變相多。

塗山

羽水潛熊終幹蠱，屏溪乳虎又興宗。女嬌自是宜家室，何預藏犛怨毒龍虎乳溪，禹生啟處，又禹娶塗山謂之女嬌，見《吳越春秋》。

自敘州至嘉州乘帆船作

千里焱輪破急湍，虎鬚魚復過來安。我容徐領看山趣，翻喜篙檣上水難。

犍為

荒江阻石尤，鎮日傾濁酒。酒醒風更驕，狂拜琵琶柳。

烏尤寺暮還嘉州城中

萬個圍青雀啤晴，回舟人定夜華明。烟含樹影山無跡，石咽江流月有聲。酒力游箏躋傑閣，羈愁戍角動邊城。尋閒圖得涪翁句，自理溪藤對短檠。

峨嵋山

浮青萬疊山，一折累千級。縣梯絕壁飛，雲房天咫尺。

龍門峽二首

束玉厓巉削，排雲礧屈盤。蕭森人獨立，肌粟夏生寒。

潑靛潭定匹練飛，憑闌若椀坐忘歸。林巖寂靜雲圍合，一徑通樵入翠微。

洗象池二首

厓板鐵索沉沙舊，石絡霜根盤礧高。猿鳥不鳴山更寂，一聲雲外出蒲牢。

香象空傳昔渡河，天池冰涸露坡陀。唄宮俯瞰華嚴頂，層疊烟巒起狀波。

峨頂

羈滯動兼旬，嘉州復淹轍。近器習生懤，坐悶心緒劣。峨眉百里程，撐青影羅列。層嶂澹雲表，崇岡隱林缺。裹糧出郊坰，川塗循曲折。蘇稽歷清曠，雲壑神怡悅。仰躋踵接肩，廻顧行甍甓。衝烟猿鳥度，振木魚唄徹。飛甍砑銀光，宮闕月騰晢。匹練落寒磵，跨梁兩虹蜺。華嚴峰頂瞰，蓮崿森屹囓。曙彩蒸雲霞，絢弈倏驚眄。況若石五色，靈娟餘補綴。又如花千樹，天女散衣襭。三秋葉飽霜，萬古山留雪。霜葉錦斑斕，雪山玉瑩潔。錦玉皆天成，大造無纖屑。闉蓬粲璨觀，狂起叫奇絕。煙景傳丹素，清光卻炎熱。金碧李將軍，水墨王摩詰。荊關南北宗，合體無憂紲。粉本集眾史，摹擬苦癥結。常此疑古人，容畫不容說。峨山瘦且秀，天繪巧施設。請窮十日遊，徐參畫中訣。

息心所

難得頭銜仙署頑，萬峰深入隔塵寰。飛梭日月無休歇，到此移時意已閒。

伏虎寺懷蔣虎臣太史

江溯岷沱西復西，蔣公逸老此招提。峨眉萬里僧行腳，不住龍山住虎溪。

成都二首

橐筆尋山客路歧，錦城秋老拒霜枝。不談揖讓談兵革，賈酒緣慳看奕棋。

萬井鳴螿催月墜，數行征雁帶霜來。鄉心愁絕關河迥，況聽城頭鼓角哀。

杜陵祠

烽火頻年物力痛，綠筠芟盡草堂孤。愴懷衰亂今猶昔，壁上丹青總不渝。

薛濤井

擘牋秀腕寫離鸞，舊有胭脂漬淚痕。古井無波我岑寂，何堪墨海作瀾翻。

灌縣二首

木葉翔風激怒湍，雪山銜照聳晴寒。高樓徒倚忘炎夏，翻覺尊前白袷單。

山高玉壘對青城，內外江分畎澮盈。甌脫蠻民聯互市，離堆秦守補題名。

杖攜林月繁花影，枕入風泉驟雨聲。濊水自流山驛梗，可憐郊野未休兵。

離堆

岷流千里通河渠，淘灘築堰傳秦餘。西關玉壘峭壁立，江上崔嵬勢橫截。孤嶼浮青險鑿開，迴沙如雪濤如雷。池隍環野星分井，建高瓴瓿沾河潤。內江暴漲泛濫多，平水漕注窪窪窩皆堰名。虎頭象鼻兩巖峙，急轉直下憑魚觜亦堰名。中經郫灌六邑寬，支殊派衍何舒閒。農畝縱橫滋溉足，州民編筏輸薪木。離堆瀾翻風怒號，沖山洶湧驚榷橈。拯溺累累鉌環練，生命可輕身手健。或藐海若驕波臣，潢池兒戲徒艱辛。況聞稽事阻金革，刈麥劖桑都不得。弄兵水上起倉黃，漂沒軍容慘決防。扞患方今亟外侮，胡不改進巴渝舞。報捷歸田安樂土。

靈巖寺

荒坰竹樹疏，盛夏綠意長。逼仄緣山徑，壚烟橫莽蒼。巖坳曲通樵，步滑盤梯上。棼絲洒飛瀑，絡石激清響。複疊迴層岡，峰缺倏開朗。川原俯寫渺，雲水憑蕩瀁。弘茲古寺門，坐對神氣爽。苔垣久頹圮，遺址窮礎磉。叢灌襍傾畦，零礫委龍象。迤邐林皋路，深陰覆方丈。千章青蔽虧，夸父意投杖。鵾鵬叫高木，晝走夔與魍。西連板楯蠻，玉壘偪邊壤。蕭條鍾唄寂，遊憩增悒怏。客至鳴饑腸，春黍索僧餉。嵞衍豁靈寶，風葉動睎仰。引泉池鑿窪，一勺平如掌。相期淪清茗，乳白浮盆盎。昕柯坐日夕，徙倚滌塵鞅。酌妙入華胥，鴻濛託邅想。

青城宿常道觀

寧封昔棲真，青城二千里。奇秘闢皇初，塵海歷星紀。天倉六六峰，峰兀洞逾美。仙掌擘巨靈，鶴氅萃方士。危橋散木渡，虛閣嫻雲倚。鬱鬱竹柏叢，石稜洒寒泚。深陰久延佇，頓覺膚粟起。晴巖忽熒目，風泉復聒耳。坐對欲忘

言，冥搜興未已。仙人隔遐渺，民生積瘡痏。祈耆酹老泉，卻病藥金匕。匪矜汗漫遊，聊悟清靜理。一笑岷山高，嵐翠落窗几。

擲筆槽

彩筆界山明，青城又赤城。文心許蒙拾，湘管夢花生相傳天師畫青赤色分山界。青城又名赤城。

丈人峰

五嶽真形真，佝僂見丈人。峨山近垣堵，俯視石嶙峋。

第一峰

岷千萬里，青城蟠第一峰 [1]。棲仙巖洞杳，高閣月朦朧。

軒轅頂

弓劍昔升仙，丹成龍上天。凌高增悵望，塵海易千年。

天師洞

參差巖閣嵌瓏玲，小竇盤旋入杳冥。一線曙光山罅出，洞門林葉墮縹青。

偏橋

拂徑草叢生，流泉石有聲。中分巖影斷，天際一橋橫。箔屐春華老，星雲夜色明。明朝下山路，通驛覘升平。

泠然亭

漫遊塵坌浣征衣，遲滯萍蓬客未歸。萬里御風雖快意，爭如抱甕樂忘機。

駐鶴莊

不羨乘軒貴，來從羽客遊。褕襬風雪夜，清唳出林幽。

天然閣

雲巖鬱秀靈，山葩吐芳馥。清暉娛四時，美景不雕琢。

過龍泉驛

浪跡華陽居，經年戀光景。非欲遲遲歸，只感行路梗。結侶出東郭，嵐翠壓郊境。嵬巘峰插天，百折磴盤嶺。晨氣空黯淡，桂樹日光冷。上躋灘挽綷，下降井緪緪。迴顧心膽悸，躓足氣息屏。命懸陟險危，覆轍僕夫警。余耽雲壑幽，萬里尋遊騁。行蹤所經地，一一記要領。青城降洞魔，峨寺伏林猛。仙梵

道力微，百怪日以逞。豈惟蜀道難，世亂憂未靖。蜩螗方應候，焉能悅清靜。遄征塵漲高，不寐漏聲永。睡起望平林，蒼烟起俄頃。披衣夜徘徊，屋角少微耿。

簡陽道中

膏車焱發碧雲隈，盤過龍泉舊驛來。竹樹參差盧舍合，一河橫截四山開。

樂至

軍書山邑動倉皇，驛道蕭蕭夾白楊。金角聞喧郊堞近，不堪青冢弔荊娘荊娘，楊文慎妾，明殉獻難。

安居壩鹽井

竈烟鋪絮遠峰尖，簹溜跳珠淺漲添。村塢家家通竹梘，桔橰爭汲井流鹽。

射洪

射水東北來，一曲經遂寧。川流高夕漲，遮客當衝橫。登岸迅焱輪，濡軌艱途行。艤舟因載車，舟漏車將傾。兀兀久待渡，人惟眾力擎。力擎意自佳，膠滯終淹程。八極重梯航，五材綜虞衡。鳩工視農隙，利涉興梁成。如砥誦風詩，坦蕩王道平。

嘉陵江

圖寫嘉陵江，絕藝唐畫史。日月計工速，選勝三百里。蜀遊我經年，尋流考原委。南充一杭舟，城環衣帶水。對岸山如揖，瞥眼青失喜。藍本搜開元，煤麝付沈毀。茫茫灰刼餘，滄海揚塵起。昔當嚴卉春，向曙雲霞綺。樓臺燦金碧，將軍呼大李。或者澄夕暉，澹蕩秋煙紫。磊落蓴菜條，吳裝清復爾。院體內供奉，形肖遍塵市。坐令損華滋，元氣盡凋萎。夏陰今霆霽，流水還瀰瀰。雲山董巨筆，瀏覽想經此。上承王右丞，下啟米漫仕。潑墨粉雅格，南宗不祧祀。平淡宜永平，娛老無奇詭。彷彿江南居，山川為渟峙。

蓬溪觀古畫壁

驚塵逐輪焱，迢遞循芳甸。修軌惟晡息，高下恣盤旋。蓬萊古名溪，佛剎彩流絢。長江賈島詩，青石鄧芝箭。叢祠各千古，文士樂游宴。征行非久居，坐臥增留戀。川途歷迢迤，雲壑窺奧衍。斗絕陟磴危，深陰出林蒨。崩厓走怒霆，飛澗掣驚電。蠖屈筋骨楚，難睊心目眩。工訏匠民塑，細擬龍女絹。勾溪枒枒巖，密邇晉興縣。蘇髯廣傳記，釋老拓宮殿。安能徇童豎，圍堵集懵見。

望若仙登梯，天上同豔羨。垂堂申戒懍，安步更歡忭。一一事蹟討，妙跡幽賞遍。穹巖列岫間，丹堊勒搜選賈島鄧芝兩祠在篷溪，即古晉興縣地，蘇子瞻勾溪廟詩，「遙知勾溪路，老稚相扶擁。看畫古叢祠，百怪朝幽拱」，見《方輿勝覽》。

廣安天池

廣安古宕渠，鄰水鄰其東。蜿蜒走岡阜，巒巇何猕葱。天池陟層巔，曲曲流波通。通波瑩明鏡，瑤嶼浮青空。應候躍嘉魚，凌虛絙長虹。社酒家百檻，漁竿舟兩篷。徘徊雲水光，得無圖畫中。前年竄伏莽，鋌險傷途窮。犀渠習禦疆，彙傒占召戎。懲頑橘化枳，撫順麻扶蓬。烽燧郊野頻，獵火宵熊熊。搜林熾炎焰，遂令群山童。峭壁若鬼魖，蹲石猶虎雄。寒芒逼星斗，腥氣潛蛟龍。我來步亭皋，眾綠間疏紅。榴華曜初旭，杜若揚和風。山川樂觸詠，賓寮盛過從。更盼廈宇成，遍植篁與松。逭暑訂重遊，百丈聽驚漴。

龍洞

復纍層級上蒼冥，夾道松筠擁翠屏。石壁斧劖雲皺瘦，天池鏡徹月瓏玲。漁舟人去尋烟語，龍洞神回帶雨腥。一覽會收全景處，坡半好著草玄亭。

百丈灘

畾山盤嵯峨，瓦坫出其麓。上有百丈灘，環流翳深竹。川原悅清曠，天紳灑飛瀑。匯以龍洞水，虹跨隱泂洑。豫占風雨來，雲氣瀹林谷。

嫏嬛洞

清陰捫峭壁，寒泉激流甕。人穿石罅行，初徑偪如術。出隘轉開拓，天繪起欄棟。綽約飄雲裳，瀟灑絕塵鞚。仙子期不來，皓月笛三弄。

鷹嘴巖

摩穹鬱青蒼，銕色起黝石。山棲三兩家，彷彿神仙宅。鷹嘴尤突兀，清泚出巖隙。勺飲知味甘，若醴湧泉脈。欣欣此遙矚，鷗吻不鷃嚇。

尾閭水

千尋泉倒峽，一水尾閭回。村塢沿溪入，樵蘇出洞來。排山浮夏漲，赴壑咽晴雷。填闕經南宋，龍池未鑿開。

渠江二首

篷開波面漾晴暉，秋盡天空木葉稀。日暮蒼荒人意遠，江流不動片帆飛。
雨氣湛江十幅蒲，溪橋低壓樹模糊。青陰忽墮篷窗影，坐看襄陽鵲突圖。

合川

水市聲喧客路賒，溪流環繞出三巴。垂楊籠花如深雨，歸燕雙雙日又斜。

北碚二首

川光沙磧虹收雨，山氣林篁鳥度烟。轉過鳥篷夏溪口，鷗程重與問長年。

縐雲山色樹周遮，雨後炊烟欲變霞。古塔入江寒有影，輕舟出峽靜無嘩。

渝州

驅車巴陵山，舟行巴水曲。征途林壑幽，入夏滌蒸溽。崇墉古渝州，礫石暑尤酷。瓜李鎮寸心，笙簟跣雙足。南薰想弦操，清晝尋棋局。巖竇黝陰翳，百卉萎炎毒。上仰晴雲端，蒼翠峨岷攢。靈界萬嶺白，樹森六月寒。下臨渤海觀，鶼遊翔羽翰。棟牖敞瑤島，壯闊廻風瀾。縣渺山水情，俯仰天地寬。塗山緬禹功，蠻邦考巴子。古文獲奇刱，圓印肖形美巴王肖形印，獲於成都市肆。倉沮昔未睹，壞劫不銷毀。走筆驚龍蛇，傾觴捉犀兕。對賞盡忘機，宴坐復移暑。那知火繖張，頓發幽興起。瀄瀄俯東流，星霜感如駛。殘暑將秋歸，壓裝墨盈紙。兩岸聽啼猿，江陵眴千里。舵樓恣高臥，尚羊託雲水。

不寐

甑蒸坐燠館，千峰齊火雲。暑氣偪枕簟，不寐臨宵分。層巖屹崇城，士女何紛紜。凌高蹋九梯，憑虛瞰八垠。蘋末乏噫竅，蔬饌先陳葷。子影溷塵囂，四方鏖戰氛。惱鄰鵝鸛雜，狎盟鷗鷺群。睡起晌庭柯，夢想縈鄉枌。尋山擴素抱，雲壑靜見聞。鬱鬱難久居，東歸望朝曛。沸羹復蜩螗，毒螫兼蜝蚊。沉吟瀹苦荈，遣興酏餘醺。歎滌綠意疏，悱惻心如焚。天將泯沴厲，疇隴安鋤耘。蘇困簷溜鳴，一漲波沄沄。

題畫嘉陵山水

嘉陵山水江上游，一日之跡吳裝收。煙巒浮動恣槃礴，畫圖挽住千林秋。秋寒瑟瑟窗牖入，唐人縑楮無真蹟。我從何處得粉本，雨淋牆頭月移壁。

七十八乙亥秋八月，受業談月色謹錄。

《香港中興報》1935 年 11 月 20 至 26 日

【注釋】

[1] 此句疑似手民有誤。當為「嶓岷千萬里，青城第一峰」。「嶓岷」，嶓冢山和岷山的並稱。明萬壽祺《京口》詩，「萬里嶓岷開海道，二潮雷雨向神京。」

《梁園泛櫂圖》

日前余歸島寓，老友馬小進 [1] 索余與內子傾子合作《梁園泛櫂圖》，並錄其詩。

「為愛園林可入詩，行行未覺路邐迤。微聞水響知魚躍，竟有空航逐鳥馳。與子乘舟聊復爾，中流擊楫尚何詞。村原莽莽今如此，七十年來事巨思小進社長與鄧志清 [2]、劉偉民 [3]、葉美蘭 [4]、楊瑞貞 [5]、葉美蓮 [6] 同遊九龍鑽石山梁園，泛櫂塘中。詠詩佳甚，因索余夫婦為續圖卷，乙開仲秋，蔡寒瓊張傾城同畫。」

並示新詩二章絕佳，因錄如左：

獨酌

不盡詩人行國憂，坐憐桑上滿天牛。橫流滄海家何處，寥落衡門孰與謀。攬鏡乍驚雙鬢改，論文微覺此心休。靜持杯酒分賢聖，獨酌悠然類馬周。

春心

籌謀去住春心損，隨筆書成買舊錢。此世竟能容我嬾，名山寧只以詩傳。臨風疇與輸懷抱，展卷相攜廢食眠。五載紅爐峰下客，剩將哀樂託無弦。

《香港中興報》1935 年 11 月 26 日

【注釋】

[1] 馬小進，詳見《附錄　蔡守與時人交遊考》。

[2] 鄧志清，詳見《附錄　蔡守與時人交遊考》。

[3] 劉偉民，詳見《附錄　蔡守與時人交遊考》。

[4] 葉美蘭，詳見《附錄　蔡守與時人交遊考》。

[5] 楊瑞貞，詳見《附錄　蔡守與時人交遊考》。

[6] 葉美蓮，詳見《附錄　蔡守與時人交遊考》。

寒瓊月色贈賓虹詩卷

老友黃賓虹 [1] 應廣西教育廳長雷賓南沛鴻 [2] 之召，偕北流陳柱尊柱 [3] 南來講學。八月返櫂，道出香港，小作勾留。余犯暑扶病與會。得詩四章，月色因病未能晉謁，亦有詩五章。賓虹愛月色之瘦金書，屬寫為卷子，用壓歸裝。因取賓虹仿製宋寬簾楮皮紙書之。詩錄如左：

「乙亥八月三日，聞賓虹抵香港，即趁快車造訪未晤。宿碧山壺館張谷雛 [4] 寓樓不寐。

焱輪塵逐暑如煎是日秋陽似火，衰憊何堪此播顛余病未瘥，不勝勞頓，車中腹痛並嘔。八口之家人兩地內子與兒女分居九龍，三年未返病相纏癸酉秋，病後未嘗返島寓。過門不入先求友，渡海遲來已赴筵。怊悵今宵難把晤，倚樓無寐聽流泉谷雛寓大坑村浣紗街光明台，日夕泉聲不絕。」

八月四日晤賓虹即同游沙田、慧業山堂李鳳坡 [5] 別墅，小憩林下聽講山水秘訣。

「八年積悃從何說賓虹戊辰曾南來，既見相欣又共游。攀陟羨君腰腳健賓虹今年已七十有三，強壯如五十許，登山不用杖，畫圖愛此海山秋賓虹極喜香港峰巒。問難樾下如探賾，抽秘人前盡闡幽是日賓虹演講用筆，用墨，臨摹，寫生四法，口述手畫，闡發古人精義，由谷雛編成《賓虹畫語錄》一卷。更欲周遭觀島國，明朝同汎水雲舟。

八月五日與賓虹乘樓船看山環遊香港一周是日同遊者為張谷雛、馬小進 [6]、黃居素 [7]、李鳳坡、馬文輝 [8]、黎工佽 [9]、鄧召蔭 [10]、劉君任 [11]、馮湘碧 [12]、羅原覺 [13]、王季原 [14]、張翾丹 [15] 女士

君住黃山我桂林賓虹世居歙縣，余生長臨桂，峰巒巖壑慣搜尋。坐看未抵今朝適舟中看山，於衰憊之軀最為適宜，對寫能分某派臨賓虹謂寫生，須認定某山宜用某家皴法寫之。滄海波濤開洞府鯉魚門外北竈口，水蝕山石成巖，多而且巨，雖久居香港者，亦罕有知此奇景也，仙山樓閣媚秋林賓虹謂遍山彝樓，皆是仙山樓閣，為中原所未睹也。茲遊奇絕平生冠蘇東坡 [16] 南海詞，『茲遊奇絕冠平生』，可似坡公樂不禁是日賓虹對寫海山，得粉本數十幅。

八月九日送賓虹歸上海

見促旋離未敢留，結言歲晚再來遊賓虹瀕行，與各人握別，堅約冬季更來避寒。神山端合消寒會，詩境寧為不繫舟。但願先生書莫嬾賓虹平素最嬾覆信，更容老友畫頻求。囊中粉本知多少，歸去圖成早付郵。順德蔡守寒瓊貢草。」「寒瓊亂稿」草書朱文方印。

「賓虹老師過香港，門生因病未能晉謁。治印八紐，小詩五章，寄奉

未肯珠江再到遊一作，『未肯重行入廣州』，重來香港小句留。海山撰杖門生事，貧病教人不自繇。

三如筆法七色墨戊辰秋，賓虹師南來，親授三種筆法，七色墨法。馮君康侯為篆刻『三如筆法七色墨』印為贈，往往用以鈐畫，囊歲親承指授來。今日沙田傳秘訣賓虹在沙田演講山水秘訣，由張谷雛編成《賓虹畫語錄》，病中深恨未追陪。

海上神山住七年壬戌春與寒瓊避地九龍，戊辰春才歸廣州，海山佳處每留連。倘

教打稿從師後清湘有『搜盡奇峰打草稿』印。賓虹遍覽海山，每到佳勝處，必對寫粉本不少，對寫峰巒得秘傳賓虹師寫生必分家法寫之。

頻年憤畫似魚山馮敏昌恨所作畫不佳，自榜室曰『憤畫軒』，此榜今為黃少梅所藏，恨未追隨日問難。傳語辣從彈力出賓虹師寫墨梅四幅，另寫枝圈花筆勢一紙云『辣從彈力出來』，與寒瓊攜歸示余，寫梅筆辣始能寒賓虹師又云，『寫梅須從冷字著意』，余因篆刻『冷辣』兩字小印，用鈐稱意之作。

老師已是古稀賢，門生年亦近知天。鈔詩治印樂驅使賓虹囑仿晚周璽刻小印八紐，並命鈔兩度粵遊詩草，合寫影刊，眼未麻茶手未顫。門生談月色謹呈。」「月色瘦金書」朱文方印。

《香港中興報》1935 年 11 月 27、28、29 日

【注釋】

[1] 黃賓虹，詳見《附錄　蔡守與時人交遊考》。

[2] 沛雷賓，詳見《附錄　蔡守與時人交遊考》。

[3] 陳柱尊，詳見《附錄　蔡守與時人交遊考》。

[4] 張谷雛，即張虹，詳見《附錄　蔡守與時人交遊考》。

[5] 李鳳坡，即李景康，詳見《附錄　蔡守與時人交遊考》。

[6] 馬小進，詳見《附錄　蔡守與時人交遊考》。

[7] 黃居素，詳見《附錄　蔡守與時人交遊考》。

[8] 馬文輝，詳見《附錄　蔡守與時人交遊考》。

[9] 黎工佽，詳見《附錄　蔡守與時人交遊考》。

[10] 鄧召蔭，詳見《附錄　蔡守與時人交遊考》。

[11] 劉君任，詳見《附錄　蔡守與時人交遊考》。

[12] 馮湘碧，詳見《附錄　蔡守與時人交遊考》。

[13] 羅原覺，詳見《附錄　蔡守與時人交遊考》。

[14] 王季原，詳見《附錄　蔡守與時人交遊考》。

[15] 張韜丹，詳見《附錄　蔡守與時人交遊考》。

[16] 蘇東坡，即蘇軾，詳見《附錄　蔡守與古人交流考》。

賓虹畫語錄

乙亥夏黃先生賓虹 [1] 應廣西教育廳廳長雷賓南沛鴻 [2] 之召，有暑期講

學之行。八月返櫂。道出香港，小作句留。蔡寒瓊、馮湘碧 [3]、羅澤棠 [4] 亦從廣州來會。初四日與黃居素 [5]、張谷雛 [6]、鄧召蔭 [7]、劉君任 [8]、王季原 [9]、李鳳坡 [10] 邀先生同遊九龍半島。小憩沙田慧業山莊鳳坡之別墅，坐林下談藝。同人問用筆、用墨及臨摹、寫生之法。均承先生詳為講述。分條記錄如左：

首問用筆之法。答謂用筆先在執筆，中鋒側鋒，皆要用鋒。均忌一挑半剔。宜全以腕力運行。執筆法指實掌虛，龍眼為上，象眼次之，鳳眼又次之。昔鄒臣虎 [11] 用中鋒筆，愈簡愈妙，縱橫勾勒，內含轉折。寫山石如作字飛白法，轉折處要界線分明。虛實兼到，中如細沙。倘以指挑剔，則行筆纖微而無力。尤忌柳條順拖，鉤勢要如斫，勒法由上而下，轉右作勢，筆法不妨順逆兼用也。

皴法古人短多長少。董源 [12] 麻皮皴，多用中鋒長筆。巨然 [13] 變為短筆。黃鶴山樵 [14] 有時一筆長數丈者，實則斷續而成，故為狡獪。若牛毛、豆瓣、雨點諸皴，俱短筆也。筆宜有波折，忌率忌直。東漢隸書不同西漢，各具法門。籀文小篆，用於畫樹。抑揚頓挫，含有波折。大抵作畫當如作書。國畫之用筆用墨，皆從書法中來。

董玄宰 [15] 記述董源用筆極妙。嘗見董畫中偶有一段，近看祇見無數筆痕。及懸諸壁間，自遠觀之，則山石林木屋宇，歷歷分明。層次不亂，無一敗筆。洵妙品也。

用筆最忌妄生圭角，出筆平曳，多犯此病。不獨折筆圭角不可妄生，即豎筆亦爾。折處如折帶為合，或如折釵般，自無圭角妄生之病。古人用筆之妙，有用禿筆能纖細者，有用尖筆見禿勢者。以禿筆見纖細，二石石溪 [16]、石濤 [17] 之畫，往往如是。可於遺作中求之。以尖筆寫禿勢，則八大 [18] 之畫是也。

用筆如用刀，須留意筆鋒。筆鋒觸處，即光芒銛利。故以側鋒出筆，則一邊光一邊毛也。惟寫樹枝幹不能毛，毛則氣索，非活樹也。山石則不妨毛，以顯離披姿勢。

用筆最忌妄發筆力。筆鋒未著紙而手已搖動，便覺輕浮。蓋其力在外故也，法須運力在內。故古人每用臂閣承腕，以防移動過於急促。閣者擱也，若無臂閣，宜以左手承腕代之，東瀛人士尤善此法。

用筆有辣字訣。使筆如刀之銛利，從頓挫而來，非深於此道者，不知其味。譬如薑桂之性，以辣見長。菸酒之嗜，亦老而彌篤於辣也。

運筆能留得住，由點連續而成。便有盤屈蜿蜒之姿，即篆筆法也。唐宋人

畫之深厚處，莫不如是。蓋厚則骨重，骨重則神清。運筆能提起，則緩處不妨愈緩。快處不妨愈快。純以神行，自然變化靈活。剛健中含婀娜之致，勁利中帶有和厚之氣，斯則駸駸入妙矣。

　　用筆有法度。皴與皴相錯而不相亂，在皴與皴相讓而不相碰也。古人論書，嘗有擔夫爭道之喻。蓋擔夫膊能承物，各有其力。即數十擔夫相遇於途，或讓左，或讓右，雖彼來此往，前趨後繼，不致相碰。此用筆之妙契也。

　　古人用筆轉折。脈絡有不斷之勢。雖得其妙。（下似缺文）

　　筆之種類。有狼豪、兔豪、羊豪與羊紫相兼各種。大抵頓舔用硬筆，硬舔用軟筆。舔筆俱硬，便覺犄獷。紙筆俱頓，便病荏弱。若紙筆未得其宜，譬之用杉木槌打鼓。雖清湘復生，亦不能得好畫也。

　　次問用墨之法。答謂用墨之法，至元代而大備。墨色繁複，即一點之中，下筆時內含轉折之勢。故墨之華滋，從筆中而出。方點、圓點、三角點皆然。即米氏大渾點，亦莫不然。米家之無根樹法，一枝一幹，均以中鋒用筆。中含轉折。故墨能壓紙，行筆時能留得往，便覺墨厚而活。下筆忌如繫馬木樁，蓋謂落筆時不善用鋒。初重後輕，下筆犄笨如樁。落筆雖重，移動向右時力反輕浮。中如蜂腰，無充實之勢。墨不壓紙，此致病之源也。惟能以腕力運筆，則中段亦實。收筆提起，貴有鼠尾之狀，自然圓潤而華滋矣。大抵墨法雖肥不臃腫，瘦不枯贏。用墨忌滯忌澀。寫山石之積陰處，須以焦墨提神，分出深淺。墨內隱水，倍覺靈活。賦色亦然。設色之筆，丹青中不妨含墨。所謂丹青隱墨墨隱水是也。用硯雖不能不淨。但筆含宿墨，有時益見其妙。倪雲林 [19] 尤善此法，在善領會而已。

　　漸江 [20] 僧學雲林，曉用宿墨法。宿墨之妙，如用青綠。元人樸拙，亦善和宿墨而已。

　　破墨法即潑墨法。東坡大小米，俱深得其秘。明代畫家已不講求。畫沙畫坡，用淡墨皴之。常用濃墨畫草於淡墨未乾之際，此即破墨之例。後人偶然得之，多未明其為破墨法。沈石田 [21] 以「蒼潤」二字名齋，破重墨法。石田筆力過健，其初蒼而未潤，趙同魯 [22] 嘗譏之。晚年深研墨法，故得蒼潤之致。文徵明 [23] 亦然。至董文敏創兼皴帶染之法，不復步武古人。因其秀逸有餘，蒼勁不足，故以此法掩之。已非元人點染之舊。四王 [24] 吳惲 [25]，皆宗文敏。皆屬用長舍短，出於弗已。能稍復元人之法者，惟石溪、石濤、八大山人而已。

　　破墨之法，淡以濃破，濕以乾破。皴染之法，雖有不同。因時制宜可矣。

就染法而言，唐宋人畫山石樹木之積陰處，不拘用墨用色，皆以積點而成。故古人作畫曰點染。元人深明古法，故氣色獨厚。董思翁拖曳之法，名曰渾染。因弘嘉而後，畫者日就枯硬。思翁欲以淹潤濟之，亦屬時會使然。惟其筆力稍乏清剛之氣，雖欲步武元人，有所不逮。是以順筆多而逆筆少。後之學者，不明其故，每況愈下。至蹈淒迷破碎之病，良可思也。

古人書畫，墨色靈活。濃不凝滯，淡不浮薄，亦自有術。其法先以筆蘸濃墨。墨倘過豐，宜於硯上略為揩拭，然後將筆略蘸清水。則作書作畫，墨色自然滋潤靈活。縱有水墨旁沁，終見行筆之跡。與世稱肥鈍墨豬有別。

至古畫中細謹之筆，如人物相貌，衣服折紋，先用油乕印出，是為摹寫。如人相之五官位置，身形之高矮肥瘦，不能差錯，不得不用油乕印出。即樹木枝葉，每叢不齊。或如弧形，或三角式，亦可摹出。平頭平腳，皆足為病。初學者非經臨摹，不知古人結構之妙也。

更問寫生之法。答謂寫生須先明各家皴法。如見某山類似某家，即以某家皴法寫之。蓋習國畫，與習洋畫不同。洋畫先由攝影實物入門。國畫則專以神似為重，形似為輕。須以自然筆墨出之。故必明各家皴法，乃可寫生。

次則寫生之道，不外法理。法如法律，理如物理，各有運用之妙。例如山實處，虛之以烟雲。山虛處，實之以樓閣。但烟雲樓閣，得隨意增損。又如山中道路，儼類蛇腹。照寫定然平板，必須掩映為之，破其版滯。世云江山如畫，顧江山未能如畫，因畫之江山，由人斟酌損益也。

歙縣黃先生賓虹，自髫齡棲心六法。殫精竭慮，數十年如一日。前賢法度，參契入微。海內藝人，翕然向往。吳楚素擅江山之勝，固已搜奇探賾，羅為胸中丘壑之資。年逾古稀，猶復西窮二巴之峭崿，南覽八桂之崢嶸，飫烟雲之供養，窺造化之靈樞，蓋已藝進乎道矣。是秋講學南來，重遊嶺海，返櫂之際，道出香江。同人等挽其小住，略事清遊。偶爾小憩林泉，商略藝事。同人凡有問難，先生悉為批隙導窾，闡發無遺。爰為筆之於書。援《石濤語錄》之例，名之曰《賓虹畫語錄》。使有志繪事者，皆知法備前賢，理存造化。一藝之精，本源具在。不容以輕掉意之也。乙亥仲秋，順德張虹谷雛跋於碧山壺館。

《香港中興報》1935 年 11 月 30，12 月 1 日

【注釋】

　[1] 黃賓虹，詳見《附錄　蔡守與時人交遊考》。

[2] 沛雷賓，詳見《附錄　蔡守與時人交遊考》。

[3] 馮湘碧，詳見《附錄　蔡守與時人交遊考》。

[4] 羅澤棠，詳見《附錄　蔡守與時人交遊考》

[5] 黃居素，詳見《附錄　蔡守與時人交遊考》。

[6] 張谷雛，即張虹，詳見《附錄　蔡守與時人交遊考》。

[7] 鄧召陰，詳見《附錄　蔡守與時人交遊考》。

[8] 劉君任，詳見《附錄　蔡守與時人交遊考》。

[9] 王季原，詳見《附錄　蔡守與時人交遊考》。

[10] 李鳳坡，即李景康，詳見《附錄　蔡守與時人交遊考》。

[11] 鄒臣虎，即鄒之麟，詳見《附錄　蔡守與古人交流考》。

[12] 董源，詳見《附錄　蔡守與古人交流考》。

[13] 巨然，詳見《附錄　蔡守與古人交流考》。

[14] 黃鶴山樵，即王蒙，詳見《附錄　蔡守與古人交流考》。

[15] 董玄宰，即董其昌，詳見《附錄　蔡守與古人交流考》。

[16] 石溪，即髡殘，詳見《附錄　蔡守與古人交流考》。

[17] 石濤，即原濟，詳見《附錄　蔡守與古人交流考》。

[18] 八大，即朱耷，詳見《附錄　蔡守與古人交流考》。

[19] 倪雲林，即倪瓚，詳見《附錄　蔡守與古人交流考》。

[20] 漸江，即弘仁，詳見《附錄　蔡守與古人交流考》。

[21] 沈石田，即沈周，詳見《附錄　蔡守與古人交流考》。

[22] 趙同魯，詳見《附錄　蔡守與古人交流考》。

[23] 文徵明，詳見《附錄　蔡守與古人交流考》。

[24] 四王，前人謂清初畫壇的王時敏、王鑒、王翬、王原祁。

[25] 吳愉，即吳歷，詳見《附錄　蔡守與古人交流考》。

《玉臺商畫圖》

　　荷鄉夫人購得《玉臺商畫圖》一冊。昦本高六寸又半寸，橫八寸又半寸。冊端冷金箋，叔未隸書「道光壬寅初夏。為子祥家彥題記。廷濟年七十五」。「張廷濟 [1] 印」白文方印，「張叔未」白文方印。

　　圖費子苕 [2] 畫。淺絳園林景，筆極秀逸。款云，「子祥仁弟忼儷並工六法。琴窗鏡檻，相對揮豪。雖古人詠燭題牋，徵書覆茗，其流風遺韻殆無以過。

爰寫《玉臺商畫圖》就正。道光辛丑冬十二月，費丹旭並識。」「曉樓詩畫」白文有邊方印，「子苕」朱文白印。

「鴛鴦湖水水邊村，繞屋藤花畫掩門。清福全家好書畫，風流重說趙王孫。
真教翰墨是因緣，雙管樓頭望若仙。掃盡人間脂粉氣，果然畫本出天然。
暈碧裁紅曉未乾，半簾花氣颭輕寒。修眉縱有玲瓏管，畢竟春山一抹難。
生綃一幅擬徐黃，研北香南仔細商。笑我山妻隨荷鍤，只知晴雨較農桑。
子祥仁弟屬寫《玉臺商畫圖》。意有未盡，再題拙詩四絕。奉博一笑。曉
樓丹旭。」「費丹旭印」白文方印，「後之視今」朱文方印。

「東風吹香粉離離，銀藤花發連理枝。柔條疊地綠陰重，一雙對谷鳴黃鸝。
花前窈窕神仙侶，葉葉春衣吹白紵。碧瑣窗高敞畫樓，停豪佇墨纏綿語。畫眉
夫婿數張郎，只有丹青最擅場。已許高名追顏陸，直將勝迹傲徐黃。玉臺難得
聯佳偶，寫生妙結蘭閨友。何限裁紅暈碧心，依然傅粉勻脂手。評量雨葉共風
枝，慘淡經營若樣宜。有無似酒應謀婦，深淺如眉要入時。古今試問誰同轍，
惟有吳興趙松雪。漚波亭下管夫人，畫苑由來數雙絕。辛丑嘉平，題奉子祥仁
大兄雅正。蔓那弟許光清 [3] 初稿」。「蔓那」朱文方印，「許光清印」白文方
印。

「我愛張郎六法精，況兼閨秀得齊名。畫眉一管生花筆，閒向春風看寫生。
同心蘭臭豈差池，合作花開連理枝。功力雖然能悉敵，還稱夫子是吾師。
調脂殺粉玉臺前，伉儷還多翰墨緣。茶熟香溫時品論，藝林佳話一時傳。
壬寅上元日奉題子祥世好大兄《玉臺商畫圖》。即希正句，雲樓殷樹柏 [4]，
時年七十有四。」「殷樹柏印」朱文方印，「雲樓詩畫」白文方印，「雲翁七十
以後之作」白文方印。

「一天風韻，請渠儂班管，輕輕收取。六扇茜窗殘夢裡，依約並肩疏語。
下了重簾，銀藤花底，人影吹香絮。鴛牋拓就，同心小印親署。　試看白袷青
裙，無雙福慧，總被雙成去。千頃鴛鴦湖上水，滴作胭脂紅雨。鳥愛相思，花
知連理，都是三生譜。他年韻事，好將眉史同補。明炳蕚布歲皋月，題奉子祥
仁兄大人屬。即正。叔雲弟周普潤 [5] 填百字令」。「普潤、叔雲」朱白文屧齒
印。

「水晶簾下記雙清，翰墨姻緣訂宿盟。好似鷗波亭畔客，爐香茗椀共吟評。
剗藤拂處細商量，奩具常沾墨瀋香。忙煞畫眉一枝筆，與君交換寫鴛鴦。
畫史真堪補玉臺，比肩人羨日相陪。宋元粉本全慕慣，豔福誰能學得來。

壬寅二月初吉，奉題子祥兄丈大人《玉臺商畫圖》，即請粲正。芷湘弟管庭芬 [6] 稿」。「子佩」朱文方印。

「買繡金荃，瓣香簫史，妙格又添清雋。勻量繭帋，薄煎鮫綃，粲爾齒花芳沁。應是月子初三，京兆纖纖，翠螺丸凝。正香棚雪舞，柔枝銀絡，素心同印子祥世居稱木香棚張氏，銀藤花館新葺，讀畫處也。　君不見，芳草王孫，當年如玉，雅有管夫人并。琴牕嗣響，山水知音，況又子期紅粉夫人鍾氏。遮莫樓臺，雨烟皴綠湖光，收來雙穎。怕鴛鴦共夢，還妒臨波人影。《過秦樓》，壬寅四月昌羊生日題於犀辟邪室，即奉子祥仁兄大人，琴邊雙笑。穎子弟寶鍅填稿。」「穎子」朱文橫方印，「張寶鍅 [7] 印」白文方印，「雙屬玉亭詞客」白文方印。

「名士風流，才媛標格，堪羨玉臺朱粉。修到三生，合成兩美，管趙當年差并。琴心詩思，試閒把，丹青互證。恁疏牕，絮語流宵，一燈和雨涼暈。　難得是，同心偕隱。握管費評量。重摹舊本，繭紙裁紅，鴉叉展碧。莫負鏡中雙鬢。妒伊福慧。永消受，蘭閨清韵。淡功名，只管東風，更番花信。壬寅夏日。調寄《百宜嬌》，奉題子祥先生心如夫人《玉臺商畫圖》，即求兩正。長洲顧沅 [8]。」「藝海樓」朱文隸書長方印，「湘舟」朱文方印。

「藤花如雪落燕支，閉著林扉正索詩。最是耐人商略處，畫眉聲裡曉妝時。
湖上鴛鴦照影雙，與郎日日畫鴛鴦。難猜心性難尋夢，風露一天人語涼。
東風一樣起眠三，畫柳人多不畫蠶。今日神仙攜眷屬，採桑風杲寫江南。
明炳夢布歲觀蓮日，奉題子祥仁兄大人《玉臺商畫圖》，即請雙正。文之周■ [9] 坐壽花堂書。」「文之」朱文方印，「天■文章賦稻花」朱文長方印。

「匏爵靈簫喜合併，脂香粉豔睹聰明。笑他冀埜人終陋，辛苦朝朝但餉耕。
傳家眉嫵擅風流，雙管同心寫好逑。試為寒香描倩影，三生憑與證清修。
鴛鴦湖畔穩栖遲，儷白妃青儘入時。點梁漫教輕下筆，鳥須比翼樹交枝。
福慧雙修豔藝林，流傳尺幅抵兼金。有人紙閣蘆簾底，等是相莊歡羨深。
奉題《玉臺商畫圖》，即請子祥仁兄先生雅正。壬寅夏仲，升之弟金鍾秀 [10]。」「升之」朱文長方印，「寒玉廬主」朱文長方印。

「金題玉躞弃藏貪，合繼山人築畫盦泰州朱野雲山人有畫盦。一樣禪宗異南北，若非天女孰同參。

不用開箱粉本看，紅窗月費幾螺丸。雲山遠近兼深淺，可比眉峰下筆難。
墨會靈簫有宿緣，平生供養賴雲烟。風流合繼寒山趙，畫隱雙雙到百年。

壬寅六月九日題於小竹林園之息耕草堂，應子祥一兄先生雅屬並正。愚弟黃安濤 [11]。」「嘉善黃安濤信印長壽」白文有邊方印。

「遠峰一角眉痕淺，閒情早縈空際。覆耐榛餘，哦堪絮撲，長晝偏嫌追遯。研螺正細。又六六屏山，撩人芳思。唱甚搏泥你儂，描入素紈膩。 絲絲垂柳冥讀去聲濛，但扶疏綠影，庭院深閉。燕語微聞，鶯牋試拓，雙倚銀紗腮底。商量妥未。恐湖畔蘭橈，不留人住。珍重斯時，月來花影泥郎君每作近游。

題應子祥世講二兄先生屬並政，《齊天樂》一闋。年時心緒抑塞，于減字偷聲，久不事此，且垂垂老矣。而尚墮綺語結習。知不免為鐵秀所呵。在子祥當亦發笑也。道光壬寅九秋，白洋湖上老■秉桂。」「白羊父」大篆朱文方印，「月上詞人」白文方印。「■夕」朱文長印首印。

「郎君妙筆擅徐黃，閨範南樓爇瓣香。偕隱甘辭繡帛聘，更無餘事待商量。即論繪法已超倫，吮墨含豪殊費神。西爽南田音響絕，良朋難得畫眉人。筆耕咥余鐵未穿，竈觚蓬首餂耕田。白頭相對成何事，燈影機聲四十年。

壬寅二月奉題《玉臺商畫圖》，應子祥大兄大人粲正，未庵周栻 [12]。」「周栻」大篆朱文方印，「丙戌進士」白文方印。

「鴛鴦湖水漾秋霞，笑拓文腮韵字紗。活色生香雙管豔，禽名同命樹交花。綠陰如雨撲簾寒，細意商量到夜闌。費盡妙明心一片，圖成還要並肩看。

壬寅十一月，與子祥仁兄大人重晤於仙甌館，出《玉臺商畫圖》屬題，率爾應教。即請正句。賓華弟孫元培 [13]。」「賓華」白文有邊方印。

「團蛺蝶細風劖，自君慣放滄江棹，日日烟波畫遠帆。裁雲鏤雪琢春詞，題上生綃問可宜。也合馬卿親滌器，都應張敵會修眉。鏡裡修眉紙上山，不須辛苦擬荊關。異時墨妙誇雙絕，為溯吳興管以還。

拙句題奉子祥仁兄，即請玉臺雙正。錐庵弟陶淇 [14]。」「陶淇私印」白文方印，「陶辛伯」白文方印。

「玉叉斜掛處，徐熙沒骨。共誰描取，縹渺秦樓蕊。管趙風流，輸他雅韻蘭房動。鴉叉幾番共展。試推敲滴露研霜藥。明月上，照紅樓人影一雙動。調寄《聲聲慢》，奉題子祥先生醒香夫人《玉臺商畫圖》。武陽叔子勞勳成 [15]，鴛湖女史沈藥同拍。」「介夫」朱文方印，「芷薌」白文有邊方印，「雙紅豆室」朱文長方印。

「家住鴛湖東復東，神仙眷屬畫圖中。較量暈粉與裁紅，眉柳縱輸夫婿擅。額梅還讓美人工，憑將雙管寫春風《一庭花》。

玉臺粉本鬥新奇，寫生生怕參差。沉吟擱筆對花枝。日影頻移。　工拙總求刻意，淺深好合時宜。尋常殺粉與調脂。偏費尋思《畫堂春》。

平生豔福。雖似仙郎。看試手描花初就，喜比肩畫稿同商。細安排，香濃粉淡，葉短枝長。　古來活色生香。惟讓徐黃。縱父子江南濟美，憑弟昆畫院聯芳。也應輸，一時佳偶，兩下平章《兩同心》。

小詞三首，題應子祥一兄大人之屬，即求正拍。穗嫣弟許光治 [16] 倚聲。」「穗嫣仙史」朱文方印，「光治印」白文方印，「羹梅題句」白文方印，「長平鄉人」白文方印，「寵花生」白文方印。

「伊昔者輞川老畫手，愧擁輕案成眉彪。喜君偶處得良友，芙蓉靜對軒明窗。研螺掃出遠山色，綠鸚善聽人語雙。煙雲入腕不草草，旁有俊睞明秋江。臨風一笑展遙致，短紙生意廻蘭茳。知君深情合比鴛鴦湖水流淙淙。坐嗤俗眼炫華綺，但爭豔引沙哥幢。讀君畫未識君面，況乃雜佩投琤琮。明年短棹凌越尾，為我斗酒謀春缸。子祥仁兄先生玉臺雙政，博山弟仲孫樊 [17]」。「博山詩詞」白文方印。

「鴛鴦湖水碧於藍，樓上烟光潑翠嵐。商略韶華開粉本，不教春色占江南。疊葉交枝位置安，畫成還費幾回看。一般同是春風筆，分別穠纖可是難。便教脂粉亦能神，點染名花當寫真。不數吳興趙松雪，本來夫婿畫眉人。子祥一兄大人屬題即正，弟蔣光煦 [18] 拜稿。」「光煦之章」白文方印，「三徑後人」朱文方印。

「皴紅染碧管同拈，豔煞閨房韻事添。一笑君家京兆尹，風流只解畫眉尖。無聲詩亦費推敲，眷屬情如筆硯交。累我披圖獨惆悵，玉臺絲久■蛸□ [19]。

去年曾乞補新畫，添畫花瓶與茗爐 客秋邂逅修川，曾以禪榻鬘絲圖照，乞補小景。禪榻還思重寫照，願求合作許儂無。奉題子祥仁兄大人《玉臺商畫圖》，即請正之。笠湖弟應時良 [20]」。「應時良印」白文方印，「笠湖」朱文方印。

「六法由來獨擅長，蘭閨偏不讓檀郎。調和紅粉良應慣，深淺丹青熟與商。起稿自同心結構，含豪時帶口脂香。鴛鴦刺繡推名手，攜■新圖人畫囊。平鋪尺素滑於油，欲寫還停笑語柔。筆借畫眉休橫仄掃，墨如落紙定雙鉤。認他綠柳銀藤館，真是佳人韵士流。詩句聯吟琴並鼓，一生伉儷孰為儔。題奉子祥大兄大人雅正。吉庵俞熊 [21] 稿」。「俞二名熊」白文方印。

「水傍鴛鴦，巢支翡翠，中有聰明仙眷。儷白妃青，天付春風雙管。乍拈

煤，女字枝描，旋滴粉，夫容花染。想低回，宛罷晨妝，幾番商略到深淺。　君家京兆應妒，當日修眉有筆，終輸芳豔。襪絹成堆，辛苦年年金線。且拋開，螺黛閒心，儘冷人，燕支時服，只難忘，藝苑香名，怕教夫婿掩《綺羅香》。壬寅舊作，丁巳孟秋。錄呈子祥仁兄大人雙正。辛叟仲湘 [22]。」「辛叟」朱文長方印。

「神仙伉儷，算閨房豔福，幾生修到。璧雲山真富貴，一幅丹青新稿。黛點螺香，鉛研象管，粉本留題好。風流眉嫵，底曾輸與京兆。　還向繡鴨灘邊，臨流結屋，偕隱情娟妙。湖水鴛鴦三十六，鏡影雙棲同照。茗椀前頭，熏爐側畔，鎮日閒調笑。如斯佳耦，世間能有多少。右調《念奴嬌》，奉題子祥仁兄大人玉臺商畫圖，即請顧誤。芝房賈■倚聲。」「東武倚聲」朱白文方印。

寒案，張子祥熊，秀水人，自號鴛湖外史。工花卉，縱逸如周服卿 [23]，古媚似王忘庵 [24]。屏山鉅幛，以尋丈許者，逾見力量。兼作人物山水，亦古雅絕俗。家有銀藤花館，位置精雅。壁無纖塵。喜填詞，擅小令，並諳音律。配鍾氏惠珠，字心如，又號醒音。工寫梅，作設色花卉，亦娟秀。墨池畫琖相扶持，閨幃之樂，不遜兩峰白蓮也。故烏程費子苕為繪《玉臺商畫圖》。一時名流題詠者二十有四人。其中如顧沄、沈濤、陶淇、仲湘、蔣光煦、殷樹相等，尤為難得。假歸牟軒數日，故得繕寫一通如右。

《香港中興報》1935 年 12 月 3、4 至 7，10 至 14 日

【注釋】

　[1] 張廷濟，詳見《附錄　蔡守與古人交流考》。

　[2] 費子苕，即費丹旭，詳見《附錄　蔡守與古人交流考》。

　[3] 許光清，詳見《附錄　蔡守與古人交流考》。

　[4] 殷樹柏，詳見《附錄　蔡守與古人交流考》。

　[5] 周普潤，詳見《附錄　蔡守與古人交流考》。

　[6] 管庭芬，詳見《附錄　蔡守與古人交流考》

　[7] 張寶銛，詳見《附錄　蔡守與古人交流考》。

　[8] 顧沄，詳見《附錄　蔡守與古人交流考》。

　[9] ■，原文字模糊莫辨，下同。

[10] 金鐘秀，詳見《附錄　蔡守與古人交流考》。

[11] 黃安濤，詳見《附錄　蔡守與古人交流考》。

[12] 周杙，詳見《附錄　蔡守與古人交流考》。

[13] 孫元培，詳見《附錄　蔡守與古人交流考》。

[14] 陶淇，詳見《附錄　蔡守與古人交流考》。

[15] 勞勳成，詳見《附錄　蔡守與古人交流考》。

[16] 許光治，詳見《附錄　蔡守與古人交流考》。

[17] 孫樊，詳見《附錄　蔡守與古人交流考》。

[18] 蔣光煦，詳見《附錄　蔡守與古人交流考》。

[19] □，此句原文脫一字。

[20] 應時良，詳見《附錄　蔡守與古人交流考》。

[21] 俞熊，詳見《附錄　蔡守與古人交流考》。

[22] 辛仲湘，詳見《附錄　蔡守與古人交流考》。

[23] 周服卿，即周之冕，詳見《附錄　蔡守與古人交流考》。

[24] 王忘庵，即王武，詳見《附錄　蔡守與古人交流考》。

賓虹詩畫四扇

　　鄭虔 [1] 三絕，當代唯黃賓虹 [2] 足以當。世皆知其工繪事，詩名幾為畫名所掩。其書法之妙，更尠有知者。平生最喜作大篆，用筆能剛勁古拙而生華滋。正如其畫。社友錢仲聯萼孫 [3] 有題其臨盂鼎銘卷子長歌。今得先錄如下：

　　「古器縱橫何足數，爭如盂鼎晚出土道光初年出土。黃公摹此力能舉，開卷躍出萬龍虎。文字鬱律讀者苦，維王命盂著銘語。用作寶鼎嗣乃祖文有云，荊乃嗣祖南公。又云，錫乃祖南公旂。又云，用作祖南公寶鼎，是時成王有九虡。二十三紀文明敘銘末云，『維王二十又三祀』。李越縵曰，其文屢言文王武王。且據《洪範》稱祀，此亦稱祀，蓋周初尚沿殷時之語。則當為成王廿三年無疑也，以外云云難■ [4] ■。詰屈聱牙良齟齬，字十九行行十五。徑圍三尺高隱堵，歷三千年落何所。郿縣禮村水之滸，不同九鼎論泗浦。豈有□ [5] 祖沈水取，歐趙集古此待補。好色未見臣里女，岐山周令雨樵快先睹。晚歸鄭盦慶得主，越縵題詩通厥詁。旁引玎公證玫瑴銘文，玫王三見，瑴王一見，俱左加玉字。越縵詩注，引《說文》玎公，即左傳丁公為證，愙齋嗜古識良窳，為作考■侔鄭許。毛鼎位置或伊呂，石鼓只應配兩廡。嗚呼此鼎出土百寒暑，宣廟當年固吾圉。無何鯨海動鼙鼓，從此神州啟外侮。今夕何夕淚如雨時聞河北之警，江山滿眼塞強虜。蜻蜓洲寇忿跋扈，公等堂堂虎變鼠。痛飲中山千日醑，戒酒有銘嘅為腐銘文有云，『在雩即事獻酒無■酗，有燕豐祀無醹』。

河北昨聞鼎遷府，背城誰倚即墨莒。有筆欲投人或沮，合向豪端寄鬱怒。黃公衰腕足張弩，掉臂乾坤力撐拄。觀鼎頻以指畫肚，盡屈生鐵入釵股。黃山古松無此古，方圓以外見規矩。萬古斯文通法乳，虛拳所探非自詡丈論書，『虛實妙用，謂虛貴於實』，成周法物氣象聚。真贗何人辦刻楮，我師得之狂欲舞。百尺樓頭日摩撫，雷公下攫聲裂柱。光芒萬丈時一吐，遣我長歌逞胸腑。我慙筆力輸韓愈，魯班門前弄大斧。舉鼎絕臏敔莽鹵。安得乞歸三日真氣驚牖戶，臥對猶龍相爾汝。」

賓虹工大篆，讀錢氏是歌，已可想見。其楷書酷似夢樓，行書如山谷。陳松英 [6] 女士謂先生之書，均矯俗勁拔，自成法式。洵知言也。故余每以箑子乞先生畫，必一面求寫新詩。于是一扇而先生三絕備矣。先生過香港數日，未嘗與人作書畫，特為余作四扇耳。

一、畫《都嶠圖》，水墨似石溪。款云，「都嶠為容縣山之最奇偉者，道中所見如此。寒瓊道兄屬為月色女寫此。即博一笑。賓虹。」「黃賓虹」朱文小印。

行書，「松篁匝徑綠陰稠，影入澂潭暑漸收。曾記木蘭陂上立。小橋飛瀑倍清幽。篾輿平阪■層岑，澗路重重入杳冥。十萬容山回望處，峰尖雲外豀遙青。遊都嶠詩。寒瓊社長郢正。賓虹。」「黃」白文有邊小印。

二、畫《香港海山》，水墨似清湘。款云，「乙亥桂遊，道經香港。時寒瓊先生自廣州來會，欣然道故。同舟海上，屬為寫此。並詒月色女雅鑒。黃賓虹。」「賓虹」白文小印。

行書，「礙石舟環曲港餘，巒光波影路盤紆。青藍海淀琉璃界，丹堊雲房縹緲居。夷夏銷金開島市，仙靈搖珮接蓬壺。快登絕頂凝遙睇，身入滄流萬里圖。香港一首，寒瓊社兄吟正。賓虹。」「虹若」白文小印。

三、畫《鯉魚門外海上巖岫圖》，水墨仿李檀園。款云，「乙亥新秋，余自勾扇都嶠來，道經赤柱山。寒瓊先生暌鬲已八年矣。殷殷話舊。出素箑屬為月色女寫鯉魚門海上巖岫圖。即希粲正。賓虹。」「黃」白文小印。

行書，「清遊日日臥烟巒，桂嶺環城水繞山。迴渚扁丹催日暮，中天高閣礙雲還。眼明霜葉秋同醉，頭白沙禽老共閒。入夜西風波浪急，愁心枕上送潺湲。近作寫似寒瓊道兄吟定。賓虹。」「黃」白文小印。

四、畫《江上風景》，水墨仿石濤。「乙亥秋，南寧舟中所見。寫似寒瓊道兄正。賓虹。」「黃」白文小印。

行書，「江岸晴光上綠簑，雨聲遙夜水增波。荒流閒煞磯邊艇，到處漁罾人畫多。　邕寧山勢參平遠，潯鬱江流信坦安。夏漲正高舟駛疾，雨餘枕上只遙看。乙亥秋南寧舟中口占，寒瓊先生一粲。賓虹。」「賓虹」白文小印。

【注釋】

[1] 鄭虔，詳見《附錄　蔡守與古人交流考》。

[2] 黃賓虹，詳見《附錄　蔡守與時人交遊考》。

[3] 錢仲聯，詳見《附錄　蔡守與時人交遊考》。

[4] ■，原文字模糊莫辨，下同。

[5] □，原文字空白。

[6] 陳松英，詳見《附錄　蔡守與時人交遊考》。

潮州元石香爐 [1]、明鐵香爐

潮陽黃子仲琴，搜訪鄉邦金石甚勤。屬以墨脫遙寄，頃又得二香爐拓本。

一、元石香爐。在潮川開元寺。題字處高約二尺又二寸，寬約五寸許。正書四行，行十四字。兩邊有闌。上荷葉蓋。下蓮花座。

「大元泰定二年歲次乙丑二月八日一行奉政大夫連州知州兼勸農事徐震二行謹舍石香爐一座入於三行潮州路開元萬壽禪寺永充供儀者四行。」

二、明鐵香爐。在潮州鎮署關廟。高一尺一寸又三分，寬二尺八寸又二分，題字陽識正書十九行，前六行漫漶不可釋。

「蓬州所吏目何□，浙江會稽人七行。小江場大使朱文會，浙江會稽人八行。蓬州所吏目李應元，福建閩縣人九行。□司□司劉龍，湖廣□ [2] 州人十行。靖海所吏目李□，福建□江人十一行。稅課司吳肖成，福建閩縣人十二行，十三行闕。黃崗巡檢司鄭□穎，浙江江山人十四行。□浦司巡檢李一治，浙江縉雲人十五行。□□□□戴廷恩，浙江湯溪人十六行。□□驛丞梁英相，廣東高要人。□□□銀伍錢十七行。萬曆三十三年孟冬之吉，會首程□□何□□鑄造□□十八行。漢壽亭侯關聖廟萬年香火□□□□十九行。」

【注釋】

[1] 黃挺，馬明達著《潮汕金石文徵》載，現仍存。刻文尚有「桂陽路平陽縣石匠劉貴亮造」12 字。

[2] □，原刊文字空白。

南昌出土漢大樂竟

南昌築飛機場，發掘出漢竟一。家蔚挺敬襄 [1] 購得，精拓寄示。竟徑四寸又二分。文字花紋，皆精湛絕倫。跋如左：

「余性嗜金石。偶獲奇品，歡喜若狂。可以消遣吾之積感與國憂也。乙亥仲秋，在南昌飛機場附近之大郎廟後山，獲此竟。質薄而光澤瑩然可照人。審其花紋似晉，然與漢建寧專同地同時出土，是漢器無疑。銘曰『大樂貴富千秋萬歲宜酒食』，小篆十一字。惟『食』下造一魚形以代魚字頗奇。蓋人世富貴誠如浮雲，豈有千秋萬歲，乃是癡人說夢耳。因題一絕以寫余懷。

不幸生逢無道時，浮雲富貴欲何為。名山事業千秋後，可笑黃粱一夢癡。

寒瓊宗弟賞鑒，南昌蔡敬襄手拓題贈。」「敬襄手拓」白文方印，「守先待後」白文方印，「江西省蔚廷圖書館藏」白文方印。

《香港中興報》1935 年 12 月 14 日

【注釋】

[1] 蔡蔚挺，詳見《附錄　蔡守與時人交遊考》。

雲南盤龍山擔當大師摩厓榜書

方子膡仙 [1] 屬室人為寫盤龍山元梅圖兩巨幅。遂拓盤龍山中擔當大師摩厓榜書兩種以為報。一行書「趣冷人閒」四字，款「擔當」二草書。一草書「千峰寒色」四字，款亦「擔當」二草書。旁刻劍川尚書跋「香光嗣法」四隸書，下署款「石禪老人趙藩 [2]」行書一行。余以兩榜語皆合寫梅意，因裝池縣於梨花院落。

寒案，普荷號擔當，雲南晉寧人。唐氏子，名泰，字大來。年十三，補弟子員。天啟中，以明經入對大庭。嘗執贄於董思白 [3] 之門。過會稽，參雲門湛然禪師。回滇未幾，聞中原亂。遂薙髮從無住禪師受戒律，結茅雞足山。工詩，有《修園集》，儒生時作。《濟庵草》則出世後詩也。善畫，取法於雲林。

《香港中興報》1935 年 12 月 13 日

【注釋】

[1] 方膡仙，即方樹梅，詳見《附錄　蔡守與時人交遊考》。

[2] 趙藩，詳見《附錄　蔡守與時人交遊考》。

[3] 董思白，即董其昌，詳見《附錄　蔡守與古人交流考》。

擔當書畫集冊

牟軒珍藏擔當山水冊，僅三頁。綾本高六寸又半寸，寬四寸又二分。

一、「倣梅花道人」。「擔當」白文長方印。

二、「驢小風霜少，洞深歲月多」。「普荷」白文方印。

三、「倪迂有三昧，冷過我為僧」。「擔當」白文方印。

又草書一頁，紙本高五寸，寬三寸又三分。

「懶性如今成野人，行藏由興不由身。莫驚此度歸來晚，買得山居正值春。擔當」。「擔當」白文方印，草書四行。

署籤。「擔當和尚山水冊。哲夫先生藏。于右任 [1]」。「右任」朱文方印。行書。

署首。「擔當大師書畫冊。哲夫先生藏。江亢虎 [2] 題」。「江亢虎」朱文方印。

「半哭和尚不可見，狂笑頭陀何處求。志士傷心盡逃佛，殘山剩水一時休。鈍劍詞人」。「高天梅 [3]」朱文方印。

「擔當棄儒歸釋，至雞足山從無住和上披薙。蓋在沙定洲逐沐黔國踞昆明。為孫可望、李定國破走之後。明季南略，有唐泰為定洲謀士，多所贊畫之說。殆好奇之士，見中原大亂，明祚已危。沐氏驕侈，人心離渙。冀得滇人主滇，而不知所託非人也。事敗逃隱，一往不返。旋屆鼎革。故君故國之思，怨艾悲愴，寄諸詩歌。所謂迷塗未遠晚蓋猶賢也。此冊畫二葉，確是真蹟。且精湛可寶存者。趙藩 [4] 石禪書。」「趙」朱文圓印，「抱膝堪」白文方印，「石禪庽目」朱白文方印，「矼堪」朱文長方印。

「倪迂高品是前身，古淡蕭疏總入神。不覺披圖重惆悵，滇南何處訪遺民。乙卯仲春，黃映奎 [5] 題於花南草堂」。「泰泉詩孫」白文方印，「日坡」朱文方印。

「洱海遺民在，香光此嗣音。舳艫春夢短，烟雨畫禪深。幸草詩誰拾，殘縑墨欲沈。自成疏逸趣，三昧入雲林。黃佛頤慈博 [6]。」「觀音佛日生」白文長方印。

「荷擔莫遲回，吾聞天禪句天然和尚 [7] 示法嗣淡歸 [8] 詩，有『荷擔莫遲回』之句，見《瞎草集》。擔公具神通，深懷託豪素。河山舉目悲，荒率一流露。莫以畫

法繩，益見道心固。笑我支離人，披髮無山住。頂禮滇池烟，清賞對爐炷。乙卯孟夏，今吾病中作。」「兆鏞 [9] 私印」白文方印，「今吾」朱文方印，「微尚齋」朱文方印，「與木石居」朱文方印。

「一代遺民痛劫灰，開函猶聽哭聲哀。滇邊山色俱無邪，迸入蒼浪潑墨來。俞鬘遺 [10]」。「鬘遺」白文方印。

「苦瓜和尚禿殘師，遺跡生平或遇之。難得擔當有真蹟，亂塗殘墨染湖絲。擔當和尚畫，生平目所未睹。今獲拜觀，因書此以誌眼福。潘和 [11]。」「和」朱文方印，「至中」白文方印。

「擔當、浙江、石濤、石溪，為明季四大和尚，均以善畫稱。而擔當真蹟，尤為罕覯。癸丑十月，與李若柯 [12] 同覯於焦桐室。爾雅鄧萬歲 [13] 記。」「爾」朱文元印。「李尹桑」白文方印，「隴西」白文長方印。

「溪聲欲破廣長舌，山色猶存清淨身。豈是法輪常不退，但論畫筆亦驚人。程大璋 [14]。」「桂平程大璋」白文方印，「子良詩本」朱文方印。

「破衲空山歲月深，遺民身世比雲林。即論畫品難軒輊，逸氣當從筆底尋。

明宮北望黍離離，百感悲涼併入詩。除卻霜林秋一片，歲寒心事更誰知。安元 [15]」。

「普荷何曾荷，擔當孰許當。傷心脫家國，放眼閱滄桑。賸有丹青妙，能生金碧光。滇中好山水，尺幅為收藏。戊午八月，賡笙。」「楊賡笙 [16] 印」白文方印，「咽冰」朱文方印。

「三百年來恨未休，中原風物感虔劉。墨痕淚漬知誰是，指點縑絲特地愁。熊公福 [17]。」「熊」朱文元印。

「點蒼岊嶸滇水深，遁跡緇流豈夙心。能得畫家真法乳，只緣高節似雲林。姚筠 [18]。」「□ [19] 雪」白文長方印。

「破碎河山畫裏看，蒼涼風物入詩寒。休嫌粉本無多賸，寸土傷心下筆難。繆鴻若 [20]。」「墨盦」朱文方印。

「寂寞陵宮帝子魂，先生猶有寸縑存。殘山幾點凝寒碧，不辨墨痕與淚痕。癸丑小陽春月，二若居士王虦 [21]。」「虦」白文方印，「介庵」朱文方印。

「澹遠蕭疏意可嗟，中原當日總胡笳。擔當地下心應慰，大好河山屬漢家。王浣悔餘 [22]。」「王浣」朱文方印。

「北望朱明帝終業，劇憐身世類飄蓬。河山破碎難收拾，寫入零縑淡墨

中。

　　自將畫稿擬雲林，老衲詩成感不禁。莫訝霜林太蕭索，秋冬識彼歲寒心。陳保孚 [23]。」「陳」朱文元印。

《香港中興報》1935 年 12 月 16、17 日

【注釋】

　　[1] 于右任，詳見《附錄　蔡守與時人交遊考》。

　　[2] 江亢虎，詳見《附錄　蔡守與時人交遊考》。

　　[3] 高天梅，即高旭，詳見《附錄　蔡守與時人交遊考》。

　　[4] 趙藩，詳見《附錄　蔡守與時人交遊考》。

　　[5] 黃映奎，詳見《附錄　蔡守與時人交遊考》。

　　[6] 黃佛頤，即黃慈博，詳見《附錄　蔡守與時人交遊考》。

　　[7] 天然和尚，詳見《附錄　蔡守與古人交流考》。

　　[8] 淡歸，詳見《附錄　蔡守與古人交流考》。

　　[9] 兆鏞，即汪兆鏞，詳見《附錄　蔡守與時人交遊考》。

　　[10] 俞鬈遺，詳見《附錄　蔡守與時人交遊考》。

　　[11] 潘和，詳見《附錄　蔡守與時人交遊考》。

　　[12] 李若柯，即李尹桑，詳見《附錄　蔡守與時人交遊考》。

　　[13] 鄧萬歲，即鄧爾雅，詳見《附錄　蔡守與時人交遊考》。

　　[14] 程大璋，詳見《附錄　蔡守與時人交遊考》。

　　[15] 安元，詳見《附錄　蔡守與時人交遊考》。

　　[16] 楊賡笙，詳見《附錄　蔡守與時人交遊考》。

　　[17] 熊公福，詳見《附錄　蔡守與時人交遊考》。

　　[18] 姚筠，詳見《附錄　蔡守與時人交遊考》。

　　[19] □，原文字模糊莫辨。

　　[20] 繆鴻若，詳見《附錄　蔡守與時人交遊考》。

　　[21] 王虢，詳見《附錄　蔡守與時人交遊考》。

　　[22] 王浣，詳見《附錄　蔡守與時人交遊考》。

　　[23] 陳保孚，詳見《附錄　蔡守與時人交遊考》。

陳玉几《墨梅冊》

　　陳楞山撰 [1]《墨梅冊》，王夢樓文治 [2] 對題，昋本高七寸，寬四寸又半

寸。

「陳玉几畫梅，王夢樓題詠合璧冊。悔齋居十署簽」，「悔齋」白文有邊長印。

「楞山幂冊隸書，戊辰夏何遂 [3] 書耑」，「遂」朱文方印，「敘文」朱文方印。

第一頁，「畢世沒身寧損格，無人著眼亦生香」。款行書二行，「陳撰」大篆朱文無邊屐齒印。

「誰向離亭唱路難，梅花消息已衝寒。夢醒山館人初散，□ [4] 歇江樓雨未殘。十月關河無過雁，一天風雪有征鞍。回頭寄謝江南使，馬上逢春不忍看。賦江上梅花留別同社諸子，文治。」「王禹卿氏」朱文長方印，「夢樓」朱文方印。「梁鼎芬觀」朱文長方印。

第二頁，「繁梅太零亂，一枝見文弱。遙憶河渚人，風流宛如昨。

老樹能著花，三四春來點。託興如風人，悠然天際遠。」印如前。

「東坡寫梅魂，一枝斜自好。何似杜陵翁，亂插向晴昊。玉几寫梅，蕭疏淡逸，饒有風骨。後之覽者，不僅于迹象求之可也。」「夢樓」朱文方印。

第三頁，「不遠於人不近人，蒼蒼一幹自生新。嬾借陽春香滿世，好將清瘦出風塵。

梅花時節欲開尊，擬贈梅花欠可人。安得有人梅樣好，與他同賞雪中春。」印如前。

「石壁菴中女字枝，三年不見最相思。何當共白庵中住，消受江空月墮時。文治。」印如前。

第四頁，「漠漠烟生樹，冥冥香出衣。」印如前。

「鄧尉孤山總莫論，種梅那易便成村。玉英千本濃於雪，淡月昏黃欲到門。題梅村圖舊句，文治。」印如前。

「畫者最易蹈襲纖柔獷悍之習。化縱橫為幽淡，含剛勁於婀娜。唐宋以來，唯元人深得其意。玉几山人畫法，論者稱其精妙，有一種豪邁之致，人莫能及。要當於筆墨外見之，未可以迹象求也。此冊為梨花院落所藏，有元人逸趣，兼得王禹卿太守題詠，尤堪寶貴。主人含豪濡墨，昕夕臨摹。遺貌取神，駸駸乎躋其庭而入其室。繇是上窺乎王元章 [5]、揚補之 [6] 不難矣。因書數語歸。黃賓虹 [7]。」「黃質之印」白文方印。

《香港中興報》1935 年 12 月 16 日

【注釋】

[1] 陳楞山，即陳撰，詳見《附錄　蔡守與古人交流考》。

[2] 王夢樓，即王文治，詳見《附錄　蔡守與古人交流考》。

[3] 何遂，詳見《附錄　蔡守與時人交遊考》。

[4] □，原文字空白。

[5] 王元章，即王冕，詳見《附錄　蔡守與古人交流考》。

[6] 揚補之，即揚无咎，詳見《附錄　蔡守與古人交流考》。

[7] 黃賓虹，詳見《附錄　蔡守與時人交遊考》。

臨青藤、白陽墨花卷

「寒瓊臨青藤、白陽 [1] 花卉卷。元培 [2] 署簽。」「子民」朱文方印。

引首，「眾芳之國。寒瓊為月色女畫，張繼 [3]」。「張繼」白文方印，「溥泉」朱文方印。

「卷絹本高四寸又二分，長一丈又五尺。寫牡丹、石榴、桃花、玉簪、水仙、玫瑰、茉莉、虞美人、菊花、梅花、芍藥、山茶、玉蘭、桂花、萱草、秋海棠、百合、櫻桃、荷花、山菊、梔子、菱花、蜀葵、秋葵、蝴蝶花。臨青藤白陽水墨花卉二十有五種，與月色女造粉本。壬戌正月廿八日，守記。」「順德蔡守」朱文方印，「水窗」朱文方印。

「黃荃 [4] 矜富貴，徐熙 [5] 工野逸。南宋開畫院，體格早殊別。青藤白陽性不羈，繪事兼通文與詩。吾友寒瓊亦奇士，五百年下私淑之。厭居華臙日沉默，蒿目兵戈未休息。縱有璀燦花如錦，不傳丹青傳水墨。君不見，將軍五季郭崇韜 [6]，夫人畫竹金錯刀。黯淡非憑燈取影，射窗且悟冰輪高。乙亥秋，奉題寒瓊道兄為月色女仿青藤白陽水墨花卉卷子。即希郢正，黃賓虹 [7] 稿。」「黃質之印」白文方印，「黃賓虹」朱文元印。

《香港中興報》1935 年 12 月 21 日

【注釋】

[1] 青藤、白陽，青藤即徐渭，詳見《附錄　蔡守與古人交流考》。白陽，即陳道復，詳見《附錄　蔡守與古人交流考》。

[2] 元培，即蔡元培，詳見《附錄　蔡守與時人交遊考》。

[3] 張繼，詳見《附錄　蔡守與時人交遊考》。

[4] 黃荃，詳見《附錄　蔡守與古人交流考》。

[5] 徐熙，詳見《附錄　蔡守與古人交流考》。

[6] 郭崇韜，詳見《附錄　蔡守與古人交流考》。

[7] 黃賓虹，詳見《附錄　蔡守與時人交遊考》。

李墨香女士拓陳曼生八壺全形

餘杭鄒景叔丈壽祺 [1] 為李桐庵放 [2] 作緣，以重值得李墨香女士錦鴻 [3] 手拓陳曼生鴻壽 [4] 砂壺八事全形四幀。長二尺有八寸，寬八寸，八壺皆補菊花。亦一時名輩，洵茶宴之俊品也。

弟一幀；「壺銘，『蟹眼鳴，和以牛鐸清。曼生銘』。行書五行，底印『阿曼陀室』，『錦鴻』元印，仿漢飛鴻延年瓦當。『阜長補菊』。『任薰 [5]』白文方印。任阜長薰，蕭山人。與兄渭長熊 [6]，侄立凡預 [7] 及山陰任伯年頤 [8]，同客扈瀆。皆工六法，稱海上四任。過春申江者，必以得四任之畫為榮。阜長尤工人物，衣褶如銀鈎鐵畫，直入陳章侯 [9] 之室。一時走幣相乞。得其寸縑尺幅，莫不珍如球璧 [10]。此寫白菊一朵，略點花青為葉。所謂丹青隱墨墨隱水，深得古法。寒瓊跋。」「守」白文方印。

「壺銘，『煮白石，汎綠雲。一瓢細酌邀桐君。老曼銘，頻迦書』，行書七行。壺左刻怪石一拳。底印『阿曼陀室』，又『李澈私印』白文方印。案李澈，字慎觀，墨香之從侄也。『費以群畫』，『穀士』朱文方印。費穀士以群，烏程人。曉樓次子也。與兄餘伯以耕并工人物。克承家學，惜皆早世，故遺跡留傳殊罕。此足貴也。寒瓊跋。」「蔡」白文方印。

「壺公壺隱與壺癡，苦戰方酣午日移。為賞破陶存本色，審知贗鼎漫猜疑。綠雲白石涵清韻，梅史頻迦遺逸詞。雅製端宜留秘玩，合歡茶宴待佳期。桐庵社長出此見示。與蔡子寒瓊共欣賞。寒瓊藏有壺癡壺，余號壺公，又號壺隱，谷鄒並記。」「張虹 [11]」朱文方印，「谷鈵」白文方印。

弟二幀，「方壺壺銘，『一勺水，八斗才。引活活，詞源來。鴻壽銘』，行書五行。壺左『覆斗』二字隸書。底印『阿曼陀室』，『李錦鴻拓』白文方印。蝸寄生王禮寫黃菊一枝，『老秋』朱文元印。王秋言禮，吳江盛澤人。幼嗜筆墨，吳門沈石薌 [12] 嘗遊其里。秋言朝夕往觀，遂悟畫法。出筆灑落，殆有過之。此雖數筆。自見逸致。乙亥十一月。寒瓊跋。」

「壺銘，『鈿合丁寧，改注茶經。曼銘』，正書橫一行。底印『阿曼陀室』，『李澈私印』白文方印。此亦其侄慎觀所拓也。『子和補菊』。『子龢畫印』白

文方印。劉子和德六，居吳江垂虹亭畔。娟潔自好。從同郡夏苩谷 [13] 學畫花卉，出筆秀逸。不數年翎毛草蟲果品，並臻其勝。庭前梨花一樹。即顏其齋曰『紅梨花館』。窗明几淨，圖書筆硯，頗極精良。坐臥其中，或對花寫照。或即物取形，各具生動之趣云。寒瓊。」「蔡守」白文方印。

「日對青山吃苦茶，衙齋高會喜搏沙。雲蒸水漬浮柔葉，地老天荒有麗瓜。埴作方圓俱入妙，不分朱紫並研華。先生雅合司陶正，陶寶留傳遍我家。谷雛。」「張虹璽」白文方印。

弟三幀，「壺銘，『笠蔭喝，茶去渴。是二是一，我佛無說。曼生』，行書八行。底印『阿曼陀室』，『李錦鴻拓』朱文長方印。又壺銘，『合之則全。偕壺公以延年。曼生銘』。壺左陽文『延年』二字半瓦形。『阿曼陀室』底印。『李錦鴻』白文方印。『子祥寫菊一種』。『熊』朱文方印。張子祥熊，秀水人。自號鴛湖外史。工花卉，縱逸如周服卿，古媚似王忘庵。屏山巨幛，以尋丈計者，逾見力量。兼作人物山水，亦古雅絕俗。家有銀藤花館，位置精雅，壁無纖塵。喜填詞，擅小令。並諧音律。配鍾氏，名惠珠，字心如，又號醒香。工寫梅花。作設色花卉亦娟秀。日前謝荷鄉夫人以重直購得費子苕為其夫婦繪《玉臺商畫圖》。張叔未廷濟 [14] 書耑。題詠者廿餘人。皆當時名流。子祥伉儷風雅可想矣。蔡守跋。」「寒瓊」白文方印。「墨香女士姓李氏，名錦鴻。友人褚松窗德彝《續補金石學錄》[15] 有傳。墨香拓彝器全形，並拓宜興名壺。曩歲鄒丈景叔為室人傾子買得兩軸，有胡公壽 [16]、王秋言 [17] 補畫。邵元沖 [18] 夫人張默君題詩云，『傾城花對傾城人，一片冰心接海旻。不盡瓊愁雜瑤怨，詩痕綠破萬山春』。金秋景叔丈復為桐庵作緣，得此四幀。共八壺。皆曼生造者，補菊又一時名輩。至足珍玩也。乙亥十一月。蔡守寒瓊。」「蔡」白文方印。

「西泠印學開宗派，藝苑推尊豈偶然。書法縱橫承北海，筆端蕭散似松圓。雅懷興會紓餘緒，清話流連茗事傳。孰意令名留瓦注，摩挲手跡記前前。虹題。」「張谷弰」白文方印。

弟四幀，「壺銘，『飲之吉，匏瓜無匹。曼生銘』，行行書六行。『阿曼陀室』底印。『李錦鴻』朱文元印，仿飛鴻延年瓦當。又壺銘，『天茶星，守東井。占之吉，得茗飲。丙子之夏。曼生書銘』。正書七行。『阿曼陀室』底印。『李錦鴻拓』白文方印。『菊有清香壺有茗，茱萸不插也風流。叔平仁丈大人雅教。丙子夏日。丁寶鍾 [19]』。『伯子』朱文方印。陽湖李墨香女士錦鴻，不事女紅。好鍾鼎彝器文字。見六舟 [20] 僧所拓全形，竭力傚仿。盡得其秘。東南收藏家

法物，多延女士手拓。從侄李慎觀澈師之，亦得名。見重於吳平齋 [21]、李眉生 [22]、吳窓齋 [23] 諸公。鄒景叔云，余至吳門稍晚。嘗於茶僚遇慎觀，目近盲。偶談十年餘前事，娓娓不倦也。故是幀有李澈印，即其侄慎觀也。墨香僅拓茗壺全形。比來室人月色更造茗壺。底用『乙亥上巳正寒食，仿古造壺談月色』及『負壺區』兩印。後世或可與墨香並稱矣。守。」「寒瓊」白文方印。

「神物歸何許，規模尚可尋。生花名士筆，拓墨美人心。桑館翻新樣，苔衣感舊岑。壺山誰得似，千載有知音。乙亥秋日，桐庵社長屬題，夢良弟歐寶 [24]。」「夢良」朱文方印，「甌聰」白文方印。

「試將佳茗比佳人，妙配群芳可絕倫。樣本巧傳椎拓舊，閨中雅韻墨華新。法緣遠接餘杭地，冥契還疑阿曼鄰。令尹風流留茗話，研沙埏埴述時彬。桐庵社長承餘杭鄒景叔丈之介，新得此拓屬題。乙亥秋九月。谷雛張虹。」「張」朱文元印。

《香港中興報》1935 年 12 月 27、28、29 日

【注釋】

[1] 鄒景叔，即鄒安，詳見《附錄　蔡守與時人交遊考》。

[2] 李桐庵，即李開榮，詳見《附錄　蔡守與時人交遊考》。

[3] 李墨香，即李錦鴻，詳見《附錄　蔡守與古人交流考》。

[4] 陳曼生，即陳鴻壽，詳見《附錄　蔡守與古人交流考》。

[5] 任薰，詳見《附錄　蔡守與古人交流考》。

[6] 任渭長，即任熊，詳見《附錄　蔡守與古人交流考》。

[7] 任預，詳見《附錄　蔡守與古人交流考》。

[8] 任伯年，即任頤，詳見《附錄　蔡守與古人交流考》。

[9] 陳章侯，即陳洪綬，詳見《附錄　蔡守與古人交流考》。

[10] 球璧，泛指珍寶。明王洪《題黃學士八世祖宋校理衰告身三道後十二韻》，「球璧非常器，璠璵尚謹諸。」

[11] 張虹，張谷雛，詳見《附錄　蔡守與時人交遊考》。

[12] 沈石蒻，詳見《附錄　蔡守與古人交流考》。

[13] 夏芑谷，即夏之鼎，詳見《附錄　蔡守與古人交流考》。

[14] 張叔未，詳見《附錄　蔡守與古人交流考》。

[15]《續補金石學錄》，褚松窗著。即褚德彝，詳見《附錄　蔡守與時人交遊考》。

[16] 胡公壽，詳見《附錄　蔡守與古人交流考》。

[17] 王秋言，詳見《附錄　蔡守與古人交流考》。

[18] 邵元沖，詳見《附錄　蔡守與時人交遊考》。

[19] 丁寶鍾，無考。

[20] 六舟，詳見《附錄　蔡守與古人交流考》。

[21] 吳平齋，詳見《附錄　蔡守與古人交流考》。

[22] 李眉生，即李鴻裔，詳見《附錄　蔡守與古人交流考》。

[23] 吳愙齋，即吳大澂，詳見《附錄　蔡守與古人交流考》。

[24] 歐賚，即歐夢良，詳見《附錄　蔡守與時人交遊考》。

《青島秋禊圖》卷

　　社友畢節路瓠菴朝鑾 [1]，山東大學教授寄示乙亥重九與同社登迴瀾閣長謌。囑為繪《青島秋禊圖》長卷。瓠菴固善山水，委作圖不敢帥爾 [2] 為之。因選藏紙明寬間羅紋箋，仿李檀園 [3] 筆意。紙本高八寸又一分，長五尺有六寸。路君此歌實佳。得錄如左：

　　「島上秋莫溫如春，眾芳未歇猶鮮新。市樓飲罷興飆舉，聯襼相邀游海濱。長橋跨海越千尺，憑虛傑閣攀嶙峋。大啟軒窗散襟抱，晴漪萬頃空無垠。巨舸艐峩峙鼇極，小艇出沒隨游鱗。白輪林間媚孤嶼，黛螺堆髻蒼烟屯。分明壺嶠在尺咫，神仙窟宅原非真。騎鶴沖霄世安有，燃犀燭怪態具陳。近聞東菲戰氛惡時意亞兩國戰起，修羅刀雨彌紛綸。長蚪出淵老蛟怒，馮夷擊鼓天吳瞋。橫流滔滔去不返，淪胥誰拯悲迷津。正恐滄溟有時涸，桑田行復觀揚塵。吾徒萍聚有天幸，座多磊落嶔崎人。哀樂中年要陶寫，澹忘物我鷗能馴。鬭爭何意問蠻觸，歌嘯直欲驚鬼神。翻訝劉郎太矜慎，題糕未敢辭逡巡。祇今文敝經義絕，笑看論語摧為薪。逆流砥柱望公等，我恨無力回天鈞。但願年年續斯會，清詩美酒酬嘉辰。陶然一醉萬慮息，夢中自號懷葛民。」

《香港中興報》1935 年 12 月 29 日

【注釋】

[1] 畢朝鑾，詳見《附錄　蔡守與時人交遊考》。

[2] 帥爾，同率爾，疾遽貌。《漢書·揚雄傳上》，「帥爾陰閉，霅然陽開。」王先謙補注，「帥爾即率爾，猶言倏爾。」

[3] 李檀園，即李流芳，詳見《附錄　蔡守與時人交遊考》。

碧山壺館藏壺

邑子張谷雛虹 [1] 與余同有壺癖，日昨過其碧山壺館在大坑村浣紗街出示比來所得名壺多俊物，相與摩挲欣賞不已。——錄之於左：

一、時少山 [2] 紫砂大壺。底刻「山水主人，一杯可樂。大彬」。正書五行。

二、朱石梅 [3] 紫砂大壺。壺口環刻「洞尋玉女餐石乳，朱顏不衰如嬰兒。石楳」。行書。底印「石泉品定」。

三、瞿子冶 [4] 紫泥權形小壺。蓋上刻「晴午屬。子冶寫竹」。行書二行。壺身一面刻「飲瓢」正書兩大字。一面刻「竹」，款，「柱頰主人清品」，行書三行。底印「月壺」，鋬印「增祥」。

四、君德 [5] 硃泥中壺。鋬下橫刻「君德」二字。底刻「雍正年製」四字。均正書。

五、黃玉麟 [6] 硃泥瓜形小壺。蓋內橫刻「黃玉麟」三字正書。底印「玉麟」二字正書橢圓印。

六、范章恩 [7] 硃泥小壺。蓋內「章恩」小印。唐孝廉天如 [8] 云，章恩姓范，為乾隆間名手。

七、陳曼生 [9] 白泥方壺。壺身右刻「方山子，玉川子。君子之交澹如水。曼生銘」。行書四行。壺右刻「嘉慶丙子秋七月楊彭年造」，行書三行。底印「阿曼陀室」，鋬印「彭年」。

八、鄧符生 [10] 白泥井闌式中壺。壺身環刻隸書銘九行，行二字。「南山之石，作為井闌。用以汲古，助我文瀾。符生。」底印「符生鄧奎監造」。

九、吳清卿 [11] 紫砂大壺。壺身左刻茶仙像，一老人倚葫蘆斜臥。壺右刻「淵其中，駿其色。是茶仙，有琴德。甲午東溪生書刻」，行書六行。底印「窓齋」。蓋內印「虎泉」。又仿供春樹癭壺。鋬內刻「供春」二字篆書。與宜興儲簡翁 [12] 所藏供春壺，摹仿絕肖。

十、金鐵芝 [13] 白泥提梁小壺。壺身左刻秋樹，右刻「白下玉道人并作」，行書三行。底印「鐵畫軒」篆書。蓋內小印「鐵畫軒」正書。鐵芝同光間人，工篆刻。足以儷清卿之壺。皆金石家之遺物也。

十一、朱石梅兩錫壺。壺身左刻《松柏同春圖》。署款「埜隺」。壺右刻「如竹虛中，如環玲瓏。用作茶具銀鐺同，雪甌碧盌來香風隸書四行，行六字。道光丙戌三月。石楳製行書兩行」。又一壺。壺身刻「一榻茶烟結翠，半窗花雨流香。

石楳」。行書四行。壺內砂胎印「潘大和造」。

十二、沈虹亭 [14] 錫壺。壺身刻「紅爐石鼎烹團月，一枕和香吸碧芽。沈虹亭製並書」。「而可」展齒印。行書五行。底刻「愛日軒作」，行書二行。

《香港中興報》1935 年 12 月 29、30 日

【注釋】

　[1] 張谷雛，即張虹，詳見《附錄　蔡守與時人交遊考》。

　[2] 時少山，詳見《附錄　蔡守與古人交流考》。

　[3] 朱石梅，即朱堅，詳見《附錄　蔡守與古人交流考》。

　[4] 瞿子冶，即瞿應紹，詳見《附錄　蔡守與古人交流考》。

　[5] 君德，「君德」「文旦」「西施」「龍旦」等朱泥小壺，紫砂壺的幾種款式。風格優美，茗實用性強，頗受歡迎，成為特定形制的名稱。或曰「君德」乃壺工張君德而名。呈鼓腹矮梨形，三彎流朝天，圓環把，截蓋圓珠鈕，捺底之壺型。

　[6] 黃玉麟，詳見《附錄　蔡守與古人交流考》。

　[7] 范恩章，詳見《附錄　蔡守與古人交流考》。

　[8] 唐天如，即唐恩溥，詳見《附錄　蔡守與時人交遊考》。

　[9] 陳曼生，即陳鴻壽，詳見《附錄　蔡守與古人交流考》。

　[10] 鄧符生，即鄧奎，詳見《附錄　蔡守與古人交流考》。

　[11] 吳清卿，即吳大澂，詳見《附錄　蔡守與古人交流考》。

　[12] 儲簡翁，即儲南強，詳見《附錄　蔡守與時人交遊考》。

　[13] 金鐵芝，詳見《附錄　蔡守與時人交遊考》。

　[14] 沈虹亭，無考。

朱石梅錫茶葉瓶

　　碧山壺館又藏朱石梅 [1] 錫茶葉瓶一事。作鐘形，鱔斑濃厚。瓶身刻「一瓶香貯碧螺春，綠蕉山館清品。石楳作」。隸書四行。石梅製茶葉瓶為僅見，尤可寶貴也。

《香港中興報》1935 年 12 月 30 日

【注釋】

　[1] 朱石梅，即朱堅，詳見《附錄　蔡守與古人交流考》。

東石砂壺

　　唐孝廉天如恩溥 [1] 近得一白泥壺，精雅絕倫。蓋刻「吉金樂石，永寶用之」。大篆環刻一周。壺身左刻「赤龍井隱碧螺春」，隸書四行。壺右刻「此壺余將井欄為式。囑東石先生製之」，行書四行。後有數字不可識。底印「墨壺」。為誰傳器待考。

《香港中興報》1935 年 12 月 30 日

【注釋】

　　[1] 唐天如，即唐恩溥，詳見《附錄　蔡守與時人交遊考》。

明陳達甫遺壺

　　估人以余原名有守，攜一壺來求售。謂壺底印文與余名同，索巨直。余笑曰「亦如以張鳴岐 [1] 薰爐，尚堅伯求售耳」。方壺白泥，高二寸許。口徑，縱一寸八分，橫一寸四分。腹徑二寸九分。形方而四隅微圓。酷似《茗壺圖錄》所載陳鳴遠 [2] 壺。案錢牧齋 [3]《列朝詩集》丁八，陳山人有守，字達甫。休寧人。王仲房 [4] 曰，達甫弱冠從親宦長平。一見常評事倫，歸而詩名遂起。岳墓今人詠者雖多，多落凡品。若達甫句，「西湖莽埋沒，中土日銷沉。五國杜鵑夢，干城都護吟。」奧實老蒼，高出凡品。《列朝詩集》載其岳墓詩。及「秋日過大雲寺」五律一首均佳。是壺底印「有守」二字篆書。蓋之合口處，鈐橢圓「達甫」二字隸書小印，確可定為明陳山人傳器。奈其索資昂，而肯不折閱。未能購得。

《香港中興報》1935 年 12 月 31 日

【注釋】

　　[1] 張鳴岐，詳見《附錄　蔡守與古人交流考》。
　　[2] 陳鳴遠，詳見《附錄　蔡守與古人交流考》。
　　[3] 錢牧齋，即錢謙益，詳見《附錄　蔡守與古人交流考》。
　　[4] 王仲房，詳見《附錄　蔡守與古人交流考》。

明何督師砂壺

　　友人陳子靖 [1] 藏一壺，紫泥權形，古味盎然。底印「中湘邸第」篆書四字甚精。曩歲以重值得於夏口。考明季何督師騰蛟 [2] 封中湘王。以為忠貞手

澤所寄，殊寶貴不輕示人。聞福山王漢章 [3] 藏紫檀筆筒一事，底亦刻「中湘邸第」一印者，相與欣賞。彼此求延津之合，皆不欲割愛耳。

《香港中興報》1935 年 12 月 31 日

【注釋】

[1] 陳子靖，無考。

[2] 何騰蛟，詳見《附錄　蔡守與古人交流考》。

[3] 王漢章，詳見《附錄　蔡守與時人交遊考》。

《梅花源圖》卷

日本留學生監督署郭東史 [1]，紹介東瀛詩人國分青崖 [2]、館森袖梅 [3]、荒浪烟崖 [3]、前川研堂 [3]、岡本梅外 [3] 聯名致書乞余夫婦為寫《梅花源圖》。余以青崖、烟崖等皆日本當代詩人，且其事亦風雅。因與室人同寫一卷寄贈。用賓虹監造楮皮牋，長六尺又四寸，寬一尺。室人寫梅林，余寫泉石屋宇，并仿唐人一韻詩題之。詩曰，「武陵昔有桃花源，東瀛今有梅花源。聞道避秦徐福去，乘桴余欲訪仙源。」其詩文頗有佳者。略寫如左：

館森袖海《梅花源記》，「吉野村在多摩川之上流，梅花甚盛。青崖、國分君名之曰梅花源。芳溪川上君大喜，將刻石以示來茲，請余記之。今年春，余隨青崖訪芳溪玉兔山莊。芳溪導登郭外之山，梅花大開，一望如雪。而青山掩映於香海之中，真勝景矣。從隴畝穿竹樹，度橋訪古寺。憑高飲於茅亭，蹈夕月傍寒水。芳葩素豔，清氣襲人。徘徊而不忍去。既返，宿玉兔山莊。芳溪謂余曰，昔有梅內者，來居此地。闢草萊成聚落，祀熊野神。種梅實昉於此。惜梅內姓名不傳。而其址與祠，今皆屬我。源右大將之刱鎌府也，龜山重忠自秩父往，必經於此。自足利季世以來，耕織漸盛。植林亦興，而種梅莫替。吉野固名霜村、雪村。明治維新後，乃合二村改今名。」

國分青崖《梅花源十五首》：

「環境峰巒積翠堆，清川鳴玉白縈迴。武陵來宿故人宅，一夜月明千樹梅。松林行盡竹林遮，北斗山前隱士家。此地何年來讀易，白雲幽石帶梅花。山帶桃花水繞村，晉時人夢別乾坤。武陵今日神仙窟，却自梅花近問源。此地尋春已幾回，今年乘興復重來。妍憐窈窕離山月，寒愛玲瓏照水梅。玉兔莊南石徑斜，青松高擁白雲家。與僧分袂下山去，清磬一聲寒出花。

雞犬雲中寂不喧，青山如畫繞溪村。玲瓏萬斛梅花雪，融作玉川清淨源。東閣官情已冷灰，巡簷人與月徘徊。吟心一託西湖鶴，無限春風滿野梅。昨夜夢遊王母家，玉童扶醉捧冰葩。朝來試蹈前溪雪，滿地瑤簪渾是花。潤香颭襪冷香翻，行自霜村到雪村。水曲山坳春兩岸，梅花左右亦逢源。千枝正見雪皚皚，六月成陰青玉堆。山村經濟畫中在，茅屋臨溪多植梅。冰花的皪樹槎牙，山腹林腰橫乂斜。何似白雲深處屋，一枝寒照水中花。山轉溪廻又一村，萬梅林下欲黃昏。蹈雲十里清寒極，始識花源是水源。庾嶺風烟玉澗隈，闖幽未見拙翁才。都門咫尺仙寰在，千里人尋月瀨梅。寒流濺濺走瓊沙，古渡喚舟林日斜。歸岫暝雲白搖曳，前峰缺處補梅花。行樂歸來酒在尊，醺然擁被臥茅軒。夜闌月出明於雪，夢落梅花第幾源。」

富田鐵耕，「溪村深處別開天，十里梅花月似烟。迂拙平生落人後，尋春獨得著先鞭。」

本田種竹五首，「一橋蹈水聲，馬頭亂雲白。山風一掃之，天開數峰碧。微徑叢篠間，霜濕古苔積。茅屋嵌陰崖，梅花補籬隙。花外潺湲水，輕明漾沙石。曲曲青林端，川光乍現滅。群山爭奔峭，天容漸逼窄。林壑窈然深，人語嚮杉柏。行行不知遠，長嘯欲振策。引我有松風，老鶴一聲砉。懷哉素心人，迢遞白雲隔。對花倍惆悵，寂寞空山夕。

四山圍墟落，蒼翠滴林坰。玉川淨如練，晴光動寒汀。中有梅花里，雞犬隱柴扃。雲深樹自老，地古花愈靈。闐闉皎如雪，蘸寒繁似星。粲爛襯烟竹，晻暖連畦町。水自花間白，山在枝上青。青山何處寺，遠鐘墮空暝。夕陽淡無極，風氣何冷冷。野店暮烟外，燈火出疏櫺。

幽磴入深松，露薜紛以雜。過溪不見人，水竹互回匝。金碧林表明，夕陽射堂塔。到寺孤僧迎，為吾掃古榻。長江簾外橫，列岫窗中納。夕霽媚花光，彩翠相開闔。隱隱烟裔鍾，暝樹風颯沓。我嘯山之幽，餘響空際答。昏黑下山歸，松火照茸闒。一白梅花氣，奄與暮雲合。

鳥鳴山月出，幽人起開戶。林薄春烟蒙，屋角星三五。古寺蒼苔傍，小橋野水潎。寥寥一犬吠，幽徑通花塢。入花人影無，恍惚不可覩。林缺漏蒼天，明月在其上。萬木正寂然，風泉自相語。衣袖如潑水，寒香白處聚。大地皆空明，清氣沁肺腑。安得騎白鶴，飛到清虛府。

早起漱春水，一澗浸香霏。青山淡將曙，日色上我衣。行過水邊路，翠羽出竹飛。人聲隱深樹，白雲猶鎖扉。千枝濕如雨，空翠花未晞。蒼蒼石氣冷，

漠漠苔香微。斯境秘清景，山深來者稀。一塵不動處，彷彿見靈機。浩然邱壑氣，因之悟清幾。欲去不能去，我意故依依。」

丸山竹顛一首，「梅花千樹動吟魂，探自幽溪到野村。彷彿羅浮山下路，參橫月落鳥聲繁。」

松平破天荒一首，「歷落山中村，環以玉川水。藍光斷復連，林樾遙迤邐。竹外通小橋，寒烟隔塢起。茅舍皆依梅，苔徑迷彼此。飛處花逾繁，一白十餘里。潤玉鳴淙淙，瀉入橫斜裡。沙石明如浮，遊魚喋落蕤。天地瓊瑰凝，靈氣浹骨髓。恍惚形神空，獨立太古始。悵然惜短景，臨歸獨徙倚。花氣濛濛深，失卻暮山紫。」

森槐南一首，「自結芳溪夢，今來始溯源。山隨川陸轉，春在雪霜村。野寺花千樹，行廚酒一樽。謝君笑抗手，東道古情敦。」

關澤霞菴一首，「四面林巒合復開，杳無人跡長蒼苔。潺湲一道小溪水，徐送春聲穿野梅。」

田邊松坡一首，「未隨漁父問桃源，一水滔滔噬岸奔。峽裡梅花三萬本，白雲埋盡雪霜村。」

今關天彭一首，「寒霧籠溪老樹橫，微吟趁此暗香行。洞門闢處村如畫，茅屋梅花雞犬聲。」

仁賀保香城三首，「尋梅春山麓，古道聽松風。問人萬年渡，深澗韻幽叢。碧水縈峭壁，石色何玲瓏。日暉照碎玉，午煙淡濛濛。浩歌起岸曲，艤舟有老翁。流駛不可櫂，纜索渡驚溹。何處小月瀨，舍舟攀雀峒。

蒙酒下山樓，逍遙怡神目。千樹春風度，吹散香萬斛。枕石醉欲眠，人生忘榮祿。呼我黃栗留，導到白雲麓。何人學栖遲，林下結書屋。一笑花間逢，移榻有童僕。潭影澄詩心，夕陽空一谷。

摩厓留一詩，延佇神恍惚。山靈遺白雲，送我下瑤闕。衣影飄月明，古香清澈骨。路出寒村竹，登丘讀古碣。失路入深溪，何處覓津筏。褰裳涉亂流，捫蘿攀岬屼。人語響雲中，樵家在巖樾。」

久保天隨五 [4] 首，「好山仍舊識，相見意殷勤。墟落晨烟薄，林皋霽色分。俗情渾付水，逸興欲凌雲。一路東風細，袖邊花氣薰。

旋喜輕陰散，新晴鶯語忙。林端明認白，風外遠聞香。籬落春偏嫩，松筠寒尚蒼。花光看不飽，佇立石橋傍。

微和風習習，延賞步遲遲。日午烟猶襯，花寒蝶不知。青山圍古驛，白屋

帶疏籬。地僻人來少，孤芳與我宜。

亭亭數株古，鼻觀冷香新。老幹看如鉄，疎花最可人。林巒拖淡靄，風日恰初春。野店宜吟矚，傾杯酒味醇。

花如未消雪，林下眼偏明。日氣暈仍煦，烟光描不成。午陰千嶂合，野水一橋橫。溪壑曾探勝，回姿更有情。」

上夢香《看梅用東坡聚星堂韻三首》。「曙鶯啼鬲林翰葉，山氣濛濛梅花雪。清溪落月痕初墮，古驛人行跡已絕。密樹烟中渺叵尋，斜枝竹外寒堪折。姑射仙子殘夢醒，羅浮神女淡愁滅。絕巘花光紫霞拖，空林霽色碧雞挐。風來四面入袂薰，日上三竿冰光纈。輕盈靠岸照水姿，披拂和雲霏銀雪。茅店村酒繫盃斛，漁舟風笛一腔瞥。此梅天下已喧傳，我詩世間有誰說。好誦峨眉山客句，四山鳴動響金鉇其一。

明沙鋪石舟一葉，春篙八尺劃灘雪。詩思此地豈尋常，畫本滿前何妙絕。青山抱郭水縈紆，黃鸝囀竹路曲折。獨木架橋蛇影懸，遠■[5]入雲鯨音滅。乍看人家粉壁近，便有春風酒旗挐。詩人野服屬穿芒，村女京妝衣學纈。雲峰不見金兜光，石洞難拾鍾乳屑。麥牙田隴已芃芃，柳眼陂塘正瞥瞥。桑麻閒話欣農言，山川異迹促增說。金剛古寺老梅樹，疎花照水幹如鉇其二。

僧榻風翻貝多■，石鼎春茶烹碧雪。人間酒肉嫌葷腥，佛前盂鉢愛清絕。飛錫雲峰夢欲追，雨花丈室心能折。玉麈一揮玄談深，金仙三禮妄想滅。出門咫尺大江橫，沿水徘徊流鶯挐。遠山花氣罩輕陰，澄瀾波痕生細纈。漁人竿頭新香魚，樵夫擔頭古木屑。林下春風何淡沱，山上飛花忽飄瞥。青山對人淡不言，白雲相指欲何說。長歌上車日之夕，雲微月澹兩條■其三。」

館森袖海九首：

「東風三月趁晴喧，尋到梅花深處村。一道玉川明似玉，青山如繪劃仙源。

吉野風光惱夢魂，今朝振策訪溪村。高人伴□[6]去何處，萬樹梅花雲繞門。

太白山人性好奇，探春許我此追隨。梅花一入清靈筆，流水寒林總是詩。

千林香雪淨無塵，地似仙寰風俗淳。今日梅花源上路，白雲來欲導詩人。

梅花丘壑窅然深，探勝伊誰寄賞音。■種芳魂真皎潔，愛渠日夕倚寒林。

樹古苔蒼意自清，尋芳人踏白雲行。梅花村里饒生計，處處春風機杼聲。

玉兔山莊夜幾更，西崦月落又參橫。白雲來與梅花宿，一枕寒香透骨清。

澹月微雲夜欲闌，行穿苔徑且盤桓。洞天寂寞花無影，風送清香鶴夢寒。
玉川奇勝遠來尋，三日逍遙苔石林。歸到萬年橋上望，梅花村落白雲深。」
荒浪煙厓十二首：「古刹梅夭矯，梟雄手植傳。千年青蕊古，清氣獨能全
金剛寺。

溪頭訪幽隱，笑對抱甕翁。言是麝過處，草香春一叢贈松下雲處。
路環林樾外，處處見鶯梭。峽口當南面，連峰赤似駝赤駝峰。
問叟有何事，山中忘世機。石門雲氣潤，春物吐芳菲示川上芳溪。
聽鶯默無語，石橋情自深。一通城市後，應有憶山吟吉野橋。
寺門梅萬樹，芳徑暗香吹。不見僧齊■，情緣一契詩即清寺。
千竿青士冷，萬樹白簪抽。漪底明於鑒。餘溪知是不餘不溪在湖州。
維嶽叢祠在，層巒望欲迷。吾無呂公術，難駕白雲梯御嶽。
故人考槃處，崖上夕啣杯。玉兔將香海，一時領略來憶谷本。
武陵春不淺，採艸鑿崎嶔。似學羅帔士，爐中石化金日向和田。
都門解鞋夕，清夢遶梅花。一片羅浮石，誰移張氏家龜叟贈玉川石。」
仁賀保香城錄三首：「振衣凌絕頂，長嘯倚高巖。俛瞰白銀界，萬梅隔翠
杉。

梅發澗南北，霜村接雪村。皚皚春一色，天地失黃昏。
山頭春月澹，洞口夜雲流。帶得梅花影，歸人醉上舟。」
谷村映雪八首：
「夜雨朝晴淨絕塵，曳筇來訪梵宮春。古梅幹朽猶生氣，霜雪千年花又
新。

行行只訝白雲招，山腹林腰梅作標。一道清流劃仙境，古松雙挾萬年橋。
梅花白放雪霜裏，梅子黃肥烟雨中。林下風流屬君復，山村經濟憶曹公。
酒簾高出白雲隈，一宇茅亭擁萬梅。日暮溪山笛聲響，寒香吹滿水晶臺。
招提寺聳翠微岡，姑射仙妃侍梵王。與僧同啜茗三椀，也向佛前參妙香。
萬斛清香林下凝，屋簷近對白雲層。天寒一夜梅如雪，玉兔山頭玉兔升。
山中此地別乾坤，晴雪香雲十里村。太守一從駐吟杖，梅花亦自有仙源。」
荻原錦江二首：「十里溪村物候新，東風引客入芳津。山翁置酒風流甚，
笑為梅花作主人。

四面皆山隔世喧，時聞雞犬入仙源。寒冷香蕊梅千樹，發遍霜村與雪村。」
金枝小峴二首：「探芳穿窅篠，玩景立崔嵬。一望只疑雪，闔村無不梅。

青山畫屏迎，幽邃別乾坤。千樹梅臨水，春風自有原。」

勝島仙陂二首：「人家畫圖裡，花傍澗野開。林隙白雲合，山巔香雪堆。求朋鶯睍睆，尋句客徘徊。舉世說櫻者，不知芳野梅。

十里梅花國，水環山下村。石林烟一色，苔徑雨無痕。晝靜機聲遞，春晴鳥語溫。同人行攬勝，聯襼入仙源。」

谷本四首：「遠避京塵載酒來，烟霞好處鬥詩才。人間無限風流事，不訪官梅訪野梅。

杖錢買醉逐春晴，風松清香天地清。詩就一吟何物和，萬梅花裡一啼鶯。

梅花流水韻泠泠，酌酒思詩到處停。鶯語丁寧留客好，更尋鶯語出鶯亭。

溪回林轉水西東，欲問仙家有路通。誰向桃源傳舊記，梅花亦是著漁翁。」

高橋漁洋三首：「十里探春色，幽溪躡老苔。水搖清影去，風送暗香來。拄杖石橋畔，欹巾林澗隈。前峰雨初過，處處洗疎梅。

偶介村翁導，來尋野衲家。磬聲穿樹出，幡影繞壇斜。興逸汪倫酒，神清陸羽茶。林鶯時一囀，和我詠梅花。

天際殘霞赤，林間歸鳥喧。松風吹醉面，石瀨爽吟魂。橐筆辭山寺，看雲出洞行。回頭賞梅處，暮色鎖仙源。」

岡崎春石八首：「溪水淙淙曳玉音，春風催我遠來尋。杳然身入梅花國，四面玲瓏白雪深。

青松白石路三叉，日午鶯聲隔嫩霞。管相祠前春正好，詩人低首拜梅花。

千點瓊葩照眼新，疎篁流水便成村。槎枒一樹老逾瘦，閱盡冰霜五百春。

萬樹梅花雪四圍，春風此處絕塵機。待他十丈豐碑立，老友文章爭燦輝袖海為《梅花源記》。

梅花匼匝路西東，松竹青圍古梵宮。欲訪山僧喫茶去，磬聲遙響白雲中。

雞犬相聞靜不喧，梅花亦自有仙源。何當脫卻浮生累，萬玉堆□晝掩門。

數家籬落萬株梅，人自林間取徑來。滿地香雪搖曳處，斜陽一線照蒼苔。

橋頭回首思依依，雲抹溪上暮色微。翻愛梅花枝上月，澹分春影送吾歸」。

松並友石《梅花源歌》，「君不見武州之西梅花源，一溪清淺群山奔。武陵仙跡本烏有，桃花流水何足論。梅自山下至山上，雪白遙岑連近嶂。羅浮萬里夢空馳，勝境在邇人未訪。偶樂春晴沿玉川，飄蕊繽紛逐吟鞭。老幹槎枒苔蘚古，縱橫姿態筆難傳。洞口不迷行勝覽，村路平坦無傾險。茅舍竹籬皆梅花，清氣襲人骨欲染。留賞依依去不得，此意唯有翠禽識。由來仙境非凡桃，玲瓏

萬玉梅花國。」

《香港中興報》1935 年 12 月 31，1936 年 1 月 5 至 10 日

【注釋】

[1] 郭東史，詳見《附錄　蔡守與時人交遊考》。

[2] 國分青崖，詳見《附錄　蔡守與時人交遊考》。

[3] 館森袖梅、荒浪煙崖、前川研堂、岡本梅外，均為近代日本漢詩人。

[4] 原刊作「十」，據實刊數改。

[5] ■，原文字模糊莫辨，下同。

[6] □，原文字空白，下同。

夏壺園茗壺

　　新建夏映庵敬觀 [1]，字劍丞嘗出示乃翁雪泉監造砂壺，多白泥，制度精雅。壺底鈐「壺園之壺」印，蓋內鈐「雪泉」二字小長方印。雪翁罷官歸里，購徐柳臣 [2] 故宅居之。宅畔有亭榭廊館，顏曰「壺園」，有清嘯閣、嘉樹軒、古風今雨齋、夢隱草堂、聽秋聲館、棣華樓。有井甚甘，名曰雪泉，並以為號。又為雪泉歌云，「豫章名泉不可數，雙泉堂湮迹已古。汲泉必從大江流，安得轆轤便攜取。我廬原有井一泓，久失疏濬填泥土。何況甎石歲坏崩，今年又復塌淫雨。一勞冀可收全功，不憚力奮氣為鼓。淤泥既盡得白沙，沙上出泉湧膏乳。坡公鑿井四十尺，白鶴新居頗自詡。今我因舊溯其源，一番經營效立覩。自來地脈關盛衰，醴泉之出痼疾愈。用錫嘉名曰『雪泉』，一甌涼雪清肺腑。客來雅興共品題，兩腋風生動松麈。平生多有無意遣，天公似諒余心苦。」

《香港中興報》1936 年 1 月 28 日

【注釋】

[1] 夏映庵，即夏敬觀，詳見《附錄　蔡守與時人交遊考》。

[2] 徐柳臣，詳見《附錄　蔡守與古人交流考》。

黃山兩圖卷

　　今年社友邵潭秋 [1]、易君左 [2] 游黃山，皆索余寫圖。以余嘗游黃山也。今由南京至黃山已有馳道。每人游費僅五十金，與余昔年偕黃賓虹 [3] 之游，難易豐儉殊懸絕也，先略寫君左之遊記如左：

「未游黃山前，皆恐黃山之名不能盡副其實。昔徐霞客 [4] 謂黃山天下無，吾嘆觀止矣。近人蔣叔南 [5] 經營雁蕩，對黃山獨傾倒。謂欲盡難下筆，不游虛此生。吳稚暉 [6] 指為中國標準山。以登黃山之後，不覺先此上泰嶽、峨眉、匡廬諸山，為作無為之奮鬥，徒勞筋力。考黃山原名黟山，唐天寶間始改今名。在安徽歙縣西北，太平縣南，休寧黟縣之東。高七千餘尺，盤亙百餘里。山分前海、後海、西海、天海四部，故黃山一名黃海。大峰三十六，小峰亦三十六。無名及不計名之峰以千萬，峰峰皆雄秀。其間林壑幽深，雲海浮沉，泉瀑縱橫，寺宇林立。風景之美，實無與倫。其山有二大特徵，奇松，怪石。凡黃山之松，皆盤屈倒掛，蒼勁鋪遠。自石罅裂出，青如新秧。全山皆松，無松不奇。千形百態，極盡神妙。如黃山第一松、迎客松、盤桃松等。縱是王維 [7]、石濤 [8] 復生，哭一百年，亦畫不出。其次為石，凡黃山之石，皆象物指事，各呈異態，不減纖毫。最感興趣者，即正看為一物，側看又為一物。遠看一物，近看又為一物。變幻千萬。如夢筆生花，已極奇矣。詎料其前小山一座，酷似筆架。仙鼠跳天都，連尾巴都有。姜太公釣魚，誠如林子超 [9] 云，「只欠一根釣竿。」嗚呼！何其酷類耶。故余以為黃山之奇松怪石，為他山所不能有，所不易見。泰山有其松而無其石，華山有其石而無其松。泰山之松少而美，華山之石大而雄。黃山有其他名山之諸種共德，復有其本身之特種專德，是以風景為天下冠。

抵山麓黃山旅社，浴於湯泉。為硃砂質，泉品居世界第二云。

翌日值黃山未有之晴天。晨，乃上山。經紫雲菴，翠竹千竿，木蓮二樹。即黃山一茅蓬。菴後有水來自天都，至石巖分兩道瀉下。形如人字，曰人字瀑布。過廻龍橋，望桃花峰、水簾洞、聽濤亭，而至慈光寺。越闌干石到半山寺。令輿人隨後，步行登山。遙觀姊妹放羊、姜太公釣魚、觀音對羅漢諸奇山。山徑轉西數十武。一石壁峙於北，深壑傾於南。路由斜坡而上，謂之小心坡。今則坡上護以石欄，較前減其險度。跨仙人橋，橋臨深壑，如凜九淵。仰視天都，猶在霄漢。過一線天、文殊洞。下午一時抵文殊院。

慈光寺為黃山大寺，惜毀於洪楊之役。半山寺前則新築小樓三間。惟文殊院則居高臨下，已出海面五千一百尺。後倚玉屏峰，門前左石肖獅，右石似象。天都卓爾於東，蓮花嫣然於西。其餘千巒萬岫，亦各就班拱侍，開面相迎。彬彬然無少紊者。奇觀亦大觀也，院前有松十數株，皆千百年物。迎客松在院尤奇古。南為文殊臺，平如几案。一面圍以短石欄，為觀雲海絕勝處。有小柏生院西坡上。古翠映斜輝，姿態最佳。余入院休息。定是日即留於此。靜

坐松下，平攬雙峰，悠然自得。一挑夫攀登獅石巔，悚然危。寺僧似故顯其本領，一躍過峰頭，令人心悸。立而長嘯，四山回應，回聲至二秒鐘後才聽見。古人有言，不到文殊院，不見黃山面。今日天朗氣清，萬峰羅列如裸體美人，而以天都蓮花並峙最美。

　　天都為黃山最大一峰，平鋪地面約九方餘里。高與蓮花相伯仲。健骨聳拔，狀態雄偉。卓立雲表，冠蓋群倫。兼有石臺，凌空而出。又一石室，可容百人。惜徑險，非善於攀躋者，不易達其巔。昔徐霞客及一般採藥者，曾幾經艱苦，始登其頂。現由吳稚暉捐資修鑿路徑。自天門坎以達峰頂，共計石路一百八十二丈，泥徑三十丈。寬約二尺。中經山洞，宛入仙境。登其巔俯瞰萬峰，無不下伏。獨蓮花與之抗，上有黃山第一松。其泥徑一段，兩旁峭壁，險過華山之蒼龍嶺。特無蒼龍嶺聲勢之浩蕩耳。天都側之耕雲峰巔，有石如鼠。伸首弭耳，作勢欲奔。曰仙鼠跳天都，絕肖。蓮花峰側之蓮蕊峰畔，有石如雞，背蕊面花。曰金雞採玉蓮，亦肖。由文殊院西行數十武至鳳凰臺。望後海諸峰，景色蒼茫。使余最戀戀者，為天都之夕陽返照。天都為三十六峰第一峰。昂然獨立天表。其骨格氣慨神韻皆絕似醉後之英雄，而蓮花則絕代一佳人也。憶余泰山觀落日歎為奇景。今望黃山紅雲赤霞，以黃色鏡頭透視，美乃絕倫。入暮，然燈斗室內。置木板二鋪，被褥尚整潔。惜是夕無月，但萬里澄清，明星皎潔而已。

　　詰朝黎明即起。欲觀雲海，而海不可得。僅見雲港雲湖。天風不寒，殘月欲墜，晴朗一如昨日。晨曦初上，正照蓮花。澹澹胭脂，色洒愈媚。寺僧具粥饗客。粥香濃而熱。認為自登九華、天台吃紅米飯後惟一難忘者。八時由文殊院西南向山谷中行。里許至大小閻王壁。小者闊丈許，大者二丈餘。石壁峭絕。下臨深壑，上鑿足跡。必依痕踐之以過。近已平治，化險為夷矣。下里許，有巨石橫路曰『大士厓』，亦一險。從此入蓮花溝，上蓮花嶺。高近三里，極陡峻。以天然巖石，強疊為級。有高二尺者，參差不一，攀登甚難而不險。

　　至靈龜石，路分兩岐。一東上蓮花峰頂，一西下百步雲梯。余僅至蓮花峰半，友人秋帆則奮勇上登。四洞穿其三，蓋峰上有四洞。登峰之徑甚陡峻，下臨無地。寬不盈尺，沙礫滿地。幸丈許旋入洞，洞盡而險如前。如是者四。洞或銳末豐腹，或口大壁斜。各各不同，要皆曲折。巨石重疊，如浮屠中之有螺旋梯而不板滯。昔徐椵客謂人如上下樓閣中，竟忘其峻出天表。曹文植 [10] 謂人如在藕孔中行，緣本入瓣，可謂善於比喻。再上稍平，抵蓮花菴舊址。由址

側上，愈峻。以腹貼崖，以手摩壁，始達其巔。廣可盈丈，中凹為沙地而少水。四山俱震懾下伏，惟天都與抗耳。峰高六千五百尺。削玉裁雲，石骨豐勻。蓮花峰北有蓮房峰，似瓣之已卸者。貼近之蓮蕊峰，似含苞未放者。皆秀麗非常。靈龜石西有仙鶴石。西行下百步雲梯。未下時，余獨坐蓮花峰上。觀山外鋪雲海，約半小時之久。百步雲梯約二百級。輿夫三人為余合掘一小松。絕類文殊院前之迎客松。高僅尺許。可名為小迎客也。掘自縣厓，石滑不可附趾。余與秋帆力誠勿掘，而輿夫晏然。卒拔根而出，欣然持奉。得此一松之難，幾喪三人之命，幸哉幸哉。西望有石若人趺坐，曰老僧看海。再上即鼇魚洞，乃高巖峻壁，中開一三角竇，宛如鑿成，疊級數十而上。出洞若久秘帳中，揭之而出，忽然眼明神清。自蓮花溝至鼇魚洞，路皆艱阻。過洞即坦途，經天海、平天矼、光明頂，夷曠非常。天海居全山之中，為黃山最平坦處。長三四里，廣一二里，適於建築。平天矼在天海北端，長百三十丈，豐廣三丈，平橫如几。矼東端為光明頂，松檜盈壑，疏密相間。其西為西海。經萬松林，至此始感秋意。蒼松紅葉，交織成錦。人入其中，不忍遽出也。

午抵獅子林，在獅子峰南麓。麒麟松在其左，鳳皇柏在其右，均極蒼古。峰左有清涼臺，平廣六七尺。下臨深壑，為觀後海鋪雲豔勝處。上有破石松，蒼古夭矯，惜已枯老。獅子峰為後海鎖鑰。奇石怪眩，莫可驟睹。古人有言，『不登獅子峰，不見黃山踪』。洵不誣也。余遊覽一過。飯于獅林精舍。飯後往始信峰，不三里而達。遙睹散花塢內，一小峰矗立。上覆蒼松，曰夢筆生花，已極肖矣。其前復有小山一座，恰似筆架，天工巧合，有如是耶。入始信峰，始見小猴，始見珍鳥，始見松鼠。古人謂登頂俛視，光怪陸離，莫可殫述。峰巒奇妙，見者始信，故以名峰。將至峰頂，路忽中斷。下臨絕壑，直似巨靈掌劈，令人目眩。中駕一石，橫於兩厓。狀若飛虹，曰渡仙橋。橋西石罅中，生一蒼松。一枝橫臥橋畔，已枯。狀若扶欄，人慾過橋，必扶枝以過，曰接引松。今橋已加兩石，稍免恐怖。度橋，入石圻，窄僅容身。前行數十步，攀級而上，即至峰頂。頂平如掌。明季僧一乘築室於此，遺址尚存。惟始信峰一帶山徑，犖确難行。榛蕪夾道。黃山石松，如接引松、擾龍松、棋盤松，畢集於此。

由始信峰南行入丞相源，往雲谷寺。山徑林木幽深，遙望天都峰北，有五石嵯峨，宛媲伸指，曰仙掌峰。與華山之仙掌厓，皆絕肖。將至雲谷寺，已聞泉聲潺湲，忽林間百鳥和鳴，儼笙簧合奏。輿夫亦停足諦聽，此為著名之黃山山鳥樂也。雲谷寺在山都峰下，原名擲鉢禪院，以其正對鉢盂也。宋丞相程元

鳳 [11] 退位後，隱居於此，故又名丞相寺。寺殿已毀，今正修築。前有精室數間，甚整潔。室前大石院，院前后異蘿松各一株，同幹異葉。乃翠柏與蒼松合體，嫩綠深藍，濃陰覆地。蓋千百年物，為黃山瓌寶。對山有香爐峰，屹然挺立，儼媲圭璋。後有羅漢峰，肥乳大肚，形狀畢肖。旁有水一泓，清碧見底。其前有大石鐫『江麗田琴臺』五字。晚宿於此，山深夜靜，但聞蟲聲，雲淡星稀，時聞猿嘯。

次日由雲谷寺東南行，里許至步雲亭。覽眉毛峰，至漸入佳境。經仙人榜、開門石諸勝。一路越嶺穿溪，濃深滿覆。景物幽美，與前山截然不同，而各有其特境。去秋遊西湖九溪十八澗，以為極人世未有之清幽。自入丞相源，到處皆九溪十八澗，了不介意。及出雲谷寺下山，清幽愈出愈奇。妙在修篁茂林間時露參差之奇峰峻嶺，且骨肉兼勝，肥瘦合宜，山品之最上乘也。余雖雇轎隨之，實則步行十八九，今茲平蕩，可坐而觀山，瀏覽無盡。雖然，游黃山者，但知小心坡、度仙橋之險，蓮花溝嶺之峻，而不知自丞相源以下，所經山徑，徒以草木掩覆遮蓋。遂以為夷，實則崎嶇難行，荒邃可怖，並不減於前山。特為清幽之景所迷，不覺置身度外耳。

九龍瀑布為黃山風景之一大掉尾。其源來自天都，至九龍峰，下注為潭。潭復瀉為瀑。一曲一潭，一潭一瀑。累累巖壑之阿者凡九，飛掛如龍。十里以外，即聞響聲。倒瀉平鋪，銀白如煉，真大觀也。惜連日晴旱，遇雨必壯。余立高岡上，凝視移時，愛莫忍去。下此即黃山勝境坊，而至歙縣北鄉一小村之苦竹溪。五里平途至湯口。計其里程，則由湯口至紫雲菴八里，由紫雲菴至慈光寺三里，由慈光寺往文殊院十五里，由文殊院往平天矼十五里，由平天矼往獅子林五里，由獅子林往始信峰三里，由獅子林往雲谷寺二十里，由雲谷寺至湯口十五里，總計山程八十四里也。」

易君左黃山歌

「一歌兮歌聲洪。黃山之奇奇在松，我今將松試形容。或如一臂突當胸，或如萬箭齊張弓。或如麒麟躡芳蹤，或如鳳皇棲雙桐。團而伏者如肥熊，飄而逸者如孤鴻。傴而僂者如衰翁，躍而奔者如頑童。如花開滿玉芙蓉，如人混入綺羅叢。如疊瓊樓十二重，如鋪瑤牋萬千通。一株一態無或同，一枝一相有所宗。一柯一節稱極工，一針一葉都折衷。定是天帝情所鍾，定是山靈力所充。定是坦橋老人黃石公，定是齊天大聖孫悟空。不然何以千變萬化皆無窮，不然何以千山萬嶺皆相逢。不然何以千人萬客皆推崇，不然何以千花萬卉皆樂從。

凝雲帶雪復搖風，掩谷蔽岫並跨峰。黛色參天天憂沖，蒼鱗溶月月朦朧。孑然
但願匹夫終，傲然拒受大夫封。昂然絕似老元戎，巍然不媿真英雄。

二歌兮歌聲激。黃山之奇奇在石，我今將石試分析。或圖其形象其跡，或
摹其色利其澤。或仰其品崇其格，或喻其事依其則。鼠跳天都半峰鬲，魚戲蓮
舟千尺隙。太公垂釣一竿缺，姊妹放羊並肩列。或如金雞兩翅拍，或如玉兔望
明月。或如關公擋曹賊，或如進寶波斯國。夢筆生花尤奇絕，觀音打坐勝雕刻。
仙人對奕神妥貼，猴子過山形窘迫。轉眼不覺滄海客，回首渾疑神仙宅。晚霞
一抹顏盡赤，明星萬顆身猶黑。君不見，門垂五柳陶彭宅。又不見，夢遊天姥
李太白。如此奇巖怪石一見真幽默，足使詩人隱士千古無顏色。華山之石如展
絢麗之畫冊，泰山之石如疊琳琅之書籍。衡山之石如列森嚴之戈戟，廬山之石
如曳錦繡之履鳥，惟有黃山之石精靈古怪太奇特。欲言難盡，欲畫不成。欲歌
又還歇，欲對之飲酒賦詩彈琴吹笛皆不得。

三歌兮歌未闌。名山第一是黃山，松石之外亦奇觀。大峰三十六五雲鑽，
小峰三十六九霄搏。無名之峰千千萬萬如烟巒，就中天都蓮花高出三十三天天
外之尖端。文殊院，畫一般。獅子林，水一灣。慈光寺前萬竹竿，丞相源中百
鳥歡。人字瀑與九龍潭，大泉霍霍霍，小泉潺潺潺。散花塢於石筍矼，高山巖
巖巖，低山磐磐磐。最危險處少闌干，最陡峻處難躋攀。下臨無地心膽寒，仰
視無天手足酸。過小心坡如過鬼門關，渡渡仙橋如渡奈河還。百步雲梯採松摧
心肝，上蓮花溝入鼇魚洞鬢毛斑。奇猴古鹿怪鼠珍禽獐與獾，石耳黃精野尤名
茶竹與蘭。朝看雲海夕看月兒彎，晴看斜陽雨看萬松嵐，朱樓畫壁亦可看雙鬟。
吟詩作賦盡可乘酒酣，回聲四合不愁身孤單。荒祠破廟不愁無杯盤，如此名山
不游難上難。」

又雜詩三十四首。

「豪遊有氣射雲端，千里江南自往還。算是今秋新紀錄，梅花看後看黃山
自京觀梅劇後首途赴黃山。

千古江山勝畫圖，大江長旁石磯流。胡兒到此無顏色，立馬吳山不識羞過
采石幾。

輕衫破篋短筇扶，獨客長征逸興孤。車過小橋舟過港，斜陽影裡看蕪湖過
蕪湖。

白蘋紅蓼紫汀秋，一杖雙鞵萬里游。未到黃山雲已起，錯疑大海在徽州途
中見亂山雲起。

車向亂山窩裡轉，人從濃霧影中飛。浪懷秋僧尋詩去，深入江南弟一回汽車中所見。

腹饑車簸繞山鄉，客味孤清道路長。菜餅一枚鈔十個，紅門橋畔野花香過紅門橋。

入午濃陰古樹遮，郡山四合走龍蛇。清溪彎到無人處，忽見魚鱗三百家過清溪縣。

雙僧遙指白雲端，不見雲端有碧嵐。山已化雲雲化海，豈留痕跡示人間已過歙縣猶不見黃山。

清溪白石夾高林，轉入黃山深復深。七十二彎三十阪，無人識我壯游心初入黃山。

絕似匡廬三峽橋，泉聲和月韻松濤。秋宵一夜翻疑雨，半世塵心枕上消黃山旅社。

飛泉靜竹雜松杉，此是文殊說法場。諳盡浮雲游子意，名山古剎仰慈光慈光寺。

到此寧無悚懼生，黃山奇險最難名。自經華嶽蒼龍嶺，放膽小心坡上行小心坡。

長嘯峰頭瞰碧空，日長風定興方濃。回聲四起瀰山谷，相距時間二秒鐘文殊院前長嘯。

名山與我結深緣，短袂飄飄欲化仙。下視茅蓬山畔路，有人如蟻正攀援自文殊院俯瞰。

前後峰巒勝畫圖，蓮花在右左天都。片言正告游山客，第一文殊院里居文殊院風景最美。

雙松古幹似虯龍，遠客文殊院裡逢。萬岫千巒雲影裡，一僧獨立最高峰文殊院所見。

天都氣概勝英雄，突兀摩氛夕照紅。三十六峰居弟一，下窺七十一高峰天都峰上俯瞰。

到此何曾萬象空，煙雲山海蕩層胸。酒酣閒坐蒼松下，貪看天都夕照紅天都峰晚景。

乍看成港忽成湖，瀰漫山腰有若無。何日汪洋成大海，再來峰頂作高呼觀全山雲起。

松樹千株堆作嶺，蓮花萬瓣疊成溝。行經大小閻王壁，絕頂奇雲掛杖頭蓮

花溝。

萬籟俱沈勝坐關，輕輿斜置峻峰端。輿人競採巖松去，山外雲鋪山外山獨坐蓮花峰上。

絕妙仙姬裹綉裳，肌膚冰雪肉脂香。紅裩澹澹胭脂面，消受蓮花正曉妝蓮花峰頭朝暉。

削壁懸厓到處逢，但憑雙足跗層峰。平生第一擔憂事，百步雲梯看掘松輿人百步雲梯掘松。

鼇魚張口吞行客，客向鼇魚口裡行。已拼仄聲葬身魚腹裡，忽然開朗太虛清鼇魚洞。

乘興攀登始信峰，荒山鳥迹路難通。才人自有生花筆，不必江淹夢裡逢夢筆生花峰。

欲破黃山畫與詩，游山八月故遲遲。奇猿異鼠兼珍鳥，始信峰頭始見之始信峰所見。

松針竹葉織成林，俯瞰懸崖萬丈深。度此危橋須接引，莫憑枯樹但憑心渡仙橋。

萬松挾客共趨將，絕巘參天劈上方。最愛仙源雲谷寺，秋深百鳥囀笙簧雲谷寺。

與僧共話聽霜鐘，三日豪游樂未窮。已下黃山猶戀戀，坐觀瓔寶異蘿松異蘿松。

昔過九溪十八澗，歎為人世最清幽。那知丞相源頭過，山色溪光碧欲流丞相源。

銀河倒瀉碧懸空，下降人間作九龍。我愛黃山秋色好，聲光都掛夕陽中九龍瀑。

酒酣秉燭溫泉去，共浴鴻蒙第一池。今日我為山下客，念君猶自看松枝贈屯溪旅社主人。

兩三漁火隔山明，難得秋江一水盈。人世幾多煩惱障，偷閒靜夜聽江聲宿屯溪聽江聲。

今日孤蹤如野鶴，昨宵荒寺聽寒螿[12]。山圍水繞清幽絕，秋色三分在漸江宿屯溪。」

獅子林一首，「朝發文殊院，午投獅子林。清凉留勝蹟，寂寞證禪心。僧似枯松瘦，情如翠柏深。願為山下石，低首聽鳴琴。」

　　自湯口赴屯溪一首，「穿幽鑿險通巖寺，此去屯溪曲折行。古木多情山亦樂，斜陽無恙水常清。牽驢人避黃泥竇，捉蟹童蹲白石汀。卷蓋勞塵千百里。皖□ [13] 重聽讀書聲。」

　　邵潭秋祖平黃山紀遊詩，「前海具佛境，莊偉眾所諳。湯口捨筏登，發心同初參。就麓得溫泉，方池腴鏡涵。蒸騰白釜熱，泡沸萬璣含。陰陽信為炭，湯火殊可探。煮石石光爛，炊雲雲影毿。神奇致用溥，浴德醫愚慚。稍稍紅霧集，蠕蠕沾青嵐由湯口入山濯硃砂泉。

　　兩山開談蕩，桃花與紫雲皆峰名。桃花散諸天，紫玉獨絪縕。泉韻 [14] 交鳴佩，柏香靜妥魂。於茲安床几，何須炷爐薰。新識林主人，茗饌奉殷勤。諮予看山路，未至氣已吞。朝躡雲海濤，夜摘星辰裙。澆胸冷翠光，滿耳天雞呻。十丈瘦雪松，森立排帝閽。後凋節不移，見晚情彌親。裏糧自茲始，繭足即奇勳居士林。

　　鳴篨韻午溪，入山路猶淺。慈光一仰視，峰高塹彌顯。天都巔頭角，蓮壁開籀篆蓮花峰皴法甚奇。窈深雲門嶒，宿霧尚舒卷。一徑趨天門，石勢狠欲剗。立鐵五百尺，拏空出雲棧。勇賁兕甲破，猛搏生羆攣。饞舌蠻君搖，玄□鬼伯晒。何必閻羅壁，面對始驚喘。縋幽下巖溝，劈面逼雄獮。巨厓礨空遊，如冕亦如輦。睇擲怸一決，項釜紀侯甗。蛙資捫暗趨，狼跋胡自踐。翻騰學狙獷，匍匐終黽勉。一線漾天光，橋危犇仙跰。蛇行文殊洞，方慶松招展。歷險吾已熟，茲途特生撰。僧堂坐愕眙，柏髮換衰鬒慈光寺登文殊院道中。

　　兆雲奪路走巖隙，萬山彌漫坐超忽。補松填釭頗必平，地藏海藏合而一。我觀黃山大雲海，金枝翠葆開旭日。有情巒岫戲雲端，盡逐怪魅歸窮髮。天都蒼髯尚童心，貪看蓮姿癡秉笏。蓮華娥娥粉妝新，玉胸菽發乳香溢。蓮蕊嬌女黶生粗，短窄練裙才蔽郲。唯有獅峰道最尊，嚴拱天門謹密勿。吁嗟下界隔烟霧，宜陽聚甲營私實。繭絲困民孰保障，風塵潰洞戕同室。若木坐大根株蟠，頭角乖龍真突兀。我願群峰化作轡，盡拔松林箠馬發。東行蹴踏蟻垤平，凱旋悉返堯封失。書生積憤高嵯峨，但恐此志終蕭瑟。天上人間事豈同，雲中尚警軒轅蹕文殊臺觀雲海。

　　昔有吳龍翰，好游更好奇。攀陟蓮花峰，三日斷餔糜。從者無人色，清狂賦歌詩。我下文殊院，正直雲海馳。雲中千菡萏，一一含風漪。忽見真芙蓉，玉京振威儀。萼跗上參天，茹葉離遠披。曉行藕船間，晡及蓮房園。一身如游蟻，焉能辨東西。惜哉無所見，霜霧騰蒸炊。俯視但一氣，鴻蒙浩難揮。天風

十蕩決，海水成群飛。蚩尤力排奡，正奪軒轅旗。何當霽虹開，萬里還堯畿。大地豈未曙，吾當誅金雞峰名，蓮花峰絕頂遇霧。

　　蓮峰下委宛，雲梯躡贔屭。頗繁登降節，境換亦良獪。瑤草毒霧吹，松甲腥鱗萃。海氣拍浮中，巨黿宅其內。睢盱傴濁濤，倔強噎風霳。奇醜反大妍，云何更置對。因疑混沌初，美惡本無二。不見哀駘它，象雌與之會。山靈崇大巧，鴻蒙絕聖智。投輿蘇喘汗，真想契天外黿魚洞。

　　樹皆一面松松梢皆南向，劍戟相撞攻。雲若萬烽火，風力號呼洶。平原利野戰，楚漢轟兩雄。蚩尤巧驅霧，氾水逃真龍。我來軒轅山，險麗靡不逢。鳴筵平天矼，愈歎造化工。中虛貯甲兵，仰面摘星虹。沆瀣清可飲，吐出千芙蓉。芙蓉不在山，江路青濛濛平天矼。

　　獅林貌平澹，外觀只尋常。清涼出其腋，奇采始發皇。峰峰被綉衣，黟質而綠章。萬松為補袞，藻米何堂堂。雲來松如魘，沈舞白谷箱。清風引之起，飄若翩鸞凰。縢以千點碧，潑以萬斛蒼。古翠鮮妍中，雅墨自清揚。天女縞帶細，劍客弓鞱長。颸沓星君趨，羽人方在旁。石筍峰最奇，一一執珪璋。天都夢未醒，朝參尚忡惶。山靈厭雕鏤，龍變急深藏。諮予拙劣文，讚頌豈能詳。結茅誓留此，剖腹洗肺腸。何年復來歸，掛夢屛僧房由獅子林精舍登清涼臺。

　　前山後海通雲氣，夢雨飛來正洒松。龍伯國迎先夜瀑，獅林僧打上方鐘。苔生芒履青微覺，鉢擲虛空翠又逢。拾取新詩補行紀，漸徵定慧入支筇雨中自獅林至擲鉢禪院。

　　山靈知憐看山客，夜召滕六壯行色。曉起彌望木冰寒，九折玉盤天下白。初疑龍女泣鮫服，又似雪驥困鹽谷。冰蕊瓊葩盡有聲，桃李不言總牊俗。瀑聲側添鳴弦音，澀滑柔厲皆可尋。軒轅張樂洞庭野，聽耳何如聽以心。明朝歙州篤行李，昱領寒光射眸子。夢雲雖繞卅六峰，清談但學九龍水大雪觀九龍瀑。」

《香港中興報》1936 年 1 月 28 至 31，2 月 1 至 4 日

【注釋】

　　[1] 邵潭秋，詳見《附錄　蔡守與時人交遊考》。

　　[2] 易君左，詳見《附錄　蔡守與時人交遊考》。

　　[3] 黃賓虹，詳見《附錄　蔡守與時人交遊考》。

[4] 徐霞客，詳見《附錄　蔡守與古人交流考》。

[5] 蔣叔南，即蔣希召，詳見《附錄　蔡守與時人交遊考》。

[6] 吳稚暉，即吳敬恒，詳見《附錄　蔡守與時人交遊考》。

[7] 王維，詳見《附錄　蔡守與古人交流考》。

[8] 石濤，詳見《附錄　蔡守與古人交流考》。

[9] 林子超，即林森，詳見《附錄　蔡守與時人交遊考》。

[10] 曹文植，詳見《附錄　蔡守與古人交流考》。

[11] 程元鳳，詳見《附錄　蔡守與古人交流考》。

[12] 寒螿，也稱寒蟬。南朝陳徐陵《中婦織流黃》詩，「數躡經無亂，新螿緯易牽。」

[13] □，原文字模糊莫辨，下同。

[14] 韻，同「響」。《字彙·音部》，「韻，與響同。」《隸釋·魯相史晨祠孔廟奏銘》，「血書著紀，黃玉韻應。」洪适注，「韻，古響字。」

太平天國翼王遺墨

　　太平天國文物毀滅無餘，至為罕睹。余嘗記梯王墓碑見廿四年九月十三日本欄，以為得未曾有。詎意竟獲觀太平天國之遺墨乎。張任民君 [1] 五全大會入都，道出扈瀆，陳向元 [2] 兄為作緣，以三百金購得翼王石達開 [3] 真蹟，欣幸無量。攜歸粵垣，朋儕拜觀，皆驚為瑰寶也。

　　聯為清宮描金花石綠色御製絹，長四尺又八寸，寬九寸又半寸，行書。聯文，「挽得銀河腥穢滌，張開鐵臂地維寧」，署款「石達開」三字。書法亦挺峭不凡，與聯文之奇特，洵為翼王之真蹟無疑，至足寶貴。

　　案，石達開，貴縣人。咸豐間從洪秀全起事，封翼王。韋昌輝 [4] 殺楊秀清 [5]，復將殺達開。達開遁，由江西入湖南。取桂林，不克。再走湖南，入粵境。遣黨分擾滇黔，皆不得志。復渡金沙江，擬由邊地土司小徑入川。至大渡河，為川軍唐友耕 [6] 所敗。達開能詩，素畜大志，頗能容其部下。及亡，太平天國之勢益孤耳，可嘆可嘆。今觀此聯，其志亦可想矣。

《香港中興報》1936 年 2 月 5 日

【注釋】

[1] 張任民，詳見《附錄　蔡守與時人交遊考》。

[2] 陳向元，詳見《附錄　蔡守與時人交遊考》。

[3] 石達開，詳見《附錄　蔡守與古人交流考》。

[4] 韋昌輝，詳見《附錄　蔡守與古人交流考》。

[5] 楊秀清，詳見《附錄　蔡守與古人交流考》。

[6] 唐友耕，詳見《附錄　蔡守與古人交流考》。

聽秋軒吟詩墨

袁子才枚 [1] 為駱綺蘭 [2] 造墨，長方式，重約三錢。面書「聽秋軒吟詩之墨」，背書「隨園叟製」，皆正書。案，句曲女史駱綺蘭，號佩香。金陵龔世治 [3] 室。世治早世。佩香少耽書史，好吟詠，移家丹徒。袁簡齋、王夢樓文治 [4] 兩太史俱以為女弟子，詩格益工。嘗繪《秋燈課女圖》徵題。曾賓谷燠 [5] 有「窗外秋聲不可聽」之句，因以「聽秋」名其軒，固知此墨為駱佩香遺物。又案，袁簡齋每託汪心農 [6] 製墨。心農名穀，得明季阿膠一巨篋，嗅之有菊花香，遂自製墨。上者曰「白鳳膏」，重三錢，背書「心農氏製」。次曰「菊花香膏」大字，背書「乾隆辛亥心農製」，字稍小。又兩種曰「知其白」，「知其黑」。背書「心農氏製」。字皆王夢樓所書，各重五錢半。隨園託造墨分貽名公巨卿者，如「秋帆尚書吟詩之墨」，腰圓扁形，綫雲環繞，背書「隨園袁枚製」。一曰「思元主人吟詩之墨」，長方式，背書「隨園叟袁枚恭製」，思元主人乃豫邸世子也。一曰「敬齋相公吟詩之墨」，背書「倉山叟袁枚製」，長方式，圓首。一曰「雨窗阿林保先生吟詩之墨」，一曰「麗川奇豐額中丞吟詩之墨」，背書「隨園叟袁枚製」，形式同前，皆重六錢。其分遺女弟子者，式如白鳳膏，重三錢。面書「閨秀吟詩之墨」，背書「隨園手製」，此則特為駱佩香製。王蘭泉昶 [7] 云，簡齋招士女之能詩畫者共十三人，繪《湖樓請業圖》。燕釵蟬鬢，傍花隨柳，問業於前。簡齋白鬚赤舄，流盼旁觀，悠然自得。佩香孀婦也，而特為製墨以贈，安能免後人所譏乎。

《香港中興報》1936 年 2 月 5 日

【注釋】

[1] 袁枚，詳見《附錄　蔡守與古人交流考》。

[2] 駱綺蘭，詳見《附錄　蔡守與古人交流考》。

[3] 龔世治，詳見《附錄　蔡守與古人交流考》。

[4] 王文治，詳見《附錄　蔡守與古人交流考》。

[5] 曾燠，詳見《附錄　蔡守與古人交流考》。

[6] 汪心農，詳見《附錄　蔡守與古人交流考》。

[7] 王昶，詳見《附錄　蔡守與古人交流考》。

張子祥隸書聯

歲晚與社友李桐庵 [1]、何覺夫 [2] 連日遍觀市肆書畫。贗品照眼，真蹟絕尠。覺夫以十金買易哭庵順鼎 [3] 硃砂箋正書四言小聯。聯文「琴號珠柱，書名玉杯。順鼎」。「易順鼎印」白文方印，「仲實」朱文方印。為實父早年之作，書學唐碑者。桐庵亦得添茅老人楊椒坪永衍 [4] 山水一幅。雖皆近人，但非贗也。余以十數金買得張子祥 [5] 隸書六言小聯，為描金宮粉牋。長二尺又八寸，寬五寸有八分。聯文，「硯以靜而能壽，琴之和在不同」，上款，「乙酉案為光緒十一年，距今恰五十年仲春月下浣。書於申江客舍」。「鴛湖老人」朱文方印。下款「鴛湖八十三老人。子祥張熊」。「子祥父」白文方印，「張熊之印」白文方印。鍾君仁階 [6] 藏費子苕 [7] 為子祥作《玉臺商畫圖》。案圖乃道光廿一年辛丑作，時子祥年三十九。而仁階以正月初二日生，因以是聯為壽。跋云，「仁階荷鄉賢儷，並嗜書畫，收藏甚富。比來以重值得費曉樓丹旭為子祥、醒香夫婦寫《玉臺商畫圖》。並世名流，題詠殆遍，足供冀顧樓中昕夕同欣賞也。丙子正月二日。以子祥是聯，為仁階先生壽慶。同為銀藤花館俊物，庶可稱珠聯璧合乎。」

《香港中興報》1936 年 2 月 6 日

【注釋】

[1] 李桐庵，即李開榮，詳見《附錄　蔡守與時人交遊考》。

[2] 何覺夫，詳見《附錄　蔡守與時人交遊考》。

[3] 易順鼎，詳見《附錄　蔡守與時人交遊考》。

[4] 楊椒坪，詳見《附錄　蔡守與時人交遊考》。

[5] 張子祥，即張熊，詳見《附錄　蔡守與古人交流考》。

[6] 鍾仁階，詳見《附錄　蔡守與時人交遊考》。

[7] 費子苕，即費丹旭，詳見《附錄　蔡守與古人交流考》。

黃子壽石刻小象

國學會會址借吳縣圖書館，即曩日之蘇州藏書樓也。樓中有黃子壽 [1] 石刻小象。石高二尺，寬八寸。圖為立象，手持潮州竹絲扇，上刻「陶樓六十八歲小象」。行書一行，約半寸字徑。「是人也少無佗嗜，唯躭墳典。聚書為巢，

若蠶在繭。及其老也，興復不淺。置諸藏書之樓，聊比娜嬛之尤。光緒十六年七月癸酉，陶樓自題。」行書四行，「彭年」白文長方印，「子壽」朱文方印。石下左方刻「光緒丙午冬月。顏尃生 [2] 摹。陳伯玉刻」，小楷一行。

案黃子壽名彭年，號陶樓，貴築人。嘗開藩吳中，獎掖寒畯，惟恐不及。子名國瑾，字再同，藏書亦甚富。去歲題《方矖仙 [3] 龍池校書圖》，有「夫妻慣作琅嬛尤」之句，即用此事也。

《香港中興報》1936 年 2 月 8 日

【注釋】

[1] 黃子壽，即黃彭年，詳見《附錄　蔡守與時人交遊考》。

[2] 顏尃生，詳見《附錄　蔡守與時人交遊考》。

[3] 方矖仙，即方樹梅，詳見《附錄　蔡守與時人交遊考》。

一品石圖

丙子媵子之姊張可 [1] 見葉葉舟《廣印人傳》寫一品石圖，紙本高三尺有二寸，寬一尺有半寸。畫白石一拳，極縐透玲瓏，筆絕工細。上寫周氏一記，小楷十七行，行三十有八字，亦秀媚似靈飛經。可娘早逝，內子至今寶藏之。

「粵東西，橫靈交界之涼水潭。高峰隱天，深溪垮谷。淵多潛甲，漁者觸網輒壞。冥搜水底得怪石，舁出置於地。他日有農者經其處。見碧草迴環中灼灼有白光，濯之光潔。力荷三十里，權之得七十斤有奇。輾轉睨視，非員非方，不入世用，置之茅簷間，弗異也。諸生劉正元見而珍之，納諸座右。方諸陽羨浮石，自謂過之。劉素知余有米癖，蓄石盈庭，大小兼收。嘗目為宋愚，盧胡而揶揄之。故誇其石之情狀，純白無疵，圓白滴露，清光燭星。如出水之芙蓉，天然不藉雕琢者，余聆而慕之。花晨月夕，不能去懷。夜方假寐，見美丈夫頎然而來，駕黃牛白馬之車，草笠卉服，衣冠甚古。款門而稱謁，揖而進，面目似曾相識。遂亦不復問其姓名。坐談竟夕，上下古今，詞源縷縷，多語林泉巖穴事。窮天荒地老之說，悉人間所未經道及者。聽鄰雞三唱，客起而辭。余願久要同住，治園蔬作十日歡。客握手大笑而出戶，指車而言曰，俟黃牛白馬相會之際，再當相見。夙緣有定，毋強留也。言終，倐不見。予驚而覺，亦不知夢之何所兆也。迨嘉慶庚申，劉父蓮峰自都歸，來郡相見。道及家事，知劉生已逝，相與咽噎。詢白石，則已移於山塘之木石居，荒煙蔓草，塵封闃然，為之悼歎者久之。蓮峰復語曰，不日當北上，請以石歸子。余喜不自勝。冬十月，

始迎石於靈邑蘇村之山塘，計程三百六十餘里。時己丑月庚午日也。因憶疇昔夢中所云，黃牛白馬之會，再當相見。其是月今日之謂乎。於是洗塵以觀，雲頭雁足，渾然天成。石根徑不盈寸，中分為一枝。又矼而圓頂，根方而直上。其長二尺有七寸，白如築脂，縐如疊絮，古樸堅光，真世所罕有者。乃刻紫檀而坐之，供於永錫堂。稱曰『一品介先生』。或謂磽磽易闕，皎皎易汙。不能叱成羊，不可煮為糧。毋用是确确者為哉。余對而笑曰，是我師也。學其清，勝於鶴。學其靜，勝於龜。孔子云，『不曰堅乎，磨而不磷。不曰白乎，涅而不淄』以上周祥麟記。」

「家藏祖母尹太安人賴君繪《一品石圖》。絹本殘闕甚然，因重摹之。並錄周子玉祥麟記於上。合浦張可並記。」「合浦珠孃」朱文方印，「張可無可」白文有格方印。案無可工篆隸，善鐵筆。此兩印當是手自奏刀。仿漢亦甚工穩。

又案，《廉州府志》，周祥麟，字子玉，合浦人，歲貢生。

《香港中興報》1936 年 2 月 8 日

【注釋】

[1] 張可，詳見《附錄　蔡守與時人交遊考》。

方白蓮手寫復社姓氏卷

曹婉真 [1] 大家秘藏方白蓮 [2] 手寫復社姓氏一卷原書葉改裝卷子。紙本高八寸有三分，長數丈。小楷甚精。卷首有「朱草詩林」朱文方印。卷尾小楷款一行「乾隆丙子二十一年荷花生日。方婉儀鈔既」。「兩峰之妻」白文方印，「白蓮居士」朱文方印。

案，方婉儀字白蓮，羅兩峰之室。工詩。著有《學陸集》《半格詩》。生日偶作云，「冰簟疎簾小閣明，池邊風景最關情。淤泥不染清清水，我與荷花同日生案荷花生日為六月廿四日也，余亦是日生，嘗倩吳缶廬 [3] 篆刻夫人此句為小印。」並善梅竹。兩峰稱其有出塵想。子元紹，字介人。元纘，字練塘，又號小峰。女元懿，字小蓮。俱善畫。蔣心餘 [4] 贈詩所云，「一家仙人古眷屬，墨池畫瑳相扶持。」一門風雅，可想見之。

又案，方白蓮生於雍正十年壬子歲六月二十四日，卒於乾隆四十四年己亥。年四十八耳。是卷書於乾隆丙子，為清高宗二十一年。時白蓮方二十五歲，於歸羅兩峰未久，故卷首用「朱草詩林」印。案兩峰居天寧門內彌陀巷，榜其

堂曰「朱草詩林」。其印為黃小松 [5] 篆刻，余藏有脫本。是印乃田黃石重三兩許，昔袁寒雲 [6] 以二千金購得者。

案復社姓氏，為貴池吳次尾應箕 [7] 鑒定，崇禎間刊之，乾隆時版已佚。故白蓮手寫之，今更為人間未見之書也，亟盡錄存。

「昔顧涇陽 [8] 先生講學，建東林書院。與鄒南皋 [9]、趙儕鶴 [10] 諸先輩，操持名節，砥礪道德。學傳南北，天下宗之。及天啟時，逆黨諸小人，造《東林點將錄》《天鑒錄》諸書。誣害朝廷之公忠者。號為東林鄗。其受慘毒，一網幾盡。先君子與楊維斗 [11]、張天如 [12] 諸先生繼起。溯先輩之風烈，樹道義之芳規。以文章聲氣，飆炳東南，然皆原東林講學之意。先君子乃合十五國之人文總名之為『復社』。其時多未通籍之名流，悉干城名教，共相切劘，四方咸宗為壇坫。而諸小人又造為《蝗蜅錄》，號小東林。復作一網之計，達之朝廷。而天如、維斗兩先生，首先受禍，先君子幾不免矣。因言於倪文正公 [13]、鄭元嶽 [14] 太宰諸有力者，為城門校尉之事，其禍稍息。著有《兩朝剝復錄》《東林本末》《國朝紀事本末》，忠節死臣十五傳。表東林之大節，列逆鄗之罪案。使天下知有君臣大義，以正人心。則是書之有關於名教彰彰矣。壬午間，先子獨與顧子方 [15]、陳定生 [16] 兩先生，倡留都防亂公揭。首驅逆黨阮大鋮。氣節名海內，皆可考事而知也。堅生也晚，十歲而孤。家破流離，遺書灰燼。向從友人處得先子崇禎時所刊《復社姓氏》，為之太思。恐久而湮沒，特重錄之。俾天下後世知復社諸君子之梗概，並使東林復社之後人，各知其先世之名節道義。而謦欬流涕，愈久而愈不忘耳。嗚呼，考先朝之往事，而讀《剝復錄》殘篇，覽復社姓氏，亦可知明季之盛衰，人材之邪正，而宵小害人家國之由來矣。悲夫！康熙壬辰歲仲冬月，莧莧子孟堅拜識。時年七十有八。」

「留都防亂公揭姓氏。崇禎乙亥年。南國諸賢。顧杲子方，無錫。吳應箕次尾，貴池。魏學濂子一，嘉善。黃宗羲太沖，餘姚。楊廷樞維斗，吳興。朱隗雲子，長洲。左國材子厚，桐城。張自烈爾公，宣春。徐郴臣亦于，嘉興。周立勳勒卣，華亭。陸符文虎，寧波。錢禧吉士，吳縣。陳貞慧定生，宜興。姚宗典文初，蘇州。劉應期瑞當，寧波。吳易日生，吳江。黃正色美中，蘄水。邱民瞻天名，吳縣。錢嘉徵孚于，嘉興。姚元吉子云，寧波。黃文旦赤子，孝感。劉汋伯繩，紹興。周茂藻子潔，吳縣。王都俞在明，麻城。吳洪裕、沈士柱昆銅，蕪湖。錢泮于斯，仁和。鄧履石左之，南昌。徐世溥巨源，新建。陸

坦履常，蘇州。朱鎰彥兼，吳縣。姚宗昌瑞初，長洲。梅之熉惠連，麻城。荊良石兄，丹陽。楊良弼岩公，金壇。羅萬藻文止，撫州。方文爾止，桐城。左國棅子宜，桐城。麻之衡孟璿，寧國。萬泰履安，鄞縣。許元溥孟弘，長洲。顧紹庭庭生，宣城。左國林子志，桐城。徐孚遠闇公，華亭。魏學洙子淑，嘉善。馮悰儼公，仁和。江浩道闇，仁和。鄭敷教士敬，蘇州。劉城伯宗，池州。李雯舒章，松江。馮晉舒自昭，寧波。周岐農父，桐城。沈壽民眉生，宣城。文秉孫符，長洲。梅朗中朗之，寧國。周茂蘭子佩，吳縣。陳子龍臥子，青浦。朱有章西雝，蕪湖。宋繼澄澄嵐，萊陽。彭賓燕又，華亭。黃家舒漢臣，無錫。侯岐曾雍瞻，嘉定。巢鳴盛端明，嘉興。徐時進元修，江陰。吳翻扶九，吳江，薛憲巒、賀王醇魯縫，鎮江。朱健子強，進賢。陳之傑、范邦瞻若侯，順天。李調鼎章尹，弋陽。劉斯禎。萬曰吉允康，黃岡。李楷叔則，陝西。宋存楠讓木，青浦。潘檉德麟父，泰州。鄭元勳超宗，江都。金漸皋夢蜚，仁和。冒襄闢疆，如皋。宋元貞顧樞，無錫。陳正卿、顧應生玉書，常熟。顧夢麟麟士，蘇州。周鎔我容，金壇。劉明翰、龔九疇，武進。馮京第躋仲，寧波。葉襄聖野，吳江。蕭雲倩小曼，蕪湖。朱灝宗遠，松江。萬壽祺年少，徐州。吳國傑純祐，太倉。王玉汝元琳，無錫。錢繼振爾玉，嘉善。堵景濂廉生，無錫。陸慶衍李長，華亭。徐纘高孝若，華亭。萬六吉次謙，南昌。高世寧，無錫。宋存標子建，上海。周錫成我成，崑山。顧開雍偉男，華亭。錢繼章爾斐，嘉善。孫永祚子長，常熟。顧宸修遠，無錫。趙初浣雪度，涇縣。吳時夏、吳名世時可，徽州。鄭鉉玄子，杭州。虞宗玫夫赤，杭州。嚴渡子岸，餘杭。黃淳耀蘊生，嘉定。張岐然秀初，仁和。唐德亮采臣，無錫。陳名夏百史，溧陽。劉曉旭東，武進。姚彥無聖，黃岡。吳霖東二，徽州。華渚方雷，吳縣。蔣思宸、劉曙公旦，長洲。杜長源，宜興。惲日初仲升，武進。陳騮古薊[17]，歸安。龔典孝、吳文英子含，徽州。金光房天駟，全椒。顏埈方平，進賢。華時亨仲通，無錫。朱茂暻子莊，秀水。吳聞禮去非，徽州。趙自新我完，太倉。王家穎處卿，太倉。陳元綸道掌，福州。劉敷仁濟甫，江夏。戴重敬夫，和州。蕭聲、繆畯、劉湘沅水，鎮江。吳伯裔讓伯，商邱。李嵩源常，貴池。謹合詞具揭。

周禮部鑣以鉤黨受禍，與雷僉事縯祚同繫請室[18]。於時御史王懩[19]，阿阮大鋮意，上疏請斬二人。既而懩吉服承旨入獄。縯祚謂鑣曰，王懩能斷我首耶。答曰，不斷我首，吉服何為。乃各作家書訖。又互書「先帝遺臣」四字

於腹。遂雉經死。斂事遺命家人勿葬，仿伍子胥抉目遺意。置棺雨花臺。未浹月而留都不守矣。方大鍼得志，思盡殺東林復社諸人。及僧大悲獄起，與張復史孫振謀，倡十八羅漢，五十三參，七十二菩薩之目。希阰諸異者，因馬輔士英 [20] 不欲而止。

貴池吳應箕次尾，宣城咎質無疑，交譽君，延之入復社。復社者東南知名士相結，持清議，拒閹人。黨與東林卿大夫聲氣相附和者也。應箕實為倫魁注《曝書亭集‧懷寧咎君墓誌》。

復社姓氏。貴池吳應箕次尾鑒定注，崇禎年刊。已列仕籍者不載。

前卷

南直蘇州府

顧夢麟麟士，王啟榮惠常，姚宗典文初，陳薪之□ [21] 雪，張□孺高，陸坦履常，鄭敷教士敬，周才鼎其章，費元鼎君求，顧晉瓚流玉，吳麟趾瑞生，孫琅示亮，袁徵公白，唐開虞五臣，王家禎予來，祝升吉允升，周群子達，胡寅序九，陸夢熊熊占，吳世培無念，許元禎伯贊。

太倉州

王家穎處卿，管士琬君售，趙自新我完，吳繼善志衍，張溥天如，張浚禹疏，吳克孝人撫，何南春梅先，張王治無近，張達孝孚先，蔡伸伯引，李登雲縉寅，孫以慈令修，朱明鎬昭苣，許煥堯文，吳國傑純祐，吳偉節清臣，王瑞國子彥，周南二為，穆雲桂苑先，周肇子俶，沈京應洛尹，周祚逸休，王瀚原達，袁賁幼白，金達盛道賓，蘇震震亨，許泂孝酌，王洵，王日新鑒明，王啟棠永君，王御欽仲，王家祥止吉，吳縣祚燕余，徐煜興，李樽子厚，王啟棻天路，天聖涯泳臣，管文瀾止觀，王宗華，顧源天來，浦荃瞻叔，李雲章石裁，張璜。

長洲縣

朱隗雲子，許元溥孟宏，姚宗昌瑞初，劉曙公旦，李楷仲木，張奕綏子，韓粲宣子，魏風德甫，戴之傑石房，薛宗廉伯清，陳性身之，盧源材河生，沈明倫伯序，劉暘公夏，戴之儁務公，王宋東尹，楊肇祉昌孟，陳宗之玉立，文秉孫符，申繹受維思，陳邁孝寬，朱陵望子，劉蕃曲翰，趙承鼎，嵇山材天因，黃卷萬公，姚宗甲昱初，徐汧九一。

吳縣

楊廷樞維斗，徐鳴時君和，錢禧吉士，袁良弼星況，許元弼仲良，章美拙生，朱鑒彥兼，華渚方雷，周茂蘭子佩，周茂藻子潔，徐徵，邱民瞻天民，楊廷楷正則，徐籀亦史，楊右烈亦文，陳遷照鄰，許元愷德先，許元功無功，施之朝羽聖，陸世廉起頑，丁觀韶又儀，衛徵清清，錢祐良士，張邑羽民。

吳江縣

吳昌時來之，吳有涯茂申，呂雲孚石香，吳翮扶九，沈應瑞聖符，沈初馨青芝，沈日炳君晦，葉襄聖野，張澤草臣，包捷驚幾，張嶢山堯，吳壽昌眉之，吳昌迪迪之，俞允懷懷茲，吳易日生，周延祚長生，龐承源生一，顧祖奎元度，陳紹祉孝將，潘凱豈凡，趙庚天庚，吳允夏去盈，周振孫麟伯，沈學閔孝甫，吳晉錫茲受，李世芳凌凡，湯三俊俊民，周永言安仁，孫楫泳舟，蔣岸文岸，吳□羽三，吳祖錫，吳兆寬宏人，沈初昇曉芝，包掄尚賢，周履祥茂先，費元恒久仲，徐州來石，包振朗威，沈初榮，趙甫田，顧誠賓日，顧諟明子。

常熟縣

楊彝子常，許重熙子洽，徐濟忠良夫，許士驥德生，許瑤文玉，王政正文，蔣棻畹仙，魏沖叔子，趙士春景之。王曰俞喜賡，彭和元發，許仲達子兼，祝謙吉尊先，朱鑣右服，陶世濟子齊，祝泰吉彙徵，史遺直叔魚，戴苹仲繁，顧烺先令徵，許棐輔公，史雲縉希仲，孫穀文石，許瑄宣玉，顧茂志以寧，凌翰霄客。

崑山縣

王志慶與游，周錫成我成，陳言先敷功，王志長平仲，歸奉世文君，顧絳忠清，曹開遠彝伯，陳用皐子來，顧籤諟明，陸世鎣彥修，張次奇玉賢，金玕白公，周本宏元祐，李軒子昂，朱志熹司選，張立平邇求，張立廉鴻一，沈元愷令預。

嘉定縣

侯岐曾雍瞻，朱之尚令古，陶士彥啟聖，施鳳儀孟翔，徐時勉克勤，婁復聞思修，侯元汸彥直，沈宏祖彥深，龔用圓智淵，曹訥忍生，黃淳耀韞生，申艇虛舟，施鳳鳴噦岡，沈懷祖公述，陳舒徵應之，夏雲蛟啟霖，侯元洵允文，李杭之僧筏。

松江府

夏允彝彝仲，李雯舒章，朱灝宗遠，徐方廣思曠，周室勳辰臣，朱積蘊古，張寬子服，徐鳳彩聖期，周希文范若，鞠履稱子先，唐允諧季尹，郁繼垣選士，夏鼎九象，林希灝敬生。

華亭縣

周立勳勒卤，徐孚遠闇公，彭賓燕生，顧開雍偉男，俞廷諤彥直，徐期生無爽，盛慶遠靈飛，張密子退，吳沂中水，王家福聖神，徐桓鑒惠朗，嚴龍子猶，俞國杰，徐煒元宣，徐致遠武靜，周季勳成子，張安茂，楊時琦，唐醇去疵，錢穀內史，翁起鸝子止，張文源古潢，陸慶裕文饒，夏完德仕明，夏完愚，彭容，王溥，陸慶滋。

上海縣

潘桓殿虎，包爾庚長明，馬□調巽甫，宋存標子建，朱在鎬遷公，李待問存我，何厚愨人，喬世植子方，潘敞九閎，潘堯納勿迷，閔陳堯中開。

青浦縣

陳子龍臥子，宋存楠讓木，杜駿徵來西，王元圓默公，杜甲春端成，翁德璋德生，趙恫如人孩，曹鳳苞夏士。

金山衛

盛翼進鄰女，杜騏徵商思，宋與琦有韓，陸慶曾文孫，趙佽聲侗，翁元益象九，宋卓立萬，董象祖視烈，董象功見樂，陳宗倫。

常州府武進縣

劉憲章端甫，徐法式之，徐洽浹之，鄭□，龔九鼎禹疇，譚志中孚，吳方思方之，劉曉旭東，鄭珏，龔九疇禹錫，曹司文在茲，馮斐道。

無錫縣

馬世名君闇，秦鏞宏甫，王孫蕙畹季，顧杲子方，高廣遠度，華廷獻修伯，黃家舒漢臣，華時亨仲通，王孫芝房孟，王延禧錫卿，王玉汝元琳，黃鍾亮彥寅，秦鏌亮甫，馬端爾來，吳維藩岳立，李廷燦若星。

江陰縣

黃毓祺介子，徐士進元修，徐遵湯仲昭，袁珍元聲，夏寶忠孝琛，吳幼學敏仲，鄧林禎克生。

宜興縣

陳貞慧定生，徐相賢立甫，許啟洪任宇。

鎮江府

賀王醇魯縫，賀儒瑜美斯，于館子亙，周銓簡臣。

丹徒縣

殷宜中義卿，潘一桂木公，錢邦芑開少，徐學古信之，陳謙陽吉之，張美中孟文。

金壇縣

周鑣仲馭，周鍾介生，周鉽遠侯，史宏謨文若，周鎔我容，周金伯玉，王錫蘭，蔣鳴玉楚珍，楊良弼岩公，殷憲有常，劉蘇玉生，高遇君徵，武際飛九羽，劉國卿敘生，馮篁我最，張化鱗聖，蔣煥闇然，周而沛，繆琚我式，江潢度生，張大心，張遠心。

丹陽縣

荊艮石兄，荊廷實實君，荊廷璧君佩，荊康眉燕生，荊本徹太徹，荊盛順順伯，賀燕徵元生，荊澍明兩若，荊洞明靜生，荊湘湘芷，荊衍谷，賀鋥子展，賀璘瑞如，荊笈遐諮。

應天府

張一儒彥先，王潢元倬，陳丹衷涉江，王亦臨穆如，徐張吳天岩，劉服膺服膺，王櫓室藩，許鏘韻遠。

溧陽縣

陳名夏百史，吳穎見木，史燧子佩。

揚州府江都縣

鄭元勳超宗，李元介龍侯，顧問所陳，李樞汝居。

寶應縣

成明義喻仲，成明籌元夫，成周璧昆候，成周璜溰侯，成周鼎世侯。

淮安府

張奕桓，程申。

沛縣

闔爾梅古古。

徽州府

吳德鑒于民，程元晉象晉，吳翻象香，朱秦陽開之，黃鼎下周，殷周祚長統，汪調鼎士燮，汪瑛楷儔，汪如默聞僧，陳希昌秉文，吳聞禮去非，吳文英子含，潘夢桂月生，汪靜常符，汪作霖雨若。

寧國府

沈壽國洽先，梅朗中朗三，麻三衡孟璿。

宣城縣

沈壽民眉生，徐律時乾若，徐貞一椒子。

涇縣

萬應隆道吉，趙初浣雪度，王徵慎五，萬麟道祥，文啟元佑人，文啟元艮吉。邵璜其聲，邵錦廷皓，邵鑒曾撰，趙司直維生，邵晃日生。

池州府

劉城伯宗，丁煜介之，吳履嘉元禮，吳應纂緒修，李憼敬仲，胡士瑾鍾郎，金學重任夫。

貴池縣

吳應箕次尾，李崇源常，吳應筍玉筍，劉廷鑾在公，吳應笙簹若，吳應簹席之，吳遇，王心介吉先。

青陽縣

孫象壯子輳，吳鍾空之，羅尚甲季先，羅朗士玉朗。

石埭縣

唐一沂魯生，唐一漸，蘇學曾魯如。

建德縣

胡奇常之，鄭三謨郁甫，孔尚豫仲石，江桓武子。

太平府蕪湖縣

沈士柱昆銅，張明象元湛，朱家禾穎立，朱長澤祖潤，朱有章西雕，潘延

年右枚，杜時舉頃卿，彭述古，蕭雲倩小曼。蕭雲從尺木。

安慶府

蔣臣一個，方以智密之，雷衍祚蕃歸，倪天樞臣北，方都韓大方，方孔文爾識，方啟曾聖羽，趙相如又漢，范世鑒子明，朱襟素公，王國瞻傾慰，左毅又宏。

廣德州

楊昂駒若。

廬州府合肥縣

程以慤智求，程以德驥稱，龔鼎孳孝升，王浸大幼章。

舒城縣

郭士豪蝶求，江之水雪舟，胡守欽君若，胡永基肇美。

北直順天府

范邦瞻若侯，王世約次重，王崇簡敬哉，張永禎仲燦，王章闇然，王谷大含，王以約敬止，溫良樸仲青，張希契，崔丹道母，黃鼐惟梅，梁以樟公逖，周宗本卿，韓四科十甫，房之範，李茂才，于奕正。

浙江杭州府

張元天生，虞宗瑤仲縞，邵洽元浹，虞宗玖大赤，聞啟禎子有，凌元徵巨先，鄭鉉元子，沈繼震子起。

錢塘縣

陸運昌夢鶴，吳思穆靜腑，馮延年千秋，錢朝彥殷求，陸鳴時夢明，陸鳴煃夢文，繆沅湘芷，鄒質士孝直，俞時篤企延，馮融百川，陸圻麗京，吳百朋錦雯，吳錫朋。

仁和縣

孟應春長民，沈澹思子羽，林泰業階平，馮悰儼公，江浩道闇，卓人月珂月，張岐然秀初，聞焴叔夏，李寰，吳元炌開之，沈獅調象。

海寧縣

徐元□豹奴，曹元方介皇，徐永年子奇，陳許廷靈茂，祝文襄天孫，徐元圻次象，徐林宗道晉，徐林祥止仲，徐林賢無務，俞元良仲驤，朱士恒聖真，

徐元倬為章。

餘杭縣

嚴渡子岸，顧有斐斐公，嚴津子問，王祺祉叔，嚴沆子餐，王福禎子嚴。

於潛縣

張允修恂孺。

富陽縣

邵光允炅如。

嘉興府

孫淳孟樸，陳恂子木，徐郴臣亦于，趙汝璧子玉，張次柳幼緒，蔣棻去華。

嘉興縣

沈嗣選仁舉，陳恪威如，馬元錫雲房，錢嘉徵孚於，孫耀祖爾繩，譚貞良元孩，葉耀君素，姚佺仙期，沈嗣貞紀常，張三省鄰曾，岳洵。

秀水縣

吳禰振六，李明嶽青來，常彝干雄，朱茂暉子若，徐天俊俊人，金黃耳臣，包鴻達仲舉，卜升允伯，李明巒石友，錢昌季升，謝澗源宗，周禹錫元成。

嘉善縣

錢旃彥林，錢繼章爾斐，錢棻仲芳，鮑學濂子一，呂三錫命禹，魏格去非，蔣蒔若滋，顧潛幼陶，夏緇雪子，錢維振爾玉，錢維禧，郁素繪先，陳舒明荃，魏學濩子淑，楊元有天生，呂鼎太羹，蔣玉衡爾齊，蔣玉立，盛清臣，劉芳墨仙，支如璿小白。

平湖縣

趙韓退之，陸又機衡如。徐鴻祚儀仲。過銘簠叔寅。孫振羽詵。陸潏原嗣哲。陸士瀾狂生。施宏烈仲芳。

海鹽縣

張奇齡符九。馮振宗宗之，張瞻韓子瞻，蔡士奎聚五，張景裕贊皇。

桐鄉縣

朱萬錡爾調，盛漪坎奇，朱萬欽伯欽。

石門縣

吳玉豐占。

湖州府

嚴啟隆爾泰，臧基嶧子孟，閔正中襄子，閔倬仲闇，章平正則，茅元銘鼎叔，章美周成甫，潘堂依瞻匪，沈善圻元長，嚴名世遠生，韓昌箕仲弓，沈中合贊君，嚴或令延。

歸安縣

章上奏諤臣，陳騮古□，沈緒奎令升，陸熙運開雍，沈緒來天以，鍾鏡如止若，凌爾翰程遠，邱志炅彥昭，閔自寅人生，吳振鯤鵬先，施之桓武仲，嚴鏞恭甫，韓曾駒人穀。

烏程縣

屠宏俌禹若，王一虯雲青，姚延啟季迪，沈蒨曼倩，錢瀛選東渤，溫以介于石，黎樹聲仲實，費景烷蘊生，閔考生令名，顧翰翰生，姚延著象懸，沈鈁宮聞，錢鶴聲野，韓繹祖茂貽，潘國瓚宗玉，陶鑄子同，陸樹本道生，沈果因生，張彬素若，丁傅元汝器。

長興縣

金鏡金心，李令晳端木，韓千秋聖開，朱升日如。

德清縣

胡麟生，章美珪日如，章美瑾公美，嵇元壽公給。

安吉州

潘基慶良耜，潘基祉右安，潘基礽介履，潘基禎稈生，沈建英文玉。

武康縣

駱宏珪仲如，卓漢卣。

紹興府山陰縣

祁豸佳止祥，余增遠日新，何宏仁仲淵，俞而介道辨，吳應脩蘭常，吳應芳佩茲，李宗伯因，呂福生吉士，張萼燕客，張維基平子。

會稽縣

章重爰發，孟稱舜子塞，王蓉升之，孟稱堯子安，趙之藺介臣，李賓仲王，

王業洵士美，王資治予安，王光瀛子仙，任大任任之。

餘姚縣

趙貞汝度，邵之詹思遠，呂嗣成翀生，呂章成裁之，蔣而康。

上虞縣

徐騰以息，顧綸揆敘伯，陳芹辟生，李銓。

蕭山縣

徐芳聲徽之，曹振龍木上。

嵊縣

袁師孔則學。

寧波府

董守諭次公，陸符文虎，馮京第躋仲，馮嵋嵋，馮文偉元度，費而隱，錢元錫，馮巍天生，宋高檀目沈天生素生，周日愷碩生，徐家麟石客，黃鼎鼐元公，馮晉舒自昭，陳裕廣生，陳天生，管韓快明。

金華府

傅巖野倩，葉幹伯貞，倪仁禎心開。

衢州府

翁祚子長，徐應世子貞，徐泰徵吉旋，余一鳳孟威。

常山縣

徐岳山英。

處州府

鄧賡唐而名。

江西南昌府

萬時華茂先，劉斯陛士云，鄧履右左之，羅大猷翊辰，萬搏風后，羅高俶中魯，衷崇熹晦若，章士鴻凌九，喻周京孟，葉典學當時，吳奇傑令平，徐元朗詣仲，徐適無適，謝益聖虞，萬六吉次謙。

南昌縣

余正垣小星，劉斯陸漸于，仇鑽聲之，王猷定于一，黃國鎬武功，熊齊耀

穆子，吳獻廷用修，鄒度竑士可，俞士鐔寧孺，劉斯陸季和，徐思爵修仲。

新建縣

陳宏緒士業，徐世溥巨源，李奇平叔，甘元鼎禹符，丁此昌維熙，舒忠讜魯直，歐陽斌元憲萬，萬思恭士安，熊啟堂伯陽，徐世清念孺，徐應芳子其，劉不息長源，程元極隆之，鄧允憲君則，熊啟埈仲平。

進賢縣

朱健子強，陳維謙仲容，陳維恭仲來，李光倬仲章，熊人霖伯甘，饒有政子正，李應南見仲，顏埈方平，饒有致子至，謝鳳毛英伯，易道泰寅初，陶文疇中行，陳時懋伯揆，熊齎孟雨。

豐城縣

胡學浹悅之，胡縫五石，雷谷孟嘉，李煒明初。

奉新縣

涂日章大章。

撫州府

陳際泰大士，羅萬藻文止，章宣岳詢季，曾應享子嘉，湯大耆直宿，湯開遂叔寧，傅占衡鈞叔，章宏岳少石，曾拭季子，曾益叔子。

秀水朱彝尊 [22] 曰，「詩流事社，自宋元以來代有之。迨明萬曆間，白門再會，稱極盛矣。至於文社，始天啟甲子，合吳郡、金沙、檇李，僅十有一人。張溥天如、張采來章、楊廷樞維斗、朱隗雲子、楊彝子常、顧夢麟麟士、王啟榮惠常、周銓簡臣、周鍾介生、吳昌時來之、錢旃彥林分主五經文字之選。而效奔走以襄厥事者，孫淳孟樸也，是曰應設。當其始取友尚隘，而來之，彥林，推大之。訖於四海。於是有廣應社，貴池吳應箕次尾，劉城伯宗，涇縣萬應隆道吉，蕪湖沈士柱昆銅，宣城沈壽民眉生，咸來會。聲氣之孚，先自應社始也。崇禎之初，嘉魚熊開元宰吳江。進諸生而講藝於時。孟樸里居，結吳翽扶九，吳允夏去盈，沈應瑞聖符等，肇舉復社。時雲間有幾社，浙西有聞社，江北有南社，江西有則社。又有歷亭席社，昆陽雲簪社。而吳門別有羽朋社，匡社。武林有讀書社。山左有太社。僉會於吳，統合於復社。始於戊辰，成於己巳。其盟書曰，「學不殖將落，毋蹈匪彝。毋讀非聖賢書。毋遠老成人。毋矜厥長。毋以辯言亂政。毋干進喪乃身。嗣今以往，犯者小用諫，大者擯。」僉曰諾。

蓋先後大會者三，復社之名動朝野。十年正月，蘇州民陸文聲疏陳風俗之弊。皆原士子之庶吉士張溥知臨川縣事，張采倡立復社，以亂天下。思陵下提督學政御史倪元珙察覆，倪公言諸生誦法孔子，引其徒談經講學。互相切劘，文必先正，品必賢良，實非樹黨，文聲以私憾妄訐宜罪。閣臣以公蒙飾降光祿寺錄事。蘇州推官周之夔，與溥同年舉進士。初亦入社，至是希閣臣意，墨經詣闕。復訐奏溥等樹黨挾持案，久未結。讒言罔極。至有草檄以聲復社十罪者，大略謂派則婁東，吳下，雲間。學則天如維斗雲子。上搖國柄，下亂群情。行殊八俊三君，跡近八關五鬼。外乎黨者，雖房杜不足言事業。異吾盟者，雖屈宋不足錄文章。或呼學究智囊，或號行舟太保。傳檄則星馳電發，宴會則酒池肉林。至十五年，御史金毓峒、給事中姜埰，各上疏白其事。如奉旨，朝廷不以語言文字罪人，復社一案准注銷。後復藩稱制，阮大鋮怨戊寅秋南國請公顧杲、吳應箕等一百四十人之具防亂公揭也，日思報復。爰有王實鼎東南利孔久湮復社渠魁聚斂一疏。大鋮語馬士英云，「孔門弟子三千。而維斗等聚徒至萬，不反何待。」至欲陳兵於江，以為防禦。心知無是事，而意在盡殺復社之主盟者。時昆銅暨定生輩，皆就逮繫獄。桐城錢秉鐙，宣城沈壽民，亡命得脫。假令王師下江南稍緩，則復社諸君難乎免於白馬之禍矣。」

吳翩扶九藉祖父之資，會文結客。與孫孟僕最厚，倡為復社。群彥胥來，大會於吳郡。舉凡應社、匡社、幾社、聞社、南社、則社、席社，盡合於復社。論其文為國表。雖太倉二張主之，實次尾扶九相助。當其時烏程溫和君君子求入社，扶九堅持不可。於是乎有徐懷丹之檄，陸文聲之疏。繼以周之夔子彈事，又繼以王實鼎之飛章。扶九遺書經盜劫，散佚殆盡。有子南齡，予女婿也。僅存復社同人姓氏一冊，出自扶九手書，爰錄其副。崇禎戊寅南國諸生百四十人，具防亂公揭。請逐閹黨阮大鋮，顧子方實居其首。有云某等讀聖人之書。明討賊之義，事出公論，言與憤俱。但知為國除奸，不惜以身賈禍。大鋮飲憾刺骨。而東林復社之讐。在必報矣。大鋮名在點將錄，號沒遮攔。而閩人周之夔亦注名復社第一集。阮露刃以殺東林，周反戈以攻復社。君子擇交，不可不慎於始已。

《香港中興報》1936 年 2 月 9、10，12 至 17，21 日

【注釋】

　[1] 曹婉真，無考。

[2] 方白蓮，詳見《附錄　蔡守與古人交流考》。

[3] 吳缶廬，即吳昌碩，詳見《附錄　蔡守與時人交遊考》。

[4] 蔣心餘，詳見《附錄　蔡守與時人交遊考》。

[5] 黃小松，詳見《附錄　蔡守與古人交流考》。

[6] 袁寒雲，即袁克文，詳見《附錄　蔡守與時人交遊考》。

[7] 吳次尾，即吳應箕，詳見《附錄　蔡守與古人交流考》。

[8] 顧涇陽，即顧憲成，詳見《附錄　蔡守與古人交流考》。

[9] 鄒南皋，即鄒元標，詳見《附錄　蔡守與古人交流考》。

[10] 趙儕鶴，即趙南星，詳見《附錄　蔡守與古人交流考》。

[11] 楊維斗，詳見《附錄　蔡守與古人交流考》。

[12] 張天如，即張溥，詳見《附錄　蔡守與古人交流考》。

[13] 倪文正，即倪元璐，詳見《附錄　蔡守與古人交流考》。

[14] 鄭元嶽，即鄭三俊，詳見《附錄　蔡守與古人交流考》。

[15] 顧子方，即顧杲，詳見《附錄　蔡守與古人交流考》。

[16] 陳定生，即陳貞慧，詳見《附錄　蔡守與古人交流考》。

[17] 騞，從帥從嗣，馬名。《康熙字典·帥部》，「騞，《篇海》，周穆王馬名。《列子·周穆王篇》，左服騞驪而右騄耳。」

[18] 請室，清洗罪過之室。請，通「清」。即囚禁有罪官吏的牢獄。《漢書·賈誼傳》，「故其在大譴大何之域者，闔譴何則白冠氂纓，盤水加劍，造請室而請辠耳。」顏師古注引蘇林曰，「音絜清。胡公《漢官》，車駕出有請室令在前先驅，此官有別獄也。」

[19] 王懷，詳見《附錄　蔡守與古人交流考》。

[20] 馬士英，詳見《附錄　蔡守與古人交流考》。

[21] □，原文字模糊莫辨，下同。

[22] 朱彝尊，詳見《附錄　蔡守與古人交流考》。

明《朱白民墨竹冊》

曩歲老友莫養雲 [1] 贈余《朱白民墨竹冊》，楠本十二頁。高一尺有二分，寬一尺有七寸。款行書。「臺山還作□ [2] 墨□行，寫此□枝。筆端帶有清涼氣。信此君可以說法也。時己未冬十有一月之望。蓮子峰朱鷺 [3]。」「朱鷺私印」白文方印，「白道人」白文方印。每頁收藏印，有「陳蘭甫 [4]」白文小方

印。「梁于渭 [5] 印」白文方印。「何昆玉 [6]」朱文方印。知是冊曾經蘭甫、杭雪、伯瑜收藏，流傳粵中已久。幸無黴點蟲蝕。紙白如玉，墨色如新。其畫竹固佳，而尤以寫節為妙。工致有北宋人法，洵可寶貴也。

案朱鷺，初名家棟，字白民。自稱西空老人。亦曰西空居士。吳諸生。甲午擬元，不得中。謝去。寫竹法文梅兩家，韻致灑落。工古文詞，博學弘覽。尤邃於易。性至孝，居恒備脯養親。父母床頭，日貯數千錢曰買笑錢今日以予妓者為買笑錢，誤也。風日和暖，梅萼已舒，探囊赤仄。謂父曰「老懷好景，不可虛度也」。買小舟。邀鄰叟同父清游，數日而返。其篤行如此。結茅華山蓮子峰，參求宗乘。屢空晏如。霞外孤悰也。嘉靖癸丑三十二年生，崇禎壬申五年作辭世偈，沐浴更衣而逝。著有《名山游草》《西空剡句》。

又案是冊署款己未，當是萬曆四十七年。時白民年已六十有七，為晚年之作。故益精勁可喜。

陳益南恭受 [7] 跋，「明朱白民，吳下諸生也。少有俊才。身長玉立，風神閒遠。家貧，教授生徒以養父母。床頭常設買笑錢。親死乃棄諸生，學長生術。遠游至西嶽登天井。黃綃道服，掀髯長嘯。遇者以為地行仙也。已而參雲棲弘公，探求法要。弘公化去。與王孟夙同遊經山，闢一軒居之。閱般若經。會憨山、清公至。二人共禮為師。崇禎初，至京師。清兵薄城下。或勸之亟歸。慨然歎曰，莫非王臣也，其敢 [8] 逃乎。端居龍華寺注《金剛經》。兵退乃南下，所至畫竹賣錢自給。不妄受人一錢。晚居蓮子峰，與山僧修念佛三昧，自號西空居士。年八十，作辭世偈，沐浴更衣而逝。莫子養雲以是冊贈寒瓊。風致灑然，書法亦殊淡遠，可寶也。」

《香港中興報》1936 年 2 月 19 日

【注釋】

[1] 莫養雲，詳見《附錄　蔡守與時人交遊考》。

[2] □，原文字空白，下同。

[3] 朱鷺，詳見《附錄　蔡守與古人交流考》。

[4] 陳蘭甫，詳見《附錄　蔡守與古人交流考》。

[5] 梁於渭，詳見《附錄　蔡守與古人交流考》。

[6] 何昆玉，詳見《附錄　蔡守與古人交流考》。

[7] 陳益南，即陳恭受，詳見《附錄　蔡守與時人交遊考》。

[8] 敼，同「敢」。

《金石外集》冊

　　自發見殷虛骨契以來，金石二字不能包括考古學。余得廣州東山龜岡南越文王胡冢木，曹溪南華寺北宋木佛像題記。搜集古木刻辭為《金石外》一書，將景印以餉考古學者。歲暮無俚，集古陶古木等精拓小品，為袖珍小冊。以桂平程子良孝廉 [1] 書《金石外集》冊為首。

　　一、埃及五千年古專古甎字通，是甎畫像。左一男子，峨冠垂手而立。中一高几，形如觚，上承一酒甕。几側一女子，長裙委地，以杯取酒晉男子。上有一方印，中作象形文字兩行。其畫像古拙，彷彿端方 [2]、王懿榮 [3] 所得埃及畫像甎。鄒景叔 [4] 篆題字，款，「鄒安拓寄寒瓊道兄審定」。「鄒適廬」白文方印。又「崔女瓦注」仿瓦當文元印。「瓦注瓦」朱文長方印。

　　二、陶鬲。鄒適廬手拓全形。鬲內有朱文長方印。印文大篆九字分三行。僅識「甘齊陳左里」五字。餘四字不可識。景叔題云，「此鬲甚精。且完好。」「鄒安」白文方印。

　　三、秦瓦量。此量為定海方藥雨若 [5] 所藏，手自精拓寄贈。詔陽文曰，「『廿六年一行皇帝盡二行并兼天三行下，諸侯四行黔首大五行安，立號六行為皇帝七行。乃詔丞八行相狀綰九行法度量十行則不壹十一行，歉疑者十二行皆明壹之十三行』，都四十有一字。精湛與陳壽卿 [6]、劉燕庭 [7] 藏秦詔版同。」「方若」白文小印，「古貨富翁」朱文小印。

　　四、前涼泥造象。是像泥質，面一立象，背刻記隸書三行。「大元六年四月十日一行偉弟子王明造二行息杜氏三行。」鄒季雨 [8] 考云，「太元年號有三，一吳大帝，一前涼張駿，一晉孝武。吳太元無六年，當屬涼，或晉耳。『大、太』古本一字。」「萬歲」白文長方印。

　　五、漢陶盂。口篆書九字，環寫一周。文曰，「大吉昌，宜侯王，樂中央。」「文字精勁如漢鏡。拓奉寒瓊同好。即賀春喜。弟鄒安。」「鄒景」白文小方印。

　　六、北魏瓦几，綠釉。几上刻河圖數，正書四行。「一六居北，二七居南，四一行九居西，三八居東，五十二行居中。此河圖之數也三行。魏太安二年造四行。案太安二年，當前宋孝建二年，在齊梁前。字樸厚，書河圖數，未識何意。洵陶器中之奇品也。適廬拓寄寒瓊道兄雅玩。」「鄒安所得專瓦」朱文長方印。

七、唐綠綺臺琴。龍池上刻「綠綺臺」隸書三字，下刻正書一行「大唐武德二年製」。鄧季雨記，「明酈湛若 [9] 先生蓄古琴二，曰南宋理宗物。曰綠綺臺，唐製，而明武宗物也。出入必與俱。庚寅廣州再陷，先生抱琴殉國。王漁洋 [10] 有抱琴歌。及『海雪畸人死抱琴』句。海雪，先生所居堂名也。『綠綺臺』為老兵所得，鬻於市。惠陽葉錦衣某，解百金贖之。屈翁山 [11] 為作《綠綺琴歌》。繼歸馬平楊氏。楊氏世善琴。其裔字子遂者，值太平軍興，以琴託其友。友私質諸吾邑張氏，得十八緡。余學琴於子遂，子遂述其事嘗以為憾。歲甲寅，張氏子孫弗能守，以歸之余。摩挲再四，斷文密緻。土花暈血，深入質理。嗚呼！玉麟已邈，懷素帖亡。而先生死事情形，紀載多略。讀漁洋、翁山諸作，乃反藉琴以傳。不亦可悲也耶。琴成去今千三百餘年，首尾少毀，不能復御。然無弦見稱於靖節，焦尾見賞於中郎。物以人重，固有然者。非經海雪之收藏。安知不泯然與塵劫而俱盡也。人傳琴乎，琴傳人乎。余烏乎忽知之。」

八、唐善業泥造像。泥質圭形，面印一佛端坐蓮臺上，左右兩侍立像。像下博山爐，左右兩獸蹲守。背印陽文正書三行，有棋格。「大唐善業一行泥壓得真二行如妙色身三行。桂平程子良題。」「大璋」朱文小方印。

九、唐木魚符式。楠木刻，長僅寸許。上有穿。穿下有陰文「同」字。下刻「新鑄福州弟三」正書六字。「唐木魚符式，吳清卿 [12] 中丞舊藏。案福州唐在江南道。魚為楠木所製，刻畫精美。古人為一器，必先有木範。今猶相沿。寒瓊道長藏有南越黃腸木，並宋木造像。因拓奉鑒定。適廬弟鄒安。」「景叔」朱文小方印。

十、唐佛經木籤。此木籤長一寸有二分，寬二分有半分。上有穿，面刻正書一行「普賢行願讚等」六字極精湛。為羅叔言振玉 [13] 所藏。

羅函，「寒瓊仁兄大人閣下。去冬奉手教，並北宋木造像拓本。欣謝不可言喻。時小兒看病須磨。弟亦同在。至正月迄六月，則以移居津沽，屏當行李。致囑跋久不報命。抱歉萬分。現移居牾定，將跋寄奉。祈賜存為幸。天南多奇蹟。若續有所得。幸惠墨本。舊藏唐佛經木籤，亦金石外罕見之品。謹手拓寄奉，希鑒甄為禱。祇敏道安。弟羅振玉再拜。」「羅振玉印」白文小印。

十一、「唐陶瓶。是瓶身有劃款一行『天寶十四載』，正書五字。山東沂水縣出土。劉雲父拓寄。」「劉驤 [14]」白文方印，「得意」朱文秦小璽。

十二、「北宋雞樽。此樽杭州出土，鄒景叔手拓全形。底有刻款。『大宋熙

寧年製』，正書六字作三行」。「適廬所藏」朱文方印。

十三、「明楊文憲 [15] 公笻竹杖銘。杖藏雲南圖書館，為楊升菴遺物。銘曰，『中空外直，節勁心虛』。正書一行，劍川尚書趙石禪拓贈」。「趙藩 [16] 之印」白文方印，「北坨」朱文葫蘆印。

十四、楊椒山 [17] 紙鎮。此紫檀紙鎮。亦趙尚書藏。行書三行，「丹鳳來儀宇宙春，中天雨露一時新。人間好事惟忠孝，臣報君恩子報親。椒山楊繼盛。」「楊繼盛印」白文方印，「仲芳」朱文方印。

十五、石濤 [18] 刻畫印匣。紫檀印匣，匣面刻松一株。款，「枝下人濟。為器老道先生博笑。乙亥」。行書二行，老友黃賓虹 [19] 所藏，手拓題寄。「石濤為粵遺民梁器圃璉 [20] 畫松刻紫檀印匣面，手拓郵奉寒瓊道兄鑒。賓虹質。」「黃」白文方印。

十六、明濮仲謙 [21] 刻竹筆筒。此竹筆筒濮仲謙刻《西廂記·長亭別》故事。樹石人物莫不古雅。

葉渶漁玉森 [22] 題玲瓏四犯一闋，「惜別酒寒，將離花瘦，人間千古腸斷。夢痕蕭寺遠，絮語長亭短。馬背斜陽易晚，拂鞭絲□ [23] 鶑啼散。萬里天涯，四圍山色。高柳獨垂眼。　　當時鈿車催返。儘闌干劃遍，釵字零亂。依稀長恨曲，嗚咽雙牙管。憑誰鑴上湘妃竹，又鈎起離愁一半，空淒黯，分不出墨痕淚點。」

十七、翁覃溪 [24]、桂未谷 [25]、黃小松 [26] 合刻竹筆筒：

「臨池書罷換鵝文，餘墨猶堪寫此君。一段湘娥廟前意，淋漓秋雨又秋雲。方綱」，行書五行。

「芳草有情，夕陽無語。雁橫南浦，人倚西樓分書八行，行二字。桂復題」，款行書。

「蘭如君子蕙如士，此語吾得之涪翁。何須二者苦判別，畢竟清幽氣味同。黃易。」

此筆筒為方藥雨 [27] 藏，精拓寄我，聞手澤如玉也。

十八、紫檀鏡臺金冬心 [28] 銘。銘曰，「既方且正，以揩團圞之鏡。壽門銘，付丁姬」，行書五行，此為室人阮籍珍秘之品。

十九、黃癭瓢 [29] 寫壽星紫檀秘閣，此秘閣刻黃慎所畫壽星像。款「癭瓢山人慎」，草書二行。「黃慎」朱文屐齒印。

「嘉祐八年冬十一月，京師有道人游卜於市。身首相半，不為常類。飲酒

無算，未嘗覺醉。好事者潛圖其狀達帝。引見賜酒一石，飲及七斗，時司天臺奏壽星流帝座。忽失道人所在，帝嘉歎久之。命珍重是圖，與民同壽。雍正彊圉協洽之秋。復堂李鱓 [30] 書」，行書十行。

二十、趙撝叔 [31] 刻銘印椟。此紫檀印矩，李桐庵 [32] 藏。「句股弦，求余邊。趙之謙」，行書二行。

紫檀匣面刻「正名定分」，分書四字，曲園 [33] 題。一寸許之小品，而有二名賢手跡，洵可愛也。

《香港中興報》1936 年 2 月 20、22、23 日

【注釋】

[1] 程子良，即程大璋，詳見《附錄　蔡守與時人交遊考》。

[2] 端方，詳見《附錄　蔡守與時人交遊考》。

[4] 鄒景叔，即鄒安，詳見《附錄　蔡守與時人交遊考》。

[5] 方藥雨，即方若，詳見《附錄　蔡守與時人交遊考》。

[6] 陳壽卿，即陳介祺，詳見《附錄　蔡守與古人交流考》。

[7] 劉燕庭，即劉喜海，詳見《附錄　蔡守與古人交流考》。

[8] 鄧季雨，即鄧爾雅，詳見《附錄　蔡守與時人交遊考》。

[9] 酈湛若，即酈露，詳見《附錄　蔡守與古人交流考》。

[10] 王漁洋，即王士禎，詳見《附錄　蔡守與古人交流考》。

[11] 屈翁山，即屈大均，詳見《附錄　蔡守與古人交流考》。

[12] 吳清卿，即吳大澂，詳見《附錄　蔡守與古人交流考》。

[13] 羅振玉，詳見《附錄　蔡守與時人交遊考》。

[14] 劉驤，詳見《附錄　蔡守與時人交遊考》。

[15] 楊文憲，詳見《附錄　蔡守與古人交流考》。

[16] 趙藩，詳見《附錄　蔡守與時人交遊考》。

[17] 楊椒山，即楊繼盛，詳見《附錄　蔡守與古人交流考》。

[18] 石濤，詳見《附錄　蔡守與古人交流考》。

[19] 黃賓虹，詳見《附錄　蔡守與時人交遊考》。

[20] 梁巘，詳見《附錄　蔡守與古人交流考》。

[21] 濮仲謙，詳見《附錄　蔡守與古人交流考》。

[22] 葉潕漁，詳見《附錄　蔡守與時人交遊考》。

[23] □，原文字模糊莫辨。

[24] 翁覃溪，即翁方剛，詳見《附錄 蔡守與古人交流考》。

[25] 桂未谷，即桂馥，詳見《附錄 蔡守與古人交流考》，見前。

[26] 黃小松，詳見《附錄 蔡守與古人交流考》，見前。

[27] 方藥雨，詳見《附錄 蔡守與古人交流考》。

[28] 金冬心，即金農，詳見《附錄 蔡守與古人交流考》，見前。

[29] 黃癭瓢，即黃慎，詳見《附錄 蔡守與古人交流考》，見前。

[30] 李鱓，詳見《附錄 蔡守與古人交流考》見前。

[31] 趙撝叔，即趙之謙，詳見《附錄 蔡守與古人交流考》，見前。

[32] 李桐庵，即李開榮，詳見《附錄 蔡守與時人交遊考》。

[33] 曲園，即俞樾，詳見《附錄 蔡守與時人交遊考》。

黃香鐵砂壺

　　道光間吾粵士大夫多嗜茗飲，潘伍二家與吾家春颿公錦泉 [1]、樂樵公愷 [2] 皆有製砂壺。日前友人黃子韶 [3] 出示其世守之香鐵釗先生製砂壺。白泥琴樣，制作殊精雅。底有「鐵居士作」朱文方印，蓋內有「釗」朱文圓印。又獲知吾粵名家製壺，欣喜無量。

　　案，黃香銕名釗，字穀生，號銕居士，鎮平人。有《讀白華草堂詩集》九卷，《菭蓿集》八卷。與春颿公友善，有簡蔡春帆編修七律一首，刊《菭蓿集》卷四。

　　「氣節文章詎讓人，升沉久已息貪嗔。桐藩向是賓師位春颿入直上書房，為惠邸師傅，蘭澤終非放廢身。燈火湖心閒講舍頻年主講豐湖書院，風沙浦口促徵輪。勸君且為蒼生起，莫戀龍江舊釣緡。」

　　又案，《白華草堂詩集》卷九《暑窗即事》第八首。

　　「石鼎聯吟換竹爐，萬春銀葉煮雲腴。遞鐘操後鳴絲歇，閒卻吳中玉鼻壺自注云，余在吳中嘗製琴式茗壺。」據此知香鐵確曾自作砂壺，且為琴樣也。

　　又案，《菭蓿集》卷六，有武夷茶二首。

　　「涪州烹點宜州製，誰學蘇黃講銚壚。慣向閩中傳草木，此間唯識蔡君謨。碧乳輕浮綠腳拖，春山茶女各能歌。年來劣有蛾眉福，不但清詩仗爾多。」

　　又案，《菭蓿集》卷五，又有工夫茶一首。序云，「潮人嗜茶，器具精細，手自烹瀹，名曰工夫茶。

維粵有潮茶奧區，武夷所產負以趨。重價購得分兩銖，紙封篛裏緘紗櫥。客來品茶慎勿齜，鄭重出之誇工夫。瓦盆柯杵非所須，白泥之爐光澤膚。綴以綠字摹以朱，急籬銚沸聲鳴鳴。蟹眼魚眼湯珍珠，饒州花瓷貯水盂。器弗尚甌杯則需。覆杯在盂共盤盂。千金諦視矜一壺，圓如朱橘丹砂塗。藉棳作薦盤作秪。獷琖占訣今不殊，沸水灌頂森醍醐。雲花雲葉腴不枯，活水活火信不誣。杯僅一啜甘不渝，玉川七椀嗤渴胡。潮與閩南好尚符，帶牛佩犢俗久汙。獨於品茶工細娛，細膩有若親閨姝。工夫工夫防睡無，銅鐺汲水煎倭芙。」

據右三詩，則香鉄之嗜茗飲。亦可想矣。又案，香鉄中嘉慶己卯科舉人。官內閣中書。又案《正雅集》云，「香鉄性情亮直，於朋友骨肉，死生契闊之際，心貫金石，歷久不渝。蓋古史獨行傳中人物也。」則香鉄為人，亦足多矣，其傳器益可寶貴矣。老友易哭庵順鼎 [4] 哲嗣君左，游陽羨雙洞時。亦選名手，定造砂壺。君左嗜酒，亦且此雅尚。獨惜未見其取何式，及用何印識耳，容馳書詢之。

《香港中興報》1936 年 3 月 6 日

【注釋】

　[1] 蔡錦泉，詳見《附錄　蔡守與古人交流考》。

　[2] 蔡愷，詳見《附錄　蔡守與古人交流考》。

　[3] 黃子韶，詳見《附錄　蔡守與時人交遊考》。

　[4] 易順鼎，詳見《附錄　蔡守與時人交遊考》。

三不絕換酒宣言

月色之畫梅乞米帖出，雖朋儕慨嘆，奈何所乞亦未嘗一飽耳。不似易君左 [1] 三不絕換酒宣言之豪情雅興也。

「唐朝有鄭虔 [2]，擅長詩書畫。當時稱三絕，得一即無價。他又懂音樂，多列米梭發。他又懂地理，島嶼川海峽。只是家貧寒，無紙將衣押。柿葉堆滿屋，寫字寫不下。玄宗很愛他，賜他香羅帕。後逢安史亂，不受偽官挾。為人有氣節，不畏威力壓。我既不工詩，韻都常不叶。寫字像桃符，鬼都看得怕。學畫更悲慘，一張不能掛。因名三不絕，直等聾啞瞎。平生有一好，酒為天下甲。好酒雖好酒，並不將座罵。宇宙終茫茫，不及杯子大。人生原噩噩，微醺意最愜。今年訂主意，決把白酒化。黃酒我不吃，吃了頭打架。白酒吃不多，多吃紅生頰。貪取少年心，長戀華燈夜。不會荷鋤頭，不會將土挖。敝親黃荔